中国社会科学院学部委员专题文集

ZHONGGUOSHEHUIKEXUEYUAN XUEBUWEIYUAN ZHUANTI WENJI

明代社会研究

张显清◎著

中国社会科学出版社

图书在版编目(CIP)数据

明代社会研究/张显清著 . —北京:中国社会科学出版社,
2015. 12

(中国社会科学院学部委员专题文集)

ISBN 978 - 7 - 5161 - 7347 - 3

Ⅰ.①明… Ⅱ.①张… Ⅲ.①社会史—研究—中国—
明代 Ⅳ.①K248

中国版本图书馆 CIP 数据核字(2015)第 313132 号

出 版 人	赵剑英
责任编辑	刘志兵
责任校对	郝阳洋
责任印制	李寡寡

出　　　版　中国社会科学出版社

社　　　址　北京鼓楼西大街甲 158 号

邮　　　编　100720

网　　　址　http://www.csspw.cn

发 行 部　010 - 84083685

门 市 部　010 - 84029450

经　　　销　新华书店及其他书店

印刷装订　环球印刷(北京)有限公司

版　　　次　2015 年 12 月第 1 版

印　　　次　2015 年 12 月第 1 次印刷

开　　　本　710 × 1000　1/16

印　　　张　26.75

插　　　页　2

字　　　数　425 千字

定　　　价　98.00 元

《中国社会科学院学部委员专题文集》
编辑委员会

前　言

　　哲学社会科学是人们认识世界、改造世界的重要工具，是推动历史发展和社会进步的重要力量。哲学社会科学的研究能力和成果是综合国力的重要组成部分。在全面建设小康社会、开创中国特色社会主义事业新局面、实现中华民族伟大复兴的历史进程中，哲学社会科学具有不可替代的作用。繁荣发展哲学社会科学事关党和国家事业发展的全局，对建设和形成有中国特色、中国风格、中国气派的哲学社会科学事业，具有重大的现实意义和深远的历史意义。

　　中国社会科学院在贯彻落实党中央《关于进一步繁荣发展哲学社会科学的意见》的进程中，根据党中央关于把中国社会科学院建设成为马克思主义的坚强阵地、中国哲学社会科学最高殿堂、党中央和国务院重要的思想库和智囊团的职能定位，努力推进学术研究制度、科研管理体制的改革和创新，2006 年建立的中国社会科学院学部即是践行"三个定位"、改革创新的产物。

　　中国社会科学院学部是一项学术制度，是在中国社会科学院党组领导下依据《中国社会科学院学部章程》运行的高端学术组织，常设领导机构为学部主席团，设立文哲、历史、经济、国际研究、社会政法、马克思主义研究学部。学部委员是中国社会科学院的最高学术称号，为终生荣誉。2010 年中国社会科学院学部主席团主持进行了学部委员增选、荣誉学部委员增补，现有学部委员 57 名（含已故）、荣誉学部委员 133 名（含已故），均为中国社会科学院学养深厚、贡献突出、成就卓著的学者。编辑出版《中国社会科学院学部委员专题文集》，即是从一个侧面展示这些学者治学之道的重要举措。

　　《中国社会科学院学部委员专题文集》（下称《专题文集》），是中国社会科学院学部主席团主持编辑的学术论著汇集，作者均为中国社会科学院学部委员、荣誉学部委员，内容集中反映学部委员、荣誉学部委员在相关学科、专业方向中的专题性研究成果。《专题文集》体现了著作者在科学研究实践中长期关注的某一专业方向或研究主题，历时动态地展现了著作者在这一专题中不断深化的研究路径和学术心得，从中不难体味治学道路之铢积寸累、循序渐进、与时俱进、未有穷期的孜孜以求，感知学问有道之修养理论、注重实证、坚持真理、服务社会的学者责任。

2011 年，中国社会科学院启动了哲学社会科学创新工程，中国社会科学院学部作为实施创新工程的重要学术平台，需要在聚集高端人才、发挥精英才智、推出优质成果、引领学术风尚等方面起到强化创新意识、激发创新动力、推进创新实践的作用。因此，中国社会科学院学部主席团编辑出版这套《专题文集》，不仅在于展示"过去"，更重要的是面对现实和展望未来。

这套《专题文集》列为中国社会科学院创新工程学术出版资助项目，体现了中国社会科学院对学部工作的高度重视和对这套《专题文集》给予的学术评价。在这套《专题文集》付梓之际，我们感谢各位学部委员、荣誉学部委员对《专题文集》征集给予的支持，感谢学部工作局及相关同志为此所做的组织协调工作，特别要感谢中国社会科学出版社为这套《专题文集》的面世做出的努力。

《中国社会科学院学部委员专题文集》编辑委员会

2012 年 8 月

目　　录

自　序

这个集子收录的是我的部分明史研究论文。之所以将其命名为《明代社会研究》，是因为，我认为历史学实际是关于人类社会的科学，研究的只不过是既往社会。

社会是什么？马克思指出："社会——不管其形式如何——究竟是什么呢？是人们交互作用的产物。人们能否自由选择某一社会形式呢？决不能。在人们的生产力发展的一定状况下，就会有一定的交换（commerce）和消费形式。在生产、交换和消费发展的一定阶段上，就会有一定的社会制度、一定的家庭、等级或阶级组织，一句话，就会有一定的市民社会。有一定的市民社会，就会有不过是市民社会的正式表现的一定的政治国家。"① 在这里，马克思告诉我们，人类社会是由经济基础和上层建筑组成的；十几年以后，他又在《〈政治经济学批判〉序言》中，对社会经济基础和上层建筑作了更为经典的表述，从而指明了"人类历史的发展规律"②。因此，我们研究某一时期的历史，就是要考察这一历史时期的社会状态，即其经济基础、上层建筑及其相互关系的具体情况。

收在此集中的文章，社会经济类 3 篇，政治及中外关系类 4 篇，思想文化类 7 篇，综合研究晚期社会转型 3 篇，既有关于经济基础的，也有关于上层建筑的，还有从经济基础和上层建筑两个方面综合论述晚明社会整体变迁

① 马克思：《致巴·瓦·安年柯夫》（1846 年 12 月 28 日），《马克思恩格斯选集》第 4 卷，人民出版社 1972 年版，第 320—321 页。所谓"市民社会"，马克思在《〈政治经济学批判〉序言》中说，"这种物质的生活关系的总和，黑格尔按照十八世纪的英国人和法国人的先例，称之为'市民社会'"。

② 恩格斯：《在马克思墓前的讲话》，《马克思恩格斯选集》第 3 卷，人民出版社 1972 年版，第 574 页。

的。分开来看，它们各自展示了明代社会的不同侧面；合起来观察，会对明代社会的总体状况有个粗略了解。当然，明代近三百年的历史，丰富多彩，变化万千，绝非这么几篇文章所能尽述，它们只不过是整个历史画卷上几笔粗线条而已。

在明代社会经济领域，有两个问题是关键性的，它们对明代社会面貌起着决定性作用。一个是封建贵族地主阶层、封建贵族地主经济及封建官绅地主阶层、封建官绅地主经济，另一个是明代中后期商品货币经济的空前发展与繁荣。《明代缙绅地主浅论》比较全面地论述了明代官绅（缙绅）地主阶层、官绅地主经济；而《论严嵩的家资》一文，则对明代官绅地主阶层、官绅地主经济作了个案剖析。《明代后期农业商品化程度的提高与社会经济结构、农业生产关系的变化》比较全面地论述了明代后期农业经济和农村社会发生结构性变异的历史进程，而农业商品化程度的提高又是手工业、商业、货币流通和城镇空前发展的基础，农业经济和农村社会结构性变异是整个明代社会经济结构发生变异的起点。

收入集中的有关明代政治及中外关系文章所论述的问题，在学术界乃至社会上都存有歧议。有关明代政治史的许多争议乃至误读，往往与对明朝开国皇帝太祖朱元璋及其继承者成祖朱棣的评价直接相关。《明太祖朱元璋社会理想、治国方略及治国实践论纲》，篇幅之所以较长，是因为以列表的方式列举了大量史实，这样得出的结论会更稳妥些。综观朱元璋的全部历史活动，将其简单地说成嗜杀成性的暴君，进而认为明代政治漆黑一团，未免偏颇；实际上，他是中国古代一位很有建树的帝王，一位少见的爱民、扶弱、佑贫的帝王，一位仅见的对贪官污吏、害民豪强、不法权贵坚决打击、毫不留情的帝王，一位大力促进和维护多民族国家统一和安全的帝王。他开创的明初盛世为明代后来的发展开辟了道路，为明代中国成为当时世界强国奠定了基础。《"踪迹建文"、"耀兵异域"说质疑——纪念郑和远航600周年》对郑和远航是为了"踪迹建文"、"耀兵异域"的传统观点给予反驳，深入论述了郑和远航的真实历史背景、历史动因、历史意义及明太祖、明成祖的天下观和对外政策。明代，特别是嘉靖年间的倭寇侵掠是中国古代历史上前所未有的重大沿海外患，围绕倭患，朝野内外各种政治势力展开激烈的争论和斗争。时至今日，国内外学者对倭寇性质的看法仍存原则分歧。《关于明代倭寇性质问题的思考》论述了我对倭寇性质的观点。中国古代农民起义曾经是历史研究的热点之一，近年来日趋冷落。但像明末李自成、张献忠那样规模浩大的农民起义，是无论如何也绕不开的历史事件。《张献忠"谷城受抚"评析》通过对张献忠"谷城受抚"的评析，进而对张献忠的历史地位作了评价。

明代思想文化灿烂多姿、生动活跃，是中华传统文化的重要发展期。由程朱理学占主导地位到阳明心学占主导地位，由阳明心学占主导地位到实学思潮、早期启蒙思潮的兴起，是明代社会思想的基本走势，敏锐而鲜明地反映了时代的变化。收入集中的几篇明代思想史的文章，大体都是围绕这个走势开展探讨的，有的是对社会思想、社会思潮的宏观研究，有的是对思想家们的个案分析。集子中还收入了关于科举制、明定陵考古发掘等文章。

中国古代社会发展至明代后期（16 世纪初叶至 17 世纪中叶），已经开始起步向近代社会转型，明代后期是中国早期近代化历程的开端。其时，从经济基础到上层建筑都出现了近代社会因素，社会状态开始发生全面变化，这是具有划时代意义的社会变迁。以上这些关于明代后期社会转型的观点，是我们经过深入考察、严谨论证，在我主编的《明代后期社会转型研究》（中国社会科学出版社 2008 年版）一书中完整提出的，《晚明：中国古代向近代转型的起点》则是我为该书撰写的"导论"。黄仁宇的史学论著影响颇大，《关于明代中后期的历史走向——黄仁宇传统中国"不能产生资本主义萌芽"说述评》对黄先生关于明清资本主义萌芽及明代社会的观点提出异议，同时阐述了我对明代中后期历史走向及社会变迁的看法。

吴晗是我读研究生时的导师。他是著名明史专家，因此集子中收入了几篇关于他的文章。2009 年，是吴先生的百年诞辰，为了撰写纪念他的文章，我重读他的论著，评估他的贡献，真有"仰之弥高，钻之弥坚"之感。我有时在想，倘若他不是在 40 岁以后即把主要精力用于行政管理而继续学术研究，倘若他不是在 60 岁时即被"文化大革命"夺去生命，那么他树立的学术之峰，将会更加高耸，而不可及也。

收集在这里的文章，有的作了个别文字修订，有的补充了内容或资料。

由于文章撰写于不同时期，前后发表时间跨度较大，对某些问题的评述或有深浅之不同、程度之差异、角度之变化，这大概是自己对明代历史的认识不断深入的反映，故都不作修改，仍如其旧。

"学然后知不足"。自编论文集也是对学术生涯进行自我审视的机会。我对明史研究虽有心得，但成绩有限。已经研究过的问题，有的还讲得不够透彻；明史中的许多问题，尚未深入研究，这不能不是我的遗憾。

张显清

2012 年 9 月

2015 年 7 月修订

明代缙绅地主浅论

缙绅地主经济是明代社会经济结构的重要组成部分，引起中外学者的普遍关注。本文拟就它的特权等级地位及历史作用作些肤浅的探讨。

徭役优免权赋予了缙绅地主特权等级地位

马克思、恩格斯曾经指出："在过去的各个历史时代，我们几乎到处都可以看到社会完全划分为各个不同的等级，看到由各种社会地位构成的多级的阶梯。……而且几乎在每一阶级内部又有各种独特的等第。"[①] 中国封建社会同样是由"多级的阶梯"构成的，只不过带有同西方不同的民族特点而已。在明代社会阶级结构中，不仅地主与农民属于不同的"等级的阶级"，而且在地主阶级内部也清楚地显示出"各种独特的等第"，即皇族地主（皇室和宗藩）、贵族地主（勋臣和外戚）、缙绅地主、庶民地主。它们之间有由法律规定和保护的不同等级的人身和经济地位。而且，这种不同的"等第"还相当的稳定，变化的仅是某些成员的结构层次，整个地主阶级内部的等级结构长期稳固地耸立在那里。

缙绅地主在明代地主阶级内部等级结构中是很重要的一个阶层。本文所谓的"缙绅"，其范围主要包括：通过封建选举制度取得官职的现任官员及其恩荫子弟；致仕家居的乡官（乡绅）；虽未出仕，但具有生员、贡生、监生、举人、进士等功名地位和政治身份者。在广义上，捐纳官也应包括在内。由这些人形成的地主阶层，即为缙绅地主。

---

① 马克思、恩格斯：《共产党宣言》，《马克思恩格斯选集》第 1 卷，人民出版社 1972 年版，第 251 页。

　　他们之所以被划分为同一"独特等第"，是因为他们有基本相同的属性。他们同皇族地主、贵族地主虽同属身份地主，但人身等级和人格化的土地所有权的等级都比之低下。他们同庶族地主虽同属封建地主，但人身等级和土地所有权的等级都比之优尊。他们人数众多，赋有官僚和地主双重人格，构成身份地主的骨干。

　　为了培植封建政权的统治基础，开国伊始，朱元璋便对缙绅们的政治经济特权作了法律的规定。在政治身份上，为了"定贵贱，明等威"，明代律令在议罪、定刑、礼仪、居处、舆马、器用、服饰、冠婚、葬祭、宴会、畜奴等方面，都有明确的"等差"规定，"士"与"庶"之间有着相当森严的人身等级界限。"富贵贫贱"，"此数说也。宰在天地鬼神，驭在当世之君"，是绝对不准"越礼犯分"的。①　这些已为人们所熟悉，毋庸赘述。

　　缙绅地主在经济上的特权等级地位是由多种因素构成的，而法律规定的徭役优免权则是一个决定性的因素。

　　洪武初年规定，府、州、县学生员除本身免役外，户内优免二丁差役；北方地区增广生员不拘额数，"复其家"②。国子学"复其身"③。

　　洪武七年规定，官员亡故，免其家徭役三年。④

　　洪武十年规定，"食禄之家与庶民贵贱有等，趋事执役以奉上者，庶民之事"。"自今百司见任官员之家有田土者，输租税外，悉免其徭役。"⑤

　　洪武十二年规定，内外官员致仕还乡者，"复其家（徭役），终身无所与"⑥。居乡，"礼体与见任同"，庶民以"官礼谒见"⑦。

---

　　①　《大诰续编·居处僭分第七十》。

　　②　《大明会典》卷七八礼部三六《学校·儒学·选补生员》。《续文献通考》卷一七《职役考·复除》。关于生员之优免，后来又有补充规定。嘉靖年间诏令，生员累科不第，年五十以上，愿告退闲者，"给予冠带荣身，仍免本身杂泛差徭"。万历年间诏令，生员考试不谙文理十年以上者，发附近去处充吏，依吏员例优免（同上）。

　　③　《明太祖实录》卷五三，洪武三年六月。《皇明太学志》卷二《赐予·优复》。永乐三年又规定，监生免其家两丁差役，同于生员之例（同上）。

　　④　《大明会典》卷二〇户部七《户口·赋役·优免差役》。

　　⑤　《明太祖实录》卷一一一，洪武十年二月。

　　⑥　《明太祖实录》卷一二六，洪武十二年八月。

　　⑦　于慎行：《谷山笔麈》卷一《制典》。

　　洪武十九年，赐年高富民社士、乡士、里士爵位，与县官平礼，免杂泛差徭。①

　　洪武五年规定，禁止庶民之家存养奴婢。②

　　除免役权外，"绅衿贫户"还有"奏销豁免"税粮的权利。③

　　这些法律规定，是社会经济关系的等级差别在法权上的反映。

　　明代役法虽然屡经变革，内容繁杂，但就编役对象来说，一直分为丁口和田亩（或田粮）两部分。"有田则有役"，"赋、役之同出于田"，田地不仅是赋税的承担者，也是徭役的承担者。洪武初年实行的"均工夫"法，"计田出夫"。黄册制度实行后，里甲正役虽按户编充，但户等的划分仍以"丁、粮多寡，产业厚薄"为据，里长、粮长、塘长等重役，皆由"丁、粮多者"充当；杂泛差役亦"各验籍内户口、田粮，定立等第科差"。按照国家法令，庶民地主和自耕农，人丁和田地都要服役，土地同主人一样，都是没有特权的。可是，与徭役法并行的还有优免法，享有优免权利的缙绅地主并不完全受役法的约束。他们不仅人丁享有免役权，而且土地也享有全部或部分免役权。在这里，土地同主人一样，也是有特权的。马克思在论证欧洲领主权力同土地占有制的关系时曾说："地产同它的主人一起人格化着。它有主人的阶位，和主人一起是男爵的，或伯爵的，它有着他的诸特权。"④ 中国封建社会的具体情况虽有不同，但在地产权利同主人权利的关系上，并无实质的区别。自然属性相同的土地，由于主人的身份等级不同而具有不同的社会属性。人格化的缙绅土地有着与它的主人身份地位相应的等级身份。

　　明中叶以后，农民和庶民地主的赋役负担日趋繁重。除封建国家不断增加赋役外，缙绅地主通过优免权无限制地转嫁赋役也是一个重要原因。"民间大患莫甚于赋役之不均，赋役不均实由于优免之太滥。"⑤ 沉重的压榨引起了农民的强烈反抗。在经过各地农民起义的沉重打击之后，封建统

----

① 《皇明诏令》卷三《存恤高年诏》，洪武十九年六月。

② 《皇明诏令》卷二《正礼义风俗诏》，洪武五年五月。

③ 参见顾公燮《消夏闲记摘抄》卷下。

④ 马克思：《经济学哲学手稿》，人民出版社1963年版，第46页。

⑤ 庞尚鹏：《题为厘宿弊以均赋役事》，《明经世文编》卷三五七。

治者不得不对赋役制度进行某些改革，而调解享有优免权的官户与没有优免权的民户之间的尖锐矛盾，就成了改革的一项主要任务。"调剂于贫富贵贱之间"，"使小民不失望，并可慰士大夫之心"①，是改革家们的良好愿望。为此，中叶以后的役法改革一般都贯彻了如下两条基本精神：其一，各种新法都体现了"以丁、田为准"，"田既出米，又以起庸"的原则。而且愈来愈突出土地的负担，"以田为纲"，"以资产为宗"，逐渐向赋役合一的道路发展。其二，随着土地负担的被突出，优免制度也明确地确定了"免粮"或"免田"的原则。将明初食禄之家"悉免其徭役"修改为"论品免粮"或"论品免田"，一方面在法令上明文肯定了优免田的特权身份，另一方面也对优免额作了具体限定。

正德十六年，钦准"内外仕宦之家，量其官职崇卑，定为优免则例"，京官三品以上免田四顷，五品以上三顷，七品以上二顷，九品以上一顷，外官则递减之，无田者准田免丁。②

嘉靖十年，《优免则例》将优免内容分为粮和丁两部分，论品限额，并可依一定比例互相折换，限额外部分与庶民一体编差。二十四年，又在此基础之上增加了粮、丁的优免额数。具体数额如下表③。

嘉靖十年、二十四年《优免则例》优免役粮、人丁数额表　　（单位：石、丁）

品名（京官）	嘉靖十年《优免则例》		嘉靖二十四年《优免则例》	
	优免役粮额	优免人丁额	优免役粮额	优免人丁额
一 品	20	20	30	30
二 品	18	18	24	24
三 品	16	16	20	20
四 品	14	14	16	16
五 品	12	12	14	14
六 品	10	10	12	12

① 丁元荐：《尊拙堂文集》卷二《均田议·启王怙云》。

② 《节行事例·内外官员优免户下差役例》，《皇明制书》下卷。

③ 此表据以下文献所载资料制成：《嘉隆新例附万历·户例》；《皇明世法录》卷三九《赋役·优免差役》；《海瑞集》上编《兴革条例·工属》；《天下郡国利病书》卷二三《武进县志·优免》等。

续表

品名（京官）	嘉靖十年《优免则例》		嘉靖二十四年《优免则例》	
	优免役粮额	优免人丁额	优免役粮额	优免人丁额
七　　品	8	8	10	10
八　　品	6	6	8	8
九　　品	4	4	6	6
外　　官	照同品京官减半	照同品京官减半	照同品京官减半	照同品京官减半
教官 举人 监生 生员	2	2	2	2
杂　　职	1	1	1	1
以礼致仕	免本品 7/10	免本品 7/10	免本品 7/10	免本品 7/10
闲　　住	免本品 1/9	免本品 1/2	免本品 1/2	免本品 1/2

万历十四年，又对嘉靖二十四年《优免则例》作了修订。将"论品免粮"改为"论品免田"，把优免对象由粮、丁改为田、丁。田役部分，以嘉靖二十四年《优免则例》为基础，按照每免粮三升准折田一亩的比例，把各品所该优免之粮额折换成田亩，谓之"优免田"；优免限额以外的田地称为"余田"，"与民一体编役"。例如，一品京官，旧例免粮三十石，新例则折换成田地一千亩。丁役部分，仍依旧制，并可按一定比例丁、田互折。①

万历十四年《优免则例》优免田、丁数额表　　（单位：亩、丁）

品名（京官）	一品	二品	三品	四品	五品	六品	七品	八品	九品	教官 监生	举人 生员	杂职	致仕	闲住	外官
优免田额	1000	800	670	535	470	400	335	270	200	40		2	免 7/10	免 1/2	减半
优免丁额	30	24	20	16	14	12	10	8	6	2		1	免 7/10	免 1/2	减半

① （万历）姚宗仪《常熟私志》卷三《赋役·优免新例》；《天下郡国利病书》卷二三《武进县志·优免》。

　　万历三十八年，针对法外滥免成灾的严重局面，江南巡抚徐民式再次倡导"限田免役"。但是朝廷却以优礼"乡绅之体貌"为由，据十四年优免之例，"加倍常额"制定了新例。三十八年新例比十四年旧例，甲科任京外官者优免田额增加十倍；乡科及官恩生任京外官者增加六倍；选贡任官者增加四倍；粟监官增加一倍；致仕养亲闲住增加六倍。[①]

万历三十八年《优免新例》现任官员优免田额表　　　　　（单位：亩）

品级 （京官）	一品	二品	三品	四品	五品	六品	七品	八品	九品	外官	备注
甲科优免	10000	8000	6700	5350	4700	4000	3350	2700		减半	外官一般按同品京官优免额减半优免，个别品级略有增减
乡科优免		4800	4020	3210	2820	2400	2010	1620	1200	减半	
选贡优免				2140	1880	1600	1340	1080	800	减半	
粟监优免				1070	940	800	670	540	400	减半	

万历三十八年《优免新例》致仕及未仕乡绅优免田额表　　　（单位：亩）

类别	二甲进士未仕	三甲进士未仕	举人恩生未仕	贡生未仕	生员监生	致仕	故官未及三年
优免田额	3350	2700	1200	400	80	按本品6/10免	照原品级免

　　从这几个《优免则例》可以看出，明中叶以后施行的"限额优免"制，并未稍微改变缙绅地主土地的特权等级性质。

　　首先，优免量定得很高。名义上是"限田优免"，实则在优尊"乡绅体貌"的等级原则下，优免额很高。按照《优免则例》，除生员、吏员等低级官户外，其他官户的土地，大部分都可包括在免役田之内，成为有特权身份的土地。此外，在城市经济生活中，他们也享有某些优免权利。例

---

　　① 万历三十八年《优免新例》见于万历姚宗仪《常熟私志》卷三《赋役·优免新例》、钱五卿《鹿苑闲评》、崇祯《松江府志》卷一二《徭役》以及康熙《松江府志》卷一三《徭役》。有关各表均依上述文献制成。

如，按官品优免城镇甲役①；免除京师生员之家"一应商税"等②。

其次，优免量增长很快。以一品京官为例，正德十六年免田四百亩，万历三十八年已免田一万亩，九十年间增至二十五倍。八品京官，正德十六年免田一百亩，万历三十八年已免田二千七百亩，增至二十七倍。这种状况表明，明中叶以后，随着土地急剧向身份地主集中，社会上具有特权等级身份的土地也相应大幅度增加。

再次，优免田实际上已具有免赋的性质。在中国古代，"赋"与"役"既有区别，又很难截然分开。明初，有"因赋定役"之制。③ 嘉、万以后，一条鞭法更直接将部分差役并入田赋，把赋、役合编在一起征收。因此，明代优免制度虽然名义上只免徭役而不免田赋，但"论品免粮"、"论品免田"实际上已具有免赋的性质。最明显的莫过于万历三十八年《优免新例》，只规定免田数额，而未提及丁额，具体地体现了一条鞭法的原则。这表明，所免之田，既免除了徭役，也免除了赋税，成为无任何负担的土地。对地主阶级来说，向国家缴纳的田赋，是国家以钱粮形态实现的对其榨取的一部分地租的分割，亦即对土地所有权的分割，庶民地主的土地必须如数实现这种分割，而缙绅优免田则免除了这种分割。在这里，再一次显示了土地所有权的等级差别。而土地所有权又是土地所有制的法律形式。因此，也可以说，这种土地所有权的等级差别，乃是土地所有制等级差别的某种法权体现。

最后，所谓"限额"，只是官样文章。在实际生活中，缙绅们常常采取各种手段，冲破"限额"的束缚，而实行全额优免。"两榜乡绅，无论官阶及田之多寡，决无佥役之事。"④ 乡官、生员、吏胥，"法皆得以复其户，而无杂泛之差"⑤。关于这些，在下面我们将要详细论及。

那么，享有优免权利的缙绅等级在社会人群中究竟占有多大的比例呢？生员是取得缙绅身份的最低层阶梯，它的数量的获得是了解缙绅数量

---

① 《明大政纂要》卷五七，嘉靖三十四年十一月。
② 《明熹宗实录》卷六四，天启五年十月。
③ 《大明会典》卷二〇《户口·赋役》。
④ 叶梦珠：《阅世编》卷六《徭役》。
⑤ 顾炎武：《生员论》，《亭林文集》卷一。

的基础。按制度，府、州、县学廪膳、增广生员各有定额，但实际上都突破了定额限制，"豪猾大户冒充以避差役，鄙猥庸流泛收以备数日"，"不肖生员冗滥在学，影射户役"①。据朱国祯估计，大县有生员一二千人，小县七八百人，下县二三百人。②顾炎武在《生员论》中也说，大县有生员千人以上。如果每县以三百人计，则全国不下五十万人。晚明全国人口有说六千万者，按此则生员约占总人口的1%，在成年人丁中比例则大些。又据《松江府志》提供的资料估算，天启四年前后，松江府籍举人三百人左右，进士一百二十人左右。此时，该府人丁约二十一万，举人占成年人丁0.14%左右，进士占成年人丁0.06%左右。③他们绝对数量虽然很大，但相对广大庶民来说，毕竟还是少数。

不过，在享有优免权的人中，也有未曾经历生员阶段者。例如某些胥吏和捐纳散官。中叶以后，捐官盛行，"纳粟义民"亦"赐以冠带，荣其终身，免其杂泛差役"④。

缙绅等级徭役优免量与国家实征总量之间的比例关系，是需要进行的另一重要定量分析。这里我们试以苏州府和常州府无锡县为例作一粗略考察。⑤

万历四十五年苏州府各州县优免田与额征、实征田比较表

地　区	额征田地总数	优免均徭田地数	实编均徭、里甲田地数	优免田与额征田之百分比	优免田与实编田之百分比	每亩负担役银	优免田与庶民田每亩徭役负担之百分比	备注
太仓州	883177	50314	832863	5.69%	6.04%	均徭银8厘5毫 里甲银5厘2毫	5.2/13.7 ＝38%	

① 《皇明条法事类纂》卷八《吏部类·贡举非其人·修明学政例》。
② 参见朱国祯《涌幢小品》卷一一《雍政》。
③ 参见（康熙）《松江府志》卷一九、二〇《学校》，卷三五、三六、三七《科目》，卷五《户口》。
④ 《皇明条法事类纂》卷一《职官有犯之四·成化十五年礼部为建言民情事》。
⑤ 苏州府各州县比较表据《天下郡国利病书》卷一八《税粮》所载资料编制。常州府无锡县比较表据《无锡县均田碑》所载资料编制。

续表

地区	额征田地总数	优免均徭田地数	实编均徭、里甲田地数	优免田与额征田之百分比	优免田与实编田之百分比	每亩负担役银	优免田与庶民田每亩徭役负担之百分比	备注
长洲县	1328164	126659	1189495	9.53%	10.64%	均徭银6厘8毫 里甲银4厘7毫	4.7/11.5 =40.9%	
吴　县	701332	46120	655310	6.57%	7.03%	均徭银1分8毫 里甲银7厘2毫	0.72/1.8 =40%	1. 土地单位：亩 2. 田土额数，有的县系田地、山荡之总和；有的县仅为田地，不包括山荡 3. 每亩役银，以田地为据，而未计山荡 4. 崇明县，记载不详，此表及下表均未列入
吴江县	1096739	62036	1024702	5.65%	6.05%	均徭银8厘1毫 里甲银2厘3毫	2.3/10.4 =22%	
常熟县	1700459	44925	1655534	2.64%	2.71%	均徭银6厘5毫 里甲银3厘3毫	3.3/9.8 =33.7%	
昆山县	1117313	48136	1069177	4.31%	4.5%	均徭银7厘8毫 里甲银3厘8毫	3.8/11.6 =32.76%	
嘉定县	熟田额征平米378561石	优免均徭粮米15581石	实编徭、里粮米362980石	4.11%	4.29%	每石均徭银1分4厘7毫 里甲银7厘8毫	0.78/2.25 =34.6%	
平均				5.5%	5.89%		34.6%	

万历四十五年苏州府各州县优免人丁与额征实编人丁比较表

地区	额征人丁	优免均徭人丁	实编均徭、里甲人丁	优免人丁与额征之百分比	优免人丁与实编之百分比	每丁负担役银	优免人丁与庶民人丁徭役负担之百分比
太仓州	34753	1909（可能系909之误）	33844	5.49%	5.64%	均徭银2分6厘9毫 里甲银1分4毫	1.04/3.73 =27.8%
长洲县	140899	5611	135288	3.98%	4.15%	均徭银2分3毫 里甲银1分4厘	1.4/3.43 =40.8%
吴　县	100969	2318	98651（仅均徭数）	2.3%	2.35%	均徭银3分2厘5毫 里甲银2分1厘4毫	2.14/5.39 =39.7%

续表

地区	额征人丁	优免均徭人丁	实编均徭、里甲人丁	优免人丁与额征之百分比	优免人丁与实编之百分比	每丁负担役银	优免人丁与庶民人丁徭役负担之百分比
吴江县	119563	1225	118338	1.02%	1.04%	均徭银2分4厘1毫 里甲银9厘8毫	0.98/3.39 =28.9%
常熟县	101051	1156	99895	1.14%	1.16%	均徭银1分2厘8毫 里甲银6厘4毫	0.64/1.92 =33.3%
昆山县	51365	1090	52075（系50275之误）	2.12%	2.17%	均徭银2分2厘8毫 里甲银1分1厘4毫	1.14/3.42 =33.3%
嘉定县	72343	2470（可能系1470之误）	70873	3.41%	3.49%		
平均				2.78%	2.86%		33.97%

万历三十九年常州府无锡县优免田与额征田比较表　　　（单位：亩）

地区	全县田额	官户田额	官户优免田额	优免田与官户总田额之百分比	优免田与全县田额之百分比
无锡县	1402443	331842	172123	51.87%	12.27%

　　以上数据表明，苏州府各州县平均田役优免量占额征总量的6%左右，丁役优免量占额征总量的3%左右。"在县丁米只有此数。官户丁米不差，民户科差必重。"① 就是说，缙绅地主把6%的田役和3%的丁役转嫁给了农民和庶民地主。而常州府无锡县，在刚刚经过徐民式整顿之后，优免田仍占官户总田数的50%以上，占全县田额12%以上。而就单位负担而言，平均每亩优免田与庶民田徭役负担之比为34.6%；平均每个优免人丁与庶民人丁徭役负担之比为33.97%，庶民负担是官户的三倍左右。

　　应该着重指出的是，以上列表，都是排除了一切复杂因素的纯粹的静态计算，只有参考价值。地方志提供的数据，来源于《优免则例》的原则规定，往往是例行公事；而缙绅们总要冲破法定界限，攫取法外权益的。因此，实际优免比例要比这高得多，以至竟会十分殊悬。所以，顾炎武在

---

① 聂豹：《核官籍以均徭役》，《明经世文编》卷二二二。

《生员论》中才有这样的著名估算：缙绅的土地全部优免，优免田占一县额征总数的50％，甚至90％；由50％甚至10％的庶民土地承担100％的徭役。顾氏比地方志更真实地反映了历史面貌。这样，对缙绅地主法外权利作更进一步的考察，也就显得十分必要了。

法外权利强化了缙绅地主特权等级地位

如果仅仅考察法内权利而不重视法外权利，那么对缙绅地主经济特权等级地位的了解将是远远不够的。

缙绅等级的优免权益虽已丰渥有加，但他们并不满足。他们要求的是不受任何法律约束的习惯权利，对朝廷限额优免的法律规定给予了各种形式的抵制和对抗。万历年间，徐民式倡导"限田免役"时，江南缙绅就曾群起而攻之。"吴中举、监、生员甚多，此辈骤闻新例，或有纷纷之说耳。"① "吴士久安于免役，一旦驱之应役，多以体面不雅。"② 他们以"官庶有别"、"贵贱有等"作为理论依据，攻击限外田承役是"以贱妨贵"，"兆此乱萌"。"科第最盛"的常州，缙绅们还联名致函徐民式，表示抗议："凡通仕籍者，必革职然后与齐民一体当差。今我辈俱现任，自当优免，安得从革职之例？"③ 致仕首辅长洲申时行，更亲自出马"力阻"改革。④ 在缙绅地主通力反对下，"限额优免"成了一句空话，根本无法执行。"士人一通籍，辄拥膏腴，累千百而烦役不及"⑤，实际上享有了包括限外田在内的全部土地的优免权，成为"产无赋、身无徭、田无粮、廛无税"⑥ 的名副其实的特权阶层。法外权利的获得，使因法内权利而基本形成的缙绅地主经济的特权等级地位大大强化起来。

缙绅地主猎取法外权利的神通是很广大的。除了明目张胆地对抗限额

① 张萱：《西园闻见录》卷三二《户部一·赋役前》。
② 沈瓒：《近事丛残》卷四。
③ 曹家驹：《说梦》。
④ 参见丁元荐《尊拙堂文集》卷二《均田议·启王怙云》。
⑤ 魏学洢：《两汉名吏纪序》，《茅檐集》。
⑥ 陆世仪：《复社纪略》卷三。

优免法令，拒绝限外田承役外，还玩弄各种伎俩，扩大其他经济权益。主要手段有如下几个。

（一）扩大优免田范围

诡寄、投献等是缙绅地主扩大优免田范围的主要途径。在形式上，它们都为朝廷所禁止，是法外权利；但又无一不是优免制的产物，是法内权利的变种。

所谓"诡寄"，系指缙绅族人、姻亲，乃至平民，将土地非法隐寄于缙绅户下，以图优免差役；而接受投寄之缙绅则从中牟利，甚至将所寄之田据为己有。"三吴官户不当役，于是有田之人尽寄官户。"① 关于诡寄与优免的关系，当时不少有识之士做过很有见地的论述。聂豹说："今日士夫一登进士，或以举人选授一官，便以官户自鸣。原无产米在户者，则以无可优免为恨，乃听所亲厚推收诡寄，少者不下十石，多者三四十石，乃或至于百石。原有产米在户者，后且收添，又于同姓兄弟先已别籍异居者，亦各并收入户，以图全户优免。……势焰者，官府固已闻风免差；势退者，亦能多方攀援以图全免，或一年之内而免数户，或十年之内而免数年。……凭借朝廷优免之厚恩，阴食吾民之膏髓。"② 唐顺之说："大户之诡寄起于官户之滥免，则此二弊者其实一弊也。夫滥免、诡寄之弊，谓某官例得免田千亩，而自有田万亩，或自无田而受诡寄田万亩，则散万亩于十甲，而岁免千亩，实则万亩皆不当差也。"③ 很清楚，优免太滥是明中叶以后诡寄成风的直接原因。正因为官户有事实上不受限制的优免权，因此非官户才千方百计地将自己的土地冒充官户土地，骗取优免。这样，在官绅荫蔽下的优免田便越来越多。时人惊呼："今若此，再十年后之造册，皆乡官之户也。"④

"今世最害人之事，无如投献田地、人口。"⑤ 所谓"投献"有三种情

---

① 《王思任均徭全书序》，《天下郡国利病书》卷二二。
② 聂豹：《核官籍以均徭役》，《明经世文编》卷二二二。
③ 唐顺之：《答王北崖郡守计均徭》，《唐荆川文集》卷一〇。
④ 王文禄：《书牍·上侯太府书》，《百陵学山》。
⑤ 陆师贽：《过庭随笔》卷二。

况。其一，系指庶民将田产奉献给缙绅所有，而自己充其佃户，用以逃避徭役。此弊江南尤甚。苏、松、常"仕宦之渊薮"，徭役甚重，"以故富者辄籍其产于士大夫，宁以身为佣佃而输之租，用避大役，名曰投献。故士一登乡举，辄皆受投献为富人"①。其二，"躲避差役小民，故将子弟投献（官豪之家）。又有极贫人户，因欠钱债，愿将儿女准折"②。即将人身"投献"给官绅为奴仆家人，此风江南亦盛。其三，奸诈干进之徒，将百姓成熟田地诡称闲田荒地，"投献"给官豪势要之家，"少者二三百顷，多者五七百顷"③，"或延袤四五十里，或跨越一二州县"④。此弊尤以北直隶为烈。

各种方式的诡寄、投献活动，不仅扩大了优免权益，而且是缙绅兼并土地的形式。当然，他们扩大优免范围的手法绝不止此。诸如花分、寄庄等弊"如牛毛茧丝"，不胜枚举。因此，通过非法手段而获得优免权的土地数量是相当可观的。隆庆元年，苏、松、常、镇四府查出投献、诡寄田1995470亩，花分田3315560亩。⑤ 其时，松江府全府田额四百四十余万亩。这里清出的数量比松江全府土地还要多。万历三十八年，常熟县清出花分、诡寄田十五万亩⑥，青浦县清出花分、析产之田十六万亩⑦，华亭县"核富民田，隐没尽出，逾故额六十万（亩）"⑧。

现据《无锡县均田碑》，将江南长洲等四县法外滥免情况制表如下。

江南长洲等四县法外滥免徭役状况表　　　　（单位：亩）

地区	万历三十八年前编差田	万历三十八年清查后编差田	万历三十八年前滥免田数	滥免田与编差田之比
长洲县	200000	556900	356900	1.78 倍
吴江县	202000	900000	698000	3.45 倍
华亭县	100000	345000	245000	2.45 倍
无锡县	517170	736017	218847	42.3%

① 黄秉石：《海忠介公传》，《海瑞集·附录》。
② 《皇明条法事类纂》卷一《五刑·去羽翼以抑豪强》。
③ 《皇明条法事类纂》卷一三《户部类·盗卖田宅·禁约公侯等官奏讨及强占军民地土例》。
④ 《皇明条法事类纂》卷一三《户部类·盗卖田宅·禁革皇亲公侯文武大臣奏讨田土例》。
⑤ 《明穆宗实录》卷一三，隆庆元年十月。
⑥ 《无锡县均田碑》，《江苏省明清以来碑刻资料选集》。
⑦ 《王思任均徭全书序》，《天下郡国利病事》卷二二。
⑧ 董其昌：《送聂邑侯入觐序》，《容台集》卷三。

法外滥免造成了避役之田多、承役之田寡的畸形状态。承役田越少，单位面积的徭役量越重，受害的只能是没有免役权的农民和庶民地主。"小民或以十分之四五当十分之差，或以十分之六七当十分之差，而此辈（投献、诡寄者）安然坐享富贵……小民若之何而可存活也。"① "兔脱雉罹，大半中人耳。中人之产气脉几何？役一著肩，家便立倾。一家倾而一家继，一家继而一家又倾，辗转数年，邑无完家矣。"②

（二）违制优免里甲

洪武十年诏令所云食禄之家"悉免其徭役"乃免除包括里甲、杂泛等全部徭役之意。但洪武十三年朱元璋又宣诏，"随朝官员除本户合纳税粮外，其余一应杂泛差役钦依尽行免了"。正统元年，再次申明此例，规定"在京文武官员之家，除里甲正役并税粮外，其余一应杂泛差役俱免"③。以后的《优免则例》，都贯彻了只免杂泛不免里甲正役的精神。

但是，缙绅们仍然以洪武十年诏令为据，坚持优免里甲。万历时，有的缙绅说："'悉免役，著为令'，二百年来遵行无异。"④ 事实上，江南地区，缙绅地主一直享有里甲优免权。"按会典所载，见任官员照品级优免丁、粮若干，而不及户役。其优免户役惟江南及浙西有。""奈绅衿免田无限制，各项免田不派入里甲。"⑤

里甲正役中的粮长、里长、塘长，按规定应由丁粮相当的殷实大户充当。他们既是封建统治机构的基层成员，又是地主阶级向国家承担的职役；既残害农民，又往往因征收、解运钱粮的重负而家破人亡。由于缙绅的逃脱，倾家荡产的厄运便落到了"中户"，甚至"下户"，即庶民地主和自耕农的身上。中叶以后，这已成为严重的社会问题，致使嘉靖皇帝在诏书中也不得不痛陈此弊："粮长之役专为征收解纳钱粮，先年人多乐

---

① 徐涉：《酌时事备法纪以善臣民以赞圣治事》，《明经世文编》卷三五六。
② 范景文：《革大户行召募疏》，《明臣奏议》卷三九。
③ 《皇明太学志》卷二《赐予·优复》。
④ 钱五卿：《鹿苑闲评》。
⑤ 沈纯祐：《嘉兴县启祯两朝实录·白粮》、同书《赋役》。

当。近来一当粮长无不破家荡产。因佥点之时，官吏受私听嘱，将富豪之家指以纳粟监生、纳银王府官员、义官等项除免，止将善良人户佥充。"① 所谓"善良人户"，主要是"中产之家"，即庶民地主和富裕农民。嘉靖时昆山人方凤感慨地说："吾乡中产三家俱败于粮役"，"予闻之惨然"②。著名赋役改革家庞尚鹏也说："中人之家每遭此役，未有不荡覆身家者。甚至坐罪远遣，流祸子孙。臣每从系囚中询及此辈，为之恻然。"③

嘉、隆之际，粮长的职责分散到总催、经催、解户等职役身上。他们虽"皆出于田"，但实际承担者却"历来止编民户，不及官甲"④，"皆以有土之民充之，而缙绅例有优免，不与焉"⑤。在苏松，民户有田千亩以上者，充布解、北运；五百亩以上充南运；二三百亩以上充经催、收兑；二三十亩以上充排年、分催、总甲、塘长。⑥ 他们或是庶民地主，或是自耕农民。

经催等役之足以"破身亡家"，丝毫不比昔日粮长为轻。经催负责一里税粮之征收，奔走跋涉，盘缠需索，拖欠赔补，"举一图之困苦，独萃于一人"，"故百亩以上人户充此一役，犹虑不堪，若以零星数亩之户朋充，未有不立弊者"⑦。

苏、松、嘉、湖四府例有白粮北运之役。这种苦重之役，当然又被缙绅转嫁给了平民。"赋繁役重无逾于南，而解运白粮尤称繁费。有田之家争欲避役，非奇庄于官户即花分为诡名，所存编役之田宁复有几？是以役愈重而弊愈滋，花诡愈多而应役之人愈寡也。"⑧

江南向京师解运布匹之役称布解。"百千浩费，此真莫大之役。"本应由"第一殷实巨官、田余二千亩、家累巨万金者"承担；但中叶以后，由于官豪巨室的规避，却只"佥点中人之家"充当，或由"数十家朋当"，

---

① 《皇明诏令》卷二○《宽恤诏》，嘉靖六年二月。
② 方凤：《改亭存稿》卷五《杂著》。
③ 庞尚鹏：《均粮役以除民害疏》，《百可亭摘稿》卷一。
④ 曹家驹：《说梦》。
⑤ 叶梦珠：《阅世编》卷六《徭役》。
⑥ 同上。
⑦ （康熙）《常熟县志》卷九《徭役·经催》。
⑧ 《嘉兴县启祯两朝实录·白粮》。

又不给银。单寒下户完卸此役，"则已吸骨及髓，更无身家余剩矣。所以吴中一闻此役，如赴死地"①。

（三）"但知收租，不知纳粮"

缙绅优免田虽已在事实上免除了田赋，但他们得寸进尺，又使用非法手段，极力使"田"与"赋"分离，而把限外田也变成"无粮之田"。唐龙所云"但知收租，不知纳粮"②，尖锐地指出了缙绅地主在同农民、同国家关系上所持的态度。他们只想对农民进行地租剥削，而不愿意向国家纳赋、实现地租的分割。为达此目的，可说是无所不用其极。例如：

乞求豁免。"绅衿贫户，奏销豁免"税粮的法定权利，为法外滥免赋税敞开了大门。"诸生中不安分者，每月朔望赴县恳准词十张，名曰乞恩。又揽富户钱粮立于自名下隐吞。"③

欺隐田地。为了逃避税粮，他们通过埋没、飞洒、虚悬、诡寄、挪移、影射等途径"隐其田额，以其虚税窜入贫者"④，以致"小民税存而产去，大户有田而无粮"。

"恃顽不纳。"中叶以后，税粮巨额逋负，江南尤甚。而敢于恃势抗赖者，实为身份地主。"小民无势，欲托欠而不能；良民惜子，畏拖欠而不敢；其拖欠者，类多豪强大户。"⑤ 地方官或稍持法，"辄相排诋去之"。名为逋欠，实为"有田不赋"，而令小民赔纳。

荫蔽亲族。不仅本户"例不纳粮"，而且荫蔽族人亲党之税。"乡宦年久官尊，则三族之田悉入书册。其间玩法子侄及妻族内亲，如俗所称老婆舅之类，辄谓有司无可奈何乡宦，而乡宦又无可奈何我们，于是动辄欺赖（税粮）。""故一官名下有欠白银一千余者。夫一官以千计，则十官以万计矣。况又不止十乎？"⑥

---

① （康熙）《松江府志》卷一三《徭役·华亭知县聂绍昌布解议略》。
② 唐龙：《江西奏议》卷一《乞因造册之年委官清量田粮疏》。
③ 顾公燮：《消夏闲记摘抄》卷中。
④ 周用：《周恭肃公集》附严讷《恭肃公行状》。
⑤ 万镗：《应诏陈言时政疏》，《皇明疏钞》卷三一。
⑥ 范濂：《云间据目抄》卷四《记赋役·严诡寄之弊》。

买田不过税粮。"苏、松、嘉、湖东南上郡，但有力之家买田不收其税粮。……使粮里不敢上门催办。"①

包揽私吞。《大明律》虽明文规定禁止"揽纳税粮"，但缙绅们目无法律，照样包揽民户钱粮，从中渔利。宰相徐阶将松江府全部国赋皆收入华亭里第，而在京师以七铢为一两取金交司农。② 折扣截留，隐占私吞。

（四）强占白夺

缙绅地主不仅在投献、诡寄等虚伪外衣掩饰下欺诈农民，还直接对其施行赤裸裸的暴力掠夺。

权豪势要率先明火执仗地抢掠民产。"皇亲、公侯伯、文武大臣中间，多有不遵礼法。有令家人于四外州县强占军民田土者，有起盖房屋者，把持行市侵夺公私之利者。"③ 致使各处地土、山场、湖荡，"多被权豪势要之家及奸诈无籍之徒侵占投献"④。

乡官为虎，细民为肉，是有明"一代风气"。"乡官之中多大于守令者，是以乡官往往凌虐平民，肆行吞噬，有司稍稍禁戢，则明辱暗害，无所不至。"⑤ 他们指使豪奴悍仆"三五成群，凶如虎狼；十数逐队，恶似鹰鹯。或强夺小民家业，或欺奸贫民妻女。威缚欠债人户私置牢狱，妄称租田名色公然诈取。非法犯分，靡所不为"⑥。

即使是纳粟捐来的散官，也毫不检束，照样恃势害民。他们"谋占小民田产，强牵牛马，准折良家子女为奴。甚至平治坟墓，抛弃骨殖，而侵占贫民风水为业。小民只得吞声忍气，而莫敢声言"⑦。

严重的是，尽管他们强夺民产，草菅人命，却可以逃避国家法律的制裁。乡官虐民，"因恃以为事而不革其冠带故也"⑧。即使因其他原因革职

---

① 叶权：《贤博编》。
② 参见于慎行《谷山笔麈》卷四《相鉴》。
③ 《皇明条法事类纂》卷一三《户部类·盗卖田宅·禁革皇亲公侯文武大臣奏讨田土例》。
④ 《皇明条法事类纂》卷七《吏部类·更新恤下之典令行事条》。
⑤ 赵南星：《敬循职掌割露良心疏》，《赵忠毅公文集》卷一三。
⑥ 《皇明条法事类纂》卷一《五刑·去羽翼以抑豪强》。
⑦ 《皇明条法事类纂》卷一《职官有犯之四·禁革豪强以除民患》。
⑧ 同上。

为民者，"原受诰敕亦不依例追夺"，仍可"冠带回家，仍复原授品官"，享有乡官的各种特权。① 实际上，明代缙绅地主拥有法外恣意侵夺百姓财产的权利。时人"大户之钱能通神，力能使鬼"② 的话，形象地说明了国家法律对缙绅非法行为的无力约束。

缙绅地主的法外权利并非仅如上述。但从中我们已可看出：

第一，优免权是猎取诸种法外权利的基础。没有法律规定和保护的特权等级地位，就失去了获得法外权利的前提。正如张居正所指出，"里甲、经催、投靠、优免四者，正吴人受病处"；而除此四病，必从整顿"优免"始，"优免核，则投靠自减。投靠减，则赋役自均"③。

第二，缙绅地主的法外权利是法内权利的扩展。没有法外权利的补充和强化，法定特权地位也不能巩固和发展。缙绅地主正是凭借自己的特权身份，通过猎取法外权利来加强自己的等级地位的。

第三，缙绅地主经济的扩展，主要不是靠经济关系本身作用的发挥，而是靠直接或间接的掠夺。且不要说强占白夺、投献诡寄是他们鲸吞土地的重要手段，就是倚势转嫁赋役负担，也是兼并土地的途径。它不仅摧垮了单寒下户，而且使"中人之产尽并兼于豪右"④。自耕农、甚至庶民地主的破产，是土地所有权向身份地主转移的重要前提。同时，由于赋役繁重，农民甚至庶民地主皆以"有田为大累"，"其价顿贱"。"卖者急于鬻，而买者故抑之，往往以重为轻，苟图速售。"⑤ 这种极不公平的土地买卖，并不是按商品等价交换原则实现的，而是在很大程度上依靠于超经济的政治强制。

于是，法内外特权给缙绅地主带来了大量的土地、众多的民户和巨额的资财。明中叶以后，土地"将尽归巨室，而小民之户田稀"⑥。随着土地日益向身份地主集中，自耕农也逐渐由国家控制的小土地私有者沦落为

---

① 《皇明条法事类纂》卷一《职官有犯之二·清理冠带禁约应充快手狱囚不许淹禁查考为事官吏》。

② 范景文：《革大户行召募疏》，《明臣奏议》卷三九。

③ 张居正：《张文忠公全集》书牍七、八《答应天巡抚宋阳山》。

④ 魏大中：《藏密斋集》卷一四《与吴旭如》。

⑤ 王文祯：《操瑟迁谭》卷上《嘉兴府及海盐县廉吏序》。

⑥ 徐涉：《酌时事备法纪以善臣民以赞圣治事》，《明经世文编》卷五六。

身份地主的佃户或奴仆。"富强兼并，至有田连阡陌者，贫民无可耕，故往往租耕富民之田。"① 至明末，吴中之民已是"有田者什一，为人佃者十九"②。"人奴之多，吴中为甚"，"一登仕籍，此辈竞来门下，谓之投靠，多者亦至千人"③。土地和农业生产者是封建时代社会财富的主要源泉。掌握着大量土地和佃农、奴仆的身份地主所积聚的资财是十分惊人的。江南缙绅的家资，"大者千百万，中者百十万，以万计者不能枚举"④。

加深了社会矛盾　妨碍了历史进步

那么，作为一个享有特权的阶层，缙绅地主及其经济，在明代历史的发展中起到了怎样的作用呢？

明朝开国皇帝朱元璋在制定优免制度的同时，还在法律上对缙绅的行为规定了各种严格的限制，希图既使他们享有特权，也不致加剧社会阶级矛盾，建立一种"富者自安，贫者自存"，"富者得以保其富，贫者得以保其生"⑤ 的协调的封建秩序，以便朱家王朝长治久安下去。但是，封建生产方式的客观进程，是"圣君贤相"们的主观意愿所不能阻止的。中叶以后，日益壮大的缙绅等级几乎完全摆脱了朝廷法令的束缚，打破了明初封建社会关系的平衡，加剧了社会阶级矛盾，妨碍了历史的进步。

第一，加深了同农民及其他劳动者的矛盾。

与缙绅地主聚积财富同时出现的是农民的贫困。"富家豪民兼百室之产，役财骄佚，妇女、玉帛、甲第、田园、音乐拟予王侯，故世以江南为富，而不知其民实贫也。"⑥ 失去生活保障的农民与争奢斗侈的缙绅愈来愈处于尖锐的对抗之中。"贫民代乡官之役，日祝乡官之死。"⑦ "乡官田宅

---

① 王叔英：《资治策奏》，《皇明名臣经济录》卷二〇。
② 顾炎武：《日知录》卷一〇《苏松二府田赋之重》。
③ 顾炎武：《日知录》卷一三《奴仆》。
④ 《明史》卷二五一《钱士升传》。
⑤ 《明太祖实录》卷四九，洪武三年二月。
⑥ 归有光：《归震川集》卷一一《送昆山县令朱侯序》。
⑦ 王文禄：《书牍·上侯太府书》，《百陵学山》。

之多，奴仆之众，小民詈怨而恨。”[①]

早在正统年间，佃农邓茂七即不甘势家田主的欺凌，率众揭竿而起。正德年间，刘六、刘七起义，农民军火烧大学士焦芳宅第，发其窖银，掘其祖坟。搜求焦氏父子不得，取其衣冠挂于树上砍之。嘉、隆、万以后，以农民及奴仆为主体、有城镇居民参加的，反对缙绅恶豪的民变、奴变日渐形成社会风潮，尤以南方为烈。斗争明确地提出了反对土地兼并、反对凭优免特权转嫁赋役负担的要求。

隆、万之际，松江农民反对徐阶强占白夺土地的斗争波及甚广，“江南鼎沸”。徐阶子弟家奴暴行闾里，“产业之多令人骇异”，有田二十四万亩，佃户万人，家人数千。海瑞巡抚江南，农民纷纷状告其家强占民田；海瑞向徐阶提出清退田产过半的劝告，可见其占夺民田之多。自此以后，江浙地区农民告乡官夺产者，遂“乘风纷起，株连蔓引，日以千计，乡官无不杜门者”[②]。农民成群结队，沿街振臂，叫喊号呼，闯门要索。“不问年月久近，服属尊卑，以贱凌良，以奴告主，弟侄据兄叔之业，祖遗蒙占夺之名。自庚午至今，将四十年，少者壮，壮者老，习为故常。”[③] 缙绅哀叹：若此风不止，“东南事必有不可言者”[④]。

万历二十年，浙江湖州府农民反对董份的斗争，在反对强占土地的同时，还提出了增补田价的要求。董份，吴兴人，官至礼部尚书，累世贵显，“富冠三吴”。有田千百顷，连苏、湖诸邑；商铺百余处，岁得子钱数百万；僮仆千人，大船三百余艘，戏班五十余人。[⑤] 为富不仁，争趋觅利，田价不平，“怨满一乡”。被激怒的农民，“不旬日拥至大门者百千余人”，“相集如狂，不可禁”。他们提出“产价不敷”，要求补退田价；还提出董氏“诸产俱白占，欲尽徒手得之”。在造反农民的严威下，董氏不得不表示，原立田契，“或止半价，或许回赎”；“大约田亩之中，退还原主二

① 海瑞：《被论自陈不职疏》，《海瑞集》上。
② 范濂：《云间据目抄》卷二《纪风俗》。
③ 沈德符：《万历野获编》卷二二。
④ 何良俊：《四友斋丛说》卷一三。
⑤ 参见范守己《曲洧新闻》卷二。

分"。结果，董氏之产业"耗破十四五"。① 特别是，它引起了连锁反应，"愚民自此唯知有利，不复知八座之尊"。江南"魁驵桀黠，群起噪呼，构扇罗织，能制大家之命。而围夺其产，则病俗尚之嚣讦"②。

万历十年的杭州民变，则是城市居民反对缙绅优免权的斗争。城市平民有巡警司夜之役，劳苦不堪，不得生业；而缙绅官户则"独不受役。诉临司郡邑，若无耳者，是以不平"。于是，"一呼而起者数百人"，以"指恨乡官为名，啸聚呐喊，拆更楼栅门，焚劫乡官宅舍"，"荐绅巨室靡不被其害者"。③

晚明日渐高涨的民变、奴变是明末农民大起义的预演。李自成就曾愤慨地说："利入戚、绅，闾左之脂膏尽竭。"④ 因此，缙绅地主同皇族地主、贵族地主一样，成为明末农民战争的主要打击对象。李自成、张献忠提出的"均田免粮"口号是以往农民反对土地兼并、反对赋役负担斗争的继承和发展。

第二，加深了地主阶级内部的矛盾。

在文章前面的叙述中，我们曾多处提到由于缙绅地主凭恃特权，转嫁赋役负担而造成"州县一年之间辄破中人百家之产"⑤ 的事实。所谓的"中人之家"，主要应是庶民中小地主。这就不能不使身份地主同庶民地主之间的矛盾日益加深。

即使在缙绅地主内部，同样存在矛盾。本文所云"缙绅地主"，是作为一个整体、就其基本特征来研究的。这并不是说，这个阶层的内部没有区别。实际上，在它的上层和下层之间有时也会发生利害冲突。以下层士绅生员而论，就明显地带有两重性。他们享有封建优免特权，具有"缙绅阶层"的属性，有危害庶民的一面；但由于政治经济地位的相对低微，在一定程度上又要受上层士绅的欺辱和勒索，因此在民众反抗斗争的高潮中，他们有时也能加入反恶豪的行列。这样，在地主阶级内部，庶民地主

① 反对董份事件可参见李乐《见闻杂记》卷五；沈德符《清权室什著》；沈瓒《近事丛残》等。
② 申时行：《赠少司马抚台赵公考绩序》，《赐闲堂集》卷一二。
③ 杭州市民之变可参见《明神宗实录》卷一二四、《崔鸣吾纪事》等。
④ 《明季北略》卷二〇《李自成伪檄》。
⑤ 顾鼎臣：《钱粮积弊四事》，《顾文康公文草》一。

与缙绅地主之间，下层缙绅与上层缙绅之间的矛盾和斗争便构成了尖锐复杂的明代社会矛盾的一部分。万历末年，松江地区生员和广大民众共同反对董其昌的风潮便是生动的例子。

董其昌，松江华亭人，官至南京礼部尚书。父子居乡"倚势横行，民不堪命"。"膏腴万顷，输税不过三分。游船百艘，投靠居其大半。"不仅朘削农民，而且凌虐士子，或盘折其田产，或席卷其囊橐。万历四十四年三月，逼死生员范昶。范昶的母亲、妻子赴门理说，反遭凌辱，毁衣破面，"剥裤捣阴"，"以缙绅辱缙绅之妻，以生员辱生员之母"。因此，"合郡士民缙绅先生俱忿气冲天，骂声载道"。府学、县学生员首先发难，集众争诉。华亭、上海、青浦、金山等地含冤之军民乘势而起，"喧称报怨，填满街道"，最盛时聚众"不下百万"。儿童妇女竞传"若要柴米强，先杀董其昌"之谣。徽州、湖广、川陕、山西等处客商亦有冤揭粘贴。"娼妓、龟子、游船等项亦各有报纸相传。"董氏父子不仅不加收敛，反招集打行袭击民众。民众益愤，遂纵火焚烧其宅。"数百余间画栋雕梁，朱栏曲槛，园亭台榭，密室幽房尽付之一焰中。"①

这一风潮"难发于士子，而乱成于奸民"②，"始基于士，终凶于民"③，是一场由下层士绅发起而以广大农民和市民为主体的各阶层联合反对豪强缙绅的斗争。它表明，那些虐士害民的世家大族，已经把自己摆到了同各阶层人士的尖锐对立之中。它预示着，他们的大难即将临头。这一事件之后，"一时汹汹不靖，通国若狂"。"三吴世家大族，人人自危。恐东南之变，将在旦夕。"④

第三，加深了同封建国家的矛盾。

缙绅地主势力的扩展加深了阶级矛盾和地主阶级内部矛盾，造成了社会动乱，已经严重地威胁了封建国家的统治。不仅如此，它还直接削弱了封建国家的财政力量，加速了明王朝的崩溃。

土地、人民、赋役是封建国家实现政治统治的物质基础。缙绅地主兼

---

① 反对董其昌事件详见明佚名《民抄董宦事实》，《又满楼丛书》。

② 《明神宗实录》卷五四六，万历四十四年六月。

③ 《苏常镇三府会审断词》，《民抄董宦事实》。

④ 文秉：《定陵注略》卷七。

并土地、欺隐民户、抗赖粮差，不啻是梗阻了朝廷的经济命脉。还是在弘治年间，针对官绅大户"例不纳粮"，中户、小户不堪赔累，相率俱逃，国赋积逋如山的情况，著名的经济学家邱浚就曾尖锐地指出："非但民不可以为生，而国亦不可以为国矣。"① 嘉、隆、万以后，"奸弊滋长，国赋不登"，情势更为严重。嘉靖十六年，户部尚书梁材说："田赋定于版籍，而欺隐飞诡诸弊在今日尤甚。……害及民生，大亏国计。"② 嘉靖末年，朝野有识之士对于严嵩父子"富过朝廷"，危害国家的丑行纷纷予以弹劾，指出"陛下之帑藏不足以支诸边五年（一年）之费，而严之积蓄可以赡诸边数年之需，是不惟孔子所谓富于周公，而且富于陛下"③。"今天下水旱频仍，倭虏未服，民穷财乏，难以措置者正由世蕃父子贪淫过甚。"④ 万历年间，打击豪强兼并土地、侵隐税粮，是张居正改革所要解决的主要任务之一。他深刻地指出"私家日富，公室日贫，国匮民穷，病实在此"。而只有抑制豪强，"官民两足，上下俱益"，才是"壮根本之图"⑤。到了明末，"乡宦灭弃防维，肆侵凌于闾里"⑥，致使江南已经到了"几于无田、无民、无粮、无法"⑦ 的地步；田、粮、民愈来愈不在朝廷的控制之中。这是明王朝摇摇欲坠、行将覆灭的重要原因之一。淮安武举陈启新在有名的关于"三大病根"的奏疏中指出：天下之财"今何不幸而尽夺之于缙绅乎？……上好下甚，月趋日极，今天下危矣。若病根不除，则盗贼必不能息，势不以皇上之天下，断送于章句腐儒之手不止也"⑧。在"私家日富，公室日贫"的局面下，为了挽救整个封建统治的危机，有人竟至提出搜括缙绅豪右资助国家军饷的动议。武生李琏就是著名的一个。苏州府常熟县张汉儒，在控告乡宦钱谦益、瞿式耜的《疏稿》中也提出："当此国家三空四尽之时，两奸剥民脂膏，恣饱贪壑，即追此助饷，亦足补军

---

① 邱浚：《大学衍义补》卷二二《贡赋之常》。
② 沈越：《嘉隆两朝闻见纪》卷五。
③ 王宗茂：《纠劾误国辅臣疏》，《明经世文编》卷二九六。
④ 邹应龙：《贪横荫臣欺君蠹国疏》，《明经世文编》卷三二九。
⑤ 张居正：《答应天巡抚宋阳山论均粮足民》，《张文忠公全集》书牍六。
⑥ 《明季北略》卷一三《责臣罪己》。
⑦ 章有谟：《景船斋杂记》卷上。
⑧ 《明季北略》卷一二《陈启新疏三大病根》。

需之万一。"①

第四，阻碍了资本主义萌芽的生长。

明中后期出现了资本主义生产关系萌芽。从总体来看，这个控制大量生产资料的缙绅阶层对资本主义萌芽的生长起着压抑作用，妨碍了社会的进步，造成了历史的迟滞。

缙绅阶层兼并土地、转嫁赋役所造成的农民破产流亡、社会动荡不定，严重地破坏了生产力。正德以后，天灾人祸，农村时而出现"死者不生，散者不聚，十室九空，蒿莱满目"②的凄凉景象。"超越于劳动者个人需要的农业劳动生产率，是一切社会的基础，并且特别是资本主义生产的基础。"③农业生产力的破坏直接阻碍了社会的发展。

缙绅阶层将大量破产的自耕农转化为佃户、奴仆，这是历史的倒退。相对于佃户，自耕农有更多的历史优越性。在人身依附关系上，"南民之佃也，田主役之如奴"④，"其情与势不啻主仆之相资，父子之相养"⑤；而自耕农比之则有较多的"自由"。在生产资料和分配关系上，自耕农拥有私有土地，免除了劳动产品的地租分割；而没有私有土地的佃农，则需忍受比国家赋税更重的高额地租的剥削。在小生产的经营上，自耕农也比佃农有更多的独立性。总之，自耕农比佃农有更高的生产积极性和劳动生产率，更有利于社会的进步。由缙绅地主势力扩展而造成的自耕农佃农（或奴仆）化的趋势，不利于封建生产方式的瓦解，相反起了强固的作用。

地租、商业资本、高利贷资本三位一体的缙绅地主经济体制，阻碍着资本主义关系的发生和发展。控制在他们手中的巨额资财或窖藏，或挥霍，或投向土地，很难使之转化为工业资本。他们有的遍设店铺，网夺商利；有的伪造会票，倒卖钞贯，操纵金融⑥；有的私债倍取利息，甚至

---

① 张汉儒：《疏稿》，《虞阳说苑》甲编。
② 仲选：《陈言消变疏》，《皇明疏钞》卷二一。
③ 马克思：《资本论》第3卷，人民出版社1966年版，第918页。
④ 葛麟：《葛中翰集》卷七《屯田》。
⑤ 徐阶：《世经堂集》卷二二《复吕沃州》。
⑥ 例如，成化十三年户部奏云：有等"势要贪利之人"倒卖钞贯，"多藉此至富"，而"钞法不得疏通"，"天下小民被害"（《皇明条法事类纂》卷一三《户部类·钞法·禁止势要卖盐钞例》）。又如，徐阶在京城和松江都设有"官肆"，经营汇兑，伪造会票（范濂《云间据目钞》卷三）。

"奴其男女，占其田产"①，"家置水牢，有负债者，禁滞于中"②。这种凭恃封建特权而独立发展的商业、高利贷资本同样不仅未能转化为工业资本，相反对商品货币经济的自由发展起着压制的作用。他们有的人甚至"多蓄织妇，岁计所积，与市为贾"③。但这里的"织妇"乃是"蓄养"的奴婢，与手工工场的自由雇佣工人有质的不同。

　　相反，被缙绅地主经济摧残的自耕农经济、庶民地主经济才是中国农业资本主义萌芽发生发展的希望所在。就是说，必须使富裕农民以及庶民地主，有进行商品生产和雇工经营的必要条件，中国农业资本主义萌芽才能得到发展。从这个意义上讲，缙绅地主对自耕农，甚至庶民地主的摧折，也就是对资本主义萌芽的压抑，从而延缓了中国封建社会的历史进程。

（原载《中国史研究》1984 年第 2 期）

---

① 《明英宗实录》卷一六七，正统十三年六月。
② 焦竑：《国朝献征录》卷三九《兵部尚书王公宪传》。
③ 于慎行：《谷山笔麈》卷四《相鉴》。

论严嵩的家资

　　严嵩，原籍江西分宜，明弘治十八年（1505）进士；嘉靖十五年（1536）升任礼部尚书，二十一年入阁，二十七年谋害夏言之后位跻首辅，浊乱朝政二十年。其子严世蕃，官至工部侍郎，代父裁决机务，酷贪肆虐，有"小丞相"之称。嘉靖四十一年，严氏父子败落。四十四年，严嵩被削官为民，严世蕃正法伏诛，家资抄没归官。四十五年，严嵩寄食墓舍，贫病而卒。

　　明代籍没权贵，"其富无过于振（宦官王振）、瑾（宦官刘瑾）、彬（平虏伯江彬）、宁（都督钱宁）、嵩（首辅严嵩）、保（宦官冯保）六家"①。本文拟就严嵩家资的构成、来源及其造成的社会后果作些探讨。

家资的构成

　　严嵩"贵极人臣，富甲天下"。据说，严世蕃曾与门客品评天下巨富之家，若以资产积满白银五十万两以上者为头等富户的话，那么全国只有十七家，他们是：严嵩、蜀王、黔国公沐氏、太监高忠、太监黄锦、成国公朱希忠、魏国公徐鹏举、都督陆炳、太监张永之侄（锦衣卫缇帅）二户、晋商三户、徽商二户、贵州宣慰司土官、贵州安抚司土官。其时严嵩父子已积资号称四百万，犹乾没不止，故有"钱癖"之称。②

　　严氏财富构成主要包括金银、珍宝、书画、土地、房屋、奴仆及各种器物。关于籍没严府家产的情况，明清史籍多有涉及，但以田艺蘅《留青

---

　　① 王世贞：《籍没权贵》，《弇州史料后集》卷三六。

　　② 王世贞：《严氏富资》，《弇州史料后集》卷三六。又冯梦龙《古今谭概·钱癖》云严氏已积资五百万。

日札》和《天水冰山录》① 最为翔实。二者所记相同，且与《实录》相符。因此它们应该是我们了解严氏家产详细情况的重要史料，下面对严氏财富的各个主要部分略作叙述。

（一）金

金包括净金（金锭、金条、金饼、金叶、沙金、碎金）、金器（纯金器皿、金镶珠宝器皿、金损坏杂色器皿）及各种金首饰等。江西严府抄没金量如下表。②

抄没江西严府净金、金器、金首饰数量表

品　　名	数　　量	单位	备　　注
净金	13171.65	两	
纯金器皿	3185	件	内有金海水龙壶 5 件，金龙耳圆杯 2 件，金龙盘 3 件
	11033.31	两	
金镶珠宝器皿	367	件	内有龙盘、凤杯、龙壶
	1802.72	两	
金损坏杂色器皿	253	件	
	403.92	两	
金镶珠玉首饰	284	件	内有猫睛 6 颗，祖母绿 2 件
	448.51	两	
金镶珠宝首饰	1803	件	内有猫睛 20 颗，天上长庚、人间寿域等名件
	2792.26	两	
金玉珠宝头箍围髻	21	条	
	99.63	两	
金玉珠宝耳环、耳坠、耳塞	267	双	内有猫睛 2 颗
	149.83	两	

---

① 《留青日札》成书于隆庆年间。《天水冰山录》，清雍正五年周石林据嘉靖"严嵩籍没册"残本重录成帙，取"太阳当空，冰山骤涣"之意，题名为《天水冰山录》。

② 金、银、珠宝等表资料皆取自《明世宗实录》卷五四九，《留青日札》卷三五《严嵩》和《天水冰山录》。

续表

品　名	数　量	单位	备　注
金镶珠玉宝石项坠、领坠、胸禁等	62	件	
	179.26	两	
金镶珠玉宝簪	309	件	
	92.84	两	
金玉镶嵌珠宝镯钏	105	件	
	420.1	两	
杂色金玉首饰	776	件	内有美人夜游、玲珑掩耳
	949.76	两	
金镶珠玉宝石帽顶	35	个	
	77.17	两	
金镶玉宝条环	208	件	内有海内英雄、五龙玩月、福寿康宁等名色，猫睛20颗
	1113.09	两	
金镶嵌珠宝条钩	68	件	内有猫睛2颗
	235.75	两	
净金、金器皿、金首饰共重	32969.8	两	

北京严府又抄得净金四百八十余两；金珠宝首饰六百五十件，重六百三十四两；金镶玛瑙象牙金玉宝带四十七条。

（二）银

银包括净银、银器皿、银首饰。下面是江西严府抄没银量表。

江西严府抄没净银、银器、银首饰数量表

品　名	数　量	单位	备　注
净银	2013478.9	两	
银器皿	1649	件	内有满地娇银山2座
	13357.35	两	
银嵌宝首饰饰件	628	件	
	253.85	两	
净银、银器、银首饰共重	2027090.1	两	

北京严府又抄没银一万二千六百余两。

（三）珠宝玉器

所抄珠宝玉器甚多，现将重要者列表如下。

江西严府抄没部分珠宝玉器数量表

品　名	数　量	单位	备　注
玉器	857	件	内有汉始建国元年注水玉匜、晋永和镇宅世宝
	3529.5	两	紫玉杯、永和镇宅世宝玉盘等名件
玉带	202	件	
金镶玳瑁犀角玛瑙等带	124	条	
金折丝带环等	33	条	内有猫睛 2 颗
金镶珠钿犀象玳瑁器皿	563	件	
	1331.7	两	
金银镶牙箸	2682	双	
龙卵壶	5	把	
珍珠冠等项	63	顶	
	306.3	两	
珍珠宝石琥珀	260.5	两	
珊瑚犀角象牙等项	69	件	
珍奇玩器	3556	件	
象牙签	85	根	
洪熙宣德古蜊水熊胆空青蔷薇露	13	罐	
矿砂	385	两	
朱砂	250	斤	
檀、沉、降、速等香	5058.10	斤	
奇南香	3	块	
沉香山	4	座	

北京严府又抄没珍珠宝石二十四两五钱，玉石犀角珊瑚象牙器皿三百三十斤，降、沉等香一千五百三十斤。

（四）书画古玩

书法、名画实为特殊财产，其珍品价值连城。严氏父子"贪残中又带雅趣"，因诸般珍宝盈溢，遂又广搜古今名家书画，"盖姑以免俗且斗侈耳"。凡所欲得，即命巡抚、巡按、提督以势胁迫取之，"至有破家殒命者"。鄢懋卿、胡宗宪、赵文华等心腹大员"各承奉意旨，搜取古玩不遗余力"。《越王宫殿图》乃杭州丁氏之物，《文会图》乃杭州洪氏之物，胡宗宪皆以数百两银子购得，馈送严氏。胡宗宪等又以一千二百两银子购得《清明上河图》赝品，"以文房清玩致起大狱"，蓟辽总督王忬被杀。

据《留青日札》和《天水冰山录》云，江西严府抄得石刻法帖墨迹三百五十八册轴，古今名画刻丝纳纱纸织金绣手卷册叶共三千二百零一轴，古今书籍二千六百一十三册。北京严府抄得图书古画三千六百零五部/轴。据文嘉《钤山堂书画记》所载，江西严府收藏了魏、晋、六朝、唐、宋、元及明各代众多书画名家的珍品，仅书法即有钟繇、王羲之、王献之、褚遂良、柳公权、颜真卿、怀素、苏轼、黄庭坚、米芾、文彦博、欧阳修、陆游、赵孟𫖯、李东阳、祝允明、文征明等大家之作。它们不仅是严氏巨额财富的见证，而且是研究古代书画史的重要资料。文嘉，长洲（今苏州）人，曾任和州（今安徽和县）学正，能诗，善书画篆刻，明代著名书画家文征明之次子。嘉靖四十四年五月至八月，以专门家的身份受命参加清理、鉴别江西严府书画，隆庆二年（1568）撰成《钤山堂书画记》（"钤山堂"乃严嵩分宜故居之堂号）。该书详列所见书画名称，并对其真伪、艺术价值、收藏情况等作了考证和叙述。他在《后记》中说：

> 嘉靖乙丑（四十四年）五月，提学宾涯何公檄余往阅官籍严氏书画。凡分宜之旧宅，袁州之新宅，省城诸新宅所藏尽发以观，历三阅月始勉毕事。当时漫记数目以呈，不暇详别，今日偶理旧箧得之，重录一过，稍为区分，随笔笺记一二。传诸好事，明窗净几，时一展阅，恍然神游于金趶玉躞间也。隆庆戊辰（二年）冬十二月十七日茂苑文嘉书于文江草堂。①

现据《钤山堂书画记》将江西严府书画收藏情况制成以下二表。

---

① 文嘉：《钤山堂书画记》，《胜朝遗事》卷五。

江西严府抄没书法作品一览表

朝代	作者	书法作品
魏	钟繇	戎路兼行、荐关内侯季直表
晋	王羲之	眠食帖、此事帖、里鲊帖、思想帖、月半帖、大热帖、黄素黄庭内景经
	王献之	鸭头丸帖、奉书帖
	索靖	出师颂
六朝	陈大建	真草千文
唐	虞世南	夫子庙堂碑
	欧阳询	千文
		唐人双钩十七帖
	赵模集	晋字千文
	褚遂良	儿宽赞
	柳公权	小楷度人经
	颜真卿	书朱巨川诰、送刘太冲序、送裴将军诗、争坐位帖
	孙过庭	书谱
	林藻	深慰帖
	李怀琳	绝交书
	吴通微	千字文
	张旭	春草帖
	怀素	自叙帖、绢本草书千字文
		盛唐墨宝
	钟绍京	墨迹
	韦庄	借书帖
宋	徽宗	书女史箴、大字诗
	高宗	书度人经、临褉帖
	蔡襄	进御诗表、茶录、小简
	苏轼	亲书前赤壁赋、小楷芙蓉城诗、大字书渊明饮酒诗、简帖、九歌、赤壁前后二赋、长公真迹、跋陈氏家教
	黄庭坚	诸上座帖、松风阁帖、百字令、懒残和尚歌、山谷墨迹、伏波神词诗、山谷草书、山谷千字文、文节墨翰、黄太史真迹、山谷真迹、山谷遗笔、黄庭坚墨迹卷、草书

朝代	作者	书法作品
宋	米 芾	天马赋、草书九帖、易说、手简、金山赋、大字诗、茶歌、蔡苏黄米、苏黄米卷、苏黄米墨妙、苏黄米蔡墨迹、宋四大家书
	文彦博	文彦博真迹
	欧阳修	欧阳修真迹
	陆 游	陆游词翰
	朱 熹	朱子和张敬夫诗、小简
	张即之	大字诗
	释静宾	百咏梅花诗
		晋唐宋墨迹、唐宋墨迹、集宋名笔
		藏经
元	赵孟𫖯	六体千字文、三体千字文、千字文、行书千字文、写绝交书、临十七帖、临兰亭、补唐人不全帖、小楷洞玉经、心经、书右军四事、临东方朔画像赞、洛神赋、临洛神十三行、常清净经、写渊明诗、亲笔寿乐堂记、慧聚寺藏殿记、金书道德经、金书金丹诀、大字四言诗、文敏真迹
	赵 雍	篆书千字文
	冯海粟	字
	钱良右	书小字麻姑坛记
	钱 逵	篆书黄庭经
	郑元祐	游仙诗
	段天祐	临十七帖
	俞 和	书白石续书谱
明	宋 克	书陶渊明诗
	解 缙	名贤翰墨
	沈 度	圣学心法序
	李东阳	草书诗、春兴八首、西涯墨迹、西涯诗字
	乔 宇	诗字
	祝允明	秋兴八首、文赋、草书枝山翁卷、枝山字
	徐 霖	篆书赤壁赋
	文征明	词翰、诗卷、翰林诗字、杂诗、太史诗、诗字、离骚九歌、千字文

江西严府抄没名画一览表

朝代	作者	画名
晋	顾恺之	卫索像
		晋人画张茂先女史箴图
六朝	陆探微	道相图
	展子虔	游春图
唐	吴道子	观音变相图
	李思训	海天落照图
	李昭道	洛神图、春山图、明皇幸蜀图、明皇游月宫图、汉文帝幸细柳营图、醉道图、十八学士图
	阎立本	职贡图、两旅献獒图
	王　维	三峡图、雪溪图、辋川图、写伏生像
		摩诘本辋川图
	韩　滉	晋公演乐图、移家图
	卢　鸿	草堂十志图
	周　昉	醉妃图、白描过海罗汉
	韩　干	圉人呈马图、马性图、马图
	胡　虔	番族图
	胡　瓌	番马图
	唐人杂画	捕鱼图、群龙云会图、九龙图
五代	支仲元	三仙图
	顾闳中	韩熙载夜宴图
	黄　筌	百雁图
宋	徽　宗	秋禽图、果篮图、翎毛图、荔枝图、草虫图
	周文矩	文会图、倦绣诗意图、十八学士图
	王齐翰	勘书图
	张择端	清明上河图、烟雨风雪图
	文　同	细竹图
	苏东坡	木石图
	李公麟	孝经图、龙眠山庄图、辋川图、九歌图、洛神赋图、女史箴图、草堂图、莲社图、明皇演乐图、忠节图、西园雅集图、摹顾恺之斫瑟图、明皇醉归图、江山万里图、汴桥会盟图、白描罗汉图、海会图、百马图
	李　成	盘车图、渔乐图、山水图、寒鸦图
	董　源	山川图

续表

朝代	作者	画名
宋	范　宽	关山雪渡图、万里江山图
	郭　熙	山水图、江山万里图
	米南宫	研山图、春山烟霭图
	米元晖	大姚村图
	赵大年	春禽图、江乡雪意图
	郭忠恕	钓鳌图、越王宫殿图
	王　詵	烟江叠嶂图
	杨补之	墨竹图
	苏汉臣	货郎图
	赵伯骕	桃源图
	赵伯驹	后赤壁图、文会图、桃源图、鸟雀图、青缘山水图、孟明归秦图
	贾师古	归去来图
	李　唐	长江雪霁图、独钓归庄图、虎溪三笑图、香山九老图、高逸图
	赵士遵	溪山深秀图
	李潼川	下蜀图
	马　远	孝经图、四景图、柳塘聚禽图、女孝经图
	夏　珪	溪山无尽图、溪山奇观图、山川钟秀图、山水图
	马和之	唐风十二图、毛诗图、国风图、甫田十篇图、小雅六篇图
	陈居中	胡笳图、百马图、志公像
	阎次平	溪山深秀图
	肖　照	中兴瑞应图
	刘松年	西湖图、九老图、宫蚕图、阳关图、出塞图
	李　嵩	工作图
	赵　芾	江山万里图
	李　迪	百犬图
	宋人杂画	花鸟图、八圈图、宋绣龙舟争标图、晋文春秋图、獐图、明皇马上击毬图、明皇太真对弈图、白描佛像、董宁传图、柳塘飞鹭图、小雪图、百灵效顺图

续表

朝代	作者	画名
元	赵子昂	五马图、十马图、白描太真上马图、幼舆山壑图、人物图、浅襄马图、秋浦征鸿图、妇织图、题梅花图、墨梅图、写渊明归去来图、烟江叠嶂图
	管仲姬	竹图
	赵子固	兰蕙图、水仙花图
	赵仲穆	西戎献马图、百马图、二马图、凤头骢马图
	王振鹏	金明池图
	钱舜举	青山白雪图、汉宫春晓图、人物图、杨妃上马图、授剑图、石勒参禅图、秋江渔隐
	龚翠岩	钟馗嫁妹图
	赵元初	关山胜概图、白描兰亭图
	盛子昭	吹箫图
	汤叔雅	霜入千林图
	王若水	竹雀图、花鸟图
	郑所南	兰花图
	温日观	葡萄图
	黄大痴	山水图、天池石壁图
	高尚书	夜山图
	任月山	马图、百马图、松鼠图
	李息斋	竹图
	梅道人	竹图、真迹诗画、溪山图、竹谱、渔父图
	王叔明	溪山逸趣图
	孟玉涧	释像
	孟玉潭	商山四皓图、吴闲闲像、莫月鼎像、鲜于枢诗画
	元人杂画	松竹墨雁图、靖节图、太真上马图、十八学士游春图、罗汉图、白描佛像、白描罗汉图、白描过海罗汉图、松竹梅图、文姬归汉图、明皇幸蜀图、杨妃出游图、击壤图、齐人图、公余闲赏图
明	戴文进	山水图、江村雪霁图、山水人物图、手卷山水图、溪山长卷、江山清趣图
	李　在	水墨山水戏笔
	边景昭	翎毛图
	孙　隆	百鸟朝凰图
	颜　宗	江山万里图

续表

朝代	作者	画名
明	顾仲颊	雪梅图
	吴小仙	白描人物图、神仙图、儒礼禅宗图
	杜古狂	韩熙载夜宴图、南宫雅致图、云湖柽居诗画卷
	夏仲昭	嶰谷清风图
	沈石田	剑阁图、墨花图、写韩文公画记、溪山暮雪图、万山飞雪图、松谱图、山水手卷、雪景图、墨妙八家、吴中佳胜十景、溪山秋色图、溪山雪霁图、万松图、遇雨图、千古高风图
	唐子畏	兰亭图
	文衡山	天池祓禊图、诗画、赤壁前后赋图、水墨云山图、四时渔乐图、石湖诗画、醉翁亭记并图、写竹并题
	陈白阳	山水图、青山白云图、花枝图、百花卷、四季花图、洛阳春色图、赤壁赋图、真迹诗画、牡丹图
	陆包山	花草卷
	王谷祥	荷花图、水仙花图
	仇十洲	汉宫春晓图、子虚上林二赋图
	沈青门	花草图
	陈子正	四时花卉图、眠云花卉图
	袁孟德	万山风雪图
	明人杂画	千斛明珠图、神京八景图、武林十景图、造化元机图、仙弈图、江山一瞬图、溪山图、玉台遗韵、江南夜宴图、三呼张真人图篆、瑞应图、五岳真形图、桃李园图、九龙图、西园秋雨图、人物花草图、吴中佳山水图、瓜瓞绵延图、美人戏婴图、契丹纳款图、瑞应图、寿乐亭诗画、珍蔬三味图、东封日观图、玉衡呈瑞图、清玩、霓裳舞图、尧民击壤图、墨竹图、小景
扇面		名人诗画扇面

这些稀世珍品皆被抄入皇家内府。隆庆初年，朝廷财政拮据，将其大半作价充当武官俸禄，成国公朱希忠所得最多。万历初年，朱希忠逝世，其家将所得严氏精品馈赠首辅张居正，因而得以晋封为定襄王。张居正逝世后，家产亦被抄没，所藏严氏书画再次籍入内府，后来被掌印太监盗出售卖，一时好事者争相抢购。这些艺术瑰宝“终于流落人间，每从豪家展玩，辄为低徊掩卷焉”。抄没严府时，在书画上皆加盖袁州府经历司半印；抄没张府时，又加盖荆州府经历司半印，因此“今卷轴中，有两府半印并

钤于首幅"。为适应人们的好奇心理，古董商们每"伪作半印，以欺耳食之徒"，"赝迹百出，又不可问矣"。①

（五）土地

严氏拥有大量土地。据史籍所载，其土地主要分布在袁州、南京、扬州、仪真和北京，但确切的数额皆言而不清。关于在原籍袁州府的土地有两种说法。其一是林润所言"今袁州一府四县之田，七在严而三在民"②，王宗茂也说"广布良田，遍于江西数郡"③。这都是概而言之，十分之七乃一概率，是说袁州府的绝大部分土地皆归严府所有。据《袁州府志》，其时袁州府四县民田共一百六十万余亩④，若按十分之七匡算，则严氏土地当有一百一十二万余亩。这应该既包括严府登入版籍的土地，也包括大量的同族、亲友、百姓为逃避官府赋役而向严府投献、诡寄的土地。严府拥有百万亩田地山塘是可能的。嘉、万时期，土地跨州连郡的官绅大地主并非绝无仅有。礼部尚书董其昌，松江府华亭人，即拥"膏腴万顷"（一百万亩）⑤，在江南还有拥田七万顷（七百万亩）的豪绅⑥，至于皇庄、王庄及勋戚庄田土地之多更为人所熟知。

其二是《明世宗实录》卷五四九所云，江西巡按御史成守节呈报籍没"田地山塘二万七千三百余亩"。有的学者误以为这便是严氏在袁州的土地总量，因此感到百万亩之数虚妄不实。其实二万七千三百之数只是当时折价变卖的亩数，而非其全部。据田艺蘅《留青日札》，江西变价田地山塘约三万余亩，共价银四万四千四百九十三两四钱六分七厘二毫，与《实录》二万七千余亩大体相符；《天水冰山录》更详列南昌县、新建县、宜春县、分宜县、萍乡县、新喻县，清江县、新昌县变卖田地山塘的亩数和价银，共二万七千三百四十一亩另五七号、五百六十三片，价银与《留青

---

① 沈德符：《万历野获编》卷八《籍没古玩》。王世贞：《觚不觚录》，《弇州史料后集》卷三九。

② 《申逆罪正典刑以彰天讨疏》，《明经世文编》卷三二九。

③ 《明史》卷二一〇《王宗茂传》。

④ （正德）《袁州府志》卷二《田赋》。（乾隆）《袁州府志》卷八《科则》。

⑤ 《民抄董宦事实》，《又满楼丛书》。

⑥ 参见张居正《答应天巡抚宋阳山论均粮足民》，《张文忠公全集·书牍》六。

日札》所载相同，直接证实了《实录》所记二万七千三百余亩乃变价之数。又据《实录》载，嘉靖皇帝接到成守节奏报之后不满地说："迩来有司变卖田产，往往徇情作弊，所得价值不及十之三，其令具籍送户兵二部稽考。"[1] 可见成守节所报二万七千余亩乃为"变卖田产"，而且作价低廉，引起皇帝的愤怒。与此同时，皇帝又命"田地、店房但有租利者，俱留与巡抚及南赣军门为兵饷"[2]。就是说，除变卖者外，其余田地、店房一律收为官有，由官府向租种租赁者征收地租（赋税）和租金，以充军饷。这同样说明，二万七千余亩仅是严氏江西田产的一小部分，尚有大部分被没收为官用。

关于在南京、扬州、仪真的土地。邹应龙云："今在南京、扬州、仪真（今江苏仪征）等处，用强夺买人田产数十处，每处价可数千金，卖者价银才得十之四五而已。"[3]《实录》云："又以扬州财薮，地当南北之冲，创造违式第宅，纵家奴严冬在彼管业，侵占民产，网夺商利。"[4] 严氏抄家后，南京、扬州地区的宅院由官府变卖；强夺之民田退还原主；家奴严冬判为死罪。但是这里留给我们的依然是个概数。土地价格浮动不定，即使是同一地块在不同时期其差价也是很大的。如果按照明中期江南比较肥沃土地的一般价格每亩银十两计算的话，那么"每处价可数千金"则当有土地数百亩，而"数十处"则当有土地上万亩，甚至还要多些。

关于在北京的土地。据《留青日札》云，北京严府抄没"地一百五十余所亩"。由于每所庄田土地数量不明，因此其总量亦难估算。

严氏以上三个地区的田地山塘总量估计百万亩，在明代官绅地主中可谓名列前茅。

（六）房屋

严氏在北京、南昌、宜春、分宜、萍乡、扬州都有规模宏大的府第。京师相府"跨三四坊，甲第十余所"。严嵩做礼部尚书以前，寓居于京城

① 《明世宗实录》卷五四九，嘉靖四十四年八月。
② 同上。
③ 邹应龙：《贪横荫臣欺君蠹国疏》，《明经世文编》卷三二九。
④ 《明世宗实录》卷五四四，嘉靖四十四年三月。

之西四里一处住所。升任礼部尚书、入直西苑以后，住宅骤然改观。嘉靖十八年买下西长安街一座古老而又广阔的宅院，由其子世蕃督理翻新。"鸿迹难期，萍居靡定"，这所宅第已几易其主。大学士毛纪、谢迁、费宏都曾"相沿以为居第"，现在又归礼部尚书严嵩所有。据说改建上梁之日，"适有群鹤来自云外，下止于居址"，严嵩高兴地想，这不是自己将要入阁拜相的"瑞征"吗？于是撰《翔鹤记》以记盛。① 严嵩成为这所宅第的新主人之后，将其堂舍分别命名为"日鉴堂"、"思勉堂"、"爱贤堂"等。

随着权势的增长，严氏西长安街府第也在不断扩展。嘉靖三十八年八月，扩建完工，皇帝赐其正堂名曰"忠正"，命工部制匾悬挂。据王世贞云，相府有湖，周围十余亩，"列植垂杨、桃杏之属，于堤中蓄鱼"。严世蕃每俟其父由西苑侍直回府，辄邀徐阶、李本二相，成国公朱希忠兄弟及锦衣卫都督陆炳"编张褐盖，纵声乐为宴饮，使渔师打网以为乐"。严嵩败落后，张居正"仅得其中大第、一园及兹池而已"②。

严氏京城府第除西长安街者外，在戎府街等地还有宅院。③ 严氏抄家，北京共籍没房屋一千七百余间所，内有雕刻香十间。④

宜春府第。从嘉靖十九年夏季开始，严嵩又在原籍江西袁州府府城宜春大兴土木，建造宅第，历时三年方告竣工。这座建筑以袁州府官仓地基为中心向四外伸延，占用官地，搬迁民房，建楼构堂，开圃造园，甚是恢弘壮丽。嘉靖二十二年四、五月间，工程完工，皇帝赐其正堂名曰"忠弼"，收藏"钦赐御翰"之楼名曰"琼翰流辉"，安放"玄像"之屋名曰"敕赐延恩之阁"，"以黄帖一，手书赐之"，"在廷之臣敬瞻羡叹"。⑤ 此时正是严嵩初次挤走夏言，位跻首辅之时。京师长安西街，宜春袁山之麓，两座相府遥相辉映，颇为新任宰相平添几分威严。

严嵩营造此宅还有一层意思。他身处宦海波涛之中，不能不留后路。

① 参见严嵩《翔鹤记》，《钤山堂集》卷二二。
② 王世贞：《相府莲花牡丹》，《弇州史料后集》卷三六。
③ 《京师坊巷志稿》。
④ 《留青日札》卷三五《严嵩》。
⑤ 严嵩：《请乞堂楼名额以尊藏宸翰》《谢赐堂楼名额》，《历官表奏》卷六；《恩赐堂楼名额记》，《钤山堂集》卷二。

一旦卸任，这里便是他的归宿，"佚游于斯，宾燕于斯"，并为子孙奠下万世基业。这里有袁山、秀江，风光优美，"冈峦回拥，林壑映带，云烟寂而泉石嘉，郊郭井邑，若在屏障图画之间，又有足乐也"①。而且距故里分宜钤山不满百里，"往来钤、袁之间，随在而适，孰使予乐怡旷而释烦累者，非兹两山也"②。大概是由于过分喜爱，有关这座府第，严嵩留下不少文字。生活在今天的人们甚至会对严氏拥有那么多房屋难以置信，但是只要读一读严嵩本人的有关诗文，疑团便可豁然而释。

据《冰山录》载，这座府第称"旧大府第"，此外在宜春还有"新府第"、"东府第"、"南府第"、"北府第"和其他宅第房屋。抄没后，一部分收归官用，一部分作价变卖，变卖部分共十九所三千三百四十三间。列表如下。

严府宜春宅第统计表

宅第名称	坐落	建筑物	宅基地来源	间数	处置
旧大府第	宣化坊	中门楼厅堂三层并花园桂亭	占袁州府永丰仓地		还官
		后厅、左右厢房、琼翰楼		44	变卖
新府第	旧府前	中厅楼并厢房回廊	占袁州府军器局地		还官
		东大楼、厅、回廊、厢屋		220	变卖
		前后大厅、楼房、厢屋		64	变卖
东府第（一作西府）	淳化坊	右大厅、中堂、大楼、护房、厢房、小厅		54	变卖
		左厅堂、楼房、厢屋、小厅		42	变卖
南府第	熙春坊	左堂正厅、小厅、厢房	占五贤祠堂	62	变卖

---

① 严嵩：《悬车堂记》，《钤山堂集》卷二二。
② 严嵩：《袁山新营所居记》，《钤山堂集》卷二二。

宅第名称	坐落	建筑物	宅基地来源	间数	处置
		右厅、楼房、厢楼、厢房、花园亭屋	占五贤祠堂	57	变卖
北府第	北厢内	正宅并西转廊	占崇胜寺		改建府学
东门外书屋		大小厅房		103	变卖
湛郎桥书屋		内厅房		52	变卖
东外厢书屋			占操场便民仓地	48	还官
东门外玉几楼				3	变卖
南宅左右房屋				53	变卖
务本、淳化、朝真坊等处屋				710	变卖
家人大房屋	42处			887	变卖
家人店房	90处			944	变卖

　　分宜县城内外第宅房店作价变卖者二十所一千六百二十四间。列表如下。

严府分宜宅第统计表

宅第名称	建筑物	宅基地来源	间数	处置
大府第	世德堂、厅、楼并亭坊、厢房	占县学敬一亭及启圣、名宦、乡贤祠基地		还官
钤山堂、集睦堂门楼空地		占黄子澄没官地		还官
钤麓书院、碑亭		占钤冈寺基		还官
百花亭		水次仓基	26	变卖
观音阁、上真观				
严鹄住屋		占布政司基地		
界桥祠堂		占族人基地		
大祠堂			11	变卖
严鸿住屋			69	变卖
瑞竹堂			44	变卖

续表

宅第名称	建筑物	宅基地来源	间数	处置
洛阳楼			11	变卖
赐庆堂			30	变卖
东圃千户所房屋			61	变卖
水南龙潭上屋			21	变卖
严绍庠住屋			60	变卖
潘家屋边楼房			21	变卖
城内外并冒山渡头			240	变卖
家人房屋	14 所		218	
各乡庄屋	215 处		812	变卖

省城南昌及南昌府各县第宅楼铺变卖十二所一千六百八十间。嘉靖三十八年三月，皇帝赐其南昌府第楼名"宝翰"，堂名"耆德"，命工部制匾悬安。南昌及南昌地区严府房屋见下表。

严府南昌府第

宅第名称	建筑物	宅基地来源	房屋折价银（仓基还官）
大府第	第一层百禄堂、左大祠堂、左大书院	占省广积仓	1580 两
	第二层中大厅堂、大楼并屋 77 间；左大厅堂、大楼并屋 78 间；右大厅堂、大楼并屋 55 间	占省广积仓	3700 两
	第三层宝翰楼正大楼、大厅规制违式，士民不敢承买；左大楼、东西横楼并廊房小厅 76 间，估价 1570 两	占省广积仓	
	右大花园池亭、小花园亭屋空地、菜果园小亭空地		1000 两
洗马池大宅	楼房厅堂、东西耳房	占府学青云楼	退还
	铺店 28 间		1365 两

严府南昌县地方所属房店

宅第	间数
广润门内大土库楼房	3 所
忠臣庙、联壁坊、铁柱宫等处	285
广润门外南浦驿街迎香巷新街	200
惠民门内福神庙衮绣坊等处	385
惠民门外蓼洲等处	54
进贤门外百福寺、司马庙等处	230
顺化门内弼教坊、建德观	78
妙济观等处典当房屋本银	1899 两
大街空市基一带	折银 478 两

严府新建县地方所属房店

宅第	间数
德胜门内羊角巷都司口	25
章江门内等处	16
章江门外等处	66
永和门内等处	24

皇帝的御翰、严嵩的苦心，都未能使严氏在这豪华的府第世代居住下去。严氏败落，江西各地第宅房店抄没，其中折价变卖六千六百余间又五十七所，共价银八万六千三百五十两。[①] 严嵩在"憩志园"中安度垂暮的设计终成一枕黄粱，不得不寄宿于村郊墓舍，身不能庇一椽，凄凉而死。

(七) 其他财物

纺织品、被服、家具、牲畜、船轿、粮食等财物难以枚举。江西仅缎、绢、罗、纱、绸、绒、绵、绫、葛、布等即抄没一万四千三百余匹；变卖绸绢布匹二万七千四百余匹，估价一万五千余两；变卖帐幔被褥二万一千四百余件，估价二千二百余两。在拍卖时，"所估价又不过十之一"。

---

① 《明世宗实录》卷五四九。《留青日札》卷三五《严嵩》。以上宅第房屋统计表皆据《天水冰山录》所载资料制成。

北京抄没织金妆花衣服翠物即达二百一十三箱。[①]

（八）奴婢

奴婢没有人身自由，是主人可以随意支配的私家财产。明中叶以后，“缙绅之家，率以田庐仆从相雄长”，畜奴成风。严氏奴仆的准确数字亦难说清。据说京师严府“所畜家人五百余名”。[②] 宜春严府，嘉靖三十年前后有“苍头千余”[③]；到四十四年林润参劾严嵩时，则云养家丁已逾二千，纳亡叛更倍其数。[④] 这数以千计的奴仆为严氏从事着繁重的家务劳役和生产劳役。

当人们乍一看到籍没严氏家产的清单时，会惊得目瞪口呆，以至不敢相信这是真的。然而这毕竟是历史事实。严府不仅田连阡陌，甲第连云，奴仆成群，而且拥有巨额金银和价值难以估量的珠宝、书帖、名画。这正是这位身居相位二十余载的大官绅地主区别于一般官绅地主的地方，至于庶民地主更是不能望其项背。这一特色又与我们将要叙述的严氏财富的来源直接相关。

家资的来源

严嵩“起家寒素”，并非出身望族。其曾祖、祖父、父亲都没有功名，家境清寒。即使在他考中进士以后，由于离官家居，家境仍很萧条。他在诗文中经常叹息自己“初仕而贫”：“一官系籍逢多病，数口携家食旧贫”，“家贫念藜藿，寒至想衣裘”，“非才岂合仍求仕，薄禄深悲不逮亲”，“青山有地淹贫病，白日无情换岁年”。[⑤] 然而自从他升任礼部尚书，特别是位居宰辅之后，在二三十年的时间内便由寒门而一跃富甲全国。其原因何在？生财之道何为？说来既玄妙又简单，即政治权力转化为物质财富。

① 《留青日札》卷三五《严嵩》。《天水冰山录》。

② 王宗茂：《纠劾误国辅臣疏》，《明经世文编》卷二九六。

③ 张萱：《西园闻见录》卷一一《徐栻》。

④ 林润：《申逆罪正刑典以彰天讨疏》；《明经世文编》卷三二九。

⑤ 严嵩：《钤山堂集》卷二、卷三。

"由贵而富"是那时士大夫阶层所走的共同道路，而尤以严嵩最为典型。

俸禄、赐给、强占受献、贪污受贿是其家产的来源，而尤以贪污受贿所得占的份额最大，兹分述之。

（一）俸禄

严嵩嘉靖十年升为南京礼部尚书，十五年改任朝廷礼部尚书。尚书正二品，年俸米七百三十二石。十八年正月，加官太子太保。太子太保从一品，年俸米八百八十八石。二十三年十二月，特命加少傅兼支大学士俸。大学士正五品，年俸米一百九十二石。兼领从一品和正五品二俸，每年共一千零八十石。二十七年八月，由从一品俸加升至正一品俸。正一品年俸米一千零四十四石，再加兼支的大学士俸则年俸米共一千二百三十六石。三十六年八月，将兼支大学士俸改为兼支尚书俸，即兼领正一品和正二品二俸，全年俸米共一千七百七十六石。三十八年正月，因其年登八十，特赐领取伯爵俸禄，而免兼俸，每年俸米一千二百石。三十九年八月，年俸增加二百石，则共一千四百石。四十一年三月，年俸再加一百石，则共一千五百石。严嵩年俸变动可列为下表。

年月（嘉靖）	年俸（石）
10—18	732
18—23	888
23—27	1080
27—36	1236
36—38	1776
38—39	1200
39—41	1400
41.3—41.5	1500

即使我们并不取其巅峰值而只取比较适中的年俸一千二百石与其他中下级官员相比，其相对收入也是很高的。例如，知府正四品，年俸二百八十八石，严嵩是其4.2倍；御史、知县，正七品，年俸九十石，严嵩是其13.3倍；国子监学录、太医院吏目、各学教授等属于百官品秩中的最后一

级从九品，年俸六十石，严嵩是其20倍。

严嵩之子世蕃及诸孙亦都有官职俸禄。严世蕃，工部侍郎兼支尚宝司卿禄，侍郎正三品，年俸四百二十石，尚宝司卿正五品，年俸一百九十二石，二俸共六百一十二石。严嵩有孙、养孙八人，分别任锦衣卫帅、中书舍人、尚宝司丞等职，年俸共一千四百石左右。严氏祖孙三代年俸可共达三千石左右。明代田赋率变动不一，若按一般情况民田每亩征赋五升计算，则三千石相当于国家在六万亩民田上征收的税粮；若按江南苏州、松江、常州、湖州等重赋官田每亩征赋四斗计算，则相当于国家在这个地区七千五百亩官田上征收的税粮。权势越高，分割国家税粮所得越多。

严氏俸禄相对量虽然很高，但它在严氏家资中并不占重要地位，也不是由寒门而骤富的主要经济来源。如果按照每亩收租一石概算，严氏祖孙三千石年俸相当于三千亩土地的地租收入，而这与严府百万亩土地的地租收入相较，简直是小巫见大巫。当时官员俸米折银一般是按照每石七钱折算，如果按此比价将严氏祖孙三千石年俸全部折成白银仅得二千一百两。假设这些银两丝毫也不用于消费而全部积蓄起来，则十年才积累二万一千两，一百年才积累二十一万两，一千年才积累二百一十万两。可见严府的数百万家资绝不可能靠俸禄聚积起来。其实严氏父子卖给项治元一个吏部稽勋司主事的官位，转手之间即得银一万三千两，相当其祖孙五年左右的全部俸禄。赵文华自江浙督师还京，馈送严世蕃白银二万两及金丝床帐、金翠髻妆等物，世蕃"犹以为薄"[1]。这份"薄礼"又相当于严氏祖孙十多年的俸禄。

还需指出的是，与前代相比，明朝官员俸禄定额是比较低的。尤其是俸禄的发放并不是全部发给实物米，也不是全部折给贵金属货币银，而是有复杂的折兑办法。在本色、折色的折变中，官员实际薪俸收入大为下降，"自古官俸之薄，未若此者"[2]。上面我们所讲的全部支米或全部折银

---

① 范守己：《皇明肃皇外史》卷三七。

② 明代官员俸禄定额及本色、折色发放方法详见（万历）《大明会典》卷三九《俸给》，王圻《续文献通考》卷一〇三《百官禄秩》，《明史》卷八二《食货志·俸饷》。钞、钱、银、米、布的折换比价及市价详见（万历）《大明会典》卷三一《钞法》《钱法》，《续文献通考》卷一八《钞法》《钱法》，《明史》卷八一《食货志》五《钱钞》。

只是为了便于说明问题而采取的单纯论证方法，而现实要比这复杂得多。而且即使是这样薄的俸禄，朝廷也不能保证按时发给，"军国之需益繁，折支旷数岁仅一给"①，"京官折俸四五年不得一支，外官通不得支"②。

由于官员绝对俸禄收入很低，因此若单凭薪俸发家致富是不可能的。"其禄不赡，则不免失其所守"，"此贪婪之难禁也"；而那些清廉自持之士甚至靠借贷度日，或为官一世而"有寒士所不堪者"。这从另一方面证明了俸禄在严氏巨额家资的形成中所起的作用实在是微弱的。

（二）赏赐

嘉靖皇帝对议礼改制、赞玄撰文、兴造土木以及军国重事有功之臣经常给予赏赐。严嵩受赐尤多，成为一项经济来源。兹将《历官表奏》《钤山堂集》及《实录》中所见其受赐情形列表如下。

时间 （嘉靖年月）	受赐物品	受赐事由
15.5	新钞 2000 贯，羊 1 只，酒 10 瓶	改任礼部尚书
16.2	脯醢果胙	皇嗣诞生
17.9	银 100 两，钞 4000 贯	称宗祔庙大礼成
18.2	银 50 两，纻丝 4 表里	事玄执礼
18.2	大红罗五彩飞鱼服 1 件及他物	扈驾南巡
18.2	马 1 匹	扈驾南巡
18.3	银 200 两	扈驾南巡途中屡赐
18.8	银 100 两，纻丝 7 表里	皇太后祔庙礼成
20.2	银 50 两，玉带 1 条，纻丝 4 表里	撰写青词
20.3	银 60 两，蟒衣 1 件，金宝环 1 件，纻丝 4 表里	事玄撰文
21.3	原封钞 2000 贯，羊 1 只，酒 10 瓶	从一品三年考满
21.4	猪 1 口，羊 1 只，白米 2 石，酒 10 瓶，甜酱瓜茄 1 坛。又"加味生脉汤"、"清眩健脾汤"、"清热解困汤"等药	生病
21.11	银 50 两，麒麟服 1 件	侍值西苑

---

① 黄瑜：《双槐岁钞》卷九《京官折俸》。
② 王琼：《双溪杂记》。

续表

时间 （嘉靖年月）	受赐物品	受赐事由
21.11	奴仆 2 名	侍值西苑
22.4	彩缎、宝钞、羊、酒	礼部交代毕
23.8	银 4 锭，彩缎 2 表里，玉带 1 条	撰写青词
23.12	钞 3000 贯，羊 2 只，酒 20 瓶	一品六年考满
23.12	银 100 两，麒麟服 1 件，彩缎 4 表里，羊 4 只，酒 40 瓶	北边擒获"逆首"
24.3	园药一银盒	
24.7	银 60 两，纻丝 4 表里	太庙大功告成
25.2	工部差官为其营造祖坟	
25.7	银两，表里	滕禧殿工完
26.4	银 30 两，钞 3000 贯，纻丝 2 表里	册封永妃礼成
26.10	银 50 两，彩缎 4 表里，麒麟服 1 件，宝钞 5000 贯，茶饭 5 桌，羊 3 只，酒 30 瓶	一品九年考满
28.3	银 50 两，帛 4 表里	北边告捷
28	御制"小益丹"1 罐，"天王补心丹"1 包，"大补黄芪园"1 包，"解郁理中汤"，"仙芽"等，禁中绘册	
29.12	银 40 两，彩缎 4 表里	一品十二年考满
35.11	银 40 两，纻丝 3 表里	平徐海
38.1	银 100 两，彩缎 8 表里，宝钞，羊，酒，又宴资银 50 两	年登八十

表中所列共银千余两。或有疏漏，在所难免，但大体上反映了严嵩受赐银两的规模，在其家资总量中所占比重很少，并不像他自己所宣扬的那样多。他有时将营造宅第等项所用银两，说成是"皇上节年钦赐银两俸资"。之所以这样讲，一方面是为了掩饰贪污受贿丑行；另一方面是为了"导宣皇仁"，邀取更多的宠爱。

（三）兼并土地

严嵩高祖严孟衡，在正统年间做过四川布政使，但逝世时仅在原籍分宜留下十二三亩土地，五位儿子各分产二亩半。至其祖父、父亲时依然垅亩无多，家业萧然。但是在其拜相以后，立即膏腴万顷。这巨额地产是怎样兼并起来的？

1. 强占白夺

侵占官民土地是明代官绅地主兼并土地的主要手段之一。严氏父子亦恃势"夺占田地房屋，左右侵凌未已，士民付之一叹"。① 严府田地、房基中的相当部分都是通过经济外的赤裸裸的暴力掠夺而来的。林润在奏章中列举了严府纵使豪奴在袁州地区抢夺农民土地、房基的部分事例。其中侵夺民地有：严富侵夺陈宝之地，严景八侵夺孔源之地，严臻富侵夺彭柏之地，严进寿侵夺钟发声之地，严琴侵夺杨宗仪之地，严珍侵夺郭寓之地，严七侵夺邓承绩之地，严积侵夺彭槐之地。② 这些土地被严府剥夺后，原主仍要"负累赔粮"，即原来向国家承担的粮差并不过割，仍由原主赔纳。

其中侵夺百姓房基有：严保侵夺李三元，严思侵夺崔元二，严勤侵夺王铠，严珍侵夺黄衮，严二汉侵夺林绍新，严仲一侵夺彭述古，严富二侵夺萧珠，严艮侵夺张文耀，严志侵夺朱宝、王銮，严珍二侵夺杨允积、陈子良。这些房基皆"揣价不与"，白白被夺。③

除强占民房外，还侵占官地修建宅第。或官仓，或衙署，或学校，或寺庙，或祠堂，凡其所需，即侵而占之。而且役使乡众为其无偿建造。所占官基在前面严府房屋统计表中已经列出，此处不赘。

严氏亲戚亦狐假虎威，霸占民业。南昌府生员熊某是严氏内戚，"凭其势侵民，为一乡害"。乡人匍匐投诉于官府，诸官惮严氏之威，皆不敢受理，唯独同知刘寿矫"正色叱之"，绳之以法，"尽割其所侵田以还乡人"，然后"飘然纳绶"，辞官而去。④

严府还纵奴明火执仗地抢人财物，夺人妻女。例如家奴郭宜三、刘相谊、洪斗、文攀锦、段回、钟福秀等百十余人，"明称严府官舍，出没于湖广、江西之界，打劫无忌"。有萍乡县张恭八之家，"则被其杀死男口，

---

① 邹应龙：《贪横荫臣欺君蠹国疏》，《明经世文编》卷三二九。
② 参见林润《申逆罪正典刑以彰天讨疏》，《明经世文编》卷三二九。
③ 同上。
④ 参见张萱《西园闻见录》卷一一《刘寿矫》。

淫污妇女";有瑞州过客况巧儿,"则被其戮死性命,劫夺财物"。①

2. 受人投献

土地投献是明代社会"弊之甚而害之大者"。② 所谓"投献",有"妄献"和"自献"两种。妄献系指庶民田产被"奸猾之徒"妄称"己业"或"无主闲田"奉献给贵族、官绅;自献系指庶民将自家的田产无偿地奉献给贵族、官绅。投献作为普遍存在的一种社会现象,是封建等级特权制度的产物。贵族和官绅有赋役优免特权。明中叶以后赋繁役重,农民乃至庶民富户为了躲避国家赋役"率献田于其豪","宁以身为佣佃而输之租,用避大役,名曰'投献'"。而那些妄行投献他人土地的奸人则借此而攀附权势,"凭陵官府,苦害军民"。接受投献的人则在没有任何支付的情况下便实现了土地所有权的转移,"士一登乡举,辄皆受投献为富人"。③ 因此所谓投献乃是在虚伪面纱掩饰下的特权者对无权者的残酷的超经济掠夺。投献风行使被献农民失去产业而沦为佃户或佣工,使仍在官府户籍内的农民成为转嫁赋役负担的受害者,同时使国家控制的土地和民户锐减,加深了阶级矛盾,加剧了财政危机。④

严府"膏腴田产,投献地宅,不遑悉数"。⑤ 林润对其"受人投献而殴伤人命"的掠夺行径也进行了揭露。例如,家奴严和鸣殴伤邹均重,严鸣凤殴伤黄质练,严樊殴伤任良谋,严瑞朋殴伤邹公显等。⑥ 这些农户的田产皆被严府豪奴强行投献。严氏受献土地在文学作品中也有反映。《鸣凤记》第三十一出《陆姑救易》中关于严氏父子密谋强迫易弘器投献三千亩肥田的描写,就艺术地再现了严府广受投献的历史事实。失去土地的农民则沦为严府佃户或奴仆。

严氏在扬州府还有受献的土地和池塘。陈公塘延袤八十余里,是扬州五大塘之一。先是"奸民"将其妄献给大将军仇鸾,然后加以租用。仇鸾

---

①　林润:《申逆罪正典刑以彰天讨疏》,《明经世文编》卷三二九。

②　《皇明条法事类纂》卷一三《户部·禁革永讨庄田投献地土》。

③　黄秉石:《海忠介公传》,《海瑞集》附录。

④　关于明代土地投献,参见拙稿《明代土地"投献"简论》,《北京师院学报》1986 年第 2 期。

⑤　王宗茂:《纠劾误国辅臣疏》,《明经世文编》卷二九六。

⑥　参见林润《申逆罪正典刑以彰天讨疏》,《明经世文编》卷三二九。

戮尸抄家后，这座池塘又转移到严世蕃的户下。由于豪强们掠夺性的使用，遂致水利敝坏。王士性在《广志绎》中记述道：

> 扬州五塘，一曰"陈公塘"，延袤八十余里，置自汉陈登。……千余年停蓄天长、六合、灵虹、寿、泗五百余里之水，水溢则蓄于塘，而诸湖不致泛滥；水涸则启塘闸以济运河。嘉靖间，奸民假献仇鸾佃陈公塘，而塘堤渐决，鸾败而严世蕃继之。世蕃败而维扬士民攘臂承佃，陈公塘遂废。一塘废而诸塘继之。①

3. 用强夺买

所谓"用强夺买"，即依仗权势压价强行购买土地，是一种半掠夺的兼并行为。例如严氏在南京、扬州、仪真等处的数十所庄田即是用这种手段取得的。每处庄田实际可值银数千两，而"卖者价银才得十之四五"，"剥取民财，侵夺民利"，小民"敢怒而不敢言"②。

不仅严府本身，即其亲属亦用此法强占土地。副都御史熊揖乃严嵩之姻亲，"以轻值（即贱价）占废寺田千余顷"。江西按察副使郑世威提出"平值鬻田赈饥"，熊揖持严嵩手书前来交涉。郑世威"不为动，竟以成案报"，但虑"分宜父子终螫己"，遂弃官归乡。③

官绅地主靠"减价买田"增殖产业在明中叶以后相当普遍。其夺买之价只占本价的一半左右。嘉靖年间礼部尚书霍韬为官清廉，但其子弟却在家乡倚仗官户，"减价买田"。为此霍韬曾致书令其补价：

> 如减价买田，他日身后有论。杨阁老家所买田俱被告称减价，官司尽为断田还主，就将每年所收租利准还半价。……近日潮州陈世杰，亦被人告"占田"、"半价"。……我家买田，凡减价者，与璞（霍韬之子）皆与访实，召原主给领原价，勿贻后患。就无后患，亦

---

① 王士性：《广志绎》卷二。
② 邹应龙：《贪横荫臣欺君蠹国疏》，《明经世文编》卷三二九。
③ 参见张萱《西园闻见录》卷一一《郑世威》。

折子孙，承受不得。为补欠价，只查山中书院递年所收租银，将两年所积就可补足。①

4. 优免粮差

土地"在严（严嵩）则概户优免，在民则独累不胜"②。所谓"优免"即官绅享有的人身和土地对国家免服徭役的特权，它是官绅等级区别于庶民等级的重要标志。③ 明代国家法律对官绅优免特权作了明确规定。例如嘉靖二十四年六月，就在严嵩出任首辅不久，朝廷重定《优免则例》，提高优免数额。规定京官一品优免役粮三十石、人丁三十丁；以下递减，至九品优免役粮六石、人丁六丁；外官减半；举、监、生员优免粮二石、丁二丁；致仕官优免本品十分之七。④ 万历三十八年《优免则例》又将"论品免粮"改为"论品免田"，现任京官甲科一品免田一万亩，以下递减，八品免田两千七百亩；外官减半；致仕官免本品十分之六，未仕乡绅优免田最高达三千三百五十亩；生员、监生八十亩。⑤ 法律条文上规定的虽然是限额优免，但官绅们大都冲破法定权利的界限而按习惯权利行事，因此实际上施行的是全额优免，"田连阡陌而不任分毫徭役"⑥，成为"产无赋，身无徭，田无粮，廛无税"⑦ 的名副其实的特权等级。不仅本户全免，而且受其荫蔽的"佃户丛仆，疏属远亲"也"无一手一足应公家之役，无一钱一粒充应役之劳"⑧。"优免于此，势必加派于彼"，"官户丁米不差，民户科差必重"，官绅合法、非法优免的粮差便转嫁给了庶民百姓，致使他们"破资鬻产，逃亡相踵"。不用说，严府万顷土地的粮差也要由庶民百姓来赔累。既有地租收入，又优免粮差，怎能不家业日旺。

---

① 霍韬：《渭厓文集》卷七《家书》。
② 林润：《申逆罪正典刑以彰天讨疏》，《明经世文编》卷三二九。
③ 关于明代官绅优免制度，参见拙稿《明代缙绅地主浅论》，《中国史研究》1984 年第 2 期；《明代官绅优免和庶民"中户"的徭役负担》，《历史研究》1986 年第 2 期，
④ 《嘉隆新例附万历·户例》。《明世宗实录》卷三〇〇，嘉靖二十四年六月。
⑤ 参见（万历）姚宗仪《常熟私志》卷三《赋役·优免新例》。
⑥ 李复兴：《松郡均役成书·府详坐图不便》。
⑦ 陆世仪：《复社纪略》卷三。
⑧ 朱国桢：《涌幢小品》卷一四《揭帖》。

（四）贪污受贿

在严氏巨额家资的聚集中，凭恃权势贪污受贿是最主要的来源。卖官鬻爵，侵吞军费，纳贿受馈，是政治权力转化为经济收益的最简便、最直接的形式。它无本万利，不需任何投入便可在短期内由一介寒士而暴发为百万富翁。在严府的财产结构中，之所以金银珠宝、古玩字画等占有相当大的比重，多得"骇人听闻"，就是因为他们皆来自卖官、纳贿、受礼、侵吞、科克。

"嵩之纳贿，实自古权奸所未有。"① 自其升任礼部尚书直至削官为民，贪贿活动贯穿于仕途的始终，而其子严世蕃则是其帮凶，且往往站在前台。从诸生到亲王，从朝臣到边将无不向其行贿馈送，少者几百两，多者十几万两。正因如此，严氏父子的贪贿丑行一直是言路抨击的焦点。现将其贪贿行为略述如下。

"天子儿尚行金予我，谁敢不行金者？"皇族属籍及宗室生卒、命名、婚嫁，亲王、郡王、将军、公主、郡主、县主请封、请恤、请赐等事，由礼部经管，因此严嵩还是在做礼部尚书时，即已"于藩国请恤、乞封，所挟受贿，积资且巨万"。② 位居首辅后，更加肆无忌惮，即使是皇上子孙，也要交钱，才能办事。朱载垕，嘉靖皇帝第三子，封裕王；朱载圳，嘉靖皇帝第四子，封景王。太子早逝，按序裕王当继封太子，但嘉靖皇帝久延不决。严嵩见皇帝首鼠两端，便对裕王持冷淡态度。按例，裕王府除亲王常禄外，每年还拨给一定费用，但因没有严氏父子的旨意，户部竟三年没有发放，致使王府"窘甚"。王府承奉提醒裕王说："非贿赂世蕃不可也。"这位未来的皇帝（嘉靖皇帝逝世后即位，是为穆宗隆庆）也不得不如此办理，筹措了一千五百两银子（其中有五百两从宦官借贷而来），派承奉以亲王的名义拜谒严世蕃，将银两献上。"世蕃欣然受之"，然后吩咐户部补发裕王府三年的供给，并向人夸耀说："天子儿尚行金予我，谁敢不行金

---

① 赵翼：《廿二史札记》卷三五《明代宦官》。
② 王世贞：《嘉靖以来内阁首辅传》卷四《严嵩传》。

者?"大学士徐阶每当谈及此事,辄吐舌曰:"世蕃胆真大于天!"①

伊王朱典楧,朱元璋庶二十五子朱㰌后裔,嘉靖二十三年袭封王位,王府在河南洛阳。他凶顽成癖,久蓄异志。宫室僭越,除王府正宫外,又违制建造宫殿台阁十余处。王府护卫原额两千名,违制扩充至一万四千六百五十余名。仪卫司校尉原额六百名,违制扩充至六千六百余名。锻造甲胄枪炮,阴养战马,招集亡命,图谋大举。私阉太监二百余名。偏索洛阳十二岁以上女子七百余人,选其中姝丽者九十人纳于宫中,其余令以金取赎。逼残民众,草菅人命,抢夺百姓妻女四百余口;强占官民房屋三千余间;诈骗民财三万余两;阻截关津,擅立税厂;催征价银,开设店铺。②由于其罪恶昭彰,地方抚按、朝中言官屡屡劾奏,要求重治以法。伊王见事态急迫,便向严世蕃行贿白银十万两,求予保护,严世蕃受纳之。③由于有严氏父子为内援,伊王益发跋扈,怙恶不悛,直至严氏父子败落,才于嘉靖四十三年二月被废为庶人,禁固高墙。

"官无大小,皆有定价。"④严世蕃"熟谙中外官饶瘠险易,责贿多寡,毫发不能匿"。朝廷和地方大小文武官吏凡选任、升迁,不论贤否是非,唯以所行贿金多少而定高低。贿金多者,"择官选地,取于探囊,朝求暮获,捷若应响"。⑤若某官众人相争,则"价值转增"。州判三百两,通判五百两;指挥三百两,都指挥七百两。御史、给事中五百两、八百两,有增至千两者。⑥吏部官贿金最重,吏部郎中、主事开价即达三千两,后猛增至一万二三千两。⑦刑部主事项治元家资巨富,向严世蕃行贿一万三千两白银,得转调吏部勋稽司主事,"士论嚣然,丑声日甚"。因其所贿之数与明初江南首富沈万三的"万三"巧合,故人们乃以"沈官儿"、

---

① 王世贞:《挟裕邸贿》,《弇州史料后集》卷三六。

② 《明世宗实录》卷四八四、卷四九四、卷五一四、卷五三〇,嘉靖三十九年五月、四十年三月、四十一年十月、四十三年二月。

③ 参见王世贞《纳伊王贿》,《弇州史料后集》卷三六。

④ 于慎行:《谷山笔麈》卷五《臣品》。

⑤ 《明世宗实录》卷五一三,嘉靖四十一年九月。

⑥ 参见沈国元《皇明从信录》卷三二。

⑦ 参见王世贞《嘉靖以来内阁首辅传》卷四《严嵩传》。

"沈万三官"呼之，以示讥讽。① 翰林院乃道德文章之地，但选授翰林亦需重金。庶吉士陆树声有清望，严世蕃向其索取松江绫子二百匹，许以翰苑之职予之。陆树声回答说："本不敢希翰苑，又实无一绫，惟公所置之。"②严氏父子对之大恨。"严氏当国，谥俱贿致。"③ "谥号"是对死者的庄严封赐，但也变成可以买卖的商品，"迟速予夺，一视赂之厚薄"。科举考场同样污秽不堪，散发铜臭。嘉靖十六年，四夷馆招考译字生，主考者严嵩"苞苴过多，更高其价"，"通贿无算"。④ 嘉靖四十一年春，进士考庶吉士。有人通过太监以重金向严嵩行贿，严嵩遂将所拟试题泄露给他们，不料被人密告揭发。临考之前，忽传圣谕，"今年且罢"，考生一哄而散。⑤

廉洁奉公，不向严氏行贿，则会遭到迫害，即使是朝廷六部尚书、内阁大学士也难保住官位。顾应祥乃朝中老臣，与严嵩同年，嘉靖二十九年七月升任刑部尚书，但因未向严氏父子进献谢礼，严氏父子便授意给事中对其进行弹劾。然而吹毛求疵也未找到他的过失，严嵩便以他有"鼻瘿"，不宜在皇帝身边供职为由，把他调去南京。⑥从到任到离职，顾应祥只做了一百天的刑部尚书。礼部尚书吴山，皇帝欲召之入阁，但他戆直不附严氏，严嵩便密进谗言，使之终未入阁。⑦

若使卖官鬻爵畅通无阻，必须控制吏部和兵部。"六曹文武二柄，政为极重"，严嵩当国，"以吏兵二曹为外府，稍不当意，或诛或斥，二曹事之如掾吏之对官长，主奉行文书而已"⑧。吏部尚书李本（曾以大学士兼管吏部）、吴鹏、欧阳必进等承其颐指，去取惟令，靡敢抵牾；兵部尚书许论"委身严氏，贿遗狼籍，其典本兵，一听世蕃指挥画诺而已"。甚至

---

① 参见邹应龙《贪横荫臣欺君蠹国疏》，《明经世文编》卷三二九；田艺衡《留青日札》卷三五《沈万三秀》；黄景昉《国史唯疑》卷七。

② 于慎行：《谷山笔麈》卷五《臣品》。

③ 《国榷》卷五九，嘉靖二十八年二月。

④ 谷应泰：《明史纪事本末》卷五四《严嵩用事》。

⑤ 参见沈德符《万历野获编》卷一〇《壬戌科罢选庶吉士》。

⑥ 参见张萱《西园闻见录》卷九。

⑦ 同上。

⑧ 沈德符：《万历野获编》卷九《阁部重轻》。

吏、兵二部选官，呈奉簿记，任严氏父子填发，因此人们将吏部文选郎中万寀、兵部职方郎中方祥称为严氏的"文武管家"。[①] 由此严氏笼络一世，苞苴馈遗，阿附结党者皆得美差；疏远自持，不出其门者摒黜以尽，士风沦丧，仕路污浊。

向罪臣索贿。只要向严氏行贿，"无功可受赏，有罪可不诛"，法纪荡然。有的人虽是严氏同党，但犯罪后，为了保住权势也需向其行贿，宁夏总兵仇鸾、福建巡抚阮鹗、宣大总督杨顺等封疆大吏、边陲将帅都曾这样做过，仇鸾竟至行贿数万。[②] 至于一般官员犯法，向其行贿以求逃避制裁者更是大有人在。有的自知遭其诬陷，但为了侥幸活命，还得向其行贿，而结果往往是严氏父子既收其钱财，又害其性命，最典型的事例莫过于三边总督曾铣和江南总督张经。曾铣及夏言妻父苏纲被逮后，严氏父子向苏纲之子勒索白银一万二千两和庄房一处[③]；张经被逮后，向其行贿五千两[④]，但他们都没有保住性命，落得人财两空。

侵吞军饷，发国难之财。边饷军费是严氏父子窃取钱财的主要目标之一，贪污数额惊人。户部所发粮饷，"朝出度支之门，暮入奸嵩之府，输边者四，馈嵩者六"。[⑤] 边军岁饷百万，"强半赂嵩"[⑥]，致使内库所藏"不足支诸边一年之费"，而严氏所积"可支数年"。[⑦] 东南倭寇之患在严嵩主政期间最为酷烈，但严氏父子却假借抗倭之名，通过督察尚书赵文华、总督胡宗宪、巡抚阮鹗等亲信疯狂侵盗军需，广纳重贿，搜刮民膏，大发国难之财。赵文华分赃数万，进献给严氏父子，还有很多难以估价的珍宝古玩；胡宗宪每年向严氏父子馈送"金帛子女、珍奇淫巧无数"；华人倭寇首领王直妄图逃脱制裁，也向严氏父子行贿白银十万两。[⑧] 这样的"抗

---

① 吕毖：《明朝小史·嘉靖纪·文武管家》。
② 参见夏言《奏辩奸邪大臣朋谋诬陷欺罔疏》，《夏桂洲文集》卷一四。
③ 同上。
④ 谷应泰：《明史纪事本末》卷五四《严嵩用事》。
⑤ 《明吏》卷二一〇《张翀传》。
⑥ 《明史》卷二一〇《董传策传》。
⑦ 赵翼：《廿二史札记》卷三五《明代宦官》。
⑧ 参见范守己《皇明肃皇外史》卷三七、黄景昉《国史唯疑》卷七、田艺蘅《留青日札》卷三五《严嵩》、张萱《西园闻见录》卷一一《陈柏》、《明世宗实录》卷五四四。

倭"，只能是"因乱生乱"。

总之，卖官鬻爵，无孔不入。御史邹应龙"政以贿成，官以赂授"①的弹劾准确地概括了严氏父子的为政之道。内外文武大小官吏岁时馈送，名为"问安"；武将科克银两，多者巨万，少者数千，纳于严氏父子，名为"买命"；每遇大选、急选、推升、行取，皆遍索重贿，择地捡官，名为"漏缺"；行贿得官之后，即搜索库藏，剥削小民，金帛珍玩，送至严府，名为"谢礼"，"以致士风大坏，边事日非，帑藏空虚，闾阎凋瘵，贻国家祸害迄今数岁未复"②。

严氏父子"贪墨滔天"，因此京城士民皆以"钱痨"称之。③ 通过贪污受贿严氏聚积了巨额家资，是当时全国十七家首富之一。据说，为了夸富，严世蕃每积资百万则举行一次盛大的酒会，在其败落之前已经高会四次（又有说五次者），犹渔猎不止。④ 为了储藏这些金银珍宝，严世蕃在京师相府挖了一个深一丈，方五尺的地窖，四周及窖底砌以纹石，相传经过三天三夜才把它装满，"外存者犹无算"。在封窖之前，请其父前来过目。严嵩见到自家金银如此之多，不禁惊愕，口中嗫嚅而语："多积者必厚亡，奇祸，奇祸！"严氏父子还将大量金银转移到原籍，除京师相府外，在袁州老家也有银窖，而且容积是北京的两倍。⑤

史实表明，俸禄、赐银虽然也是由官位带给严嵩的经济收入，但在其聚积财富的过程中并不起重要作用，只有凭恃权势贪污受贿和掠夺土地才是财富的主要来源，而贪污受贿又占首位。

严氏父子嗜财如命，酷贪成性。他们使用各种肮脏手段聚积了几百万家资，堪称天下首富。然而历史是无情的。一夜之间，这"钱痨"父子，便一个斩首西市，一个沦为饿殍，巨额家产也全部没收归官。因此时人感慨道："国朝辅臣，其资产未有过之者。顾其父子劳神搜括，几竭一生之

① 《明世宗实录》卷五〇九，嘉靖四十一年五月。
② 《明世宗实录》卷五四四，嘉靖四十四年三月。
③ 冯梦龙：《古今谭概·贪秽·钱痨》。
④ 参见王世贞《严氏富资》，《弇州史料后集》卷三六。
⑤ 参见周玄晖《泾林续记》。关于严氏银窖的大小及所藏金银数量，众说不一。

力，而卒乃归之朝廷，则何益之有？天道冥冥，默为转移，大率类此。"①
清初亦有人叹曰："不图安社稷，但计肥身家，遂至党同伐异，误国殃
民。……纵欲必求多藏，多藏必召厚亡。"②

"害国误民之祸本"

严氏父子恃权敛财造成了"士风大坏，边事日非，帑藏空虚，闾阎凋
瘁"的严重社会后果。

"贿赂彰，风俗坏。""内阁、吏部要钱，吾党守清无益。"③"皇上只
要人干事，不怪人要钱，贪夫从而和之。"④上行下效，严嵩政以贿成，群
僚纷纷效尤，官风、吏治大坏。"一时无耻之徒，如蝇集腐，如蛆嘬秽"，
不惜重金，钻营官位，"公行白日，乞哀昏夜，遂至靡然成风，如丧心病
狂"，"致士风日偷，官箴日丧"。官职既然由金银所换得，"彼何肯忘己
爱民，以私而为公？""当嘉靖末载，世风之溷浊甚矣。民不见德，惟贿是
闻，四夷交侵，万民失业，天下势盖岌岌乎其殆矣。"⑤"诏谀以欺乎上，
贪污以率其下"，"一人贪戾，天下成风"，"卑污成套，牢不可破，虽英
雄豪杰亦入套中，从古风俗之坏，未有甚于此时者"⑥。嘉靖年间是明代吏
治和官场风气的重要转折点。

"民财日穷，民心日怨。"官绅地主兼并土地，盘剥地租，掠夺资财，
转嫁赋役，致使农民破产相继，穷困无着。再加上官吏榨取，更是苦不堪
言。官职论价出售，买官之人支出的银两，全然来自对百姓的搜刮。"官
敛之于民，而又纳之于嵩（严嵩）。"行贿愈多，剥民脂膏愈烈，即所谓
"去百而求偿其千，去千而求偿其万"，"黎民几何而不困"？"天下之民，
竭其地之出，不足以胜其求，殚其庐之人，不足以免其祸。征诛之酷，算

① 徐学谟：《世庙识余录》卷二五。
② 严言：《天水冰山录序》。
③ 沈炼：《早正奸臣误国以决征房大策疏》，《青霞集》卷二。
④ 徐阶：《答尽去剥虐谕》，《明经世文编》卷二四四。
⑤ 张四维：《文贞存斋徐公神道碑》，《条麓堂集》卷二三。
⑥ 杨继盛：《请诛贼臣疏》，《杨忠愍公全集》卷一。

及鸡豚，嗟怨之声，彻于苍旻。"① "怨恨满道，含冤无伸，人人思乱，皆欲食嵩之肉。"②御史邹应龙这样痛斥严氏父子给民众、国家带来的灾难：

> 今天下水旱频仍，南北多警，民穷财尽，莫可措手者，正由世蕃父子贪婪无度，掊克日棘，政以贿成，官以赂授。凡四方小大之吏莫不竭民脂膏，剥民皮骨，外则欲应彼无厌之求，内则欲偿己买官之费，如此则民安得不贫，国安得不竭，天下灾警安得不迭至也?③

大学士徐阶尖锐地指出，严氏父子一切以"要钱"为准，此乃"害国误民之祸本"：

> 往年有造言者曰："皇上只要人干事，不怪人要钱，贪夫从而和之。"于是内外诸司，公然剥虐百姓，不复耻畏。其官日升，其家日富，而民财日穷，民心则日怨。即如昨妖逆倡乱（指白莲教起义）之词，动辄以"艰难困苦"等语发端，鼓煽愚昧。此要钱一件所以尤为害国误民之祸本也。④

　　兼并酷烈，贪风盛行必然要激化社会阶级矛盾，酿成民变。嘉靖年间虽然还没有形成全国性的农民大起义，但是各地中小规模的农民起义连绵不断，此起彼伏。据学者统计，嘉靖年间农民起义总计不下四五十次⑤。如果不是由于严嵩败落、世宗逝世而给朝政带来某些改善，特别是张居正改革暂时缓解了社会阶级矛盾的话，那么全国规模的农民大起义高潮也许会提前到来。

　　"府库虚竭"。与严府"私藏充溢"形成鲜明对照的是各级官府"府

①　王宗茂：《纠劾误国辅臣疏》，《明经世文编》卷二九六。
②　杨继盛：《请诛贼臣疏》，《杨忠愍公全集》卷一。
③　《明世宗实录》卷五〇九，嘉靖四十一年五月。邹应龙：《贪横荫臣欺君蠹国琉》，《明经世文编》卷三二九。
④　徐阶：《答尽去剥虐谕》，《明经世文编》卷二四四。
⑤　参见南炳文、李小林《嘉靖隆庆年间农民起义初探》，《明史研究论丛》第2辑。

库虚竭"。不仅严氏父子，而且大小官绅竞相与国家争夺土地、人户、财赋，于是形成"私藏富于公帑"、"私家日富，公室日贫"的局面，酿成朝廷财政危机。严嵩执政的嘉靖年间也是明代财政的转折点。明初"百姓充实，府藏衍溢"。正统以后，虽日渐困乏，但仍有储存。至嘉靖中期以后，太仓始入不敷出，年年亏空，少则一百万两，多则四百万两。嘉靖二十八年，"太仓岁征该银二百一十二万五千三百五十五两，及查本年岁入实收银二百九十五万七千一百一十六两，虽稍多于岁征，缘系节年解欠及括取、开纳、事例等银，原非岁额经常之数。及查本年岁支通银四百一十二万二千七百二十七两，乃比岁征数加一倍"①。嘉靖三十年，势态继续恶化，太仓库岁入银二百余万两，而各边所费已高达六百余万两，亏空四百万，户部尚书"嵩目无策"②。"府库虚竭"的困境一直延续下来。隆庆元年十二月，户部尚书马森奏称，太仓库现存银仅一百三十五万四千余两，而下一年度支出需银五百五十三万余两，现有之数仅够三个月的开销。因此他急切地说："今日催征急矣，搜刮穷矣，事例开矣，四方之民力竭矣，各处之库藏空矣，时势至此，即神运鬼输亦难为谋。"③

边防废弛。"今边事之不振由于军困，军困由于官邪，官邪由于谋国之无人。"④ 督抚将帅"始进不择其才，行赏不论其功，修边筑堡不核其实"，一以行贿多寡为准。若"金多而赂厚者"，则可"指败为功"，相反则指功为罪，"国家备边之政坏矣"。边将非多用金银不能得官，则"彼何肯奋身却敌、以钱而买死？"国家军费"强半赂嵩"，"军士饥疲"，"安得而不弱"？"又安得有折冲之功？"遂致"寇贼深入"，"南倭、北虏"之患连年不绝。⑤

嘉、隆、万时期，许多有识之士对于国匮民穷、战乱不息的局势深为忧虑。他们希望以改革拯危救难。嘉靖年间出现的桂萼、欧阳铎、潘季

---

① 潘潢：《弘远虑责实效以济富强疏》，《明经世文编》卷一九九。
② 《明世宗实录》卷三八〇，嘉靖三十年十二月。
③ 《明穆宗实录》卷一五，隆庆元年十二月。
④ 《明世宗实录》卷四五七，嘉靖三十七年三月。
⑤ 参见《明世宗实录》卷四五七，嘉靖三十七年三月；《明史》卷二一〇《王宗茂传》《张翀传》《董传策传》；沈炼《早正奸臣误国以决征虏大策疏》。

训、庞尚鹏等人的局部的赋役改革活动一直持续到隆庆年间，最后在万历初年形成全国范围的、雷厉风行的张居正改革。或者说，张居正改革就是针对严嵩执政所造成的社会弊病的。他总结嘉靖弊政的教训说："当嘉靖中年，商贾在位，货财上流，百姓嗷嗷，莫必其命，比时景象曾有异于汉、唐末世乎？"①"自嘉靖以来，当国者政以贿成，吏朘民膏以媚权门，而继秉国者又务一切姑息之政，为逋负渊薮，以成兼并之私。私家日富，公室日贫，国匮民穷，病实在此。"②张居正不愧是杰出的政治家，他对社会弊病的诊断是准确的，医治方法也是对症的。

严嵩父子酷贪成性给历史造成的破坏是巨大的。但是他们的贪欲之所以能够实现，他们的权势之所以能够转化为财富又有着深刻的社会根源。宋以后，中国封建社会进入后期。这时，封建官绅地主替代封建门阀世族地主成为封建地主阶级和封建统治集团的主体。在封建官绅体制的时代，"一叨乡荐，便无穷举人；及登科甲，遂钟鸣鼎食，肥马轻裘，非数百万则数十万"③。"因官致富，金穴铜山，田连州县。"④只要科考取得功名，选授官职，便进入官绅等级行列，成为享有封建特权的贵人；既为贵人，便可凭恃官位和权势掠夺土地，搜刮财富，从而成为富人，成为官绅地主（法律上称为"官户"）；而一旦削官为民，权势丧失，又可能由富贵而降为贫贱，官位和权势的得失是富贵贫贱转化的契机。"因官致富"，政治权力转化为经济财富已经成为官绅等级聚积资产、官绅地主形成和发展的一种规律。明中叶，特别是嘉靖年间以后，官绅地主势力迅速发展，这一规律得到更充分的发挥。严嵩的浮沉兴衰，正好清楚地绘制出一条由民而官、由官而富、由官而民、由富而贫的变动曲线，或者说是了解这种变动的绝好典型。他的巨额家资既是"因官致富"社会机制的产物，同时他所执行的"政以贿成，官以贿授"的治国方针又促进了这一机制的充分体现。

嘉靖年间之所以形成贪贿之风、奢靡之风盛行之势，还因为商品货币

---

① 张居正：《答福建巡抚耿楚侗言致理安民》，《张文忠公全集》书牍一二。
② 张居正：《答应天巡抚宋阳山论均粮足民》，《张文忠公全集》书牍六。
③ 计六奇：《明季北略》卷一二《陈启新疏三大病根》。
④ 吴履震：《五茸志逸》卷八。

经济的发展极大地刺激了封建统治阶级的贪婪欲望。明代中叶以后，特别是嘉靖以后，商品货币经济的空前繁荣，一方面推动了社会向前发展；另一方面，商品交易关系、市场买卖法则以及"金令司天，钱神卓地"①，"如今人敬的是有钱"② 的拜金主义价值观也被畅行无阻地引进政界和官场。在金钱的诱惑下，封建统治阶级丧失自我约束能力，竞相贪污受贿，榨取民财。这是嘉靖以后吏治日益腐败的又一深层次社会原因。

（原载《北京师范学院学报》1990 年第 2 期；
收入此集，内容作了较多增补）

---

① （万历）《歙县志·风土》。
② 朱载堉：《山坡羊·钱是好汉》。

明代后期农业商品化程度的提高与社会经济结构、农业生产关系的变化

明代后期（嘉靖至崇祯），农业生产力的发展，粮食生产能力的提高，为经济作物种植的扩大提供了可能；经济作物的普遍种植导致农业生产商品化程度提高；商品性农业的发展冲击并瓦解着传统自然经济结构和社会结构；传统社会经济结构的变异促使新的农业生产关系和经营方式出现；等级雇佣向自由雇佣过渡和农业雇工经营是农业资本主义生产关系萌芽的主要表现。这就是明代后期农业经济和农村社会结构性变异发生的历史进程。而农业商品化程度的提高又是手工业、商业、货币流通和城镇空前发展的基础，农业经济和农村社会的结构性变异是整个明代社会经济结构发生变异的起点。

一　农业商品化程度的提高

粮食生产能力的提高、经济作物在全国范围内的普遍种植①，大大提高了农业经济商品化程度，其主要表现如下。

（一）"本业"内涵的变化

在中国封建时代传统经济结构中，农业是"本业"，而本业的主要成分是供自身消费和缴纳租赋的粮食生产；明中后期，随着各种经济作物种植和畜牧业、渔业的蓬勃发展，它们在农业中所占地位越来越重要，成为

---

①　关于粮食生产能力的提高，参见拙稿《明代后期粮食生产能力的提高》，《张显清文集》，上海辞书出版社 2005 年版，第 182—205 页；关于经济作物在各地的种植情况，学者已有论述，不赘。

本业的重要组成部分，在商品经济发达地区，其地位甚至超过粮食生产而成为本业的主体，由此使农业，即"本业"的构成产生历史性变化。关于各种经济作物的分布及种植规模，学者们已有论述，这里仅拟对经济作物在各地经济中所占地位做些探讨。

．在苏州、松江、杭州、嘉兴、湖州、常州、镇江七府之中，湖州府"独号称朴厚"、"民务本业"。但其"本业"已不再是主要生产粮食，而是"田中（稻田）所入与桑蚕各具半年之资"。时人这样描述这里"务本力穑"的具体内容：

> 湖俗务本，诸利俱集。春时看蚕一月之劳，而得厚利；其他菜麦、麻苧、木棉、菱藕、萝摩、姜芋，各随土宜，以济缺乏，逐末者与之推移转徙；山中竹、木、茶、笋亦饶，故荒歉之年，不过减其分数，不至大困。①
>
> 吴兴为东南沃野，山居竹木材章，水居菱芡芰荷，田畴粳稌，陆地桑麻菽荄蔬果，此其利皆可致千金，故富民率好为兼并，爱地重于金玉，虽尺寸不以假人。②

这里的本业不再单是"田畴粳稌"而是"诸利俱集"，除桑蚕外，几乎包括了所有山、水、地所种养的经济作物，而这些经济作物又不是主要为自身消费，而是面向市场，由"逐末者"即商人"推移转徙"销售，"其利皆可致千金"。富民兼并土地的目的和价值取向也发生了变化，兼并土地是为了种植经济作物而获厚利，并不是为种植粮食作物，由是"爱地重于金玉"。

浙江台州府太平县，嘉靖年间，百姓有"业于农者"，"业于工者"，"远而业于商者"，"近而业于贾者"。其中业于"农"者包括：

> 或田而稼，或圃而蔬，或水而渔，或山而樵，或畬而种植，或操

---

① 徐献忠：《吴兴掌故集》卷一三《农桑》。
② 张羽：《张来仪文集·芙蓉庄记》。

舟于河，或取灰于海，或为版筑，或为佣工，各食其力，而无或惰焉。

此县虽"地狭土瘠"，"然而种植亦各有宜"，其近山地宜种榛、栗、木棉，近海地宜种柑橘及桃，近溪地宜种松，人家旁隙地宜种桑，其墙下宜种稷，城镇地宜种姜、韭，园圃宜种果、瓜、菘、芥、蓝。① 充分发挥各类地势的效能，实现田、圃、水、山、畬、河、海，粮、棉、桑、果、蔬、渔农业经营多元化，创造多种物资财富，粮食生产仅是其中一部分，甚至是次要部分。

广东珠江三角洲，也有"民皆纤啬筋力，以本业为孳孳"，"能尽地力"之说。那么其"本业"的内容是什么呢？《广东新语》说：

> 早禾田两熟之，余则莳菜为油，种三蓝以染绀，或树黄姜、粺麦，或蔓菁、番薯。大禾田既获，则以海水淋秆烧盐；其平阜高冈，亦多有荻、蔗、吉贝、麻、豆、排草、零香、果蓏之植。②

田地除种植粮食作物外，还种植油料、染料、甘蔗、棉、麻、香料、瓜果等。番禺县，"富者以稻田利薄，每以花果取饶"，柑、梅、香蕉、梨、栗、橄榄，"连冈接阜，弥望不穷"；贫者"稼穑是务，或种甘蔗以为糖，或种吉贝以为絮"。增城县盛产荔枝，四会县盛产柑橘、香橼，南海县宜桑、荔枝，顺德县宜龙眼，新会县宜蒲葵，东莞县宜香、甘蔗，连州、始兴县宜茶子，阳春县宜缩砂蜜，琼州府宜槟榔、椰子。③

福建各府，经济作物的种植在农业经济中，同样占有重要地位。

> 凡福（福州府）之绸丝，漳（漳州府）之纱绢，泉（泉州府）之蓝，福、廷（延平府）之铁，福、漳之橘，福、兴（兴华府）之荔

---

① （嘉靖）《太平县志》卷三《食货志·民业》。
② 屈大均：《广东新语》卷一四《食语》。
③ 参见屈大均《广东新语》卷二五《木语》。

枝，泉、漳之甘蔗及糖，顺昌之竹与纸，无日不走分水岭及浦城小关，下吴越如流水，其航大海而去者，尤不可计，皆衣被天下。所仰给他省者，独湖（湖州）丝耳。红不逮京口，闽人货湖丝者，往往染翠红而归织之。闽山所产，松杉而外，有竹、茶、乌柏之饶，竹可纸，茶可油，乌柏可烛也。福州而南，蓝甲天下。①

北方某些州县的经济作物和多种经营在农业经济中也占有一定份额。据嘉靖年间所修山东青州府《临朐县志·风土志》记载，该县"民勤耕农"，主要农务有：蚕织作绅绢，种棉花织布，以果树致饶益，造麦麴交易以为利，养蜂收蜜；向江南贩运土特产，回贩江南之货以生殖，贩卖鱼盐；伐木烧炭，烧石作灰，陶土作器；以菜为业；织苇席、秫席，编荆筐；饼师，酒户等。不仅种植经济作物，而且以其为原料，加工制造成手工业品，向外出售。陕西关中富平县，"地沃丰收，又兼木棉、布、丝之利，人十九商贾，故富室独多"②。嘉靖年间，耀州席氏，"田至千余亩，庐舍数十间，而场园树木、牛羊、车马、器物，视昔种种盛矣。又时察百物丰俭，而贸易其间，故生计日益大起"③。这也是一个综合经营粮食、果木、牲畜和商贸的富户。

（二）经济作物的商品性

"本业"中的这部分经济作物及畜牧、渔业，除农户自用，相当部分甚至主要是作为商品为市场而生产的，从而使整个农业生产的商品化程度空前提高。同时由于经济作物单位面积的产值高于粮食作物，因此农民的收入，特别是货币收入有了增加，劳动生产率有了提高。

棉产区的棉花主要投入市场，除供本地棉纺外，还销往外地。苏州府嘉定县、太仓州是重要产棉区，嘉定县新泾镇、太仓州鹤王市，都是著名的棉花贸易市镇。每当新棉上市，镇上棉行争购四乡棉农之棉，"市中交

---

① 王世懋：《闽部疏》。
② （嘉靖）《耀州志》卷四。
③ 乔世宁：《丘隅集》卷一四。

易，未晓而集。每岁棉花入市，牙行多聚少年以为羽翼，携灯拦接，乡民莫知所适"①。这里的棉花除供本地纺织外，还销往福建、广东，"隆（庆）万（历）中，闽商麇至，州赖以饶"②。在明后期，棉产区与棉布生产区之间的分工日益增大，北方山东、河南、北直隶所产棉花大量销往南方，而南方所织之布则大量销往北方，形成"吉贝则泛舟而鬻诸南，布则泛舟而鬻诸北"③的彼此作为商品的南北长途大贩运。

蚕农养蚕除自栽桑树外，桑叶不足则外购，于是形成桑叶市场，称"叶市"、"叶行"，叶价"随时高下，倏忽悬绝，谚云'仙人难断叶价'"。隆庆、万历年间，苏州府吴江、震泽"桑叶行开在四栅近处，以利船出进"，每当采叶时节，"客船买叶者云集，每日暮如乌鸦野鹜争道而来，顷刻四塞"。蚕户也有赊欠银款购叶者，"凡卖叶与蚕户，待其做丝而收钱者，曰敲丝车钱，较市价长一二分；万一蚕户歉收，得而复失者亦有之"④。有的蚕户则预先支付银两若干，订购桑叶，以保证缫丝生产的进行。"湖（州）之畜蚕者，多自栽桑；不则豫租别姓之桑，俗曰秒叶。凡蚕一斤，用叶百六十斤。秒者（秒叶者）先期约用银四钱，既收（收叶之后）而偿者约用五钱，再加杂费五分。蚕佳者，用二十日辛苦，收丝可售银一两余。"⑤

蚕丝产地与丝织生产地相互分工、相互流通的市场特点更为明显。"东南之机，三吴、越、闽最伙，取给于湖茧；西北之机，潞最工，取给于阆茧。"⑥苏、杭、福建乃至外国的丝织业要从湖州采购蚕丝，于是在太湖周边形成不少蚕丝贸易市镇。"吴丝衣天下，聚于双林（属湖州府归安县），吴、越、闽、番至于海岛，皆来市焉。五月，载银而至，委积如瓦砾。吴南诸乡，岁有百十万之益。"⑦归安县菱湖镇的商家，"主四方鬻丝

---

① （万历）《嘉定县志》卷二《风俗》。
② 吴伟业：《梅村家藏稿》卷一〇《木棉吟序》。
③ 徐光启：《农政全书》卷三五《木棉》。
④ 沈廷瑞：《东畲杂记》。
⑤ 朱国祯：《涌幢小品》卷二《农桑》。
⑥ 徐光启：《农政全书》卷三一《蚕桑》。
⑦ 唐甄：《潜书》下篇《教蚕》。

者多。廛临溪，四五月间，溪上乡人货丝船，排比而泊"①。四川保宁府，特别是阆中县所产之丝，"精细光润"，除供应山西潞安府织绸外，还远销江、浙，"吴、越人鬻之以作改机绫绢"，每至夏季，"巴（巴州）、剑（剑州）、阆（阆中）、通（通江）、南（南江）之人，聚之于苍溪，商贾贸之，连舟载之南去。土人以是为生，牙行以此射利"②。

甘蔗的商品化程度也较高。蔗农的甘蔗主要是作为商品出售给糖房榨糖，或自家榨糖出售。甘蔗种植的扩展，促进了制糖业的兴旺，制糖业的兴旺又加大了对原料甘蔗的需求，因此"蔗利甚厚"，刺激农民纷纷改稻田为蔗田。糖房主为保障原料的来源，还向蔗农预付定金，"春以糖本分与种蔗之农，冬而收其糖利"，"旧糖未消，新糖复积，开糖房者多以致富"③。这种具有订单式的甘蔗种植，更加强了其为市场生产的商品化程度。

烟、茶、果、花、药材等，也主要是面向市场的商品生产，而且利润丰厚。烟田"一亩之收，可以敌田十亩"，"田家种之连畛，颇获厚利"。明后期，官营茶叶衰落，民营茶叶兴起，各地所产茶叶作为商品销量大增。"自贡茶外，产茶之地，各处不一，颇多名品，如吴县之虎丘，钱唐之龙井最著。"④ 虎丘、龙井以及福建武夷山、广州珠江河南、庐州府霍山等地之茶，皆"争先腾价"，"货卖甚多"。霍山"茶生最多，品名亦振"，晋、赵、豫、楚等省商人，"千里挟资"，争先预购，每当采茶时节，"男妇错杂，歌声满谷，日夜力作不休。校尉、寺僧、富商大贾，骑纵布野，倾囊以值。百货骈集，列市开肆，妖冶招摇，亦山中胜事"⑤。柑橘、荔枝、龙眼等是江浙、广东、福建等地的重要产业，"利亦殊博"，"或有弃稻田以种者"。广州附近，"地土所宜，争以为业，称曰'龙（眼）荔（枝）之民'"。每年各地商人至广州采购荔枝、龙眼者，"载以栲箱，束以黄白藤，与诸瑰货，向台关而北、腊岭而西北者，舟船费绝"。不仅栽

---

① （天启）《吴兴备志》卷二九《琐征》。
② （嘉靖）《保宁府志》卷七《食货纪》。
③ 屈大均：《广东新语》卷一四《食语·糖》。
④ 谈迁：《枣林杂俎》中集《茶》。
⑤ （顺治）《霍山县志》卷二《土产》。

种者获利，而且提供了许多相关就业机会，"其为栲箱者、打包者，各数百家；舟子、车夫皆以荔枝、龙眼赡口"，因此"广人多衣食荔枝、龙眼"①。广州增城沙贝的荔枝、龙眼品种绝美，"当未熟时，先以兼金购之乃得"②，农户与商人之间也采用预金订购的方式进行经营。广州经济作物品种繁多，真可谓遍地皆财。新会县，"所以资生者，半出于蒲葵（扇）"③。东莞县，多以种香为业，"岁售逾数万金"④。

农户并不局限于出卖经济作物产品，还将其加工成手工业制品出售，以增其值。苏州"小民最力穑，耕渔之外，男妇并工捆屦、绩麻、织布、采石、造器，梓人、甓工、垩石工，终年佣外境"⑤。庐州府无为州，出产白土丝、棉花、苧麻、红蓝、青蓝、白蜡、黄蜡、白蜜；酿造密淋漓、秋露白、豆酒、蜡酒；还有纸坊、油坊、豆乳坊。⑥

（三）商品粮食的增多

明后期，不仅经济作物，粮食商品化的程度也空前提高。粮食产量的增加，为部分粮食转化为商品提供了前提；而经济作物种植面积的扩大，城镇及工商人口的增多，又为粮食商品化提供了需求。经济作物地区及工商业发达地区需要大量输入粮食，粮产区则大量输出粮食，使粮食市场成为全国市场中的重要组成部分。

弘治年间就出现了吃商品粮人群骤增、农民卖粮换取货币继而购买工业品的趋势。"天下之人，食力者什三四，而资籴以食者什七八矣"，农民收获之后，"变谷以为钱，又变钱以为服饰日用之需"，"天下之民莫不皆然"⑦。所言比例虽未免有些夸张，但这种趋势是存在的，且在明后期有了进一步的发展。

江南苏州、松江、杭州、嘉兴、湖州、应天等府本是鱼米之乡，但由

---

① 屈大均：《广东新语》卷二五《木语》。
② 同上。
③ 屈大均：《广东新语》卷一六《器语》。
④ 屈大均：《广东新语》卷二《地语》、卷二六《香语》。
⑤ 《古今图书集成·职方典·苏州府部风俗考》。
⑥ （乾隆）《无为州志》卷七《物产》。
⑦ 丘浚：《大学衍义补》卷二五《市籴之令》。

于经济作物的发展和城镇人口的增加，到明后期，粮食已不能自给，反要从外地输入，"半仰给于江（西）、楚（湖广）、庐（州）、安（庆）之粟"①。著名的洞庭商帮（太湖洞庭山商人组成）主要经营范围之一便是粮食贸易。他们将湖广粮食贩运至江南，"资之以食"；又将江南的丝织品和棉布等贩运至湖广，"上水则绸绸布帛，下水惟米而已"②。苏州城所需之粮，相当部分是来自湖广及江北通州、泰州的商品粮，城西阊门外浒墅关、枫桥都是著名的粮食市场。该府吴江县县城每当"冬初输粮之际，千艘万舸远近毕集。其北门内外，两仓场米廪如南山之笋，何其盛也"③。该府嘉定县，"县不产米，仰食四方，夏麦方熟，秋禾既登，商人载米而来者，舳舻相衔也。中人之家，朝炊夕爨，负米而入者，项背相望也"④。嘉兴府，粮食"每不能自给，待食于转输者十之三四"⑤。杭州"城中米珠取于湖，薪桂取于严，本地止以商贾为业，人无担石之储，然亦不以储蓄为意"⑥。粮米柴薪皆依靠商贾从外地贩运而来。南京粮食亦需从湖广、江西等地输入，如果"湖广、江西亦荒，米客不时至，则谷价骤踊，而人情嗷嗷矣"⑦。徽州"处万山中，所出粮不足一月，十九需外给，远自江广数千里，近自苏松常镇数百里而至"⑧。从外地贩运粮食者，以至"舰相接、肩相摩也"。

福建也需从外省购粮，"仰粟于外，上吴、越，而下东广"⑨。该省泉州府，由于改稻为蔗，所需粮食"皆仰给于浙、直海贩"⑩。明末，福建从广东贩回的粮食数额颇大，"闽中白艚、黑艚，盗载谷米者，岁以千余艘计"。广东人之所以将其称为"盗载"，是因为明后期，广东，特别是广州地区经济作物面积扩大、工商业人口增加之后，粮食亦不能自给，而

①　吴应箕：《楼山堂集》卷一〇《兵事策》。

②　王维德：《林屋民风》卷七《民风》。

③　（弘治）《吴江县志》卷二《市镇》。

④　顾炎武：《天下郡国利病书》原编第6册《苏松》。

⑤　（康熙）《嘉兴府志》卷一〇《风俗》。

⑥　王士性：《广志绎》卷四。

⑦　顾起元：《客座赘语》卷二《议籴》。

⑧　《歙事闲谭》第6册《明季县中运米情形》。

⑨　何乔远：《闽书》卷三八《风俗》。

⑩　陈懋仁：《泉南杂志》卷上。

需从广西输入，"地虽膏腴，而生之者十三，食之者十七，奈之何而谷不仰资于西粤也"①。

京师北京，万历年间人口已达百万，不仅富有者，即使平民百姓所需之粮也需购买。"今京师贫民不减百万，九门一闭，则煤、米不通。一日无煤、米，则烟火绝。"②北京商品粮食来自全国各地，仅北直隶河间府即"其有售粟于京师者，青县、沧州、故城、兴济、东光、景州、献县等处，皆漕挽；河间、肃宁、阜城、任邱等处，皆陆运，间亦舟运之"③。

商品粮产地各地皆有。湖广（今湖南、湖北）在明中叶开始大量修堤建垸，加快农业开发进程，在嘉靖年间，"湖广熟，天下足"的谚语已广泛流传④，成为重要的粮食输出区。江西也是重要的产粮区，赣州"颇饶稻谷"，南昌、苏州等地"咸取给焉"，"转毂之舟，日络绎不绝"⑤。江北庐州、安庆等地也盛产粮食，"转输他售，车舟不绝"。北方商品粮不仅在本地销售，米麦豆杂还经大运河及海运贩往江淮。嘉靖年间规定，淮安钞关要对向南方贩运米麦杂粮的商船课以商税。⑥隆庆年间，山东巡抚梁梦龙奏报，"海禁久弛，私泛极多。辽东、山东、淮、扬、徽、苏、浙、闽之人，做卖鱼虾、腌猪及米豆、果品、瓷器、竹木、纸张、布匹等项，往来不绝"⑦。万历《即墨县志》记载，山东胶州之民以腌腊、米豆与淮商交易"淮之货"；淮商"亦以其货易胶之腌腊、米豆"，南北互济，"胶西由此稍称殷富"⑧。不仅淮商，浙江海船，松江、太仓沙船，亦"时至山东宁海买米"。

本业内涵的变化，经济作物的商品性，粮食商品化程度的提高，都从总体上增强了农业生产的商品化程度。关于农业经济的商品率，由于缺少系统的资料，实难统计出比较准确的数据。据李文治先生研究，明代嘉

---

① 屈大均：《广东新语》卷一四《食语》。
② 吕坤：《去伪斋文集》卷一《摘陈边计民艰疏》。
③ （嘉靖）《河间府志》卷七《风俗》。
④ 参见何孟春《余冬序录》摘抄五《外篇》。
⑤ （天启）《赣州府志》卷三《舆地志》。
⑥ 参见王圻《续文献通考》卷二二《征商》。
⑦ 梁梦龙：《海运新考》卷中《勘报海道》。
⑧ ˙（万历）《即墨县志》卷一〇《艺文》。

靖、万历以后至清鸦片战争前一段历史时期，各地区各类型农户的商品率，以中等户计，从农家出售农副产品数额考察：（1）买布而衣地区的农户，出售产品约占农副产品总产值的 30%—35%。（2）以粮产为主兼事植棉纺织类型农产，黄河中下游自耕农，其种麦出售兼事棉纺织进行商品生产的农户，售麦售棉售布三者合计，约占总产值的 35%—40%；其只出售麦类或只出售棉布之类，出售部分约占总产值的 20%—30%。租佃农，交纳实物租者，比重酌减；交纳货币租者，出售部分当在 30% 以上。长江流域各省，出售农副产品合计，自耕农约为 30% 或 30% 以上；佃农约为20%，交纳货币租者，远超过 30%。（3）植棉纺织专业区和专业户，出售棉花和棉织品所占比重，棉田比重小者约占总产值的 60%—70%；比重大者可到 80% 以上。(4) 棉、蚕外其他经济作物同粮食作物混合种植类型区，一般在 30% 以上，50%—60% 者占大多数，高者可达 80% 以上。李先生还推算出，《补农书》的作者张履祥为友人邬氏策划的经营方案，其商品率为 71.5%。[①] 李先生所引虽多为清代资料，但明后期农业生产商品化程度大幅度提高的趋势确实是很明显的。

二　社会经济结构变异的历史进程

"在真正的自然经济中，农产品根本不进入或只有极小部分进入流通过程，甚至代表土地所有者收入的那部分产品也只有一个比较小的部分进入流通过程。"[②] "商业对各种已有的、以不同形式主要生产使用价值的生产组织，都或多或少地起着解体的作用。"[③] 明后期商业性农业的发展，改变了传统农业的面貌，使自然经济出现瓦解趋势。不仅如此，还为商业提供了商品，为手工业提供了原料，为货币流通提供了需求，促进工商业、手工业、货币信贷、城镇的发展和非农人口的增加，引起经济结构和社会

---

① 参见李文治《论明清时代农民经济商品率》，《李文治集》，中国社会科学出版社 2000 年版，第 333—334 页。

② 马克思：《资本论》第 3 卷，《马克思恩格斯全集》第 25 卷，人民出版社 1974 年版，第 886页。

③ 同上书，第 371 页。

结构的深刻变异，走上农、工、商多元发展的道路。而这一变异的历史进程，于弘治年间（15 世纪后半叶）初露端倪，嘉靖年间（16 世纪前叶）更为显著，万历年间（16 世纪末至 17 世纪初叶）有了新的发展。社会的激烈变动，给当时的人们以强烈的刺激，他们以惊异的心情叙述着世态的变迁。

马一龙，应天府溧阳人，嘉靖二十六年进士，选庶吉士，乞归养母，著有《农说》。某年冬天，他召集"其田间年八十上下者，为耆会"，"请讲说五十年前所记一事"。参加"耆会"的老者共二十四人，纷纷回忆半个世纪来的巨大变化。老者吕讷说，"当时人皆食力，市廛之民布在田野，妇织男耕，儿女辈亦携筐拾路遗，挑野菜"；"而今人皆食人，田野之民聚在市廛，奔竞无赖，张拳鼓舌，诡遇博货，消胖胝为愚矣"。五十年前，男耕女织，自给自足，城镇工商业者也回到田间耕作；五十年后，工商业者要吃农民种的粮食，农民要用工商业者的手工业商品，田野之民纷纷聚集到城镇从事工商业而看不起农民。老者史混说，五十年前，"近村数姓，惟事耕、读，多识为儒，多力为农"；五十年后，"今顿弃二业，他图捷径，游手好闲，安生讥议矣"①。

嘉靖、隆庆年间松江人何良俊，通过对嘉靖前后社会经济状况的对比，也认为，至嘉靖年间发生了明显变化。他说，正德（16 世纪初叶）以前，"百姓十一在官，十九在田，盖因四民各有定业，百姓安于农亩，无有他志"。即自然经济及其决定的就业结构依然占据统治地位。"自四五十年来"，即嘉靖以来，民"皆迁业"，"大抵以十分百姓言之，已六七分去农矣"。百分之六七十的农民已脱离农业，改变了农民的身份。脱离农业人口的去向是，"昔日逐末之人尚少，今去农而改业为工商业者，三倍于前矣；昔日原无游手之人，今去农而游手趁食者又十之二三矣"。离开土地和农村的非农人口大量"改业为工商业者"和"游手趁食者"。所谓"游手趁食者"，其中大部分为农业和手工业雇工。此外，还有一些农民沦落为"乡官家人"，即奴仆；或"去农而蚕食于官府"，即充当衙役等②。

---

① 何乔远：《名山藏·货殖记》。
② 参见何良俊《四友斋丛说》卷一三。

　　林希元，福建泉州府同安人，正德十二年进士。他对嘉靖年间就业结构的描述，为何良俊的论断提供了佐证。他说："今（嘉靖）天下之民，从事于商贾、技艺、游食者十而五六，农民盖无几也。"① 从业于商业、手工业（技艺）、雇工（游食者）的人数已达总人口的百分之五六十。

　　万历中期成书的《歙县志》将明初至万历中期徽州地区的历史划分为两个大的时期，即弘治以前和正德末、嘉靖初以后。正德末、嘉靖初以后又分为三个阶段。而其划分的标准则主要是由"本业"（农业）转向"末业"（工、商、雇工）及其引起的社会秩序、社会习俗、社会意识变化的程度。它说，弘治以前，"妇人纺织，男子桑蓬，臧获服劳，比邻敦睦"，"诈伪未萌，讦争未起，芬华未染，靡汰未臻"。到了正德末年、嘉靖初年，"则稍异矣。出贾既多，土田不重。操赀交捷，起落不常。能者方成，拙者乃毁。东家已富，西家自贫。高下失钧，锱铢共竞。互相凌夺，各自张皇。于是诈伪萌矣，讦争起矣，芬华染矣，靡汰臻矣"。到了嘉靖末、隆庆年间，"则尤异矣。末富居多，本富尽少。富者愈富，贫者愈贫"，"赀爱有属，产自无恒。贸易纷纭，诛求刻核"。到了万历中期，"则迥异矣。富者百人而一，贫者十人而九"，"金令司天，钱神卓地。贪婪罔极，骨肉相残"。② 成书于万历中期的《见闻杂记》也感叹，"天道变迁，人事亦改"，"习俗移人，捷于影响，甚可畏也"，"与三十年前，天壤迥别也"③。

　　这种变化并不局限于江南，各地虽有程度之不同，但都有表现。山东东昌府博平县，"至正德、嘉靖间而古风渐渺，而犹存什一于千百焉"，"嘉靖中叶以抵于今（万历），流风愈趋愈下"，"逐末游食，相率成风"④。兖州府郓城县，明后期"竞尚奢靡"，"逐末营利，填衢溢巷，货杂水陆，淫巧恣异"⑤。河南省尉氏县工匠有制陶、缝衣、絮衣、麦帽、麻鞋、线屦、柳斗、簸箕、织布、结网、熬糖、织席、织薄子、攻金、攻石等；商

---

① 林希元：《林次崖先生文集》卷二《王政附言疏》。
② （万历）《歙志·风土》。
③ 李乐：《见闻杂记》卷二。
④ （万历）《博平县志》卷四《民风解》。
⑤ （崇祯）《郓城县志》卷七《风俗》。

贩有贩粮食、棉花、棉布、靛、碱、竹木、油等；还有放贷取息者，以骡驴、大车、小车运输者，"皆欲贸易，乞求以谋生，亦其常业也"①。陕西西安府富平县，"地沃丰收，又兼木棉、布、丝之利，人十九商贾，故富室独多"②。山西泽州、蒲州，"浮食者多，民去本就末"③。汾州府，"民率逐于末作，走利如鹜，罔事本业"④。

以上论述，虽然在"就本"、"就末"人数比例的估计上不一定准确，但基本反映了明代社会在嘉靖以后发生的剧烈而快速的变化。弘治、正德以前，农民被束缚在土地和乡村里甲之内，"安于农亩，无有他志"。与此相应，相互不争，风俗淳朴，社会稳定。嘉靖以后，商业性农业空前发展，从农业和农村中分离出来，改业为手工业、商业和雇工的人口大量增加，商品经济大潮对传统自然经济和封建社会秩序产生了巨大的冲击和瓦解作用。与此相应，竞争空前激烈，社会运转空前加快，财富重组，贫富无常，以"末业"致富者日多，以传统"本业"致富者渐少；以市场需求为就业取向，以金钱为价值取向，"金令司天，钱神卓地"，"论英雄钱是好汉"，"如今人敬的是有钱"⑤，金钱主宰一切，拜金主义盛行，甚至认为，商贾为"一等生业"，科第反在其次；社会风俗趋于奢华，统治者贪欲大增，贪贿公行；贫富分化加剧，社会阶级矛盾日趋尖锐；人身束缚日趋松弛，社会思想日趋活跃。这就是明代社会变异的历史画卷。而所有这些变化，又以商业性农业的发展开其端。

在讨论明代社会变异时，人们会发现这样一个很不协调的现象，即：一方面是商品货币经济的发展；另一方面是封建统治集团的日益腐败和贫富的悬殊。之所以如此，原因十分复杂，而从根本说来，则是在商品经济的冲击下，封建统治集团逐渐丧失对贪婪欲望的控制能力和对政权的自我调解能力的结果。但是并不能因此而否认或贬低明代社会变异的历史进步性。

---

① （嘉靖）《尉氏县志》卷一《民业》。
② （嘉靖）《耀州志》卷四《风俗》。
③ 郭子章：《郭青螺先生遗书》卷一六《圣门人物志序》。
④ （万历）《汾州府志》卷二《风俗》。
⑤ 朱载堉：《山坡羊·钱是好汉》。

三 农业生产关系的新变化

在商品性农业和商品经济的推动下，不仅经济结构、社会结构发生了变化，而且在农业生产关系和经营方式上也出现了一些新的进步因素。土地买卖和地权转移加快，货币地租出现，人身依附关系松弛，农业雇工普遍使用等都是农业生产关系方面的突出变化，而农业雇工和农业雇工经营的状况尤其应该着重考察。

（一）地权、地租和人身依附关系的变化

土地愈来愈成为商品在市场上交易。自成化、弘治年间起，土地买卖日渐增多；正德、嘉靖年间以后，土地交易和地权转移频率明显加快，以至于形成这样的局面："贫富无定势，田产无定主，有钱则买，无钱则卖"[①]，"细民兴替不时，田产转卖甚亟，谚云'千年田，八百主'，非虚语也"[②]。正德年间以来，松江地区"不五六年间，而田宅皆已易主"[③]。即使在北方山西，万历年间也已是"俗言房地，谓之千年百主"[④]。学者据现存明代徽州土地买卖契纸统计，天顺年间，平均每年 4.25 张；至弘治每年 7.11 张；正德每年 8 张；嘉靖每年 8.44 张；隆庆每年 14.83 张；万历每年 15.69 张；天启每年 28 张；崇祯每年 34.24 张。[⑤]

土地买卖的加快还表现在永佃制发展而引起的土地使用权转移的加快。永佃制始于宋代，至明代在江南及闽、两广、赣、皖地区普遍发展起来。在永佃制下，一田二主，田主对土地拥有所有权，俗称田底权；佃主对土地不仅拥有使用权，即田面权，而且有权转租土地，实际上是对土地使用权和经营权的转卖或典当，"佃人转卖承种，田主无能过问"，从而使

---

① 张萱：《西园闻见录》卷二四《田宅》。
② 顾炎武：《天下郡国利病书》原编第七册《常镇》。
③ 何良俊：《四友斋丛说》卷三四。
④ 吕坤：《实政录》卷三《有司杂禁》、卷四《改变过割》。
⑤ 王毓铨主编：《中国经济通史·明代经济卷》，经济日报出版社 2000 年版，第二章第五节，第 170 页。

土地所有权与经营权、田底权与田面权的分离日趋扩大，对封建地主土地所有制形成冲击。永佃制可以制约田主随意夺佃，以致出现"久佃成业主"的局面。有的地主只买地契收租，而不关心土地的坐落；有的地主只问收租多少，而不问"（田）亩若干"，"以故田主寄命于田客，田主不知其田之所在，惟田客是问"①。

明代的地租形态以分成实物租和定额实物租占统治地位，明后期在商品经济发展和赋役白银化的推动下，出现了实物租向货币租转化的苗头。闽南书商余象斗在万历中期所刻《四民便览》中所载"攉田文书式"记录了佃农交纳货币地租的契约格式：

> 某乡某都某图，立攉田书人某人，今将自己座落某处民田若干亩，情愿出攉与某人耕种，一年二熟为满。当日凭中三面议定每亩时值攉田价白银若干，立文书之日一并收足无欠。②

《民商事习惯调查录》中记有关于佃户"出银买耕"的事项：

> 一、田皮退脚。查佃户之出银买耕，犹夫田主之出银买田，上流下接，非自今始，不便禁革。③

嘉靖年间徽州租帖文书也有关于货币地租的记载：

> 二十一都现住五都住人胡三乞、尚得等，今租到五都洪名下田一番，计一丘。……其田每年议还硬租早谷五秤，若交银每年交纹银二（钱）五分，其银每年收租之时送上门交还，不致少欠。
>
> 今众主会议，其早晚租不论时年旱熟，价目贵贱，额定早租每秤

---

① 屈大均：《广东新语》卷二《地语》。
② 余象斗：《新刻天下四民便览三台万用正宗》卷一七。
③ （佚名）《民商事习惯调查录》，转引自谢国桢《明代社会经济史料选编》，福建人民出版社1981年版，第六章，第68页。

价银柒分，晚租价银捌分。①

这种日用书中通用文书格式、处理民间事务习惯规则及具体契约文书的签订，表明货币地租已有一定程度的普遍性。在经济作物种植比较普遍的广州地区，货币地租更较普遍，且租额较高。蒲葵是编制扇子、帽子的原料，新会县诸乡"多种之，曰葵田，周回二十余里，为亩者六千有余，岁之租，每亩十四五两"②。排草是制香的原料，其利甚厚，东莞县的草田，农民以"重价佃之"③。在各类官田和公田中也有征收货币地租者。货币地租的出现和发展对封建自然经济及其形成的社会秩序进一步产生了瓦解作用，并加快了农民的分化。

商品货币关系对封建等级制度的冲击，农工商大流动对封建户籍制度束缚的冲击，赋役货币化对人身役使的冲击，永佃制及货币地租对超经济强制的冲击，民营手工业、商业和经营性农业对自由劳动者的需求等，都使封建宗法关系走向松弛，而使传统封建经济关系中的尊卑、贵贱关系失序。中叶以前，贵贱有别，尊卑有序；嘉靖以后则出现了"少可以陵长"、"贱可以陵贵"、"卑可以胁尊"之"变态"。人们惊叹：今"刍牧小奚，见仕官辄指呼姓名无忌惮，贵贱皆越矣"。④"纪纲摇于上，风俗安得不摇于下。于是民间之卑胁尊，少凌长，后生侮前辈，奴婢叛家长之变态百出。"⑤"少凌长，小加大，淫破义，贱害贵，礼教尽失，人心陷溺。"⑥ 贫富无常，贵贱无分，长幼无序之势愈演愈甚。

（二）农业雇工队伍的扩大

在封建宗法关系松弛和农民贫富分化的作用下，农业雇工队伍日益扩大，且逐步由封建雇佣向自由雇佣过渡。农民分化加剧主要有两个原因。

---

① 《洪氏誊契簿》，原件藏安徽省博物馆，转引自王毓铨主编《中国经济通史·明代经济卷》，经济日报出版社 2000 年版，第二章，第 200 页。

② 屈大均：《广东新语》卷一六《器语》。

③ 屈大均：《广东新语》卷二六《香语》。

④ 何乔远：《名山藏·货殖记》。

⑤ 管志道：《从先维俗议》卷二《太嵓先哲遗书》。

⑥ 《古今图书集成·职方典·南阳府风俗考》。

一是土地兼并。在地主阶级疯狂兼并土地的过程中，自耕农民大量破产，或沦落为佃户，或为雇工。二是商品性农业的发展。在商品性农业下，农民是小商品生产者，他们的生产日益从属于交换价值，日益依赖市场；同时也受市场规律的左右，在竞争中，有的成为富者，有的变为贫者。富者为了增殖资本的需要而购买劳动力扩大经营，贫者为了生存则出卖劳动力而充当雇工，农业劳动力也日趋商品化。

在商品性农业发达的江南地区，农业雇工相当普遍。由于使用雇工者多，以致工价上涨，"近年农夫日贵，其值增四之一"①。苏州府，自弘治以后，雇工即日渐增多。弘治年间修《吴江志》说：

> 无产小民投雇富家力田者，谓之长工。先借米谷食用，至力田时，撮忙一两月者，谓之短工。租佃富家田产以耕者，谓之租户。此三农者，所谓劳中之劳也。②

嘉靖年间修《吴江县志》记载，雇工除"长工"和"短工"外，还有"忙工"：

> 若无产者，赴逐雇倩，抑心殚力，计岁而受值者曰长工，计时而受值者曰短工，计日而受值者曰忙工。③

松江、常州等府自正德以后，雇工也日渐多了起来，同样有"长工"、"短工"和"伴工"之别。

> 农无田者为人佣耕曰长工；农月暂佣者曰短工；田多而人少者，倩人为助，已而还之曰伴工。④

---

① 朱国祯：《涌幢小品》卷二《农蚕》。
② （弘治）《吴江志》卷五《风俗》。
③ （嘉靖）《吴江县志》卷一三《风俗》。
④ （正德）《松江府志》卷四《风俗》。

> 田于人曰佃；受值而赋事曰工；独耕无力，倩人助已而还之曰
> 伴工。①

松江府盛产棉花，有的业主为了使雇工对棉田"深细爬梳"，竟采用
如此花招："锄棉者功次极细密。昔有人佣力锄者，密埋钱于苗根，锄者
贪觅钱，深细爬梳，棉则大熟。"②

浙江湖州、嘉兴等府商品性农业发达，农业雇工也较普遍。嘉靖年间
湖州府：

> 无恒产者雇倩受值，抑心殚力，谓之长工；夏秋农忙，短假应
> 事，谓之忙工。③

该府盛产桑蚕，植桑、养蚕和缫丝都有雇工经营者。养蚕的佣工以"后高
为善"，每养二十筐，得佣金一两；缫丝的佣工，以"南浔为善"，每日
一车得佣金四分，最高可得六分。④庄氏之家有桑地二十亩，每年雇长工
三人。⑤《沈氏农书》的作者乃该府归安县人，据他讲，他的家乡田主一
般都不出租土地而雇工经营，使用雇工更为普遍。"本处地无租例。有地
不得不种，田不得不唤长年（即长工）。终岁勤动，亦万不得已而然。"⑥
沈氏本人即是一位雇佣工人经营农业的田主，雇工使用于各种农活。嘉兴
府，"富农倩佣耕，或长工，或短工；佃农通力耦犁曰伴工"；四月望日至
七月望日，谓之"忙月"⑦。《补农书》的作者张履祥乃嘉兴府桐乡县人，
他认为，"家法""田产""雇工人及佃户"乃士庶之家的"三宝"⑧，在
农业生产中雇工与佃户同样重要，表明雇工已成为一个重要群体。

---

① （嘉靖）《江阴县志》卷四《风俗》。
② 徐光启：《农政全书》卷二五《木棉》。
③ （同治）《湖州府志》卷二九《风俗》。
④ 参见黄省曾《蚕经》。
⑤ 参见庄元臣《曼衍斋草·治家条约》。
⑥ 《沈氏农书·运田地法》。
⑦ （万历）《秀水县志》卷一《风俗》。
⑧ 张履祥：《补农书·总论》。

浙东温州、台州、宁波等地渔业生产也有使用雇工者。每当鱼汛，船主辄"造舟募工"，出海捕鱼，得利甚厚，"但今日之利，皆势力之家专之，贫民不过得其受雇之值耳"①。

广州各县商品经济发达，吸引了大量外来人口，"增至数千百万，咸以东粤为鱼肉"②。其中一部分人成为出卖劳动力的工农业雇工，沿海沙田即多使用雇工经营。

广州边海诸县，皆有沙田，顺德、新会、香山尤多。

> 农以二月下旬，偕出沙田上结墩，墩各有墙栅二重以为固。其田高者牛犁，低者以人秧莳，至五月而毕，名曰田了，始相率还家。其佣自二月至五月谓之一春，每一人一春，主者以谷偿其值。七八月时，耕者复往沙田塞水，或塞篌箔，腊其鱼虾鳝蛤螺蜓之属以归，盖有不可胜食者矣。③

明后期，"边海人以沙田而富"，多雇募工人经营；清朝顺治年间，"迁海以来，沙田半荒，主者贱其值以与佃人"，倒退为租佃制。

江西、福建、湖广等省也都有雇工。魏禧，生于明天启四年（1624），卒于清康熙二十年（1681），江西赣州府宁都县人。他的有关记述告诉人们，在明清之际，宁都县田主曾大量雇用建昌府南丰县人为长工：

> 吾宁（宁都）田旷人少，耕家多佣南丰人为长工。南丰人亦仰食于宁，除投充绅士家丁及生理久住宁者，每年佣工不下数百。④

北方诸省自中叶以后，农业雇工亦呈增多趋势。正统年间即有官员奏报："比闻山东、山西、河南、陕西并直隶诸郡县，民贫者无牛犋种

---

① 陆容：《菽园杂记》卷一三；王士性：《广志绎》卷四。
② 屈大均：《广东新语》卷一四《食语》。
③ 屈大均：《广东新语》卷二《地语》。
④ 魏禧：《魏叔子文集》卷七《与曾庭闻》。

子耕种，佣丐衣食以度日。"① 嘉靖年间，山东兖州府滕、峄等县许多"穷民"，"以身为佣"②。万历年间，吕坤曾任山东参政，主张精耕细作，谓"精田一亩胜荒田十倍"，理由有七，其中之一是"雇人则易为值"③，可见雇工已有一定普遍性。李乐在《见闻杂记》中讲，万历三十九年，山东青州府安丘县暴雨冰雹成灾，"民王雷，有雇工人刘邦守等六名，在王窟内锄田，忽被冰雹暴至，山水骤涨，将刘邦守五名打淹身死；又一名李君佩在坡牧羊，亦被击死"④。这户富裕农民雇有六名工人种田放牧，其数量不能算少。周亮工在崇祯年间曾任山东潍县知县，他在《劝施农器牌》中的记述，更反映了明末山东农业雇工的普遍：

> 照得东省贫民，穷无事事，皆雇工与人代为耕作，名曰雇工子，又曰做活路。每当日出之时，皆荷锄立于集场，有田者见之，即雇觅而去；其无锄者，或原有锄而质当与人者，止袖手旁观，见无人雇觅，皆废然而返。嗟一饱之无时，觅活路而不得。东流西荡，沦为乞丐者有之，甚且化为盗贼者有之。⑤

嘉靖、万历年间，北直隶农业雇工日渐增多。嘉靖时颇有影响的"卢枏案"即由雇工引起。卢枏，明后期著名文学家，北直隶大名府浚县人，"家素封，输资为国学生"。为人狂荡不拘，"言多激越，时时取衅"，对知县蒋某亦多不礼。嘉靖十九年二月，在他家做工的"佣工人王隆，左手病疮甚"，经双方商议，由张呆代替王隆继续佣工。张呆偷盗主人场院之麦，主人告官，张呆逃跑。恰遇大雨，张呆被塌房压死。张母向知县讼告：主人卢枏"殴伊男卒"。于是卢枏被逮入狱，"具大刑"，"拷掠数日"。知县蒋某借机报复，先是将"被塌房压死"断为被"殴死"，并欲以殴死"凡人"律判卢枏死罪；后经上司干预，改以"家长殴雇工人至

① 《明英宗实录》卷三四，正统二年九月。
② 《明世宗实录》卷一九四，嘉靖十六年正月。
③ 吕坤：《实政录》卷二《小民生计》。
④ 李乐：《见闻杂记》卷一一。
⑤ 李渔：《资治新书》第二集卷八周栎园《劝施农器牌》。

死"律，判卢柟徒刑，罚谷千石，致使卢氏"家破人亡"（父、母及两子、一女皆死此狱）。后来，知县更换，加之友人营救，方"平反其狱"。卢柟在其《辩冤书》①中详述了此案经过，《明史》卷二八七《文苑传·卢柟》、卷二二四《陆光祖传》中亦有提及。

卢柟在政治地位上属于士绅的最底层监生，乃"士之至贱者"，没有权势；在经济地位上，"世家业农"，兼放贷取息，虽为当地富户，但并非豪门巨族，因此蒋知县才敢于对之诬害。在农业经营方面，卢家已经雇工。天启年间，冯梦龙所著小说《醒世恒言》以卢柟案为素材加以铺陈，写成《卢太学诗酒傲王侯》一卷。其中说道，卢家有雇工"整百"，"那卢柟田产广多，除了家人，雇工也有整百。每岁十二月中，预发来岁工银。至了是日，众长工一齐进去领银。卢柟恐家人们作弊，短少了众人的，亲自唱名亲发，又一顿酒饭，吃个醉饱，叩谢而出"。这段描述表明，卢家雇工较多，年底预发来年货币工资，劳资关系比较宽松。这大概是作者将自己生活的万历、天启年间社会上雇工经营的情况附加到了嘉靖年间的卢柟之家，卢家并不一定真的雇佣百名工人。

《宛署杂记》记载："宛人呼雇工人为'年作'，至十月初一日，则各辞去。谚云'十月一，家家去了年作的，关了门儿自家吃'。""主人呼雇工曰'汉每'（汉们），雇工称主人曰'当家的'。"②这些约定俗成的固定性称呼和雇工劳作季节的安排表明，在万历年间，京畿地区雇工已有一定普遍性。

万历年间，河南省田多之家或雇农工，或出租，雇工与佃户同样重要。因此吕坤说，"百亩之田，不亲力作，必有佣、佃。佣、佃者，主家之手足也"③。

（三）雇工身份地位的变化

明后期，农业雇工不仅数量日益增多，而且流动性强，有许多人离乡

---

① 参见卢柟《蠛蠓集》卷一。
② 沈榜：《宛署杂记》卷一七《民风》。
③ 吕坤：《实证录》卷二《小民生计》。

到外埠佣工，因此如何对之实施民政管理及确定主雇关系便成为需要解决的社会问题。有些地方官员将雇工编入户籍册或保甲。嘉靖年间，由于人口流动，原来施行的都图乡村管理体制松懈，浙江等地推行保甲之法，以求弥补，"盖原该管都图人户，今有迁徙，又有他方来此为工、为商、雇工流寓之人，故又立为保甲之法"。其时，海瑞任淳安知县，他在编制保甲册时，对雇工采取了这样的原则："旬日雇工人，止觉察来历，不书；论年月雇工人，书入，去则除之。"① 对短工，只考察他的来历及有无可疑迹象，而不书入册籍；对长工，则要书入册籍，解雇后删除。嘉靖年间，著名学者黄佐在其家乡编制的《香山户口册》中，专门设置"佣工"一项。②

在民间主雇之间则往往要签订雇佣合同，以明确双方之权益与义务。明后期，在《通考杂家》《士商必要》一类的民间日用工具书中，即载有这样的文契通用格式。如：

> 某里某境某人，为无生活，情愿将身出雇与某里某境人家，耕田一年，凭中议定工资银若干。言约，朝夕勤谨，照管田园，不敢逊懒；主家杂色动用器皿，不敢疏失。其银约，按季支取。如有风水不虞，此系己命，不干银主之事。今欲有凭，立契存炤。③

> 立工约人某，今因家无生理，将身出雇与某名下一年杂工。议定每月工银若干，其银陆续支用。如或抽拨工夫，照日除算。恐有不测祸患，皆系天命，与主家无干。今欲有凭，立此文约为照。④

综上所述，对明后期雇工阶层发展状况，可以得出如下基本认识。第一，雇工阶层已有一定规模。特别是在商业性农业发达地区更为普遍，其在农业生产中的重要性甚至与佃农相匹。第二，雇工既不同于自耕农，又不同于佃农，已经形成一个特定的阶层。他们大多为"无产小民"、"无

---

① 《海瑞集》上编《淳安知县时期·保甲告示》，中华书局 1962 年版，第 182 页。
② 参见黄佐《泰泉乡里》卷六《保甲》。
③ 转引自傅衣凌《明清社会经济史论文集》，人民出版社 1982 年版，第 29 页。
④ 吴希绍：《新刻徽郡补释士民便读通考》。

产者"、"农无田者"、"无恒产者"、"民贫者"、"无生活"、"无生理"，即失去了生产资料，将身出雇与田主；而使用雇工的田主或是富裕农民，或是地主。第三，雇工出卖的是劳动力，换回的是"工资银"、"工银"、"佣金"、"受值"，无论是长工还是短工，其劳动力都是商品，有的地方甚至出现了劳动力市场的萌芽。第四，雇工从事的主要是生产性劳动，或农田，或桑田，或畜牧，或渔业。第五，无论是方志上的表述，还是雇工契约的内容；无论是长工，还是短工，都可看到，受雇与解雇是自由的，主、雇的权益和义务由双方议定，只受契约的约束，而不受超经济的政治强制。不仅较少人身依附，而且有的雇主还用"三好"，即"银色好"、"吃口好"、"相与好"来刺激雇工的劳动积极性。[1] 即使像海瑞制定的官方保甲法，对雇工也只是从治安的角度加以管理，而未对主、雇关系施加干预。第六，雇工的身份已区别于奴仆。"雇与奴虽同隶役，实有久暂之殊"，"雇工人者，雇倩役使之人，非奴婢之终身从役者"[2]。雇工与奴仆的区别，根本点在于，雇工有人身自由，奴仆没有人身自由；雇工出卖的是劳动力，奴仆出卖的是人身。在奴仆卖身契约中一般都有买主有权对之"终身使用"的内容，即使是"义男、义女"契约也有"自后听从使唤，永不归宗"的内容。[3] 总之，明后期雇工阶层与中国历史上久已有之的雇工在内涵上已发生了相当程度的质的变异。它们正在从人身隶属关系中逐渐解放出来，由奴役性雇佣劳动向自由雇佣劳动转化，已具近代资本主义农业雇工的雏形。

雇工实际社会地位的提高，引起国家相关法律条文的修订。"雇工人"是明代自开国即延续下来的表述雇工法权地位的司法用语。洪武年间制定的《大明律》规定，在民事和刑事纠纷中，雇工人的法权地位高于奴婢，低于凡人，与雇主之间乃处于同罪异罚的不平等地位。所谓"凡人"，即具有法律平等地位和自由身份的百姓；所谓"奴婢"，这里系指赏赐给功臣贵族之家的没有法律平等地位和自由身份的奴仆。《大明律》还规定，

---

① 参见张履祥《补农书·总论》。
② 张楷：《律条疏议》卷二〇《良贱相殴》。
③ 参见黄惟质《释义经书四民便目杂家通考》；吴希绍《新刻徽郡补释士民便读通考》。

庶民之家不准畜奴；官绅之家是否有畜奴权，没有明文规定。

　　法律条文往往滞后于社会现实的变化。明中后期，雇工数量日益增多，其实际社会地位日渐提高。在民事和刑事案件中，对他们是否仍要按照明初法律条文办理？他们是否全部包含在《大明律》所规定的"雇工人"范围之内？在社会阶层发生很大变动的现实情况下，如何界定他们的法权地位？这无论在法理上，还是在实践中，都产生了较大的争议，需要作出新的解释，制定新的律条。万历初年，浙江温（州）处（州）兵巡副使龚大器在其办案实践中就遇到了这样的问题。当时有人向他提出这样的质疑："若用钱雇募、在家佣工者，如有所犯，当作何项人论断？"有人主张，"率以雇募用工者，作凡人论"，就是说凡是以银钱雇募、在家做工者都具有与凡人百姓一样的平等法权地位和自由身份。而另外有人则主张，坚持原律，凡雇工有犯，皆应引照"雇工人律"问拟。①

　　明中后期，庶民富户和官绅之家也冲破明初所订《大明律》的束缚而收养奴仆，官绅之家畜奴之风更盛。这些奴仆不仅用于家务劳动，而且更多地参加农业、手工业劳动及经商。为了在名分上不与《大明律》发生牴牾，官绅和富户的奴仆如与主人发生司法诉讼，往往以"义男"、"义妇"、"家人"的名义比照《大明律》中"雇工人"律条问拟。现实生活中存养奴仆状况改变之后，如何界定他们的法权地位，也需要在律条上作出新的规定。

　　为适应这种需要，万历十六年（1588），朝廷制定了关于"雇工人"司法解释的新的法律例条。依据明太祖的《祖训》，后世之君不得擅改《大明律》。由于世态的变化，如果律条需要补充、修改、解释时，后世之君则采取制定新"例"的变通之策，而不修改律条本身。万历十五年十月，都御史吴时来提出关于制定奴婢、雇工人新例的奏请，经三法司会议，次年正月朝廷批准其奏。新例的内容是：

　　　　今后官、民之家，凡倩工作之人，立有文卷、议有年限者，以雇工人论；止是短雇月日、受值不多者，依凡论。其财买义男，如恩养

---

① 参见龚大器《招拟指南》。

年久、配有室家者，照例同子孙论；如恩养未久、不曾配合者，士庶之家依雇工人论，缙绅之家比照奴婢律论。①

这个新例，有三层含义，即三个法律限定范围。

其一，官、民之家用银钱雇用的短工，在法权上"以凡人论"，即拥有与庶民百姓一样的法律地位，与雇主在法权上是平等的，属于"自由民"范畴，实现了由等级雇佣向自由雇佣的过渡。这是在明代、也是在中国封建时代第一次明确地将短工与长工加以区别，并把短工从"雇工人"的范围划分出来，使之获得自由民法律地位的国家法典。明中后期的雇工，大量的是季节性的短工；没有封建特权的富裕农民和中小庶民经营地主所雇用的也以短工为主。自由雇佣农业工人队伍的不断扩大，具有重大历史意义，是农业资本主义萌芽已经出现的显著标志。

其二，无论是官户还是民户，凡是立有雇佣文契、议有雇佣年限、花用银钱雇募的雇工，在司法上皆以"雇工人"论，高于奴婢，低于凡人。在这里，"议有雇佣年限"，并无具体年限的规定，一般视为"长工"。但在现实生活中，在一些经营地主、经营富农那里，长工们的实际社会地位要比法律规定为高，与短工并无什么区别，这在下一节中，将会具体论述。"立有雇佣文契"，但在现实生活中，有的长工并未签立文契，似不在此范围之内。因此在实际上，有相当数量的长工也已获得"凡人"地位。

其三，对缙绅和庶民之家所购买的"义男"的身份地位在法律上作了新的界定。其中，如果卖身之后，主人"恩养年久"并已配偶结婚者，则以子孙对待，即脱离奴仆身份、获得自由民法律地位，这又是一大历史进步。明中后期，在许多历史文献上已有不少关于官绅、庶民之家使用奴婢、僮奴、佣奴、家人、义男于农业生产的记载。不过这些记述，有的在法律用语上并不准确，所说的"僮奴""佣奴"等亦包括并未卖身而以钱雇用的长工、短工，特别是庶民中人之家，"其仆多属佣工"，"但得其工力而已，而不甚讲礼体"。

---

① 《大明律集解附例》卷二〇《刑律三·斗殴·奴婢殴家长·新题例》。另见《明神宗实录》卷一九一、一九四。

（四）农业雇工经营

商品性农业的发展为农业雇工经营提供了需求，雇工队伍的扩大为农业雇工经营提供了劳动力资源。大约从明中叶弘治年间起，在农业生产中便出现了雇工经营，至嘉靖、隆庆、万历年间有了发展，并在生产方式上出现一些近代性因素。雇工经营农业者既有富余农民、富余佃农，也有地主和工商业者，有的官绅之家亦将雇工用于农副业生产。商品性农业发达的江浙地区及东南诸省交界处经济作物种植发达的山区，雇工经营者较多，其他地区也有出现。

1. 农业雇工经营的典型

明末《沈氏农书》和明清之际张履祥《补农书》为我们提供了田主亲自经营、以雇工为主要劳动力、面向市场的新的农业经营方式的典型事例，显示了农业经济的新的发展方向。《沈氏农书》成书于崇祯年间，作者为湖州府归安县涟川沈氏。沈氏有多少田地不得而知，但雇工较多，大概是以雇工经营为主的富户、农庄主，而非封建地主。除农田外，同时经营农副产品加工业、畜牧业和渔业，生产有一定规模。他亲自指挥生产，对农业生产技术有相当深入的研究和切实应用，"其艺谷、栽桑、育蚕、畜牧诸事，俱有法度，甚或老农蚕妇之所未谙者"。所著《农书》，"首列月令，深得授时赴功之义；以次条列事力，纤悉委尽，心计周矣"①。

张履祥，明末清初嘉兴府桐乡县人，对《沈氏农书》未尽之处加以补充发挥，成《补农书》。张履祥幼年时期"家幸殷穰，俗号长厚"；至明末清初家道衰落，仅有"田（水田）十余亩，地（旱地）数亩"②，已由地主破落为富裕农户。但由于他"幼不习耕，筋骨弗任"，故这二十几亩田、地只好"雇人代作"③，即雇工经营。他一面在乡间教书，一面亲自参加劳作、指挥生产，在播种和收获季节，都从书馆归来，"躬亲督课，草履箬笠，提筐佐馌；其修桑枝，则老农不逮也；种蔬莳药，畜鸡鹅羊豕

---

① 张履祥：《沈氏农书跋》。
② 《杨园先生全集》卷首《年谱》。又（光绪）《桐乡县志·杨园先生从祀十二条》云张氏"岁耕田、地各十余亩"。
③ 张履祥：《沈氏农书跋》。

无不备"①。他努力钻研农业技术，"予学稼数年，谘访得失，颇识其端"②，"凡田家纤悉之务，无不习其事，而能言其理"③。

沈氏、张氏的农业经营有以下三个显著特点。

第一，自由雇佣关系初步形成。

沈氏家乡归安，"地无租例，有地不得不种，田不得不唤长年"，雇工比较普遍。沈氏雇工应用于稻田、桑田、畜牧、养鱼、积肥、制作和修理农具及农副加工手工业等各个方面，且有"领袖"之人。农忙多雇，农闲少雇，在主人统一指挥下分工协作，形成一定的规模生产效应。"孟春雨水之际，正农工凑聚之时。"二月，"唤工剪桑，雇忙月人工"。"春三月内，多唤短工，预唤剪桑工、种田工、忙月工。"三月，"雇工做车扉、鹤膝（水车部件），修蚕具、车仗并丝车"。水田拔草，"须预唤月工，多唤短工，搀先做起"。六月、七月，一方面"田工甚忙"，另一方面桑树除蟥急迫，因此需要多安排工人，"分地各任，庶可责成"。采桑育蚕，"多糜工力"。四月、十月，"农忙之时，粪多价贱"，要多安排工人分赴各地购买粪肥。捞河泥制肥、做泥沟、搅拌人粪牛粪都需要许多人工，且要壮劳力。养猪、养羊、养鱼、种植瓜菜、酿酒、制砖等也要雇用工人。

在生产中，沈氏与雇工形成比较谐调的劳资关系。沈氏庄园以短工为多，亦有长工，他们以出卖劳动力换取酬金，在身份上是平等的、自由的。即使是对长工，也看不到超经济强制和封建人身依附关系。经过百多年的历史演变，至明末，社会上雇工队伍已经扩大，雇工地位已有提高，雇工为维护自身利益而斗争的精神已经增强，雇主们很难再像对待奴婢一样对待他们。沈氏比较清楚地看到了这一历史变化，因此对雇工采取了开明的态度。他讲道，百年以前，"人（雇工）习攻苦，戴星出入，俗柔顺而主令尊"；而"今人（雇工）骄惰成风，非酒食不能劝，比百年前大不同矣"。他认识到，雇工劳动积极性的高低是决定农业经营经济效益高低的关键，而在新的历史条件下，要提高雇工的劳动积极性，就应善待他

①　《杨园先生全集》卷首《年谱》。
②　张履祥：《沈氏农书跋》。
③　陈克鉴：《补农书引》。

们，用经济利益和情感感化赢得他们的心，而不能恶使他们。他对通过保障和改善雇工生活条件协调劳资关系，提出一整套行之有效的办法。"供给之法，亦宜优厚"，"饱其饮食，然后责其工程，彼既无词谢我，我亦有颜诘之"。"古云'善使长年恶使牛'，又云'当得穷，六月里骂长工'，主人不可不知。"雇工之早粥、昼饭、点心饭、夜饭皆定时定量供给。供应雇工之鲞肉、猪肠、鱼等"秤明均给，于中不短少、侵克"。供应雇工之酒，"顿发于领袖做工之人，计日算给"。荤菜、素菜、酒等的供给量都比"老规矩"增多，夏、秋荤菜由隔两天改为隔一天，重活、难活则每天荤菜；春冬荤菜由隔三天改为隔两天，重活、难活"多加荤"；酒由三个人共给一勺，改为重活每人一勺，中等强度活每人半勺，轻活或阴雨无活不供给。

张履祥关于赢得雇工"欢心"的主张，更具有人性化管理的色彩。他说，"至于工银、酒食，似乎细故，而人心得失，恒必因之"。工银凡"份所应得，不求而与之"，且要足色：凡酒食不仅不能缺少，而且"冷热、迟速，亦所必计"，这样才能赢得雇工的"欢心"，而不致使其产生"怨心"、"离心"、"不满之心"和"伤心之痛"。"劳苦不知恤，疾痛不相关，最是失人心之大处"，"谚曰'食在厨头，力在皮里'，又曰'灶边荒了田地'。人多不省，坐蹈其弊，可叹也！"对待雇工要"至诚无伪"，如果"口惠无实，即离心生"。"俗曰：'做工之人要三好：银色好，吃口好，相与好；作家之人要三早：起身早、煮饭早、洗脚早。'三好以结其心，三早以出其力，无有不济。"只有满足"三好"，才能达到"三早"。

沈氏、张氏实施的保障雇工合理物质利益以提高其劳动积极性的经营方针，是雇工经济、社会地位提高的反映。它表明，这里的雇佣关系正由封建等级雇佣向资本自由雇佣转化。

第二，改进生产技术，精细安排农活，实施集约经营，注重经济核算，合理配置生产要素的管理机制。

沈氏、张氏本着"用一分心力，辄有一分成效"的态度，悉心钻研生产技术，对江南、特别是太湖地区的水稻、桑树、小麦、豆类、果木、蔬菜以及畜牧养鱼等农业生产的历史经验及本人实践经验进行总结和提高，并用来指导自己农庄的生产实践。他们在农业生产技术上的贡献大都记载在《沈氏农书》和《补农书》中。《沈氏农书》在《逐月事宜》篇和《家常日用》篇中，对全年各种生产活动按照农时节令逐项逐月作出精细安排；对劳动力、生产工具、肥料、种籽、饲料、手工业原料、资金等生产要素的购买和配置，对雇工及家庭成员所需之生活资料的购置和加工，作出仔细预算，以求地尽其利，物尽其用，人尽其才，从而提高生产效率。

沈氏和张氏都主张精耕细作，反对粗放经营。沈氏说，"只要生活做好，监督如法，宁可少而精密，不可多而草率"。农家"第一要勤耕多壅，少种多收"。将有限的人力物力集中投入到一定量的土地之上，可以收到节约成本、提高土地利用率和单位面积产量之效，"少种"反而"多收"，事半功倍。沈氏以桑地为例计算道：如果肥料充足，深垦铲净，不荒不蟥，每亩采收桑叶数量比一般经营的"中地"高出一倍，"岂非一亩兼二亩之息，而功力、钱粮、地本，仍只一亩。孰若以二亩之壅力，合并于一亩者之事半功倍也"。他引用老农谚语作为结论："三担也是田，两担也是田，五担也是田，多种不如少种好，又省气力又省田。"

沈氏、张氏非常重视生产中投入、产出的经济核算，并将农业、畜牧业、渔业、手工业相结合，以求收取最大经济效益。"凡农器不可不完好，不可不多备"，"田家一缺，废工失时，往往因小害大"。拔草，若不得法，则"亩三工"；若得法，则"工三亩"，效率提高九倍。除蟥，"掐头蟥一，省掐二蟥百"，效率相差百倍。桑树，若管理得好，亩产桑叶可达百个（每个二十斤），或八九十个；相反则四五十个，甚至更少。清明时节，给桑地浇人粪，"浇一钱，多二钱之叶"；剪桑毕，再浇人粪，"浇一钱，多一钱之叶"，"毫不亏本，落得桑好"。每筐蚕如果收丝一斤，可以抵销桑叶、炭火、盘费等成本；而同宫蚕、茧衣等收入则为盈利，大约二钱银子，利率90％。遇到养蚕少、桑叶贱的年份，桑叶也要采卖，"断不可嫌贱贪贵"把叶留养在树上，以免伤害桑树。桑叶过多时，还可"多买出火蚕"，以消耗桑叶。租粪窖是重要的积肥方法，但粪价贵，人工贵，运输费力，因此不能全靠租窖，而应养猪、养羊。"今羊专吃枯叶、枯草，猪专吃糟麦，则烧酒又获赢息。有盈无亏，白落肥壅，又省载取人工，何不为也！"养胡羊十一只，一雄十雌，每年剪羊毛三十斤以上，产小羊十余只，两项共卖银六两，可抵羊所吃叶、草成本；净得肥料三百担（约三万斤）。养山羊四只，三雌一雄，每年产小羊十余只，可抵本而有余；净得肥料八十担余（约八千斤）。养猪六头，收（卖猪肉所得）支（买小猪、精饲料、垫圈草）相抵，略有亏损，但一年盈得厩肥三百六十担。养母猪一头，如产仔猪十四头，出卖八头即可抵销成本，其他六头皆为盈利，每年还可得粪肥八十担。多养猪、羊，"一年得壅八九百担，比之租窖，可抵租牛二十余头，又省往载人工四五百工"。养鸭六只，一年得蛋千枚。养鹅四只，一雄三雌，一年共生蛋二百枚，或"发卖包出"，或孵小鹅换炭，"不惟赢息甚多，且可备一年蚕炭之用"。自己酿酒，"以其糟养猪，尚有烧酒出卖，亦可供给长年（长工）"，一举三得。从苏州买酒糟四千斤，可烧上等酒六百斤，收支相抵，亏银三两；但得糟四千斤，可养猪六口。从长兴县买大麦四十担，得糟两千斤，"养猪甚利"；每石得酒二十斤。

对于雇佣长工的成本与其所创造的收益之间的关系，沈氏也作了估算。不过他对盈利的真实情况却有所遮掩。他在书中写道：一名长工，一年工银五两，饭食银五两五，盘费一两，农具三钱，柴酒一两二钱，共计十三两。一名长工种稻田八亩，管理桑地四亩。稻田，"米每亩三石，春花一石有半"，"下路湖田，有亩收四五石者"，"吴民精于农事，亩常收米三石，麦一石二斗"。以每亩收米三石计，八亩共二十四石，折银二十四两。桑地，每亩产桑叶可高达百个（每个二十斤），八九十个"断然必有"。以每亩产桑叶八十个计，共三百二十个，折银三十二两。稻田与桑地总收入为五十六两。如果所投入的肥料、短工等成本以所收获的春花小麦及稻草之价相抵，那么一名长工的生产成本为十三两，创造的价值为五十六两，盈利为四十三两。长工所得工银、伙食、盘费等共十二两七，仅占所创造总价值的23%。雇工经营可以获得较大收益。沈氏说，雇长年"全无赢息"，是不符合实际的。当然，以上数据是不怎么精确的，如地价、赋税等成本，多种经营的收入，长工的其他劳动等都未计入，且以商品生产为前提。

关于丝织手工业的投入、产出关系，沈氏提供了"妇人"即家内奴婢织绢的数据。按照一般技术水平，妇人二名，每年织绢一百二十匹，出售得银一百二十两；买丝用银七十七两，工具、设备折旧及其他原料用银五两，妇人饭食十两，成本共九十余两，收支相抵，盈利三十两，利率33％。如果是自家妇女织绢，盈利更多，因为"织与不织，总要吃饭"，省去每人五两银子的饭食费用。如果是雇工织绢，盈利则比奴婢低些，因为雇工除饭食费用外，还需要付给工银。

第三，面向市场。

沈氏、张氏农业经营有较强商品生产性质。在前文的叙述中，已可看到在生产过程中，处处都有买卖关系。桑地经营比稻田经营的商品性更强。桑地所采之桑叶或出售，或养蚕；所养或所购之蚕或缫丝出售，或缫丝织绢出售；即使乱丝薄茧"均足入经纬而获价值"。桑地在沈氏农庄中已占重要地位，在张氏那里则已经超过稻田而居主要地位。"桐乡田、地相匹，蚕桑利厚"，"地（桑地）之利为博，多种田（稻田）不如多治地（桑地）"。"地得叶，盛者一亩可养蚕十数筐，少亦四五筐，最下二三筐。若二三筐者，即有豆二熟。米贱丝贵时，则蚕一筐即可当一亩之息矣。"一亩桑地的收益是一亩稻田收益的二三倍、四五倍至十多倍。"吾乡女工，则以纺织木棉与养蚕作绵为主"，"女养蚕可十筐，日成布可二匹，或纺棉纱八两"。

沈氏庄园所需生产资料、手工业原料和生活资料相当部分从市场购买，而所生产的产品则相当部分投向市场销售。铁扒、锄头、铁锹、镰刀、桑剪、桑锯、稻杠、稻铗、筛匾等生产工具以及养蚕用的柴炭、糊篓纸等皆购自市场，而且要买优质产品。如桑锯，"须买木匠生铁锯"；桑剪，"须在石门镇买，五分一把"。磨路（一种牛粪肥）、牛壅、猪灰、坑灰、人粪、谢桑（用于桑树的粪肥）、撮桑（用于桑树的粪肥）、豆泥等肥料不仅购自市场，而且要远赴苏州、杭州及苏州府平望镇、角直镇等地选购，还要在附近各镇租用粪窖和牛造肥。若稻田遭水灾，则要买秧苗复种。酿酒原料酒糟购自苏州，大麦购自湖州府长兴、嘉兴府澉浦，所酿之酒除按量供给雇工外，则出卖营利。正月的"烧酒"，十月的"十月白"，腊月的"好酒"，都销往市场。养鱼的螺蛳、蚕蚁等饲料及鳜鱼幼苗购自市场，所养之鱼则出售营利。上文已经讲到，养猪、羊等的饲料购自市场，甚至远赴苏州买糟，赴嘉兴府桐乡、崇德、海宁买羊草；所养之猪、羊则出售猪肉、仔猪、羊毛、小羊，同时赢得粪肥。沈氏还经营"做泥砖”的手工业，成本低而利润大。从市场上购买的生活资料名目繁多，诸如蓑衣箬帽、苎麻布、絮骨、盐、酱、菜瓜、姜、蒜苗、蒜、辣火、桂花、梅子、黄橙、茱萸、白牺、蟹、砂糖、柴、猪油等，所制腌菜、酱菜、糟菜及醋等，除自用外，可能也有出售。①

从沈氏庄园可以看到，这样的雇工土地经营与传统土地出租有质的不同，同时也不同于个体自耕农民。它雇用一定量的经过挑选的雇工所形成的协作和分工，生产资料较充分地投入和生产技术的应用，生产要素的合理配置和生产的计划性、集约和多种经营，生产的商品性等都优越于土地出租和自耕农民，是它们很难达到的。“劳动生产力是由多种情况决定的，其中包括：工人的平均熟练程度，科学的发展水平和它在工艺上应用的程度，生产过程的社会结合，生产资料的规模和效能，以及自然条件。”②“超过劳动者个人需要的农业劳动生产率，是一切社会的基础，并且首先是资本主义生产的基础。”③雇工经营所具有的优越性，促进了生产力的提高和商品货币经济的发展，为资本主义萌芽的产生提供了前提和基础。雇工经营经济的进步性还表现在雇佣关系由等级雇佣向自由雇佣的过渡和生产由自给性向以获取利润为目的的商品性转化上，这是资本主义生产关系发生的两个基本要素。

2. 各地关于农业雇工经营的若干记载

沈氏庄园可谓是明末雇工经营经济的典型形态，此外各地，特别是江南还有一些关于雇工经营的记载，不过所记不如沈氏详备。与沈氏、张氏同一地区的庄氏、茅氏也从事雇工经营。万历年间桐乡庄氏有桑地二十亩，“每年雇长工三人，每人工银贰两贰钱，共银六两六钱；每人算饭米二升，每月该饭米壹石八斗，逐月支放，不得预支”。“其叶或梢或卖，但听本宅发放收银，管庄人不得私自作主，亦不许庄上私自看蚕。”④庄氏雇

---

① 关于沈氏、张氏农业经营情况，见《沈氏农书》《补农书》。参见陈恒力《补农书校释》（增订本），农业出版社1983年版。

② 马克思：《资本论》第1卷，《马克思恩格斯全集》第23卷，人民出版社1972年版，第53页。

③ 马克思：《资本论》第3卷，《马克思恩格斯全集》第25卷，人民出版社1974年版，第885页。

④ 庄元臣：《曼衍斋草·治家条约》。

用三名长工管理二十亩桑地，工钱低于沈氏，口粮标准高于沈氏，盘费、柴酒之费不详；所养桑叶或预卖或现卖，属商品性生产；庄园还设有"管庄人"。嘉靖、万历之际，归安茅氏桑地种桑树"数十万"株（又有云一万多株者），此外还有种植其他作物的农田，雇工经营。主人对雇工劳动实施指挥和监督，并亲自参加劳动。"（茅艮）年十余岁，随府君督农陇亩间，辄能身操畚锸，为诸田者先。"所谓"诸田者"，即在其家田地上劳作的雇工；"督农陇亩间"，即监督雇工的劳作。①

苏州府常熟谭氏兄弟是雇工经营的地主。谭晓、谭照兄弟乃嘉靖年间人，"家故起农"，"俱有智算"。其乡临东湖，田多洼芜，乡民"逃农而渔"，弃耕荒田达万余亩。谭氏以贱价将这些荒田收购下来，"佣饥者，给之粟"，即雇佣那些逃离土地、忍饥挨饿的无产流民，给予他们口粮，使之凿池、筑堤、开田，"辟而耕之，岁之入视平壤三倍"，收益高出一般水平很多。不仅种植粮食，而且多种经营，循环发展。"池以百计，皆畜鱼"；鱼池之上，架构猪舍养猪，不仅猪易生长，而且猪粪掉入鱼池，成为鱼之饲料；堤埂之上，栽植果树；污泽，种植菰（茭白）；可畦，种植蔬菜。鱼、猪、果、菰、菜等的收益，"皆以千计"。乌凫昆虫之类，"悉罗取，法而售之，亦以千计"。堂室中放置钱瓯数十个，鱼、猪、果、蔬、虫、鸟等收入，每天分别投入固定的瓯中，装满之后开启，每月开启数次，这些副业收入大大高于种田，"视田之入复三倍"。从以上简要叙述中，可以看到谭氏农庄有三个特征：其一，在万余亩土地范围内，既种田又经营副业，所雇工人数量一定相当可观。其二，多种经营，综合利用各种资源。其三，副业产品投放市场，以营利为目的；粮食除自用及雇工食用外，所余亦当投放市场营利，"累资数十万"，生产有很强的商品性。其四，或许有一部分土地出租。谭氏兄弟还热心公益事业，曾捐银四万两（又有云捐万两者）修筑县城，抵抗倭寇。②

马一龙、史际是弃官雇工经营农业的致富者。马一龙，应天府溧阳人，嘉靖二十六年进士，选庶吉士。父亲为官"坐事下狱"，乞归养母，

---

① 参见茅坤《亡弟双泉墓志铭》，《茅鹿门先生文集》卷二三。
② 参见李诩《戒庵老人漫笔》卷四《谈参传》。钱五卿：《鹿苑闲谈》。

但家境不济，"无以养也"。本地有大量荒田，"久无耕人"，马一龙从亲戚家借贷银子百两，买牛十头，"佣耕作"，即雇佣工人垦荒耕种。"一岁尽垦，大熟"，头一年即获得丰收。他著有《农说》，记述了自己创业的经历和经营经验。他认为，自力求生，理财致富，乃属"先王之道"，"圣经不废"，是应该提倡的。直至晚年，仍"时时策杖循亩，与野老田畯论农事"，"家以大富"。①

史际，应天府溧阳人，马一龙的外亲。嘉靖年间为官吏部郎中，以家财结交权贵，获罪罢官，归里家居。溧阳县城北十余里，水灾之后，"弃为旷土，有年岁矣"。史际经官府允许，"募民兴工以田"，"人日给米二升，钱三十文，薪一束。时米价涌甚，民以半易莽菽杂食，计一夫赴役，可兼食其老病不能役者二人。于是役人之栖于堤者，爨烟饭饮，列舍相接，翕然如处村落间"。雇工所得之工钱、口粮、柴薪，除本人食用外，还能养活两个不能劳动者，于是应雇者甚多。他们携家带口，聚居于垦区的堤埂之上，并兴建了书院。史际经营规模很大，盈利甚厚，"所全活四千人，垦田四千余亩，为圩者三，潦有防不坏，旱得引以灌。近淹之田又数千亩。计岁入可数千石"。"堤之隙地，蔬豆可茹，榆柳可薪；池中鱼蟹库嬴可食。"由是"富冠东南，士穷困者咸仰之"。史际同样热心公益事业，为抵抗倭寇，捐米五千石助军；又募兵抗倭，所需衣装资粮皆由其供给。还向贫困者无息借贷，支持他们从事工商业，"民无末作者，悉假以金，不受其子钱"。②

万历年间上海豫园主人潘允端的庄园既出租土地又雇工经营。潘允端，嘉靖四十一年进士，官至四川布政使，因故解职还籍。潘氏有田地一二千亩，出租与雇工并行。在其《玉华堂日记》中记有雇工经营的一些资料，如"与潘攒垦田银五两"，"与潘攒种田工本银十四两"，"着沈应科将银二十两做工本"，"与瞿京挑泥银二两"，"与应科种田工本银十一两三钱，补菜子银一两一钱"，"五儿还银四十两，发工料"，"发北庄田器及工本"，"发砟稻银与庄人"，"发银与二庄种麦、菜"，"与挞花工银一

---

① 何乔远：《名山藏·货殖记》。

② 同上。

两"，"与种麦工本银三两三钱"，"借银发莳秧工本及匠作"，"与砟稻工银三两"等。① 从所发银两额度和用项看，潘氏雇工数量较多，使用范围较广。潘氏庄园除种植粮食、棉花外，还经营商业性农副业生产。潘氏虽曾为高级官员，但解职家居后直接参加对生产的管理；虽有土地出租，但雇工经营部分，确属生产关系的新因素。

常州府无锡县邹氏由佃农发迹为经营富户。万历年间，无锡邹思溪家境贫困，"无尺土可耕，佃田耕焉"。经过"强力昏作"，"终岁勤勤"，逐渐上升为"上农"。然后，购买田地，成为自耕农民，"有田数亩，而力作如故；又久之，而加倍，而亦力作如故"。再经过艰苦努力，发展为经营地主，"又久之，田且及百，乃始收犁置耜，召佣保合作，而身为督"②。当积累到百亩田地之时，他便脱离了繁重的体力劳动，而雇用和监督雇工生产。

广州沿海顺德、新会、香山等县沙田，在明末大都雇工种植，主人"以谷偿其值"。屈大均家曾雇用三十名短工收割沙田稻谷，"具泥船三，船各十人，以九人执钩镰，一人司爨"，"计一人之力，日获不能半亩，凡四日而获始毕"。屈大均认为，亲自经营比出租有利，"计一亩播种十升，谷成得三石，芒长而粒大，其色花白，秆以为薪，灰以为粪，稻孙以为盐，遗谷在田者以为饲鸭，此吾亲耕之利如是"；"使予而与佃人耕，则每亩仅得一石有半，其利尽在佃"。当然亲自经营，主人要管理生产，甚至要参加劳动，"子亦甚劳矣"③。

徽商阮弼、王守玺等雇工经营农业和农副产品加工业则是商业资本投入农业经营，工商业者与经营地主一身而二任。嘉靖年间，徽州人阮弼不仅经商、开设染坊，而且投资农业，雇工经营农田、渔业、蔬果等，拥有"佣、奴各千指"④，即有雇工、奴仆各百人。王守玺，万历年间，宁国府人，经商致富。行商至常州府江阴，雇募农工，开垦沙田，"构庐舍，买

① 转引自张安奇《明稿本〈玉华堂日记〉中的经济史资料研究》，《明史研究论丛》第五辑，江苏古籍出版社 1991 年版，第 273—274 页。

② 邹迪光：《始青阁稿》卷一八《吾族思溪翁夫妇墓志铭》。

③ 屈大均：《翁山佚文辑》卷上《获记》。

④ 汪道昆：《太涵集》卷三五《明赐级阮长公传》。

犊置器，择田而授之"。经过三五年的垦辟，"亩益拓，土益腴，鸡犬桑麻，居然乐壤"。又"请于令，立十家法"，"沙民帖然"。①

山东濮州许卫则雇工进行多种经营。许卫，弘治年间人，善于理财，由中产之家而成富户。以所储之粮开设酒坊酿酒，酒糟养猪。猪有几百头之多，雇用工人饲养。除积肥外，肉猪出售，每三个月一批。雇工踏制酒曲，运到北直隶真定府出售，每年达数万斤。"春贷秋收"，春季向棉农贷资，预购棉花；秋季收棉兑换棉布；冬季将棉布运至京边销售，"利十倍之"。还在交通要津开设店铺。致使"田连阡陌，积谷如山"。②

农业雇工经营主要出现在江南等商品性农业发达的地区，各地发展并不平衡；即使同是雇工经营，其发育水平也不相同。像沈氏庄园那样发育比较充分的雇工经营，已经明显地属于资本主义生产关系的初始形态；有的虽然发育不够充分，还带有封建性，但与传统封建雇佣和自然经济已有性质上的区别，也具有资本主义萌芽的性质。资本主义的发生发展是一个漫长曲折的历史过程，而且不同国家有不同的特点和形式。既然是"萌芽"，就是初始阶段，就是不充分的、不完全的、有待发育和生长的形态，在它的身上难免带有封建生产关系的遗存。任何社会经济形态都不可能是纯粹的，更何况在其初始时期。以沈氏庄园为代表的雇工农业经营中，已经孕育出资本主义生产关系的萌芽。③

---

① 缪昌期：《从野堂稿》卷四《仰峰王君传》。

② （万历）《濮州志》卷四《货殖传》。

③ 关于明代农业资本主义萌芽问题，在学术界意见分歧较大，许多学者认为，明后期不存在农业资本主义萌芽；即使明清资本主义萌芽论者，对农业资本主义萌芽出现的时段、程度强弱的评价也不一致。李文治先生提出，"大约在十五世纪即明代中叶，首先由富裕农民的经营产生了农业资本主义萌芽"，但是，在明代，"经营地主的社会性质基本是封建性质的，不能从地主经营的田场中寻找农业资本主义萌芽"。（《明清时代中国农业资本主义萌芽》）傅衣凌先生提出，明代中叶以后，在商品经济较为发达地区，农业雇佣劳动"含有自由雇佣的若干特点"，"这若干特点尚未完全具有自由劳动者的标志"。（《明清社会经济史论文集》，第28—29页）许大龄先生一方面指出，农业"短工的出现，我们应该估计为中国农村中新生的现象"，另一方面又强调"由于手工业中资本主义萌芽的作用不大，对农业的经营也就影响有限"，"尤其农业中比较进步的经营总是要落在手工业的后面"。（《十六世纪十七世纪初期中国封建社会内部资本主义的萌芽》，《明清史论集》）魏金玉先生提出，明后期的农业雇佣关系，"不属于资本主义生产关系发生形态的范围"，农业资本主义生产关系发生"是在进入清代以后开始的"。（《中国资本主义萌芽问题论文集》，江苏人民出版社1983年版，第289—290页。）

　　官绅地主经济是封建地主经济的核心。强劲的商品经济大潮也冲进这个"核心"，使其中的一些人不仅兼并土地，而且将资本投入手工业、商业、金融借贷业，或使用佣工、奴仆直接经营经济作物、畜牧业、渔业、农副业，从而逐渐改变"重本抑末"的传统经营方式，走上本末兼营的道路。[①] 嘉靖、万历年间太仓人王世贞，官至南京刑部尚书，父亲王忬官至蓟辽总督，其家有佣工、奴仆数百，经营陆上牲畜，水中鱼鳖，园圃瓜果蔬菜。[②] 嘉靖、万历年间湖州人董份，官至礼部尚书，其家有佣工和奴仆不下千人。[③] 像这样的豪门望族具有较强的封建性，对他们在农业、手工业生产和商业活动中雇用工人的性质判断及其对历史发展所起的作用，是一个更为复杂的问题，尚需深入探讨。

　　在 20 世纪 50 年代以后，学术界关于中国资本主义萌芽问题的研究取得巨大成就。后来，这一研究在质疑、批评，甚至责难、讥讽中，逐渐消沉下来。然而，对这样一个关系到中国封建社会后期历史走向的重大学术问题，对那些几代学者潜心研究的学术成果，我们理应采取十分审慎、冷静的科学态度，坚持实事求是的学风，并在已有基础上将这一研究继续深入下去。许大龄先生的《十六世纪十七世纪初期中国封建社会内部资本主义的萌芽》等论著，不仅在当时资本主义萌芽问题的讨论中产生过重要影响，而且至今仍能给人以启迪。值此先生诞辰 85 周年之际，作为他的学生，谨以此文来表达对他的缅怀。

（原载《纪念许大龄教授诞辰八十五周年学术论文集》，
北京大学出版社 2007 年版）

---

　　① 霍韬，广东南海人，嘉靖年间官至詹事府詹事。其家既经营"石湾窑冶，佛山炭铁，登州木植"，"岁入利市"，同时"犹兼治田"。他在《家训》中提出"本可以兼末，事末不可废本"的主张。
　　② 参见范守己《曲洧新闻》卷二；王世贞《弇州山人四部稿》卷八五《龚孺人小传》。
　　③ 参见范守己《曲洧新闻》卷二。

明太祖朱元璋社会理想、治国方略及治国实践论纲

　　明太祖朱元璋是暴君，还是圣王？这是至今一直争论不休的问题。要回答这一悬疑，需要以历史唯物主义为指导，对其社会理想、治国方略及治国实践作实事求是的考察和科学说明。

　　明太祖继承发展儒家、法家和道家、释家学说，并保留某些农民思想意识、情感和要求，以"中"、"和"、"安"、"平"、"均"为理想社会的最高境界。为了构建这样一个社会，他提出，在官民关系上，治国要以"人"、以"民"为本，要"适人情"、"合人情"、"顺人情"、"本人情"，要"为民"、"爱民"、"敬民"、"安民"、"富民"、"忧民"、"依民"；在贫富、强弱关系上，要形成"富者得以保其富，贫者得以全其生"的协调共处关系，避免"役民致贫富不均"；而功臣勋贵的状态则是决定官民、贫富、强弱关系的关键；欲形成这样的官民、贫富、强弱关系，必须约束、节制勋贵、豪强、官吏们的贪欲，防范、打击他们的违法行为，实施"除奸贪、去强豪"，"右贫抑富"，"锄强扶弱"，"哀穷赈乏"，"赏善罚恶"政策；同时平民百姓必须遵礼守法、纳粮当差，不得越礼犯分、造反作乱。他以为，如此则可"家和户宁"、"人民大安"、"天下公平"，"而与天地同其和"。

　　这样的社会理想、治国方略和治国实践协调了官民、贫富、强弱关系，缓和了阶级矛盾，稳定了社会秩序，促进了社会经济的恢复和发展，缔造出明初盛世并为 14 世纪下半叶至 17 世纪上半叶世界强国——明代中国奠定了坚实的基础。因此称明太祖朱元璋是一位"远迈前王"、"治隆唐宋"的杰出帝王是符合历史实际的。

一

"和",即和顺、和谐、和同、中和,是中国传统文化所描绘的理想社会的最高境界。而这样的社会不是自然形成的,需要去营建,营建之"器"则是礼、乐、刑、政。

秦汉以前儒家经典反复申明:

> 喜怒哀乐之未发,谓之中;发而皆中节,谓之和。中也者,天下之大本也;和也者,天下之达道也。致中和,天地位焉,万物育焉。①
>
> 先王慎所以感之者,故礼以道其志,乐以和其声,政以一其行,刑以防其奸。礼乐刑政,其极一也,所以同民心而出治道也。②
>
> 大乐与天地同和,大礼与天地同节。和,故万物不失;节,故祀天祭地。③

老子和庄子同样宣扬"和"与"同":

> 道生一,一生二,二生三,三生万物,万物负阴而抱阳,冲气以为和。④
>
> 天地与我并生,而万物与我为一。既已为一矣,且得有言乎?既已谓之一矣,且得无言乎?⑤

儒家经典又特别强调"礼"与"乐"在构建"中和"社会中的作用:

---

① 《中庸》。
② 《礼记·乐记》。
③ 同上。
④ 《老子》第二十五章。
⑤ 《庄子·齐物论》。

乐者，天地之和也；礼者，天地之序也。和，故万物皆化；序，故群物皆别。乐由天作，礼以地制，过制则乱，过作则暴。①

乐者为同，礼者为异。同则相亲，异则相敬。……礼义立，则贵贱等矣；乐文同，则上下和矣。②

"乐统同，礼辨异"，"礼者，天地之序也"，"乐者，天地之和也"。"礼"的社会功能是"辨异"、"别"，即区分尊卑、贵贱、上下、亲疏、长幼关系，在不同等级社会人群之间建立等级秩序，以期达到"贵贱有等，衣服有别，朝廷有位，则民有所让"的目的。那么，怎样才能使这些不同群体都心甘情愿、心悦诚服地在这一等级秩序中和睦相处呢？这要依靠"乐"。"乐"所起的社会功能是"统同"、"和"，即统一人心，合同人志，协和人情，"乐和民声"，"乐至则无怨"，"治世之音安以乐，其政和"，"声音之道与政通矣"。这样，既有等级差异又和谐相处，既矛盾又合同的对立统一的社会关系就建立了起来。

明太祖虽然布衣出身，但在夺天下、治天下的过程中，潜心钻研儒家经典，对儒学真谛颇能把握，且结合亲身经历多有发挥。他认为孔子、孟子之道的精髓是"意在天下安和"③，因此把"与天地同其和"、"家和户宁"、"人民大安"确定为自己缔造的大明王朝的理想境界。他的这一理想，建立在"天人无二，人当以心为天"④的宇宙观、世界观基础之上。他认为，天、地、神、人是合一的，统一的，君主及人臣的责任就是"协和人神"、"德合人天"⑤，使之达到"天人交庆"⑥的状态，因此"奉天执中"也就成了他的玉玺上镌雕的文字。在"天人交庆"状态下，人间就会"同安盛世"，"农乐于陇亩，商交于市廛，致天下之雍熙"⑦。他论说道：

---

① 《礼记·乐记》。
② 同上。
③ 《明太祖集》卷十《敕问文学之士》，黄山书社1991年版。
④ 《明太祖实录》卷一七七，洪武十九年二月。
⑤ 《明太祖集》卷一《谕暹国王诏》、卷四《礼部尚书诰》、卷七《谕王本等职四辅官》。
⑥ 《明太祖集》卷七《谕王本等职四辅官》。
⑦ 《明太祖集》卷十《宦释论》。

朕观上古君臣，必正直无私，心同气合，方乃上悦天心，下忻地祇，致海岳效灵，于是乎经邦论道，永安社稷，利济生民，臣亦昌焉。①

命为四辅官……必欲德合天人，均调四时，以臻至治。②

大化言天地之气运用也，世之贤者特以君政配之，亦谓之大化。……四时四季顺而天地和、万物育，才有失宜，则上下有伤，此言理性者也。所以人禀天地之气，全顺其宜而为之，则身安乎荡荡；阻其宜而为之，轻则致殃，重则丧命。③

而实现"天下平"、"天下安和"理想的"器"同样是礼、乐、刑、政。一方面要"辨贵贱"、"明等威"、"正名分"，建立"贵贱有等，尊卑有秩"的社会秩序；另一方面在这个秩序中又是协调的、安定的、祥和的，礼、乐、刑、政的终极目的是一致的，都是为了使社会达到"安"、"和"、"平"。他论说道：

礼，人伦之正，民间安分守礼者多；法，治奸绳顽。二者并举，遍行天下，人民大安。④

君之养民，五教、五刑焉。去五教、五刑而民生者，未之有也。所以五教育民之安，曰父子有亲、君臣有义、夫妇有别、长幼有序、朋友有信。五教既兴，无有不安者也。民有不循其教者，父子不亲、君臣不义、夫妇无别、长幼不序、朋友不信，强必凌弱，众必暴寡，鳏寡孤独，笃废残疾，何有之有焉。既不能有，其有命何存焉。凡有此者，五刑以加焉。五刑既示，奸顽敛迹，鳏寡孤独、笃废残疾、力弱富豪，安其安，有其有，无有敢犯者，养民之道斯矣。⑤

① 《明太祖集》卷七《谕王本等四辅官》。
② 《宝训》卷三《任官》，《洪武御制全书》，黄山书社1995年版。
③ 《明天祖集》卷十五《保身说》。
④ 《大诰》初编第四十七《民知报获福》。
⑤ 《大诰》初编第三十一《民不知报》。

朕本不才，不过申明古先哲王教令而已。所以乡饮酒礼，叙长幼，论贤良，别奸顽，异罪人。……（此礼）兴者，乡里安，邻里和，长幼序，无穷之乐，又何言哉。①

臣民之家，务要父子有亲；率土之民，要知君臣之义，务要夫妇有别；邻里亲戚，必然长幼有序，朋友有信。……而民从之，家和户宁。②

明太祖同样强调了"乐"在统一人心、宣扬和谐、治理天下中的重要作用，认为"治天下之道，礼乐二者而已"。他论说道：

若通于礼而不通于乐，非所以淑人心而出治道；达于乐而不达于礼，非所以振纪纲而立大中。必礼乐并行，然后教化醇一。③
作乐以和民声、格神人，而与天地同其和。④
礼以导敬，乐以宣和，不敬不和，何以为治。⑤

他进而指出，在制乐时，歌词、乐曲、舞蹈都要"和"而"正"，与人心浑然合一，"协天地自然之气"，达到"导中和，崇治体"的社会效果。为此还亲自撰写了圜丘、方丘、合祭天地、先圣三皇历代帝王等乐章。他说：

古之律吕，协天地自然之气；后世之律吕，出人为智巧之私，天时与地气不审，人声与乐声不比，故虽以古之诗章，用古之器数，亦乖戾而不合，陵犯而不伦矣。手击之而不得于心，口歌之而非出于志，人与乐判然为二，而欲以感天地格鬼神，岂不难哉？⑥

---

① 《大诰》初编第五十八《乡饮酒礼》。
② 《大诰》续编第一《申明五常》。
③ 《明太祖实录》卷一六二，洪武十七年六月。
④ 《明太祖实录》卷二四，吴元年七月。
⑤ 《明太祖实录》卷六六，洪武四年六月。
⑥ 《明太祖实录》卷一六二，洪武十七年六月。

儒家经典和明太祖所憧憬的"中和"，并不是讲社会处于无差别状态，而是通过礼、乐、刑、政的调节，使之由"序"走向"和"，由"别"走向"化"，由"异"走向"同"。也就是说，只有经过"致"，才能达到"中和"。

明太祖儒、法、释、道并举，而以儒学为主，认为孔子"祖尧舜，率三王，删诗制典，万世永赖"；释、道"暗助王纲，益世无穷"，"于国有补无亏"①。他认为，老子乃"千古圣人"，老子之道"乃有国有家者日用常行，有不可阙者也"；以老子为虚无，"实为谬哉"②！他发挥老子"天之道损有余而补不足"的思想，提出应"以有余补不足"，而不应"以不足奉有余"③，从而达到"天下公平"的主张。他说：

> 天道恶盈而好谦，所以大化如常，无昂而中不下，其功安在，乃损有余而补不足是也。凡治天下，国足用而无余，若乃有余，民穷矣。诚能以有余给民之不足者，则天下平，王道昭明焉。④

二

欲使社会达到"和"、"安"、"平"，必须处理好官民关系。在官民关系中，官是统治者，民是被统治者；官处于强势，民处于弱势，因此欲协调官民关系，必须以"人"为本、"以民为本"，"为民"、"爱民"、"敬民"、"安民"、"富民"、"优民"、"依民"。"人者国之本"，"爱民"是明太祖政治思想的核心，贯彻于礼、乐、刑、政的各个方面。

重视"人"的价值是中国传统文化的精华。秦汉以前儒家即已提出"人者，天地之心也"⑤，"有国家者，贵人而贱禄"⑥，"仁"者"爱人"⑦

---

① 《明太祖集》卷十《三教论》《释道论》。
② 《明太祖集》卷十六《老子赞》、卷十《三教论》。
③ 《国榷》卷八，洪武十八年七月。
④ 《大明太祖高皇帝御注道德真经》卷下第三八，正统《道藏》本。
⑤ 《礼记·礼运》。
⑥ 《礼记·坊记》。
⑦ 《论语·颜渊》。

的主张。明太祖继承发展了这一观点，认为"万物资生于二气"，而"阖辟之期，惟人生气之精英者也"①，"世之所以成世者，惟人与神耳"②。并进而明确提出"人者国之本"的命题，这一命题是他研究《大学》关于德、人、财的关系时提出的。

《大学》有云：

> 是故君子先慎乎德。有德此有人，有人此有土，有土此有财，有财此有用。德者本也，财者末也。③

明太祖对此诠释道：

> 人者国之本，德者身之本。德厚则人怀，人安则国固，故人主有仁厚之德，则人归之如就父母。人心既归，有土有财自然之理也。若德不足以怀众，虽有财亦何用哉？④

明太祖所论与《大学》本文的基本思想虽然一致，但二者强调的重点则不相同。《大学》强调的是"德"，"德者本也"，有德才有财；明太祖强调的是"人"，"人者国之本"，修养德行的根本目的是为了得到人，得到人的拥护。从以"德"为本到以"人"为本，无疑是理论上的发展。

明太祖"人者国之本"的思想，还体现在他对儒家"人情"理念的发展上。秦汉以前儒学经典强调"治（整治）人情"，明太祖则强调"适（满足）人情"，从"治人情"到"适人情"，同样是理论上的进步。

《礼运》将人性区分为"人情"和"人义"。"人情"有七，乃人之自然属性；"人义"有十，乃人之社会属性。只有依靠"礼"对"七情"的治理，人们才能遵循"十义"；只有经过"礼"的整治、节制，祛除人的情欲，才能归之于礼义。"礼义以为器，人情以为田"，只有礼义的耕耘，

---

① 《明太祖集》卷十《天生斯民论》。
② 《明太祖集》卷七《命礼部谕有司谨祭祀》。
③ 《大学》。
④ 《宝训》卷二《圣学》。

人情之田才不会荒芜。因此孔子说，所谓"礼"，即"先王以承天之道，以治人之情"。《礼运》论说道：

> 何谓人情？喜、怒、哀、惧、爱、恶、欲七者，弗学而能。何谓人义？父慈、子孝、兄良、弟悌、夫义、妇听、长惠、幼顺、君仁、臣忠十者，谓之人义。讲信修睦，谓之人利；争夺相杀，谓之人患。故圣人之所以治人七情，修十义，讲信修睦，尚辞让，去争夺，舍礼何以治之？饮食男女，人之大欲存焉；死亡贫苦，人之大恶存焉。故欲、恶者，心之大端也，人藏其心，不可测度也；美、恶皆在其心，不见其色也，欲一以穷之，舍礼何以哉？①
>
> 圣王修义之柄、礼之序，以治人情。故人情者，圣王之田也，修礼以耕之，陈义以种之，讲学以耨之，本仁以聚之，播乐以安之。②

明太祖强调的则是要"适人情"、"合人情"、"顺人情"、"本人情"，"圣王之于天下，必本人情而为治"③。他认为，制礼固然要确立纲常秩序，但也要"务合人情"，"天性自然而常者，三纲五常也，昔圣人度人情而措彝伦，特不逆其性，务从其善，固为万世纲常"；古礼"甚有不如人情者也"，但迂儒俗士，"是古非今"，"不识时务"，"不近人情"，执古礼"以为定式，以佐人主"，"是以妨务而害理"。④ 他主张"人情有无穷之变，而礼为适变之宜，得人心之所安，即天理之所在"⑤。在这里，他不仅提出"礼"要适应"人情"变化而变化的观点，而且提出"人心之所安，即天理之所在"的命题。这一命题中所说的"人心"乃广大民众之心，是他们对现实生活所抱的愿望、情绪和要求，与理学家"吾心即天理"的命题不同。

他还提出，治理国家，不仅要做到"不尽人之财使人有余财，不尽人

---

① 《礼记·礼运》。
② 同上。
③ 《明太祖实录》卷四九，洪武三年二月。
④ 《明太祖集》卷十二《大祀文并歌九章》、卷十五《孝慈录序》。
⑤ 《宝训》卷二《议礼》。

之力使人有余力",而且要做到"不尽人之情使人得以适其情",尊重百姓的生活欲望,顺从他们"好生恶死"、"厌贫喜富"、"好逸恶劳"的人所共有的情感和性情,实行省刑罚、薄赋敛、简兴作政策。他说:

> 治天下者,不尽人之财使人有余财,不尽人之力使人有余力,斯二者人皆知之。至于不尽人之情,使人得以适其情,人或未知也。夫使人得以适其情者,不以吾之所欲而妨人之所欲。盖求竭吾之所欲者,所求必得而所禁必行,如此则人有不堪,于是求有所不得,禁有所不止,则下之奉上者其情竭,而上之待下者其情疏矣。上下之情乖,而国欲治者未之有也。①

> 治民犹治水。治水者顺其性,治民者顺其情。人情莫不好生恶死,当省刑罚、息干戈以保之;莫不厌贫喜富,当重农时、薄赋敛以厚之;莫不好佚恶劳,当简兴作、节徭役以安之。若使之不以其时,用之不以其道,但抑之以威,迫之以力,强其所不欲,而求其服从,是犹激水过颡,非其性也。②

明太祖"人者国之本"、"必本人情而为治"的思想主要体现在对民众的态度上,形成他的爱民主张。"人"者国之本即"民"者国之本,必本"人情"而为治即必本"民情"而为治,"国以民为本,民以食为天,此有国家者所以厚民生而重民命也"③,"民乃邦之本,一视同仁,皆吾赤子"④,"善治民者,必求夫民情焉"⑤,"官之贤否,民情为验"⑥。世上虽有富贵贫贱之分,但"且均为人耳"⑦。他提出,民意与天命同等重要,二者是一致的,"民,天命也,有德者,天与之,民从之;无德者,天去

---

① 《明太祖实录》卷一六四,洪武十七年八月。
② 《明太祖实录》卷一七七,洪武十九年正月。
③ 《明太祖集》卷一《免应天等五府秋粮诏》。
④ 《明太祖集》卷一《免两浙秋粮诏》。
⑤ 《谕思伦发还云南敕》,《全明文》卷二八。
⑥ 《明太祖实录》卷一七四,洪武十八年七月。
⑦ 《明太祖实录》卷四二,洪武二年五月。

之，民离之"①。因此不论是君主、官吏还是贵戚、富豪都应该"爱民"，只有如此社会才能安定，国家才能长治久安。在中国古代，像他那样强调"为民"、"爱民"、"敬民"、"富民"，并将其贯彻到治国实践中去的封建帝王是仅见的。

为　民

朕闻天为民而生君，君为民而职臣，臣体君心而问民瘼，宜乎职焉。②

君天下者，所以为民也。③

天生民而立之君，君者奉天而安养斯民者也。④

爱　民

牧民之任，当爱其民。……尔宜体朕意，善抚循之，毋加扰害。⑤

自昔先王之治，必本于爱民。然爱民而无实心，则民必不蒙其泽。民不蒙其泽，则众心离于下，积怨聚于上，国欲不危难矣。⑥

洪武二十七年三月甲子，陕有士人上"仁政书"，太视览之谓侍臣曰："既言仁政，则必当爱民，何故所言皆劳民伤财之事，自相悖戾?"⑦

敬　民

朕每观《尚书》至"敬授人时"，尝叹敬天之事，后世中主犹能知之；敬民之事，则鲜有知者。盖彼自谓崇高，谓民皆事我者，分所当然，故威严日重，而恩礼寝薄。所以然者，只为视民轻也。视民轻，则与己不相干，而畔涣离散不难矣。惟能知民与己相资，则必无慢视之弊。……古之帝王视民何尝敢轻! 故致天下长久者以此而已。⑧

---

① 《御制纪非录序》。
② 《皇明世法录》卷一二《命中书诛知县高翼敕》。
③ 《明太祖集》卷二《存恤诏》。
④ 《明太祖实录》卷三四，洪武元年八月。
⑤ 《宝训》卷五《礼臣下》。
⑥ 《明太祖实录》卷二三一，洪武二十七年正月。
⑦ 《明太祖实录》卷二三二。
⑧ 《明太祖实录》卷一四六，洪武十五年七月。

安　民

秦始皇、汉武帝，好尚神仙，以求长生，疲精劳神，卒无所得，使移此心，以图治天下，安有不理？以朕观之，人君清心寡欲，勤于政事，不作无益以害有益，使民安田里、足衣食，熙熙皞皞而不自知，此即神仙也。……朕常夙夜兢业，图天下之安，其敢游心于此！①

天下一家，民犹一体，有不获其所者，当思所以安养之。……今代天理物，已十余年，若天下之民有流离失所者，非惟昧朕之初志，于天之工亦不能尽也。尔等为辅相，当体朕怀，不可使天下有一夫之不获也。②

凡为治以安民为本，民安则国安。汝等当询民疾苦，廉察风俗，申明教化。处事之际，须据法守正，务得民情，惟专志以立功，勿要名以取誉。③

富　民

君民犹父子也，若惟损民以益君，民衣食不给，而君独富，岂有是理哉？④

天地生财以养民，故为君者，当以养民为务，节浮费，薄税敛，犹恐损人。⑤

人君为天下之主，当贮财于天下，岂可塞民之养，而阴夺其利乎？⑥

善理财者，不病民以利官，必生财以阜民。⑦

保国之道，藏富于民，民富则亲，民贫则离，民之贫富，国家休戚系焉。自昔昏主恣意奢欲，使百姓困乏，至于乱亡。⑧

大抵百姓足而后国富，百姓逸而后国安，未有民困穷而国独富安

---

① 《宝训》卷一《谨好尚》。
② 《明太祖实录》卷九六，洪武八年正月。
③ 《明太祖实录》卷一一三，洪武十年七月。
④ 《宝训》卷三《理财》。
⑤ 同上。
⑥ 同上。
⑦ 同上。
⑧ 《明太祖实录》卷一七六，洪武十八年十一月。

者。尔等其思佐朕裕民之道，庶几食禄无愧。①

忧　民

朕即位九载，每度四时，虑恐失序而不调。……天下无收则民少食，民少食则将变焉。变则天下盗起，虽王纲不约，致使强凌弱、众暴寡，豪杰生焉。自此或君移位而民更生有之。朕所以切虑三时（春、夏、秋庄稼生长结实之际），虑恐九年之水、七年之旱（相传尧水九年，汤旱七载），民无立命。所以读听之间，不觉毛发竦然而立，惊畏如是，为此也。②

依民助政

昔者人君狩于四方，询于民情，知政之得失，然后赏罚行焉，所以官之贤否，民情为验。③

若欲尽除民间祸患，无若乡里年高有德等，或百人，或五六十人，或三五百人，或千余人，岁终议赴京师面奏，本境（官吏）为民患者几人，造民福者几人，朕必凭其奏，善者旌之，恶者移之，甚者罪之。呜呼！所在城市乡村耆民智人等，肯依朕言，必举此行，即岁天下太平矣。民间若不亲发露其奸顽、明彰有德，朕一时难知，所以嘱民助我为此也。④

明太祖关于为什么要"以民为本"的论述是相当丰富、系统、深刻的。他反复强调"不可一日无民"。他清醒地知道，国家的财富"非朕之己物，乃农民膏血耳"，"国之富，乃民之财"⑤；他对他的儿子们说，农民劳作最艰辛，生活最艰苦，但"国家经费皆其所出"⑥；他对他的官员们说，"臣所以特报民为何？谓禄出于民"⑦，民众是国家存在的依靠、官吏俸禄的供应者，离开了他们，就会国破家亡，所以要为民、爱民、敬

① 《明太祖实录》卷二五〇，洪武三十年二月。
② 《明太祖集》卷十五《尧汤水旱说》。
③ 《明太祖实录》卷一七四，洪武十八年七月。
④ 《大诰》初编第四十五《耆民奏有司善恶》。
⑤ 《明太祖集》卷十四《游新庵记》。
⑥ 《宝训》卷二《教太子诸王》。
⑦ 《明太祖集》卷四《谕各处知府诰》。

民、安民、富民、忧民、依民。

明太祖对民本思想的论述，在许多方面都比过去有所发展。而且他的主张是真诚的。当然，这也是有条件的，只是事情的一个方面；事情的另一方面则是百姓必须遵礼守法，纳粮当差，而不得越礼犯分，造反作乱。"天尊地卑，理势之必然。富贵贫贱，神明之鉴焉。"① "朝廷之礼，所以辨上下，正名分，不以贱加贵，不以卑逾尊。"② "为吾民者，当知其分，田赋力役出以供上者，乃其分也。"③ "民有田则有租，有身则有役，历代相承，皆循其旧。"④ 如若违背这些御旨，则要予以制裁。

三

《国榷》的作者谈迁，对明太祖重典惩治功臣大吏虽多有微词，但对其真心爱民却颇为佩服。他说："天下宁谧，奸盗惕息，则爱民之心，天地百神深为谅之，国祚灵长，职此故也。"⑤ 尤其值得称道的是，明太祖不仅对爱民思想作了深刻论述，更将其贯彻到施政实践的各个方面，成为治国的根本方针，形成律令和各种具体政策。

在社会经济方面，计丁授田、均平赋役、减免税粮、赈济灾荒、救助贫弱等构成了从生产资料所有、国家赋役负担到社会救济的完整的爱民实政体系。为了节省篇幅，兹选取相关事例制成图表，分列于后。⑥

（一）拨付土地

对于土地的占有，明太祖认为，应该像古代井田法那样，"计口而

---

① 《大诰》续编第七十《居处僭分》。
② 《宝训》卷二《议礼》。
③ 《明太祖实录》卷一五〇，洪武十五年十月。
④ 《明太祖实录》卷一六五，洪武十七年九月。
⑤ 谈迁：《国榷》卷十，洪武三十一年。
⑥ 文中各表所引资料分别出自《明太祖实录》《大明律》《皇明诏令》《大诰》《逆臣录》《明太祖集》（黄山书社 1991 年版）、《洪武御制全书》（黄山书社 1995 年版）、《大明会典》《国榷》《明史》及《诏令杂考》（《弇山堂别集》卷八十五、八十六、八十七）、《太祖实录辨证》（《初学集》卷一〇一、一〇二、一〇三、一〇四、一〇五）、《天下郡国利病书》等，不再一一注出。

授"，实现"民无不授田之家"，既使"贫者有所资"，又使"富者不得兼并"，"不许过分占为己有"。① 为了实现这样的理想，他实施了"验其丁力，计亩给之"的土地政策。

元末明初的长期大规模战争，不仅造成大量人口逃亡、土地荒芜，而且打乱了原有土地所有关系。洪武年间，国家通过确认无论荒田原系何主、谁开垦即归谁所有的政策，在法律上确定了农民对所垦土地及牲畜、车船等生产资料的所有权，部分废除了元朝贵族、地主的原有土地所有权，同时限制土地占有数量，使明初土地占有相对分散，自耕农数量大量增加。这无疑是保障广大农民基本生活条件，促进社会经济发展的最基本、最重要的改革。

农民垦田，由官府验丁拨付，故称"计丁授田"；既有在原籍开垦，又有由国家组织的移民开垦；所垦之田不仅归开垦者所有，而且免赋三年，或永不起科。

<h3 style="text-align:center">通过拨付垦田确认土地所有关系事例表</h3>

洪武元年	八月，诏令各处，战乱"抛下田土，已被有力之家开荒成熟者，听为己业；其业主回还，仰有司于附近荒田内，验数拨付耕作"。"各处荒闲田地，许令诸人开垦，永为己业，与免杂泛差役三年。" 十月，徙北平城中兵民于开封。
三　年	六月，北方郡县，招无田者垦辟，每户十五亩（又有云"人给十五亩"），又给地二亩种蔬。有余力者，不限顷亩。皆免三年赋税。马驿、巡检司、急递铺应役者，各垦田，官给牛、种。南方亦曾"见丁授田十六亩"。 六月，徙苏州、松江、嘉兴、湖州、杭州五府无田产者四千多户到临濠垦田，给牛、种、车、粮，三年免征。 是年，移江南民十四万户于凤阳，使各农田而实地。
四　年	二月，命工部从广东购买耕牛给中原农民。 三月，临濠荒田甚多，命"亦宜验其丁力，计亩给之，使贫者有所资，富者不得兼并；若兼并之徒多占田以为己业而转令贫者佃种者，罪之"。 三月，徙山后顺宁、兴州边民7274户，93878口于北平州县。 四月，移北平山后民17000户于北平耕田。 六月，徙山后民35800余户，197027口，散处诸府、卫，籍为民者给田以耕。又移沙漠故元遗民32800余户屯田北平，置屯254，开地1343顷。

---

① 《明太祖实录》卷六二，洪武四年三月。（万历）《大明会典》卷十七《户部·田土》。

五　年	五月，重申开垦荒田，永为己业。还乡复业人民，"若有丁力少而旧田多，不许依前占护，止许尽力耕到顷亩，以为己业；若有去时丁少、归则丁多，而旧产少者，许令于附近荒田内，官为验其丁力，拨付耕种。敢有以旧业、多余占护者，论罪如律"。
六　年	八月，徙山西朔州边民于内地。 九月，徙山西弘州、蔚州、丰州、云内、东胜、定安、武、朔、天城、白登等州县之民 8238 户，39349 口于凤阳，官给车，赐钞、盐、布、衣。 十一月，徙绥德、庆阳之民于内地。
七　年	二月，《大明律·欺隐田粮》规定："还乡复业人民，丁力少而旧田多者，听以尽力耕种"，"若多余占田而荒芜者"，笞、杖之，"其田入官"；"若丁力多而旧田少者，告官于附近荒田验力拨付耕种"。 三月，招致山西河曲府山谷军民 2092 户，5988 人，徙置塞内。
九　年	十月，徙山西、真定等府民无产业者于凤阳屯田。
十三年	令各处荒闲田地许诸人开垦，永为己业，俱免杂泛差徭，三年后并依民田起利。又诏陕西、河南、山东、北平等省及凤阳、淮安、扬州、庐州等府，"民间田土，许尽力开垦，有司毋得起科"。
十五年	九月，迁广东番禺、东莞、增城降民 24400 余人于泗州屯田。
十六年	九月，迁广东清远瑶民 1307 人于泗州屯田。
十七年	七月，北平降卒已编入京卫者，悉放为民屯田。
二十年	三月，向成都徙民开垦荒田。 八月，买四川耕牛万头，往云南屯田。 十月，湖广常德、辰州二府，凡三丁以上之户出一丁往云南屯耕。
二十一年	八月，迁山西泽、潞二州无田贫民往彰德、真定、临清、归德、太康诸处闲旷之地，置屯耕种，免赋役三年，户给钞二十锭，备农具。
二十二年	四月，湖州、杭州、温州、台州、苏州、松江诸府无田民户，往淮河以南及滁州、和州等处就耕，官给钞每户三十锭，使备农具，免赋役三年。 九月，沁州民人自愿应募往北平、山西等地屯田者 116 户，各赐钞，分予田土。 十一月，募山西民徙彰德、卫辉、归德、临清、东昌垦田。山西贫民徙居大名、广平、东昌三府者，给田 26072 顷。
二十四年	四月，听流民所在占籍。凡是荒田，听其开种，"令公侯大官以及民人，不问何处，惟犁到熟田，方许为主（业）；但是荒田，俱系在官之数，若有余力，听其再开。其山场水陆田地，亦照原拨赐则例为主，不许过分占为己有"。
二十五年	二月，徙山东登州、莱州二府无业贫民 5635 户就耕于东昌。徙苏州府崇明县滨海无田者 2700 户于江北屯种。 八月，给山西兵民十万人买牛开垦。 十二月，命户部于湖广、江西买牛 22300 余头，分给山东屯种贫民。

二十七年	二月，迁苏州府崇明县无田民 500 户于昆山开种荒田。 三月，但有空地，皆督民种植桑枣，又令多种棉花，率免其税。
二十八年	正月，命户部以耕牛 10000 头给东昌府屯田贫民。 七月，徙山东青州、兖州、登州、莱州、济南等府民户五丁以上及无田贫民往东昌府开垦荒田，共计 1051 户，4666 口。 八月，命于河南、山东、湖广买牛，分给山东屯种之民。 十一月，据奏，东昌等三府屯田迁民共 58124 户，彰德等四府屯田共 381 处。 十二月，令山东、河南等省民人自二十六年以后栽种之桑枣果树及二十七年以后新垦田地，不论多寡，俱不起科。
二十九年	二月，陕西军壮代役者，老幼悉徙黄河南岸屯种，三年免租。
三十年	二月，迁江西贫民于湖广常德府武陵等十县耕种。 五月，徙山西无田之民垦山东旷土，免赋四年。
总　计	据不完全统计，洪武元年至十三年共垦田 1803171 顷； 洪武十四年官民田总数为 3667715 顷，增垦田占总田数的二分之一； 洪武二十六年全国已垦田 8804623 顷，比十四年增加 1.4 倍，比元年增加近四倍。

（二）均平赋役

农民拥有土地之后，妥善分配赋役负担便成为关键。明太祖赋役政策的核心是"均"。所谓"均"，并不是数学的概念，而是公平、合理、适当、平衡，即富有者多出，贫穷者少出。而这样做的目的则在于防止"贫富不均"，不使"贫弱受害"、"靠损小民"。

均平赋役事例表

洪武元年	二月，恐役及贫民，命验田出夫，名曰"均工夫"（或曰"均土"）。
三　年	十一月，登记户口、产业，颁发"户贴"，一方面作为赋役征发的依据，另一方面也以官方凭证确认了民众田地、房屋、牲畜、车船等的所有权，以防豪强并兼。
七　年	二月，《大明律·赋役不均》规定，"若放富差贫，挪移作弊者，许被害贫民"，"自下而上陈告"。《丁夫差遣不平》规定，丁夫杂匠"差遣不均平者"，相关官吏受笞。
八　年	三月，诏令"计田均工役"。计田定役，若田多丁少，以佃人充役，则需资粟一石，每亩出米二升五合。
十一年	五月，凡在京工匠赴工者，月给薪水盐蔬，休工期间，听其营生。

续表

十四年	正月，命编制赋役黄册，"于底册内挑送上、中、下三等，以凭差役，庶不靠损小民"。
十七年	七月，谕户部，"赋役不均，贫弱受害"，故凡赋役，必以丁粮多寡、产业厚薄，"以均其力"，"不奉行而役民致贫富不均者罪之"。
十八年	正月，命郡县分民户上、中、下三等，编赋役册，区别轻重役之。 十月，《大诰》第三十一、四十七等条规定，富豪之家若诡寄田产、洒派粮差，靠损小民，治以重罪；《大诰》续编第五十五等条规定，官吏若"卖富差贫"，许民众将其绑缚赴京。
十九年	四月，制定工匠轮班法，每三年到京服役三个月，免其家徭役。
二十年	命各地郡县丈量田亩，编制鱼鳞图册，以"鱼鳞册为经，土田之讼质焉；黄册为纬，赋役之法定焉"。
二十六年	十月，重颁工匠轮班勘合。坐住正匠，每月上工十日，官府支给月粮；歇二十日，自行营生，免杂差，仍免家内一丁帮贴应役。

（三）减免税粮

除新垦田免赋三年、四年，或永不起科外，明太祖还因各种原因经常不断地减免各地应纳税粮，在位 30 年，"所蠲租税无算"；不仅官府减免赋税，还"令富人蠲佃户租，大户贷贫民粟"。[①] 减免赋税，虽然使拥有较多土地的地主阶级同时受益，但对生产能力较差、生活资源匮乏的广大农民来说则是沉重生存压力的脱解。

罪犯以劳赎刑及调拨军士修筑城池等制度的施行，也大大减轻了农民的劳役负担（限于篇幅，这些制度将另行论述）。

减免税粮事例表

吴元年	正月，免太平赋税六年，免应天、宣城诸郡赋税一年。 五月，免徐、宿、濠、泗、襄阳、安陆等地徭赋三年。 六月，大雨，免今年田赋。 十二月，减金华田赋。

---

① 《明史》卷七八《食货二·赋役》。

续表

洪武元年	四月，栽桑免征四年。 七月，因灾免吴江、广德、太平、宁国、和、滁田赋。 八月，大赦天下，蠲免田赋；镇江，悉免今年秋粮及明年夏税；书籍、田器等物不得征税；民间逋负系官钱谷，悉免征。免浙西长兴、安吉明年田赋。
二年	正月，免山东、北平、燕南、河东、山西、开封、河南、潼关、唐、邓、秦、陇税粮。免宁国府税粮。免应天、太平、镇江、广德、滁州、和州、无为等处税粮。 四月，免秦、陇等地税粮。
三年	三月，免应天、镇江、太平、宁国、广德、滁州、和州、徽州、严州、金华、衢州、处州、广信、池州、饶州、庐州、河南、北平、山东等地税粮。免徐州、邳州夏税。 五月，免苏州逋赋305800石。 六月，免滦州、延安税粮。 九月，免陕西民盐米。
四年	正月，免诸暨税粮。 二月，免太平、镇江、宁国税粮。免慈利县去年田赋1470余石。 三月，免肤施县田赋28200余石。 五月，免江西秋粮。免两浙秋粮及没官田租。 八月，免淮安、扬州、临濠、泰州、滁州、无为税粮。 十一月，免西安、凤翔、庆阳税粮193300余石。免祥符、陈留、睢州税粮。河南、山东、北平、陕西、山西、淮安屯田免赋三年。
五年	二月，免河曲等县食盐米2580余石。免云州盐粮。 三月，免都民徭役。 六月，免登州、莱州夏税及逋欠赋役。免河间徭役。 七月，免崇明、海门税粮。免开封、徐州、大同、凤翔、平凉税粮。 十月，免应天、太平、镇江、宁国、广德五府秋粮。
六年	正月，免辽东金州、复州去年税粮。 二月，免甘泉、肤施税粮。 六月，免河间、开封、延安、汾州税粮。 七月，免胙城、和州税粮。宽免各地逋欠税粮。 八月，免华州、临潼、咸阳、渭南税粮。 十一月，免汾州税粮。免饶阳、新河、武邑税粮。
七年	二月，免历城、平阳、太原、汾州、汲县税粮。 三月，免播州田赋。 四月，免漳州、泉州税粮。彰德府税课司税及瓜、菜、柿、枣、牲畜、饮食之物，太祖以苛细，罪之。 五月，免苏州、松江、嘉兴夏税。免北平、真定税粮。免苏州、松江、嘉兴、湖州赋额之半。 六月，免平凉逋欠税粮38500余石。 八月，免河间、广平、顺德、真定税粮。 十二月，免开封、陈留等县税粮。临洮、兰县、河州道远，每盐引减纳米二斗。

续表

八年	三月，免交河逋欠税粮。免马户税粮。 五月，减免汉中军民屯种赋役。 六月，免高邮、沧州、景州、河间税粮。 七月，免应天、太平、宁国、镇江、蕲州、黄州税粮。 十月，免祥符、杞、陈留、封丘、睢州、商水、西华、兰阳、盐城税粮。工匠逝世，装棺归之，免役三年。 十二月，免宛平税粮。
九年	正月，免保定、河间去年税粮。 三月，免山西、陕西、河南、福建、江浙、北平、湖广及淮安、扬州、徽州、池州、安庆夏秋税粮。 五月，工匠乘危负重死者，工部给槥椟，国子生送致其家，免役三年。 七月，免苏州、松江、嘉兴、湖州税粮 399490 余石。 十一月，免饶州、保定税粮。
十年	九月，免浙西被水田赋。 十一月，免河南、陕西、广东、湖广税粮。
十一年	二月，减淮、浙盐价。免海康、遂溪税粮。 五月，免苏州、松江、嘉兴、湖州逋欠税粮 652828 石。免永年等州夏税。 七月，免西安税粮。 八月，免陕西华亭县税粮。免江南姑孰、金陵、京口、宣城、广德、徽州、长兴、安吉、宜兴、江阴等六州四县税粮。 十月，免兰阳税粮。 十一月，免封丘税粮。免陕西华亭县税粮。 十二月，免苏州、松江、杭州、嘉兴、湖州鱼课。
十二年	五月，给工匠钞，悉遣还。免北平夏税、秋粮。
十三年	正月，减湖广靖州、荣山二卫中盐引价四分之一。 三月，减苏州、松江、嘉兴、湖州四府赋额。 五月，免太平、镇江、宣城、广德、滁州、和州夏税秋粮。诏免各地秋粮。 六月，免太原、大同盐课。军民嫁娶、丧祭之物及舟车、丝布之类，皆勿税。罢各地抽分竹木场。裁减税课司局 364 处。 七月，桑麻非陕西所产，令以官库所存布匹运至边地，令府州县视民间时值更减一分，听民入米粟菽麦以易之。 十月，免高邮税粮。
十四年	三月，免征两浙、福建现追煎盐工本。 十月，免太平、应天、镇江、广德、宁国五府秋粮，官田减半征收。

续表

十五年	正月，免开封去年税粮。 四月，免各地夏秋税粮，官田减半征收。 五月，事凡劳民，必奏上始行之，毋擅役。 十二月，济南、青州、莱州三府原每年役民 2660 户采铅，为免劳民，停罢之。
十六年	三月，永免凤阳、临濠二县徭赋。 五月，免应天、太平、镇江、宁国、广德税粮。
十七年	七月，免应天、太平、镇江、宁国、广德、滁州、和州今年官民税粮之半。 八月，免杞县税粮。 九月，免西安府税粮。
十八年	三月，免应天、太平、宁国、镇江、广德、滁州、和州税粮。 七月，免陕西欺隐田粮 12 万余石。 十月，免北平今年田赋之半。 十一月，免山东税粮 250 余万石，河南、常德 30 余万石。 十二月，为免劳民，罢各布政司煎炼铁冶，听民自采。农桑"今后以定数为额，听从种植，不必起科"。
十九年	五月，命光禄司市价视常贩每百钱增十，为民息。 十一月，免大同盐税亏额。
二十年	十二月，免征凤阳商税。 十二月，还河间、阜城驿户孳生马匹。
二十一年	二月，免贵州逋欠税粮。 五月，减丰城官租。
二十二年	六月，免河南开封永城至彰德夏税。 八月，免瑞金县徭役及无征之赋。 九月，减云南盐价。 十二月，修订民牧法。原法，江北民间每户各牧马一匹，岁纳驹一匹；新法，五户共牧一马，岁纳驹一匹。
二十三年	正月，一户二军者，免其一。 闰四月，免滁阳、定远、六合、天长、仪真、舒城等县马户田赋，民田全免，官田免半，著为令。免湖广、江西、广东逋欠税粮。 六月，定马户产一驹，赐钞十锭；种马及驹不及数，勿问。 七月，宽恤灶户。 十二月，停罢各地岁织段匹、打造弓矢。赏赉所用绢帛，即织于京师；置后湖局，专造弓矢。
二十四年	正月，免青州、兖州、登州、莱州、济南粮课。 七月，免应天、太平、宁国、镇江、广德田赋之半。 十月，免北平、河间田赋。

续表

二十五年	正月，免开封税粮。 二月，免济南、青州、兖州、登州、莱州鱼课。 三月，罢民间岁输马草。
二十七年	二月，免各处荒芜土地田赋。 三月，多种之桑枣、棉花免赋。山东宁阳县水灾，受灾1700余户，官吏只上报170余户，县民诣阙诉告，杖罚当该官吏，免受灾田赋税。 九月，辽东屯田，免征十年。
二十八年	九月，免山东及应天、镇江、太平、宁国、广德税粮。免四川乌撒、乌蒙、芒部、东川岁赋毡衫。 闰九月，罢各处铁冶，民人自行采炼，岁输课程。 十二月，山东、河南民人凡洪武二十六年以后栽种桑、枣、果树及二十七年以后新垦田地，不论多少，俱免起科。
二十九年	八月，免太平、宁国、应天、镇江、广德税粮。
三十年	正月，免黄河两岸鱼课。 十月，折征各地逋赋，乃宽其估值。

（四）赈济灾民、饥民

遇有灾害，朝廷不仅减免赋役，而且赈济灾民、饥民，或无偿发放粮、布、钱，或贷予粮米，又建预备仓，官吏赈灾延误则治之以罪。明太祖在位30年，"赐予布、钞数百万，米百余万"[1]，这对贫困灾民不啻雪中送炭。

赈济灾民、饥民事例表

洪武二年	正月，湖广饥，赈粟3570余石。 十二月，陕西饥，明年正月每户赈米一石，二月二石。
三 年	正月，赈西安府、凤翔府饥民，每户给粟一石，共36889石。青州民饥，有司不以闻，命逮治其官吏，遣人驰驿往赈，于是所赈人户214600，钞536万锭。 六月，溧水水灾，赈之。

---

① 《明史》卷七八《食货二·赋役》。

续表

四　年	八月，赈关中饥民 25000 余户。
五　年	六月，赈高唐、濮州、聊城、棠邑、朝城、东昌饥民粟 1900 石。又发粟 66000 余石赈莱州、东昌饥民。赈陕西安化、合水、环县饥民。
六　年	七月，发粟贷苏州饥民。北平、河南、山西、山东蝗灾，延安旱灾，赈之。 九月，赈枣强饥民。赈真定府滦城、宁晋饥民。 十一月，饶阳、新河、武邑饥，赈之。
七　年	正月，镇江水灾，每户各赈 5000 钱。 三月，赈嘉定饥民。 五月，北平、真定等旱，赈之。赈苏州米、麦、谷 392100 余石，并贷谷种、农具。 八月，赈河间、广平、顺德、真定饥民。
八　年	十二月，苏州、湖州、嘉兴、松江、常州、杭州、太平、宁国水灾，赈之。
九　年	十二月，苏州、湖州、嘉兴、松江、常州、太平、宁国、杭州、荆州、黄州等府水灾，赈之。命大都督府同知沐英赴陕西问民疾苦。
十　年	二月，赈苏州、松江、嘉兴、湖州等府水灾。 四月，赈宜兴、钱塘、仁和、余杭。赈太平、宁国水灾。 五月，户部主事赵乾受命赈济荆州、蕲州等处水灾，稽延时日，诛之。 九月，赈绍兴、金华、衢州水灾。 十月，赈永平灾民米、布。
十一年	五月，赈闻喜、万泉饥民。 七月，赈猗氏等县饥民，每户发粟一石，免夏税。苏州、松江、台州、扬州海溢，赈受灾者。
十五年	八月，嘉定县饥，贷仓粟 28120 石。 十二月，北平水灾，月给屯军米。
十六年	十二月，赐在京官民元旦、元宵节钱。
十七年	十月，河南、北平水灾，命驸马李祺、欧阳伦、王宁、李坚、梅殷、陆贤前往，同有司验其户口赈济之。
十八年	八月，赈河南灾。
十九年	正月，赈北平、大名、江浦水灾。 二月，赈河南饥民。 四月，诏令官为收赎河南水灾所典卖子女。至该年八月，共收赎民间典卖男女 274 口。 五月，河南开封等府水灾赈济遗漏者 3100 户，补发钞 3845 锭。 六月，赈青州、开封旱灾。

续表

二十年	十二月，赈济南、东昌、登州、莱州府饥民。运钞百余万抵山东登、莱赈饥。
二十一年	正月，再赈青州饥。因匿灾不报，青州知府及属官17人被降职。 三月，赈山东饥。 六月，命官建预备仓，备赈。户部运钞二百万贯往山东各府州县，预备粮储。各县于居民丛集之处置仓，告示民家有余粟，愿易钞者，赴仓交纳，依时价偿其值。若遇凶岁，则开仓赈给。预备仓制度在各地推广。
二十二年	三月，运钞于北方，市粜备赈。 四月，起山东流民居京师，人赐钞20锭，使营生业。赈莱州、兖州二府水灾饥民钞269210锭。
二十三年	三月，命山东、河南，官于春夏贷粟，秋成偿还。 五月，命各地郡县设置官仓，籴买粮谷，以备赈给。命所召老人赏钞，往各地催促籴买。 六月，海门县飓风成灾，赈济筑堤。 七月，河决河南，赈灾民15713户。 八月，赈河南、山东、北平水灾。 九月，赈湖广饥民。 十一月，赈河南水灾。 十二月，赈广西驿递人户。遣国子生14人视察山东流民，令有司存恤。赈山东水灾。
二十四年	正月，赈曲阜灾。 五月，赈北平水灾。 十一月，赈河南灾。
二十六年	四月，孝感民饥，贷预备仓粮11000石。谕户部，以后凡有饥荒，先发仓以贷，然后奏闻，著为令。
二十七年	正月，命各地将预备仓旧粮贷给贫民，换存新粮。 二月，增递运驿夫粮额。
二十九年	二月，赈彭泽饥。诏令，凡民饥，有司不能存恤者，杖之。 五月，以淮、徐桑种二十石给民，栽于湖广辰州、沅江、靖州、金峒、道州、永州、宝庆、衡州。

（五）救助老幼、孤寡、残疾、贫穷

明太祖对于救助老幼、孤寡、残疾、贫穷等弱势群体的重大政治意义有着切身体会和深刻认识，将其视为是否得民心、得天下的根本大计。"得天下者，得民心也。夫老者，民之父母；幼者，民之子弟。恤其老，则天下之为子弟者悦；恤其幼，则天下之为父母者悦。天下之老幼咸悦矣，其心有不归者寡焉。"① 故此对弱势群体采取了一系列救济、扶助措施。这些措施的广泛性、切实性和力度，在中国封建王朝中是绝无仅有的。

救助老幼孤寡残疾贫穷事例表

洪武元年	七月，命赈恤中原老、幼、孤、贫者，中书省"以国用不足为对"。太祖谕曰："周穷乏者，不患无余财，惟患无是心。能推是心，何忧不足？今日之务，此最为先，宜速为行之。" 八月，鳏寡、孤独、废疾不能自养者，官为存恤。京师被火之家，量加赈恤。民年七十以上者，许令一子侍养，免其差役。 九月，优给阵亡吏卒。 十一月，遇时节给阵亡将士父母妻子薪米钱。
二　年	十一月，赈应天、苏州、松江、杭州、湖州等府贫民846人，每人米1石，布一匹。
三　年	六月，府州县置惠民药局，边关卫所及人聚处各设医生、医士或医官，凡军民之贫病者官给医药。令民间立义冢，设漏泽园，葬贫民。
五　年	五月，颁《正礼义风俗诏》。"哀穷赈乏"乃该诏之基本精神，其中关于社会政策主要有：（1）邻保相助，患难相救，疾病相扶，城市乡村家贫残疾老幼冻馁不能自存者，令里中上中人户借予钱谷，俟有余赡，然后偿还；富而不资给者，验留其家粮可足用，余者没为官有，赈济贫弱。（2）孤寡残疾不能生理者，官为养赡于孤老院，毋致失所；或出外乞觅，城乡人民听将余剩之物助养其生，并不准对之箠楚。（3）势孤力弱或贫乏不能自存而沦为奴隶者，即日放还；士庶之家不得收养阉竖，豪强之家不得阉割役使他人之子为"火者"；佃户见田主只行少事长之礼。（4）婚丧，富毋僭奢，贫无妄费。

---

① 《宝训》卷五《赈贷》。

六　年	十二月，拨资遣送各卫所军士寡妇6820人还乡。
七　年	二月，贷苏州府贫民米麦。 八月，颁《存恤诏》，阵亡军士家属及避兵逃难者，当安居存养，使不失所。 十月，收养孤独贫民1760余人入养济院。月给米三斗，薪三十斤，冬夏布一匹，小口给三分之二。
八　年	正月，谕中书省，对流离失所、饥寒困苦之人，官府给予屋舍、衣食。
九　年	十二月，军士死亡，棺殓葬之。
十二年	二月，天寒给各地孤老钞，助薪炭；京城孤幼户给盐15斤，孤寡户给盐10斤。
十五年	正月，隶事京师工匠病亡者，工部遣送其遗骸归家，各以钞七锭给其妻子，葬之。
十六年	正月，诏谕云南，民间鳏寡孤独不能自存者，所在官司设养济院，月给口粮，以全其生。 十二月，赐在京官民元旦、元宵节钱。
十七年	四月，诏谕州、县、府、布政司政务八事，其中"恤穷困"为州县官要务之一。 六月，置郡县医学。
十九年	五月，特命各地有司，存问高年，恤孤赈寡，具体政策有：（1）笃废残疾者，收入孤老院，岁给所用，得终天年。（2）凡民年八十、九十，有司以时存问，若贫无产业，年八十以上者，月给米五斗，肉五斤，酒三斗；九十以上者，岁加赐帛一匹，絮一斤；其有田产能赡者，只给酒、肉、絮、帛。（3）应天、凤阳二府，富民年八十以上者赐爵社士、乡士；其他地区富民年八十以上者赐爵里士、社士，皆与县官平礼，免其杂徭，正官存问，送赐给米。（4）鳏寡孤独不能自给者，悉蠲免其差役。（5）孤儿有田不能自种，令亲戚收养，无亲戚者，邻里养之；其无田者，岁给米六石，亦令亲邻收养，俱俟出幼收籍为民。（6）笃废残疾不能自存者，即日验口收籍，依例给米、布，使遂其生。（7）厚恤伤残将士及阵亡将士家属。 八月，官为收赎开封等府民间典卖男女274人，用钞1960余锭。
二十年	闰六月，重申十九年五月养老规定，命有司认真奉行。
二十二年	四月，许山东流民居京师，人赐钞。赐九江、黄州、汉阳、武昌、岳州、荆州诸郡贫民，每丁钞一锭；赐沿江递运所水驿夫，每人钞五锭，共赐钞912167锭；赐常德、长沙、辰州、靖州、衡州、永州、宝庆、郴州、德安、沔阳、安陆、襄阳等处贫民钞共1468700余锭。 九月，优给孤老之粮，命有司自行收贮。

续表

二十四年	八月，发山东、河南预备仓贷贫民。
二十六年	七月，民间双胞胎，赐钞十锭，米五石；其子分养，月给米五斗，为期三年，著为令。
二十八年	二月，上元县官进言，请令民团社，互助耕种，乡里小民，或二十家或四五十家团为一社，每遇农急之时，有疾病，则一社协力助其耕耘。太祖嘉善其言，乃谕户部：置民百户为里，一里之间，有贫有富，凡遇婚姻、死丧、疾病、患难，富者助财，贫者助力；春耕秋收之时，一家无力，百家代之。
三十年	正月，诏郡县贷预备仓于贫民。

四

明太祖爱民社会经济政策的贯彻不可能一帆风顺，官民之间的协调关系也不可能自然形成，其阻力主要来自各级官吏和富者、强者、恶者。因此朝廷必须对勋贵、官吏、豪强欺凌贫弱、鱼肉百姓、贪赃枉法行为予以严厉打击，而对善良民众加以保护。明太祖深知，只有"锄强扶弱，奖善去奸"，"除奸贪，去强豪"，才能"使民得遂其所安"。

他特别重视吏治建设。还是在称帝之前、始称吴王时，即对各郡县官员告诫道：

> 自古生民之众，必立之君长以统治之，不然则强者愈强，弱者愈弱，纷纭吞噬，乱无宁日矣。然天下之大，人君不能独治，必置百官有司以分理之，锄强扶弱，奖善去奸，使民得遂其所安，然后可以尽力田亩，足其衣食，输租赋以资国用。予今命汝等为牧民之官，以民所出租赋为尔等俸禄，尔当勤于政事，尽心于民。民有词讼，当为辩理曲直，毋或尸位素餐，贪冒坏法，自触宪纲。尔往其慎之。①

他称帝之后，更加强调整饬吏治，谆谆教育官员要奉公守法，勤政廉

---

① 《明太祖实录》卷二四，吴元年七月。

政，恤民爱民；对不听告诫，败政害民者"切齿忿恨"①，严惩不贷。他说：

> （当官的）用了百姓钱粮，不与百姓分辨是非颠倒，有（又）多科重敛，遇着词讼，又将是的做了不是，不是的做了是，如此不公事，鬼神不肯饶他，必是犯了。②
>
> 尝思昔在民间时，见州县官吏多不恤民，往往贪财好色，饮酒废事，凡民疾苦视之漠然，心实怒之，故令严法禁，但遇官吏贪汙，蠹害吾民者，罪之不恕。卿等当体朕言，若守己廉而奉法公，犹人行坦途，从容自适；苟贪贿雇法，犹行荆棘中，寸步不可移，纵得出，体无完肤矣。可不戒哉！③

洪武年间兴起的胡蓝之狱及逮治积年害民官吏、空印案、郭桓案、颁发《大诰》等政治风暴，对各级官吏违反君臣之礼、玩忽职守、贪赃受贿、科敛害民行为予以集中地、强有力地打击和整肃。人们常说，明《大诰》是法外峻令。其实，这部"峻令"惩治的对象主要是贪官污吏和不法豪强。在《大诰》（初编、续编、三编）中，专讲或同时讲官吏犯法的条目约占总条目的四分之三，具体地记录了从朝廷高官到地方吏卒的贪污、受贿、盗窃等犯罪活动及对农民、工匠、商人、市民、渔民、驿户等的搜刮榨取，反映了太祖对横征暴敛、贪赃枉法行为的极端痛恨和整治的坚决；《大诰·武臣》则主要是讲军官犯罪。④

洪武二十五年九月，已经步入暮年的明太祖在册立皇太孙朱允炆时，对其一生事业以简练的言辞进行了概括。他说：

> 朕自甲辰即王位，戊申即帝位，于今二十九年矣。前者抚将练

---

① 《明太祖集》卷七《谕山西布政使华克勤》。
② 《皇明诏令》卷二《戒谕诸司敕》。
③ 《宝训》卷六《谕群臣》。
④ 参见拙文《从大明律和大诰看朱元璋的"锄强扶弱"政策》，《张显清文集》，上海辞书出版社 2005 年版。

兵，平天下乱，偃天下兵，奠生民于田里，用心多矣；及统一以来，除奸贪，去强豪，亦用心多矣。①

按此所云，他在几十年的奋争中，主要关注两件大事，完成两大任务，一是平定战乱，统一天下，使百姓重归田里，和平度日；二是建立大明、统一国家之后，实行"除奸贪，去强豪"政策，以求协调关系，长治久安。史实表明，这两大任务完成得都是好的，其吏治建设使"吏治澄清者百余年"。

学者们对明太祖惩治贪贿已多有论述，此文对此不再展开赘述，而拟从另一个侧面对其加强吏治建设作些考察。

明太祖在严厉打击奸党和贪官污吏的同时，还另外采取措施，加强吏治建设。这主要有两项。

一是与科举体制并行，大量从民间选拔贤才充任各级官员。这一方面是为了适应建国之初官员之急需及后来由于大量违法官员罢官出现的职位空缺需要填补；另一方面则是，他认为这些从民间布衣中荐举出来的各种人才，更了解时政得失、官府利弊、民众疾苦和民情民意，任官后可以廉洁奉公，使吏治走向清明。

二是官之贤否、政之得失，以"民情为验"②，调动民众和下层知识分子监督官府，保举循吏，整治贪官，参加城市乡村民政事务管理。之所以要民众帮助他整治吏治，是因为"以其良民自辨是非，奸邪难以横作，由是逼成有司以为美官"③。以民众力量保举清廉、打压奸贪，以弱势群体制约权势群体，由此"逼成"好官，这种吏治建设的超常做法和决心在中国古代帝王中同样是罕见的。

明太祖在政治上，实为一位理想主义者。他期望打造一个没有贪官污吏的大明帝国。他以为只要一方面朝廷严厉打击，另一方面调动民众，保廉惩贪，就可以使"贪官污吏尽化为贤"④。

---

① 《皇明诏令》卷三《定皇太孙诏》。
② 《明太祖实录》卷一七四，洪武十八年七月。
③ 《大诰》三编第三十四《民拿害民该吏》。
④ 同上。

从庶民布衣中选拔贤才事例表

吴元年	七月，授郡县官234人，"多出布衣"。
洪武元年	闰七月，征各地贤才至京，授守令。 八月，礼聘怀才抱德之士。 九月，下诏求贤。 十一月，遣官分行各地，访求贤才。
三　年	二月，下诏选拔才德兼美之士任六部之官。 四月，蒙古、色目人等，皆许入仕。 七月，征学识笃行之士，经考核，18人授监察御史。
四　年	四月，征各地儒士，凡下第贡举及山林隐逸、农而志仕者，皆驿传至京。刑名、钱谷之任，悉用儒者，而不用吏。
六　年	二月，察举贤才，以德行为本，而文艺次之。其目有聪明正直、贤良方正、孝悌力田、儒士、孝廉、秀才、人才、耆民等。 四月，命吏部访求贤才。
八　年	正月，人才或隐于佛老、卜筮、负贩之流，亦拔而用之。
十一年	所荐贤良费震，官进户部尚书。
十二年	十二月，天下博学老成之士皆应诏至京。 该年授官2908人，各地所举儒士人才553人。
十三年	二月，诏有司荐举聪明正直、孝悌力田、贤良方正、文学及术数之士。 四月，命群臣各举所知。 五月，命吏部铨次各处所举儒士及聪明正直之人皆授官。太祖谕之："尔等至京，初皆庶民，岁受官役，朝廷得失、有司利病，必尽知之。今授以官，当尽心所事，鉴前人之非，为朕福民。"所荐秀才范敏，官进户部尚书。 九月，所征儒士王本等至京，敕谕之："朕兴艰难，朝无良佐，道乖政靡，勿获泰安。四凶（指胡惟庸党）虽诛，贤士未至，今得尔诸儒"，"与朕同游，以康天下"。设置四辅官兼太子宾客，位列公、侯、都督之次。王本、杜祐、龚敩、杜敩、赵民望、吴源等四辅官皆由民间招致，敕之曰："卿等昨为庶民，今辅朕以掌民命"，"佐里赞化，以安生民"。 十二月，吏部奏报，各地郡县所举聪明正直、孝悌力田、贤良方正、文学才干之士至京者860余人，太祖命各授以官。

十四年	正月，命新任官各举文学、贤良方正、聪明正直、孝悌力田及才干之士。 三月，敕内外仓库、司局官各举贤良方正、文学才干之士。命郡县访明经夙儒，以补训导。
十五年	正月，命各地朝觐官各举所知一人。 五月，所举贤良方正郭允道任户部尚书。敕各地有司，访经明行修之士，年70以下、30以上，聘送至京。 八月，所举秀才曾泰为户部尚书。命吏部以七条考核征至之秀才。 九月，吏部以经明行修之士郑韬等3700余人入见，命再荐人才，善待征士。儒士王存中等531人俱试按察佥事，期年转官。 十月，诏各地来朝官员各举茂才一名。 十一月，征耆儒鲍恂、全思诚、余诠、张长年至京，赐座顾问，拜文华殿大学士，皆以年老固辞，遂放归。
十六年	六月，选举儒士。
十七年	七月，谕吏部，近来郡县荐举多冒滥，其申严之，凡贤才必由乡里选择其德行著称、众论所推者贡之；凡考核，务从至公。命吏部簿录朝觐官所荐儒士人才及举主姓名，以凭考核。 八月，所举通经儒士陈玄为右佥都御史。
十八年	十二月，命州县，凡有孝廉闻乡里者，正官与耆民以礼遣送京师。
十九年	七月，诏举经明行修、练达时务之士，年60以上、70以下者，置于翰林院，以备顾问；年40以上、60以下者，于六部及布政司、按察司用之。
二十年	十一月，征河南儒士岳宗原等九人，授布政使等官。
二十二年	六月，孝廉、茂才年40以下者，于行人司遣用。 八月，令守令举年高有德、识达时务、年貌相称者一人。 九月，廷臣有云所荐儒士起自田里、擢用骤峻者，太祖答曰："朕患不得贤耳。"
二十三年	二月，隐士吴敦义、李翰任陕西布政司左、右参政。 三月，举荐人才侍朝觐政者郝从道试大理寺右少卿。 十一月，所荐耆民167人授郡县官，历事诸司。
二十五年	十月，访精谙历数之士。
二十七年	八月，遣国子生及人才分赴各郡县督吏民修治水利。
三十年	八月，以义门郑沂为礼部尚书，税户人才汤行为吏部侍郎，严奇良为户部侍郎，潘长寿为右佥都御史，王聪、丘显为左右通政，沈成、盛任为湖广、山东布政使。

调动民众监督官府、保举循吏、捉拿贪官、管理民务事例表

洪武三年	正月，西安、凤翔二府灾荒，着民宋升等来奏，即命户部往赈之。
七　年	二月，《大明律·赋役不均》规定："若放富差贫"，"许被害贫民，赴拘该上司，自下而上陈告"。
十八年	七月，时郡县官当去，其父老诣阙乞留者，皆降敕留任，加赐衣币。丹徒知县，因事当逮，着民韦栋等数十人诣阙，奏其抚民有方，保举留任，特释之，赐酒着民韦栋等。金坛县丞坐事当逮，邑民丁原德率数十人诣阙，言其在官多善政，乞留任，特释之，敕曰："朕非私尔，特为民也。" 十月，颁布《大诰》初编，命"民陈有司贤否"，布政司、府、州、县官吏，私自巧立名色，害民取财者，许境内耆宿人等会议，遍处乡村市井连名赴京状奏；官吏清廉直干，抚民有方者，亦许连名赴京状奏。 命"耆民奏有司善恶"，若有廉能官吏被诬陷者，许本处城市、乡村耆宿会议，连名赴京面奏，以凭保全。乡里耆老岁终会议，赴京面奏本境为民患者及造民福者，"所以嘱民助我为此也"。 命"乡民除患"，许贤良方正豪杰之士，会议城市、乡村，将害民之吏绑缚赴京，各关津渡口不得阻挡。
十九年	三月，颁布《大诰》续编，命慎选"耆宿"，不得滥充。各地有司务礼聘耆宿赞襄政务，公事疑难，会而决之。 命"民拿下乡官吏"，许民间耆民，率精壮捉拿下乡扰民官吏送至京城。 命不得"阻挡耆民赴京"，县民赴京状告害民官吏，沿途不得阻挡刁难。 命"民拿经该不解物"，凡在官之物，如违制差城市乡村良民起解，卖富差贫，许市乡耆宿、老人及豪杰之上，将首领官并该吏绑缚赴京。 十二月，颁布《大诰》三编，命"民拿害民该吏"，耆民及年壮豪杰，助朕安民，将害民官吏拿赴京来，敢有阻挡者，其家族诛。 据《大诰》三编载：乐亭县耆民赵罕辰等44人将害民工房吏张进等8人绑缚送京。胶州、长子县、新安县、建昌县等州县官恣肆为恶、惟务赃贪，事发，诸人公然会集耆民，逼令赴京妄行奏保，太祖怒，治以重罪。命凡奸贪官吏逼令耆民奏保者，耆民应即将其拿来。
二十二年	二月，赍赐耆民，免其家徭役。 十一月，命选民间耆年有德者，里各一人，同有司入觐，随朝观政。
二十三年	二月，命六科给事中之父兄伯叔来朝，"观朕所行，归谕乡里，使民无犯于法，皆知所劝"。 五月，命所召老人赍钞往各处催籴粮谷，入预备仓备赈。 十二月，该年荐举耆民才智可用者1916人。
二十四年	四月，灵璧县丞、齐东知县坐事被逮，邑民诣阙保举，释之，赐钞及宴，复职。 九月，新化县丞周丹升迁吏部主事，邑民诣阙挽留，遂仍任原职，赐宴赏。

续表

二十五年	二月，曹县主簿因事逮系，耆民诣阙奏其廉勤，复其官。 十二月，安陆知州因征税衍期当逮，邑民奏其爱民缓征，遂宥之。
二十六年	正月，免各地耆民入朝。
二十七年	二月，繁峙知县坐事被逮，耆民诣阙奏保，释之。 四月，命民间高年老人理其乡词讼，禁止越诉。 九月，归安县丞连坐被逮，耆民诉其公廉，即释之。 十一月，盱眙知县方素易丁忧去官，邑民诣阙留任，特遣使赏钞、衣服、被、靴、袜赐之，以奖其能，并赐宴礼部，许归葬后即复官。
二十九年	十二月，永州知府、定远知县、仪真知县、岳池知县、安肃知县、当涂知县、当涂县丞、怀宁县丞、休宁县丞，皆坐事逮狱，各县耆民相继诣阙称其善政，上并嘉之，赐袭衣、靴、钞，遣还复官，仍赐耆民路费。
三十年	九月，令各里置木铎，以老人击铎告示众人："孝顺父母、尊敬长上、和睦乡里、教训子孙、各安生理、毋作非为"；又各村置鼓，农月晨鼓鸣众集，及时力种，老人督其怠者。
三十一年	三月，户婚、田土、斗殴等事，本里老人断决。

五

处理好富者与贫者、强者与弱者的关系，是构建"和"、"安"、"平"社会的又一关键问题。明太祖既确认"富贵贫贱有别"，不可越等犯分；又期盼避免"役民致贫富不均"，提出富、贫之间应该形成"富者得以保其富，贫者得以全其生"的协调共存关系，既要维护富贵者权益，又要使贫穷者能够保障基本生存条件，差别有度，各得其所。

在富与贫之间，富者是剥削者、主动者，处于强势；贫者是被剥削者、被动者，处于弱势，因此他们之间能否形成协调共存关系，责任主要在富者。"贵能思贱、富能思贫"者，"斯可以享有富贵"①；如果富者"以强凌弱"、"以富吞贫"，就会引起社会动荡，乃至天下大乱，以致不

———————

① 《宝训》卷五《谕将士》。

仅贫者"不能自存"，而且富者也"不得自安"，甚至"由富贵而入贫贱"①。而要使富者"循分守法"，又必须由君主约束、节制他们的贪欲，惩治他们欺凌百姓的不法行为，施行"哀穷赈乏"②政策。"天为民而生君，君为民而职臣"③，"若无皇帝与民为主，如何过得？被强的杀了弱的，多的杀了少的"④。

为了使富者、强者做到"毋凌弱、毋吞贫、毋虐幼、毋欺老"，建国之初，明太祖特意将各地富民召至京城，对之告诫：

> 民生有欲，无主乃乱。使天下一日无主，则强凌弱，众暴寡，富者不得自安，贫者不能自存矣。今朕为尔等立法更制，使富者得以保其富，贫者得以全其生，尔等尚循分守法，能守法则能保身矣。毋凌弱，毋吞贫，毋虐幼，毋欺老，孝敬父兄，和睦亲族，周给贫乏，逊顺乡里，如此则为良民。若效昔之所为，非良民矣。⑤

明太祖将臣民分为"富豪之家"、"中等之家"、"下等之家"。富豪之家往往诡寄田地、洒派粮差，不知报效社稷，损害下等之家，以致"造罪陷身"、"倾家覆产"；中等之家，往往效仿他们。为此太祖告诫富豪及中等之家，"知报"才能"获福"：

> 方今富豪之家，中等之家，下等之家，富者富安，中者中安，下者下安。去古既远，教法不明，人不知其报，反造罪以陷身。富者田多诡寄，粮税洒派他人；中者奸颇少同；下者因无可恃，岁被靠损者有之。上、中数犯罪责者有之，倾家覆产者有之，盖由不知其报而致然耶。若使知报之道，知感激之理……税粮供矣，夫差役矣，今得安闲，上奉父母于堂，下抚妻子于室，虽笃废残疾，富有家资，除依差税

---

① 《明太祖实录》卷四九。《明太祖集》卷十《时雪论》。
② 《明太祖实录》卷七三，洪武五年三月。
③ 《皇明世法录》卷一二《命中书诛知县高翼敕》。
④ 《皇明诏令》卷二《戒谕诸司敕》。
⑤ 《明太祖实录》卷四九，洪武三年二月。

外，余广家资。①

富者为了逃避差税，"甘于利其利"，"靠损小民"，往往用金钱贿赂官吏，"破其家资，以保其富"，其结果适得其反，由此招来"天灾人祸"。太祖警告他们：

> 其诚何施，以其社稷立命之恩大，比犹父母，虽报无极。良民有此念者，家道不兴鲜矣。方今九州之民，有田连数万亩者，有千亩之下至于百十亩者，甘于利其利，而不知其报者多矣。然而未尝不为富破其家资，以保其富。呜呼！至此之际，怒贯神人，天灾人祸由是。所以破家资，不过贿赂有司，君差不当，小民靠损，所以不知其报在此也。若欲展诚以报社稷，为君之民，君一有令，其趋事赴功，一应差税，无不应当，若此之诚，食地之利，立命之恩，斯报矣。②

明太祖还提倡"富者助财，贫者助力"，"邻里相助"，"亲戚相救"，如此才能"民相亲睦"。他对户部大臣宣谕道：

> 古者风俗淳厚，民相亲睦，贫穷患难，亲戚相救；婚姻、死丧、疾病、患难，邻保相助。近世教化不明，风俗颓敝，乡邻亲戚不能周恤，甚者强凌弱，众暴寡，富吞贫，大失忠厚之道。……朕置民百户为里，一里之间，有贫有富，凡遇婚姻、死丧、疾病、患难，富者助财，贫者助力，民岂有穷苦急迫之忧？又如春秋耕获之时，一家无力，百家代之，推此以往，百姓宁有不亲睦者？③

明太祖懂得只靠教谕，并不能形成贫富之间的协调共处关系，还必须

---

① 《大诰》初编第四十七《民知报获福》。
② 《大诰》初编第三十一《民不知报》。
③ 《明太祖实录》卷二三六，洪武二十八年二月。

有朝廷强力推行的政策和法制作保障才能奏效，人们将这些政策概括为
"右贫抑富"、"锄强扶弱"。太祖"诚心爱民，尤矜贫弱，语及稼穑艰苦，
每为涕泣；于大姓兼并、贪吏渔取，深恶疾之，犯者必置诸法"①，"惩元
末豪强侮贫弱，立法多右贫抑富"②。前文所叙述的限制占有土地数量、计
丁授田、均平赋役、减免税粮、赈济灾荒、救助贫弱等都体现了"右贫抑
富"、"以有余补不足"的基本精神，欲以此调解贫富关系。他在谈论施
行赋役均平政策时指出，其目的就是不使"贫弱者受害"：

> 一里之内，贫富异等，牧民之官，苟非其人，则赋役不均，而贫
> 弱者受害。尔户部其以朕意谕各府州县官，凡赋役必验民之丁粮多
> 寡、产业厚薄，以均其力。赋役均，则民无怨嗟矣！有不奉行，役民
> 致贫富不均者，罪之。③

对于为富不仁，藐视律令，肆意欺压百姓、鱼肉贫弱的豪强，则予以
坚决打击。明太祖认为，只有"锄强扶弱，奖善去奸"，百姓才会安宁。
他在《天生斯民论》中，专门论述了"赏善罚恶"是君主的职责，只有
如此，才能"斯民泰安"。文中写道：

> 若非持纲守纪而安善良，则良善慌惚而弗宁；若罚恶之道不果，
> 而不罪不悛者，则将何以育斯民者乎？故天生人君，必赏善以罚恶，
> 则恶消而善长。亘古至今，刑加暴乱奸顽者，则斯民泰安矣。若获奸
> 顽暴乱而姑息之，使良善含冤而抑郁，则恶者日生，善者日减，何育
> 斯民者哉！故制以斧，服以衣，天子取断以示政，安斯民于仁寿之
> 乡，余何言哉！④

洪武年间，在通过兴办大案集中打击贪官污吏的同时，对害民豪强也

---

① 《天潢玉牒》，《纪录汇编》卷一二。
② 《明史》卷七七《食货一》。
③ 《明太祖实录》卷一六三，洪武十七年七月。
④ 《明太祖集》卷十《天生斯民论》。

进行了集中打击。户部侍郎郭桓等"赃贪乱政，贿赂屯集"，盗卖官粮至七百万石，事发处死追赃，牵连各地许多豪族巨室，破产者甚众。《大诰》初编、续编、三编中有18%的条目专讲或同时讲对豪强害民和粮长贪赃的惩治。① 大规模地将富户从原籍迁往京师和凤阳，使其脱离原有社会关系和产业，斩断了武断乡里、作威作福的根基。② 经过这些打击之后，豪强大户、特别是江南地区的巨姓右族势力大大地被削弱了，他们兼并土地、飞洒粮差的害民活动受到了严格的限制。"（太祖）疾兼并之俗，在位三十年，大家富民多以逾制失道，亡其宗"③。"皇明受命，法令一新，富民豪族划削殆尽"④。方孝孺、吴宽说的这些话，虽未免有些渲染，但豪强大姓遭到重创，却是事实。豪强势力的削弱和害民活动的受限，使明初的阶级阶层结构发生了深刻变化，出现了土地比较分散，中小地主势力较强，自耕农数量较多的新局面，同时也使国家控制了包括地主阶级在内的赋役资源，均平了赋役，从而缓解了社会阶级矛盾，推进了社会经济的恢复和发展。

这样，明太祖对富者、强者便形成了既依靠、保护，又限制、打击的两面政策。除本文第三部分所述外，再举相关事例列表如下。

依靠、限制、制裁富豪事例表

吴元年	十月，徙苏州富民实濠州。
洪武元年	二月，命验田出夫，名曰"均工夫"。此后陆续施行的"户帖"、"计田均工役"、"黄册"等赋役制度，都贯彻了富者多担、贫者少担，以免"贫弱受害"的基本原则。

① 参见拙文《从大明律和大诰看朱元璋的"锄强扶弱"政策》，《张显清文集》，上海辞书出版社2005年版。

② 关于明太祖迁徙富民的次数和数量，说法不尽相同。例如：《明太祖集》卷六《谕李善长等》云："前者移江南民十有四万诣凤阳"；而赵翼《廿二史札记》卷三十二《明初徙民之令》则云："徙江南富民十四万户于中都"。《明太祖实录》卷二五二云，各地富民一万四千三百四十一户，以次召至京城，量才用之；而吴晗《朱元璋传》则云："三十年又徙富民一万四千三百余户于南京。"

③ 方孝孺：《逊志斋集》卷二二《参议郑公墓表》。

④ 吴宽：《匏翁家藏集》卷五八《莫处士传》。

三　年	二月，鉴于元末富室多武断乡曲，欺凌小民，故召诸郡富民入见，口谕数千言，名为"教民榜"。 六月，征江南富民大户诣阙，亲训谕之，"凡天地、阴阳、性命、仁义，古今治乱盛衰、纲纪法度、赋税供给、风俗、政治得失之故，谆谆焉累数千百言。又恐其或遗忘而不能详也，则刻而为书，以摹本分赐之"。
四　年	九月，命郡县富民为万石长（即粮长），负责催征、经收、解运该粮区的赋税。
五　年	五月，诏令，战后田主还乡，对原有土地"不许依前占护"，有司于荒田内拨付尽力耕种；若"敢有以旧业、多余占护者"罪之。令富室向贫穷不能自存者借贷钱谷；富而不借给者，将其家粮食扣除足用外，余者没为官有，赈济贫弱。 十月，以粮富丁多者充当马户。
八　年	十月，命户部登记郡县富民，有司审择之。 十二月，粮长杂犯死罪及流徙者，杖之，仍掌催征粮税，纳铜赎罪。
十　年	十月，良家子弟充骁骑舍人者，悉放还。
十三年	起取苏、浙等处上户45000余家填实京师，壮丁发给各监局充匠，余为编户，置都城之内外，爰有坊厢。
十八年	三月，郭桓案发，追赃牵连各地许多豪族巨室，破家者甚众。 十月，颁《大诰》，此后陆续颁《大诰》续编、三编，其中许多条文记录了对豪强害民、粮长贪赃的严厉制裁。
十九年	五月，富民年80、90以上赐予里士、社士之爵。 八月，命吏部选直隶应天诸府州富民子弟1460人赴京补吏。
二十四年	七月，徙各地富民5300户入居京师。
二十八年	二月，谕户部：凡遇婚丧、疾病、患难，富者助财，贫者助力；春耕秋收之时，一家无力，百家代之。
三十年	四月，户部上富民名籍，除云南、两广、四川外，浙江等九布政司、直隶十八府州拥有田地七顷以上者14341户，称"富户"、"富民"，以次召至京城，量才用之。八月，命先取山东、河南、淮东富民至京选用。 五月，《大明律诰》成。《大明律》草创于吴元年，更定于洪武七年，整齐于二十二年，定型于三十年，其中《脱漏户口》《赋役不均》《丁夫差遣不平》《隐蔽差役》《欺隐田粮》《盗卖田宅》《私役民夫抬轿》《违禁取利》《把持行市》《强占良家妻女》《收留迷失子女》《阉割火者》等许多条文都规定了对豪强害民行为的防范和制裁。

六

功臣勋贵是官中之官、富中之富，他们人数虽少，但能量巨大，其状态如何是决定官民关系和贫富关系的关键。对明太祖来说，如何对待他们，最为棘手，因此也成为决定君臣关系的关键。

史实表明，明太祖原本并无兔死狗烹、芟除功臣之意。明王朝建立后，他在政治、军事、经济、礼仪、教育等各个方面颁布了一系列优待、培植、依靠、保护功臣政策，以期他们永保爵位、永享富贵，成为支撑大明王朝的牢固支柱、高层统治集团的坚强核心。

优待、培植、依靠、保护功臣事例表

洪武二年	四月，令功臣子弟入学。 六月，功臣庙成，徐达等21人入庙。 九月，颁功臣铁券，面刻制词，底刻本人及子孙免死次数，"除谋反、大逆，一切死刑皆免"。 十月，追封鄂国公常遇春开平王。录廖永忠所部征南将校功。 十二月，大赏功臣。
三　年	十一月，大封功臣，封李善长、徐达等六公，汤和、唐胜宗等二十八侯，汪广洋、刘基等二伯，皆世袭，赐予禄米、勋号、诰券、绮帛。此后又陆续新封、袭封公、侯、伯爵。洪武年间，共封功臣89人（其中一人为吴元年封），另追赠封爵无世系可谱者70余人。 十二月，赐徐达等勋臣田产。
四　年	闰二月，赐功臣守墓人户，李善长、徐达等四人各150户，邓愈、唐胜宗等十人各100户。 三月，赐李善长等六公、唐胜宗等二十五侯及丞相、左右丞、参政等临濠山地658顷。 九月，至此赐六公、二十八侯佃户已达38194户。其中赐李善长佃户1500户。 十二月，赐中山侯汤和田万亩，巩昌侯郭兴田租千石。大赏平蜀将士，颍川侯傅友德、德庆侯廖永忠功最大。
五　年	十一月，在凤阳建造公侯宅第。
六　年	八月，凡指挥战亡者，皆赐公田。 九月，赐勋功武臣公田。

七　年	八月，增加列侯武臣禄秩。功臣庶子皆爵以流官。
九　年	正月，择勋臣之子104人为散骑参侍舍人。 七月，祭功臣于鸡公山庙，令赐有功将领106人各附祭功臣之次。
十　年	十一月，追封卫国公邓愈宁河王。 十二月，录用殉事及病故功臣子孙511人授指挥、千百户等官。
十一年	正月，汤和晋封信国公。 五月，大都督府金事张铨等5人各增赐公田千石。
十二年	四月，优礼致仕文武官。 七月，祔海国公吴祯等193人于功臣庙。 十一月，录征西功，封蓝玉、仇成等12人为侯，世袭。
十三年	正月，命武官子弟常安（开平王常遇春之侄）等130人为参侍舍人。 二月，重定文武大臣岁禄。 三月，赐公侯仪仗户原以京民充之，韩国公李善长、魏国公徐达各20户，曹国公李文忠等四公皆19户，二十八侯皆15户；至此，改为以京卫军士充之。 十一月，重定功臣封赠等第。
十四年	正月，勋武臣子弟皆入国学受业。 五月，因平"蛮溪"功，赐江夏侯周德兴田一庄，为子孙世禄。 十一月，择用志学武臣子弟。 十二月，因平"越中山贼"功，赐延安侯唐胜宗、都督金事张德各田一庄，为子孙世禄。
十七年	三月，追封曹国公李文忠岐阳王。 四月，论平云南功，颍川侯傅友德晋封颍国公，世袭；永昌侯蓝玉、安庆侯仇成、定远侯王弼世爵，加禄；封陈桓等四人为侯，世袭，赐铁券。 七月，徐达长子徐允恭署左军都督府事。
十八年	二月，追封太傅、魏国公徐达中山王。 八月，赐公侯钞，每人一万锭，使还乡治宅第。指挥等武官年50以上许子代袭。
十九年	七月，赐中山王徐达、韩国公李善长等14人凤阳东西山场。 十月，凡亡故武官，子女幼者，皆给全俸；子待其长，令袭职；父母老者，亦给全俸。
二十年	十一月，录京卫将校子弟皆试百户。 十二月，赐武官复职者1062人。将校自洪武四年守边有功者递升有差。
二十一年	十月，徐达长子徐允恭嗣魏国公，常遇春之子常升嗣开国公。 十二月，因北征战功晋封永昌侯蓝玉凉国公。

续表

二十三年	正月，为肃清胡党表彰功臣 57 名，李善长、李文忠、冯胜、傅友德、蓝玉等皆在其中。 闰四月，赐宋国公冯胜、江夏侯周德兴等 11 人钞，建先茔神道碑。 六月，定公侯伯铁册军。公侯伯原各给兵卒 112 人，曰"奴军"；公侯伯遣还乡者，此军设百户官领之，尽公侯之世，给屯戍，铸于铁册。 九月，加封中山王徐达、岐阳王李文忠三代皆王爵；颍国公傅友德等八公三代俱封公；全宁侯孙恪等五侯三代俱封侯。
二十四年	二月，武臣死罪而宥者，给半禄；其他罪而宥者，给全禄；死而有子孙者，给如之。
二十五年	二月，赐凉国公蓝玉米 1500 石。 十二月，改制铁券，赐功臣。宋国公冯胜、颍国公傅友德兼太子太师，曹国公李景隆、凉国公蓝玉兼太子太傅，开国公常升、全宁侯孙恪兼太子太保，各给兼俸。
二十六年	六月，免武定侯郭英应缴粮税，仍拨赐佃户。敕曰："前代勋臣受封，皆受虚号，禄食给缯帛而已；我朝赐以腴膏土田，待有功不薄"，将公侯食禄及服舍器用等级著为定式，"申朕保全之意"。 七月，故东川侯胡海赐田因罪收回，至是复赐。
二十七年	七月，武臣之家，如子孙已袭替而亡、再无应袭者，给全俸以赡之；及有子孙坐事谪充军者，亦宥之，令自立勋，仍给赡其家。
二十八年	七月，故武官伤亡者，子弟嗣秩。 八月，追封信国公汤和东瓯王，仍给其家禄 3000 石。
二十九年	九月，赏赐致仕武臣，谕之："顾朕子孙保有无穷之天下，则尔等子孙亦享有无穷之爵禄。"

　　但是，由于复杂的原因，事态的发展越来越与明太祖的初衷相背离，他与部分功臣的关系越来越紧张，矛盾越来越尖锐，终于酿成胡蓝党狱。

　　据《明史》卷一〇五《功臣世表一》统计，洪武年间先后身受封及子孙袭封公侯伯有世系可谱者共 89 人，其中善终者（自然死亡或阵亡）44 人，占 49.5%，此中又有 7 人死后被追论为胡党或蓝党；因罪死者 11 人，占 12.4%；因胡蓝党狱死者 26 人，占 29.3%；因党狱或罪革除爵位者 8 人，占 8.9%。

　　就是说，因党狱及因罪被杀、赐死者共 37 人，占 41.7%；如果再加上死后追究党狱及因党狱、因事除爵者，那么 58% 左右的功臣遭受了打击。这应该是人们常常议论的明太祖"杀戮功臣"的实际范围。

胡蓝党狱的具体情节，史籍记载不尽相同；从明朝直至今日，人们对其判断及评价亦多存歧义。尽管如此，我们仍能对其得出如下基本认识：从总体上、基本史实上来考察，作为重大历史事件的胡蓝党狱是难以避免的，主要不是个人意志随心所欲的产物；按照封建礼法和明朝律令，被打击的功臣都程度不同地犯有罪过，应予制裁；在被打击的功臣中，或有罪可不杀、罪不当杀者，而且株连甚广，不仅家属，许多文武官吏、豪强富室乃至军卒、家奴都连累被杀。

人们常以明太祖的猜疑、残暴、独裁、专制等来阐释斩杀功臣的原因。胡蓝党狱广事株连，确实暴露了明太祖政治品格中残忍的一面，但如果仅仅以此来解释功臣的被杀，则没有抓到事物的本质。理由如次。

第一，明太祖并不是不教而诛。从大明王朝建立到他逝世，他连续不断地向功臣及朝廷高官发出诫谕，劝导他们要坚守君臣始终相保之道及功臣保爵位、保身家、保富贵之道，真可谓循循善诱、喋喋不休。

第二，为了防范功臣违越法度，保全富贵，有针对性地颁布了许多法令、制度和警示性文献。

第三，对违犯律令者，及时给予训诫或处罚，期望其改过自新，永保爵位，但像汤和那样接受劝诫、改弦更张者少，怙恶不悛、愈演愈烈者多，而且对明太祖反生怨恨，甚至朋比结党，图谋不轨。李善长、胡惟庸、蓝玉、冯胜、陆仲亨、赵庸、廖永忠、周德兴、薛显、朱亮祖等都曾多次因过受责，屈法以恕其罪，但都不思悔改，从而激化了与太祖的矛盾。明太祖的下面一段话真实地记录了一部分功臣武将对太祖教诲的傲慢和怨恨态度。太祖说："我每日早朝晚朝，说了无限的劝诫言语，若文若武，于中听从者少，努（怒）目不然者多，其心专一害众成家，及其犯法到官，多有怀恨，说朝廷不肯容，又加诽谤之言。""似此等愚下之徒，我这般年纪大了，说得口干了，气不相接，也说他不醒"。①

第四，明太祖"说得口干了，气不相接，也说他不醒"的"劝诫言语"，究竟是什么内容呢？这大体分为两类，一类是要忠君，不得逾越君

---

① 《大诰·武臣序》。

臣之分，不得侵夺君主之权；另一类是要遵守朝廷律令和各种制度，不得恃势害民、害军、害政、害国。做到这些，就可"君臣始终相保"，功臣永保爵位和富贵；否则就是犯罪甚至叛逆，遭到制裁。在封建时代，君主要求臣民忠君是必然的，关键在于明太祖的治国方略及实践是顺应明初历史发展需要的，因此在当时，明太祖要求的忠君与爱民、爱军、爱国，勤政廉政基本上是统一的、一致的。

第五，明太祖的理想是将功臣们的权势和财富限制在一定的范围之内，以免扩大和加剧社会阶级矛盾，防止统治集团内乱，确保大明王朝的长治久安；而功臣们的欲望则是无限制地扩大他们的权势和财富，甚至对太祖的限制"多有怀恨"，联合起来与之进行较量。当这一矛盾发展到仅仅通过劝诫和一般处罚已经无法解决的程度时，明太祖便采用极端的杀戮手段，以为如此则可保障其理想的实现。因此从本质上看，与其说明太祖生性残暴，还不如说封建政治斗争的残酷、历史前进的艰难。尽管胡蓝党狱扑朔迷离，我们仍能拨开历史的尘雾，把握其基本脉络和实质。

明太祖与勋贵们不仅有权力分配之争，更有维护朝廷法制与破坏朝廷法制之争，借大兴党狱打击勋贵们的不法行为是明太祖整肃法纪的重大步骤，"时诸勋贵稍僭肆，帝颇嫉之，以党事缘坐者众"。关于这一实质，一些古代有见地的史家早有了认识。他们说："然观《铁榜》所列训诫之辞，则河山之誓，白马之盟，初意固不其然，高危满溢，亦其自取焉耳。"[1] "论者每致慨于鸟尽弓藏，谓出于英主之猜谋，殊非通达治体之言也。……人主不能废法而曲全之，亦出于不得已，而非以剪除为私计也。"[2] 不仅胡惟庸、蓝玉，即使是李善长也因富贵意骄、违制役兵建宅、私役罪囚、贪赃纳贿、党同伐异，从而激化了同明太祖的矛盾。著名史家沈德符说："韩公（李善长）之祸，似未必甚冤。"[3] 著名思想家李贽也认为，是李善长自己的不法行为导致了自身的败亡。[4]

---

① 《明史》卷一〇五《功臣世表序》。
② 《明史》卷一三二蓝玉等人传《赞语》。
③ 《万历野获编》卷五《勋戚·李善长》。
④ 《续藏书》卷二《开国名臣·李公》。

劝诫功臣及处罚、打击违法功臣事例表

龙凤十年	四月，谕徐达、常遇春等："尔等所蓄家僮，乃有恃势骄恣，逾越礼法"者，若"不早惩治之"，必"为其所累"。
洪武元年	正月，与诸臣论君臣"始终相保，不失富贵"之道："当同心辅国，以享禄位"。"开基创业之主待功臣，非不欲始终尽善"；但承平之后，旧臣"事主之心日骄，富贵之志日淫，以致于败"。 十月，谕宿卫武臣："须谨身守法，勿忘贫贱之时，勿为骄奢淫逸之事，则身常荣，而家常裕。"
二 年	正月，谕功臣进退"不失礼度"。 二月，谕廷臣"若有不善，勿吝速改"，不然则"罪恶日积，灭咎斯至矣"。 二月，谕群臣，"官吏贪污，蠹害吾民者，罪之不恕"。
三 年	六月，谕都督金事张温（后封会宁侯）："有功不伐则功益显，恃功骄恣则名益堕"，"高而不危，满而不溢"，"功盖天下，守之以谦"，可"长保富贵"。 七月，太史令刘基揭露中书省左丞杨宪奸状，遂诛之。 十月，命儒士给诸将讲说经文，以知保全功臣之道。 十一月，大封功臣。据功定封的同时，又着重说明汤和、赵庸、廖永忠、郭兴四人虽屡建功劳，但因"废坏国法"、"不守纪律"、"窥朕意向，以徼封爵"等原因，只封侯而不封公，爵以酬劳，功不掩过，以此告诫诸臣。 十二月，与中山侯汤和等论功臣"保有禄位"之道，公侯"安分守法，存心谨畏"，则可"安享富贵，保此禄位"。 十二月，谕韩国公李善长等："心为身之主帅，若一事不合理，则臣事皆废"，所以要"常自点检"。 十二月，封薛显为永成侯，同时谪居海南。薛显战功卓著，太祖推心腹以任之；但是"为性刚忍"，妄杀胥吏、兽医、火者、马军、千户；"朕屡戒饬，终不能悛"，固既封以侯爵，又贬谪海南，"功过不相掩，而国法不废也"。四年三月召还。
四 年	七月，《存心录》成，以彰善恶，示鉴诫。 十一月，论功臣"保身家之道"。指挥使郭英（后封武定侯），役使军士营造私室，谕之此非功臣"保身与家之道"；"朕思所以保汝辈之道，汝乃不思保其身，诚愚也"，"汝等有勋于国，朕既酬以爵禄，能守而勿失，则子孙永有所赖"。 十二月，召诸勋臣谕之："今卿等功成名立，保守晚节，正当留意"，尔等庄佃，倚势凌暴乡里，"何可不严戒约之？""自纵不已，必累尔之德也"。 十二月，赏赐平蜀将士，但营阳侯杨璟、南雄侯赵庸、永嘉侯朱亮祖因过失不赏；中山侯汤和因过失赏赐减等。论功行赏"必合于大公至正之道，虽欲尔私不可得也"。
五 年	二月，作申明亭。 六月，命制铁榜，铸印申诫功臣条令九条，严禁功臣之家强占官民田土财物、倚势欺殴民众、影蔽差徭、接受投献、私役官军等，违者治罪。这些内容皆被《大明律》所吸收。 八月，谕功臣，爵位富贵"保守之道，惟敬谨而已"。 十一月，赏西征军兵一万余人，而冯胜等公侯、都督、指挥因私匿所获马骡牛羊，不赏。

六　年	三月，《昭鉴录》成，颁之诸王，以警纵恣。谕诸将不得害民，只有"不违下民之欲"，才"可以享有富贵"。 五月，《祖训录》成。 八月，大将军徐达连年率师征战，但残元"不能尽讨"，太祖历数其原因，指出"有生之乐，无死之心，所以不胜"，"卿等皆起布衣，一旦至此，遂忘昔日之艰难"。右丞相胡惟庸、诚意伯刘基不陪祭而胙，责之。 九月，制定百官常朝班次及奏事礼仪。
七　年	五月，《皇明宝训》成。 六月，淮安侯华云龙卒。按制，生封侯而死赐公。华云龙生前"守爵而害官民"，故只以侯礼相葬，以示警诫。 十月，御制《孝慈录》成。 十二月，御制《道德经注》成。
八　年	正月，遣使赍敕谕大将军徐达、副将军李文忠等："将军总兵塞上，偏裨将校，日务群饮，虏之情伪，未尝知之。纵欲如此，朕何赖焉?"济宁侯顾时、六安侯王志，"酣饮终日，不出会议军事"，故"夺其俸禄，冀其立功掩过"；都督蓝玉，"昏酣悖慢尤甚，苟不自省，将绳之以法"。 二月，御制《资世通训》成，计有君道、臣道等14章。 三月，德庆侯廖永忠赐死。廖永忠"窥朕意向，以徼封爵"，"数犯罪，屡宥不悛，又复僭侈，失人臣礼甚"，故赐死。其子袭封。 是年，兴空印案，严惩奸贪。税粮册籍空印，"当日上下相沿之习，非此一怒，必不能撤而去也"。
九　年	九月，御史大夫汪广洋、陈宁弹劾太师李善长"狃宠自恣"，皇上卧病，"几及旬而不知问候"；其子驸马李祺亦不上朝，"宣至殿又不加礼，大不敬"，请付法司论罪。李善长率子谢罪，宽恕其罪，只削岁禄一千八百石，寻命与曹国公李文忠总理中书省、大都督府、御史台，同议军国大事。 十月，谕群臣："君臣之分，如天尊地卑，不可逾越"，臣下须"毋擅作威福、逾越礼分，庶几上下相保，而身名垂于不朽也"。
十　年	十一月，江夏侯周德兴有罪，当下狱，特赦之，召将相大臣谕之："为功臣者，不能守法自保，使朝廷屈法保汝，乃不得已，苟至再三，朝廷亦难处矣。"只有"不至犯法"，才能使"爵禄传之无穷"。
十一年	九月，吉安侯陆仲亨、汝南侯梅思祖赴召逾期，收陆仲亨公田，夺梅思祖俸。
十二年	十二月，右丞相汪广洋斩首。汪广洋耽于酒色，怠事废政，"公私不谋，民瘼不问，坐居省台，终岁未闻出视"；隐瞒右丞杨宪及左丞胡惟庸罪状，"无忠于朕，无利于民"，故先贬之海南，接着降敕斩首途中。

续表

十三年	正月，御史中丞涂节告发左丞相胡惟庸、御史大夫陈宁等谋逆，胡、陈伏诛。胡惟庸案具体情节记述不尽相同。明太祖曾多次痛斥胡为"奸臣"，从中可以明了兴此大案的本质原因。他说："奸臣窃持国柄，枉法诬贤，操不轨之心，肆奸欺之蔽，嘉言结于众舌，朋比逞于群邪，蠹害政治，谋危社稷。""昼夜淫昏，酣歌肆乐，各不率职，坐视废兴。""私构群小，贪缘为奸，或枉法以惠罪，或挠政以诬贤。""身受重名，怀私在职，或忘理众务，心在贪商；或贿赂公行，不知身名之重，俸禄之优，以致杀身。""不守人臣之分，恃要持权，窥觇人主之意，包藏祸心，舞文弄法，肆志跳梁，不以人主信任之恩，返行乘几愚弄""臣张君之威福"，"病及于君国"。 正月，群臣揭发太师、韩国公李善长与胡惟庸结党谋逆，当斩。太祖拭泪对群臣说："谢诸臣为我曲宥太师。"又降敕谕李善长："朕待以腹心，用如手足"，"或有小疵，置之不问"，尔却"符同小吏，构词饰非，惟以欺诳"，"法当斩首"。但思相从之久，姻亲之重，故"枉法以恕"，"三免极刑"，只削禄一千四百石。 正月，群臣揭发吉安侯陆仲亨、平凉侯费聚与胡惟庸结党谋逆，当诛。太祖曰：陆仲亨乃"吾微时股肱腹心，其勿问"，并宽宥费聚。此前，陆仲亨曾因违制夺爵降职，后复爵。 五月，大赦天下。 六月，颁《臣戒录》，辑前代悖逆者212人。 九月，永嘉侯朱亮祖鞭死。朱亮祖行多不法，数责之；镇守广东，作为擅专，贪取尤重，责之不服。"朕怒而鞭之，不期父子俱亡。"
十四年	正月，谕公侯及诸武臣子弟入太学，使学忠君亲上之道，以"永保爵禄"。 三月，诏赦天下，与民更始。 五月，翰林学士承旨宋濂之孙宋慎坐通胡惟庸伏诛。安置宋濂于四川茂州，行至夔州自杀。宋濂最被眷注，但晚年引疾求退，又使子孙杜绝仕籍，"若有意避远"，"实拂圣心"。
十五年	十一月，谕五军都督府，不得私役军士营造居室、修建城楼。
十六年	八月，诫告武臣毋受民嘱托，骚扰官府。
十七年	三月，曹国公李文忠卒。李文忠，太祖外甥，自幼抚育，视同己子，从军征战，成功奇伟。进谏少杀戮，减宦官，太祖怒其馆客教唆之，"邪臣党比"，遂杀其客及诸医、侍婢。李文忠"病悸不治"，追封岐阳王。早在吴元年，即谕告李文忠："以分则君臣也，以亲则甥舅也，以恩则父子也，尤当守宪章，修政务，抚民驭军，图尽其道。" 三月，赦免天下。
十八年	三月，户部侍郎郭桓等盗卖官粮至七百万石，"各分入己"，处死，株连甚众。 十月，颁《大诰》，此后陆续颁续编、三编及《大诰·武臣》。
十九年	四月，李文忠子李景隆袭封曹国公，授之诰曰："毋泛言，毋扬势，事秘而机幽，爱众而慈仁，保尔富贵，永受朕训。" 十月，颁《至诚录》，辑录历代逆臣百余事。

续表

二十年	八月，大将军宋国公冯胜、副将军永昌侯蓝玉在军中营私不仁，擅自调军，太祖遣使赍敕往谕之："凡若此者，论以国法，皆在不宥，朕以将军尝有战伐之功，姑容自新。"接着，冯胜与其婿郑国公常茂相互揭发不法之事，遂罢冯胜职，削常茂爵。
二十一年	六月至十一月，先后颁《军士护身敕》《谕武臣敕》《武臣训诫录》《武臣保身敕》《大诰·武臣》。 十二月，为褒奖蓝玉北征战功，其爵位由侯晋封为公，原拟封"梁国公"；但因其有违法乱纪之过，故改为"凉国公"，以示"责以污乱及遣人伺动静之罪"，并镌其过于铁券。
二十二年	二月，禁止武臣干预民事。
二十三年	四月，吉安侯陆仲亨、临江侯陈德，家人犯法，夺旧赐公田。 闰四月，舳舻侯朱寿二子，俱犯法当死，特宥之。 五月，胡惟庸、李善长秘密勾结蒙古谋反事被揭发。接着，御史先后弹劾李善长与胡惟庸及吉安侯陆仲亨、延安侯唐胜宗、平凉侯费聚、南雄侯赵庸结党谋逆；贵极骄恣，欺君罔上，枉法害民，屡谕不悛。群臣请诛李善长，始之诏令"勿问"，最终赐之以死（自杀），除爵；陆、唐、费、赵等皆处死，株连甚广。颁《昭示奸党录》。
二十四年	九月，宋国公冯胜之子妄杀无辜，当论死，特免之。
二十五年	正月，朱文正、朱守谦父子凶顽不法，先后获罪。大都督朱文正，太祖之亲侄，凶顽不驯，罢官贬谪，太祖鞭之致死。朱守谦，朱文正之子，封靖江王，"蹈其父恶"，淫虐不法，教之不悛，废为庶人，发凤阳力田七年；后复爵，镇云南，淫虐如故；召回凤阳，犹强横恣肆，乃鞭笞之，幽锢京城，至是卒。 二月，颍国公傅友德请赐田地千亩为圃，太祖不悦曰："禄赐不薄矣，复侵民利何居？" 八月，江夏侯周德兴以其子江骥乱宫，并坐诛死。 八月，颁《醒贪简要录》，具载百官岁俸折合田谷人牛之数，使知"农最为劳"，不可"刻剥而虐害之"。 十一月，凉国公蓝玉用兵不听节制，"征西番罕东已非上意"，"复请移兵攻朵甘，宜上之难之也"。
二十六年	二月，锦衣卫指挥蒋瓛奏报蓝玉谋逆，廷鞫，狱具，族诛。蓝玉虽勇猛善战，但恃功骄溢，僭越君臣之礼，冒犯军纪，专擅出师，无视国法，侵吞公私财物。太祖一方面不断晋封其官爵，由管军镇抚一直升至凉国公、太子太傅，以彰其功；另一方面多次教谕切责，以诚其过，但终怙恶不悛，反生怨恨，图谋不轨。景川侯曹震、吏部尚书詹徽等功臣、大吏及偏裨将卒坐党论死者15000人。 三月，颁《稽制录》于功臣，降敕曰："朕考前代勋臣受封，皆受虚号，禄食给绢帛而已。我朝赐以映膏土田，待有功臣不薄，尚有不知分限以速戾者，业颁《稽制录》而教之。尔礼部尚将公侯食禄及服舍、器用等杀，著为定式，申朕保全之意。"

二十六年	五月，颁《逆臣录》，此乃蓝玉党供状。太祖在序文中列举了蓝玉的罪行：将开基创业之功归之于己，"以为己能，遂起异谋"。初与胡惟庸谋，朕思其功，宥而不问，累加拔擢，命总大军，遂"自以为己能"，"以朕为无知，巧言肆侮，凡所动作，悉无臣礼"；非奉朝命，擅自奖惩，专擅出师；"作威作福，暗要人心"；"数加诫谕，略不知省，反深以为责辱，遂生忿怒"；乃同曹震等合谋，"设计伏兵，谋为不轨"；有等无义公侯，"坐观成败，欲为臣下之臣"。此后又在《御制稽古定制序》中怒斥蓝玉违礼越制之罪："最甚无如蓝玉，房屋家奴，人至数百；马坊廊房，皆用九五间数；店舍宅垣中，招集百工，与为市易，心欲背朝廷为乱。" 九月，颁《赦胡蓝二党诏》。 十二月，《水鉴录》成。《世臣总录》成。
二十七年	十一月，太子太师颍国公傅友德赐死（自杀）。因请田被责；蓝玉被诛，心怀恐惧，定远侯王弼与之曰："上春秋高，行旦夕尽我辈，宜自图。"太祖闻之；太祖设宴，席间其行为不敬，责之，赐死（或自杀）。长子傅忠乃驸马都尉。
二十八年	二月，太子太师宋国公冯胜赐死（自杀）。冯胜屡立战功，但桀骜不臣，擅违君命，恃势强横，侵夺民利，诫罚至三，终不能改，适有讼其暗藏兵器者，遂致身亡，"以悍将事严主，理势固然"。 六月，敕谕文武群臣：法外加刑，"此特权时处置"；以后嗣君，"止守律与大诰，并不用黥刺剕劓阉割之刑"。 九月，颁《祖训条章》。 闰九月，重定《皇明祖训》。 十一月，颁《礼制集要》。
二十九年	十二月，颁《稽古定制》。太祖亲为之《序》云："别尊卑，定贵贱，上下秩然"，"奸臣胡惟庸，故紊条章，俾诸功臣不守礼"。今文武大臣，贪财无厌，"使子弟、奴仆、家人，坐贾行商，至出外倚势中盐，越资挽次，挠法多端"。今特定"坟茔碑碣丈尺，房屋间架，及食禄之家兴贩禁例，编类成书，永遵守之"。
三十年	正月，颁《为政要录》十三则。 五月，《大明律诰》成。《大明律》草创于吴元年，更定于洪武七年，整齐于二十二年，定型于三十年。其中《功臣田土》《盗卖田宅》《隐蔽差役》《私受公侯财物》《公侯私役官军》《十恶》《大臣专擅选官》《文官不许封公侯》《奸党》《上言大臣德政》《交结近侍官员》等条文都规定了对功臣违法行为的防范和制裁。 六月，驸马都尉欧阳伦违禁私贩茶叶，赐死。 七月，谕兵部，守边将领"毋奴胡人，毋私鬻所畜马"。 十一月，太祖御奉天门，见侯家子弟为散骑舍人者，衣服甚丽，问其所值，答曰："五百缗。"太祖曰："此上农岁入也，尔曹不织而衣，作法于凉，灾及尔身，何日之有。"

明太祖不仅对违法功臣治之以律，而且"不顾亲顾家"。不仅对亲侄

朱文正、侄孙朱守谦、外甥李文忠、女婿欧阳伦等不徇情枉法，"以为天下榜样"①，而且对诸皇子管教甚严。他经常训导诸子不可"非理放肆"，"奢侈过度"、"淫佚无厌"，并在《御制纪非录》中详列诸王不法之事，其中秦王 36 条，周王 6 条，齐王 13 条，潭王 14 条，鲁王 8 条，代王 1 条，靖江王 265 条。他在《御制纪非录序》中告诫诸王不可凌辱军、民，要从所犯过失中汲取教训，"以革其非，早回天意"。这是这位已到垂暮之年的大明开国之君最为担心的事情之一。他说：

> 今朕诸子列土九州之内，朕愿藩屏家邦，磐固社稷，子子孙孙同始终于天命，何期周、齐、潭、鲁擅敢如此非为。此数子将后必至身亡国除，孝无施于我，使吾垂老之年，皇皇于宵昼，惊惧不已为何？噫！军功者，皆英俊也，抚有余则可，岂有辱之用为羽翼乎？急之必变。民，天命也，有德者，天与之，民从之；无德者，天去之，民离之。今周、齐、潭、鲁，将所封军民一概凌辱，天将取而不与乎！是子等恐异日有累于家邦。为此册书前去，朝暮熟读，以革其非，早回天意，庶几可免，汝其敬乎。②

秦王朱樉，太祖次子，虽有战功，但横肆不仁，洪武二十八年逝世。太祖在《谕祭秦王祝文》中历数其 28 条罪状，并降用公爵之礼浅葬，"以泄神人之怒"。《祝文》有云：

> 自尔之国，并无善称，昵比小人，荒淫酒色，肆虐境内，贻怒于天，屡尝教责，终不省悟，致殒痴身。尔虽死矣，余辜显然，特将尔存日所造罪恶，列款昭谕，尔其听之。
>
> 呜呼！观尔之为，古所未有，论以公法，罪不容诛。今令尔眷属不与终服，仍敕有司浅葬，降用公礼，俾尔受罪于冥冥，以泄神人之怒。③

----

① 李贽：《续藏书》卷二《开国名臣·李公》。
② 《御制纪非录序》。
③ 《太祖皇帝钦录》。

七

明太祖社会理想及治国方略实施的程度，虽受历史条件的限制和各种社会力量的制约，但他对之贯彻是十分认真、很有成效的。"右贫抑富"、"除奸贪，去强豪"政策的实施，协调了官民、贫富、强弱关系，缓和了阶级矛盾，稳定了社会秩序，促进了经济的恢复和发展，从而缔造出明初盛世并为 14 世纪下半叶至 17 世纪上半叶世界强国——明代中国奠定了坚实的基础。对于他杰出的历史地位，史家、政治家多有评价，有的认为超越了以往的圣君贤王。《明太祖实录》的编纂者说，由于太祖的治理，是以"太平三十余年，民安其业，吏称其职，海内殷富……功德文章，巍然焕然，过古远矣"。[1] 明代著名学者何乔远说："仲尼圣汤武，岂不以救民哉？至其惭德，不逮汉高（汉高祖）。高帝（明太祖）所由起与汉高同，抑不似其为秦亭长，至神武谟算、文学之长，不啻过之。若夫兢兢业业，不少宁荒，虽二帝、三王所称，蔑以加矣。"[2] 清代康熙皇帝也很崇敬明太祖，他说："朕观明史洪武、永乐所行之事，远迈前王。"[3] 并为明太祖孝陵亲题"治隆唐宋"碑文。[4]

在历代帝王中，无论是社会理想、治国方略，还是治国实践，明太祖都颇具特色。其社会理想、治国方略、治国实践的形成，适应了明初社会发展的客观要求；而思想渊源，除前文所讲对儒、法、释、道传统思想文化的汲取和发扬外，他的穷苦出身和艰难经历是又一重要因素，使其对"水可载舟，亦可覆舟"的道理有更加深切的理解。

明太祖幼年，家境贫寒，身世低贱。对此他毫无掩饰，也不允许臣下粉饰，经常对子孙、勋贵、群臣讲述，并通过各种诏令及《御制皇陵碑》等文献向社会宣扬。他讲他本是"布衣"、"庶民"、"农夫"、"寒微"、

---

① 《明太祖实录》卷二五七，洪武三十一年闰五月。
② 《名山藏》卷五《典谟记》。
③ 蒋良骐：《东华录》卷一七。
④ 参见孝陵博物馆编《明孝陵碑刻》，广陵书社 2006 年版。

"草莱"、"缁流"，"朕昔居淮右，世之寒微有能过我者乎？斯寒微之至极也"。① 他讲"寒微之至极"正是他投身红巾、推翻元朝、剪灭群雄、建立大明的原动力；也是他称帝后"深知民间疾苦"，爱民、右贫、痛恨贪官污吏、害民豪强、不法功臣的感情根源。他常说昔在民间，目击黎庶饥寒困苦，"常自厌生，恨不即死"，"吾乱离遇此，心常恻然"，适逢红巾起义，故"躬提师旅，誓清四海，以同吾一家之安"；今代天理物，"若天下之民有流离失所者"，则"非惟昧朕之初志，于天之工亦不能尽也"，因此务必"不可使天下有一夫之不获也"。②

古代的史学家们也注意到了明太祖的"寒微"出身与其称帝后所实施政策的因果关系。他们指出，在中国历朝，只有太祖一人是出身一贫如洗、参加起义军前没有任何政治经济军事资源、赤手空拳起家的皇帝。汉高祖刘邦起事前尚为秦朝地方"亭长"，而明太祖朱元璋只是一位化缘乞讨的游僧。

> 《传》称，唐虞禅，夏后殷周继。然成汤革夏，乃资亳众；武王伐商，爰赖西师；至于汉高，虽起徒步，尚藉亭长，挟纵徒、集所附；上（明太祖）不阶寸土、一民，呼吸响应，以有天下，方册所载，未之有也！③
>
> 周秦以降，帝王之兴，虽崛起阛阓，或世沾一命。刘氏至寒素矣，泗上亭长，亦食秦人之斗粟；惟我朱氏，其兴也勃焉，起家耕桑，有公刘后稷之风。④

史实表明，农民的某些思想因素已经渗入到明太祖的社会理想、治国方略和治国实践中。或者说，明太祖的社会理想、治国方略和治国实践自然地打上了农民的烙印，在他身上还保留有农民某些思想意识的遗存。以儒、法、释、道为主体，为基础，并掺入农民的某些思想、情感、要求，

---

① 《明太祖集》卷十五《昭鉴录叙》。
② 《明太祖实录》卷九六，洪武八年正月。
③ 《明太祖实录》卷二五七，洪武三十一年闰五月。
④ 《国榷》卷一，谈迁评语。

形成了明太祖独具特色的社会理想、治国方略和治国实践。清代史家赵翼曾说，明太祖"圣贤、豪杰、盗贼之性实兼而有之"。① 赵翼所说的"盗贼"虽是对农民起义军的诬称，但他认为明太祖兼有封建时代的"圣贤"与农民之性，却是符合事实的。

　　我们探讨的明太祖朱元璋生活在 600 年前的中国，其思想和实践存在着历史局限性，这是不言而喻的，限于篇幅，兹不赘述。

（原载《中国社会科学院学术咨询委员会集刊》
第 3 辑，社会科学文献出版社 2007 年版）

---

　　① 《廿二史札记》卷三六《明祖以不嗜杀得天下》。

"踪迹建文"、"耀兵异域"说质疑

——纪念郑和远航600周年

清初所修《明史》，沿袭明人传闻，将郑和远航的起因和目的概括为"踪迹建文"、"耀兵异域"①。这个表述几乎成了经典，一直到今天仍被一些人引用着。其实，它并不符合历史实际。对郑和远航历史动因的理解，直接关系着对其历史价值和意义的评价，因此对所谓"踪迹建文""耀兵异域"说，实有进一步加以辨析的必要。

一 "踪迹建文"：建立在猜测和类推基础上的假说

按《明成祖实录》所记，建文帝已焚死宫中，并以天子之礼葬之。②方孝孺是建文的坚决拥戴者，永乐帝命其起草即位诏，誓死不从。当时二人有一段著名的对话，方孝孺只是提出应该由建文之子或弟继承皇位，而未提建文是否生存，可见这位甘心效死先帝的正统维护者也认为建文已死。③又有记载云，方孝孺被逮后，永乐帝指着宫中火焰说："今日使幼君自焚者，皆汝辈所为也。汝死有余辜。"方孝孺也许真的感到是他们一班力主"削藩"的辅臣断送了建文的性命，于是"稽首、祈哀、乞怜"。④

但是，永乐帝逝世后，建文从宫中逃出、剃度为僧的传言便冒了出

---

① 《明史》卷三〇四《郑和传》云："成祖疑惠帝亡海外，欲踪迹之，且欲耀兵异域，示中国富强"，遂命郑和等"通使西洋"。明惠帝朱允炆（明太祖朱元璋之孙），年号建文。燕王朱棣（朱允炆之叔）发动"靖难之役"，攻占京师（南京），推翻建文，夺取皇位，年号永乐，庙号成祖。

② 《明成祖实录》卷九下。

③ 《明史》卷一四一《方孝孺传》。

④ 《明成祖实录》卷九下。谢贲：《后鉴录》下。

来。按照封建正统，永乐帝乃"篡位"之君，加之夺取皇位后残酷杀戮建
文遗臣，因此招来一些人的怨愤和指责。仁宗继位后，诏令宽宥其父所杀
"奸臣"家属，其在教坊司、锦衣卫、浣衣局及习匠、功臣家为奴者，
"悉宥为民，还其田土"，因建文"言事谪戍者亦如之"。仁宗在为其父长
陵撰写的碑文中，恢复建文的帝统地位，尊称其在位时为"朝廷"，死殁
为"崩"，并告谕群臣"方孝孺辈皆忠臣"，诏从宽典①。英宗天顺年间，
赦免建文帝之子、之弟，"给第宅薪米，听婚娶出入，与侍从"。②神宗万
历年间，恢复久废的建文年号。③建文帝统年号的恢复，死难诸臣的褒恤，
政治空气的转向宽松，为一些人压抑已久的怀念建文之情的释放提供了条
件，"于是稍稍有敢言建文时事者"，"天下始敢称孝孺诸死义者为忠臣"。
所谓建文"出亡"的种种离奇传闻便是在这样的政治背景下出现的，它们
只不过是怀念建文情结的一种表达方式而已，甚至有以编造建文"出亡"
及"从亡"忠臣故事的伪书来提升自己政治声誉及社会地位者。

　　正统年间以后，最高统治者治国趋于保守，缺少雄才大略之君；宦官
专权，统治集团内部争斗激烈；社会阶级矛盾日渐尖锐，农民起义不断；
蒙古军事力量不断内侵，北部边患严重。在这种形势下，一方面朝廷将主
要注意力转向对内政的治理和对北边蒙古侵掠的抵御；另一方面朝廷所控
制的财政、军事实力也大不如明初，因此放弃了再度大规模出海远航。伴
随着形势的变化和朝廷政策的调整，非议郑和远航的论调逐渐增多，认为
它只不过是"踪迹建文"、"耀兵异域"的劳民伤财、好大喜功之举。成
化年间，皇帝命查寻郑和出洋档案资料，兵部郎中刘大夏将其藏匿，并
说："王三保下西洋时，费钱谷数十万，军民死者亦万计，此一时弊政。
胶即在，尚宜毁之，以拔其根，犹追究其有无邪？"④又有云刘大夏害怕朝
廷恢复下西洋之举，"遂取旧档尽焚之，由是官书殊湮没无可考矣"⑤。在
这种政治气候下，伪建文案发生，《建文遗迹》《革除君纪》《致身录》

---

①　参见李贽《续藏书》卷五《逊国名臣记》。
②　查继佐：《罪惟录》帝纪卷二《惠宗帝纪》。
③　《国榷》卷七七，万历二十三年九月。
④　李贽：《续藏书》卷一六《项忠》。
⑤　《香祖笔记》；顾起元：《客座赘语》卷一《宝船厂》。

《从亡随笔》等记述建文出亡行迹的读物纷纷出笼，虽或荒诞不经，或属伪撰，但都怀着对建文的怀念，同时暗含对永乐帝的批评。再加上王鏊、陆深、郑晓、唐枢、沈德符等著名文人亦加入以讹传讹的唱和①，更使建文出亡之说演成真假难辨、以假乱真之势。

由建文出亡进而演绎出郑和远航乃为"踪迹建文"的假说。其推演的逻辑是：首先，把永乐帝派遣都给事中胡濙暗察监国太子、赴各地察访民情吏治，及寻找"真仙"张三丰②说成是密寻建文；然后以此类推，既然胡濙在国内巡访是为了密寻建文，那么郑和出使西洋也应该是为了密寻建文，"郑和之泛海，与胡濙之颁书也，国有大疑焉尔"③。"少帝自地道出也，踪迹甚秘，以故文皇帝遣胡濙托访张三丰为名，实疑其匿他方起事，至遣太监郑和浮海，遍历诸国，而终不得影响。"④"踪迹建文"说就是这样得出的，它建立在猜想和类推的基础上，并无真凭实据。

既然郑和密寻系由胡濙密寻推导而来，那么胡濙巡访的真实情况又是怎样的呢？

对于一位经过三年的战争方才夺得皇位的君主来说，安抚军民，稳定社会秩序，防止发生新的宗室争斗，是巩固新朝统治的当务之急。因此，永乐帝登极后，不断派遣御史、给事中到各地"巡视民瘼"、"抚安军民"，"遣使省视，不绝于道"。他对接受巡访任务的御史、给事中们说："朕居深宫，在下之情，不能周知。尔等为朝廷耳目，其往用心咨访，但水旱灾伤之处，有司不言者，悉具奏来。军民之间，何利当兴，何弊当革者，亦悉以闻。"⑤他还下旨，从郡县官中选拔"识达治体，知恤民者"，到朝廷"六科办事"，"令各言所治郡县事"，"朕有所欲闻，即可知；彼

---

　　①　参见王鏊《守溪笔记》、陆深《玉堂漫笔摘抄》、郑晓《今言》、唐枢《国琛集》、沈德符《万历野获编》。

　　②　张三丰，世呼为张邋遢，宝鸡人（又有云辽东人），相传为先知先觉的仙人。洪武年间"拂袖长往，不知所在"，太祖曾遣人请其入朝，"了不可觅"。永乐年间，成祖"累遣使求之，以给事中胡公濙往，遍物色之，不能得"。永乐十年，命在武当山建造道场，"冀有闻焉"。参见黄瑜《双槐岁钞》卷三《三丰遁老》。

　　③　郑晓：《今言》卷四。

　　④　沈德符：《万历野获编》卷一《建文君出亡》。

　　⑤　余继登：《典故纪闻》卷六。

有所欲言，即可达"，以了解"民所疾苦"①。胡濙出使各地，便是众多御史、给事中外出巡视的一个，只不过多了一项密察监国太子是否贤孝的重要使命。至于寻找张三丰（张邋遢），自洪武年间即已开始，而且是公开求访之。

胡濙（1375—1463），常州府武进县人，建文年间任兵科给事中，永乐元年迁户科都给事中，永乐十四年任礼部侍郎，宣德元年任礼部尚书，天顺元年致仕，天顺七年病逝，历事六朝，"中外称耆德"。永乐五年，受命巡访天下。关于他出巡的任务，李贤在为其撰写的《神道铭》中记述道：

> 上察近侍中惟公（胡濙）忠实可任，遂命公巡行天下，以访异人为名，实察人心向背。时御制《性理大全》《为善阴隲孝顺事实》书成，俾公以此劝励天下，以故虽穷乡下邑，轨迹无不到，在湖广间最久。……癸卯（永乐二十一年），复自均襄还朝。时车驾亲征北虏，驻跸宣府，公驰谒行在所。上卧不出，闻公至，喜而起，且慰劳之曰："卿驱驰良苦。"赐坐，与语。凡所历山川道里，郡邑丰啬，民情休戚，以至所闻所见，保国安民之事，悉为陈说，上欣然纳之。向所疑虑者，至是皆释。比退，漏下四鼓。先是，仁宗皇帝为太子监国，时有飞语上闻，文庙属公往察之。公至以所见七事皆诚敬孝谨，密疏以闻，上览之大悦，自是不复疑。②

李贤与胡濙是同时代人，时任内阁首辅，所记当为属实。焦竑在《国朝献征录·胡濙》中也引用了该《神道铭》的内容。从李贤的记述中可以知道，胡濙巡访的任务是访察人心向背；了解地理山川，郡县丰歉，民情休戚，保国安民之事；颁书劝善；密察太子是否"诚敬孝谨"，而没有提及"踪迹建文"。所访皆关乎国家安危、政权稳固之大事，其中只有考

---

① 余继登：《典故纪闻》卷六。

② 李贤：《礼部尚书致仕赠太保忠安胡公神道铭》，《皇明文衡》卷七八；焦竑：《国朝献征录》卷三三《胡濙》。

察太子具有机密性质。

　　自永乐七年以后，永乐帝即因北征和准备迁都而经常驻跸北京，留太子在京师（南京）监国，裁决政务。其时汉王高煦、赵王高燧及其党羽对太子"日伺隙谗构"，永乐帝颇生疑心，辅佐官僚多有因此而坐死者。监国太子坐镇京师，重权在握，行为是否"诚敬孝谨"，不仅关系到未来能否成为一个好皇帝，而且关系到是否存在抢班篡位、发生新的宗室血战的现实危险。这也就是永乐皇帝为什么对此特别关注、委命胡濙密察的原因。所谓"向所疑虑者，至是皆释"，主要指此，"自是不复疑"。但一些野史笔记乃至官修《明史》，却将君臣密晤，彻夜长谈，密疏上奏，以及密疏需用大字书写，以便"晚至，我即欲观"等情节，都篡改为胡濙复命密寻建文，真是牵强附会，捕风捉影。

　　胡濙本人的回忆为《神道铭》的记载提供了印证。天顺二年，叶盛（1420—1474）受命巡抚两广，赴任途中拜访了致仕家居的胡濙，请其回忆"列圣"之"圣德"和"圣训"，即披露不为人知的先朝秘闻。胡濙谈了些什么呢？叶盛记述道：

　　　　礼部尚书、致仕毗陵胡公，予赴广时谒之，尚强健，取酒命酌，因有请曰："老先生身承列圣宠遇，圣德、圣训不可无记录，否则百年后，门人故吏多谬误矣。"公笑曰："无之。"因详举四五事。公不妄人也，漫记一二可传者。曰："太宗命某使外，滨行，面谕曰：'人言东宫所行多失当，至南京可多留数日，试观如何，密奏来。奏所书字须大，晚至，我即欲观也。'某至南京，旦晚随朝，敕免朝，辞以不敢。盖凡见殿下所行之善退则记之。……至安庆，始书回奏。……又一日，侍太宗奏事退，独召某至膝前曰：'古人有言，德胜才谓之君子，才胜德谓之小人。眼前岂乏干办之才？求一好人难耳。吾欲用汝，但汝官小。'时某为都给事中。数日，上召吏部，特升某礼部侍郎。"[①]

　　"公不妄人也"。胡濙的话告诉人们，密察监国太子（即后来的仁宗）

---

①　叶盛：《水东日记》卷五《胡忠安公自述三事》。

的行为是永乐皇帝当面交办的重要巡访任务，但却未提密寻建文之事。当时闹得沸沸扬扬的伪建文之案早已水落石出，远航西洋也早已停止，既然钦命密察太子之事可以公诸于世，那么如果真有密寻建文之命，为何讳莫如深呢？可见，将密命察访太子改为察访建文，乃好事者之附会也。

永乐帝是一位雄才大略之君。建文之死活及其追随者的动向，会是一个疑问和烦恼萦绕于胸，但倾力寻找建文，绝不是他成为一国之君后施政的主题。作为一位杰出的政治家，他登极后立即把主要精力投入到恢复和发展生产，稳定统治集团，扩展疆域，征讨蒙古军事力量，发展海外关系等关系国家安全、政权稳定的最重要、最急迫的重大政治、经济、军事、外交事务的处理，巩固发展了太祖开创的大明基业，形成明初盛世。他懂得，即使建文尚在，一个失去任何实力和号召力的亡命之徒，也不可能对他日益稳固的皇位构成实质性威胁，何遑"上穷碧落下黄泉"地密寻建文？即使胡濙巡访真的含有密察建文的用意，那也只是单独的、平静的行动；为何海外密察却要兴师动众，每次动用近三万人、百艘船，反复七次，历时二十年，遍及三十余国？

在明代，虽然一些人或者站在正统立场对永乐帝"篡位"抱有成见，或者思想保守对远航难以理解，或者缺乏政治洞察力对永乐新政妄加猜测，或者治史不严对传闻未加考证，误将"踪迹建文"作为信史传播；但是在当时，也有一些有见地的、冷静的史学家、学者对那些不实之言和伪书、伪诗提出了异议和驳斥。著名史学家王世贞（1526—1590）就是其中的一位。他的《弇山堂别集》被人称赞为"此则国朝（明朝）典故，比一代实录云"。该书《史乘考误》对王鏊、陆深、郑晓、薛应旂等名人著作中关于发现"真建文"及"真建文"云"胡濙名访张邋遢，其实为我"的记载进行了考证，指出所记说法各异，皆不属实：

> 考之史，第云正统五年，有僧年九十余，自云南至广西，绐人曰："我建文也，张天师言我四十年苦今满矣，宜亟反邦国。"……械至京，会官鞫之。乃言"其姓名为杨行祥，钧州白沙里人，洪武十七年度为僧，历游两京、云贵，至广西"。上命锢之锦衣狱，四月而死，同谋僧十二人俱戍边卫。……其人乃杨行祥非杨应能（相传此为建文

逃亡时化名）也。建文以洪武十年生，距正统六年当六十四耳，不应九十余也。是时英宗少，三杨皆其故臣，岂皆不能识，而仅一吴诚（太监）识之？识之又何忍下之狱，而死戍其同谋十二人也？且事发于正统五年，非十一年也。……野史又载建文诗凡三首……恐皆好事者附会语也。大抵建文出亡与否不可知，僧腊既已深，当灭迹以终，必不作此等诗以取祸，亦必不肯出而就危地。所以有此纷纷者，止因杨行祥一事误耳。①

也许是因为王世贞不相信关于建文的种种附会传言，因此对郑和远航也无密寻建文的猜测。他是这样表述的："三年三月（实为六月），命太监郑和等率兵二万七千人，行赏赐西洋古里、满剌诸国。案，此内臣将兵之始也，和自是凡三下（实为'七下'）西洋，皆有功，人谓之三宝太监。"② 不仅如此，还对成祖开拓海外伟业给予充分肯定。《弇山堂别集·皇明盛事》讲"成祖功德"的字数是"太祖功德"的八倍，而且集中在两个方面，一是对内扩展疆域，一是对外经营海洋。在国内，东北地区设立都司、卫所，"设官统治几三百处"；西北部落数百种，"请置官府盖三之二"；西南建立宣慰、宣抚、安抚司及军卫，"郡县增益数百"。在海外，"新受朝命为王者殆三十国"；"自古西南夷国王未有来朝者"，"独其时"，浡泥、满剌加、苏禄、古麻剌朗等国国王"俱来朝，受封爵"；"自古封止中国山川"，"独其时"，封日本、浡泥、余折枝、满剌加等国山曰"镇国山"，各立御碑；还有海外各种贡物，"充牣天府"，凡此皆自古所无，超越前代③。王世贞不愧是一位有眼力的史学家，他用当时的话语比较准确地表述了郑和远航的目的和价值。

王世贞之弟王世懋将"建文年号之不存，实录之未辑"视为"国朝有三大事应议而未改纪者"之一，并感叹"建文君之亡极可怜"，但对有关建文的不实传闻却予以批驳，并分析了这些传闻产生的原因。他说：

① 王世贞：《弇山堂别集》卷二一《史乘考误二》。
② 王世贞：《弇山堂别集》卷九○《中官考一》。
③ 参见王世贞《弇山堂别集》卷一《皇明盛事述一》。

　　建文君之亡极可怜，又削不书史，一时忠臣事迹淹没，赖后之君子悯忠者搜葺遗闻，略备梗概，然其间亦有一二未真者，恐误来世，不得不为之辨。其最舛者曰："宣宗皇帝即建文幼子，牵成祖衣哭，成祖命太子子之，已而曰'天下原是他家的'，遂为皇太孙嗣位。"此建文故臣不平靖难之举者为之辞。因悟元顺帝之为合尊子，亦出宋遗黎之口，未可信。然如成祖皇帝为高皇后第四子明甚，而野史尚谓是元主妃所生。盖易代之际，类多矫诬快心之语，而郑端简公（郑晓）不察，乃亦有饿杀孩儿，养于宫中之说，名为存疑，而阴滋后世之口。实不思英庙时所释出高墙建庶人（建文之子）者是何人，安得又执为两端之说，是当削而勿存者也。①

　　"易代之际，类多矫诬快心之语。"在皇位交替、政局剧变之际，一些谣传往往含有明显的政治意图和怀旧情节。所谓宣宗②乃"建文幼子"的"矫诬快心之语"即表达了建文旧臣"不平靖难之举"的怨懑情绪，宣泄了"天下原是他家的"，即天下原是建文家的心理需求。

　　明清之际进步史学家查继佐也认为建文帝已焚死，所谓建文"逊荒"，胡濙、郑和"密访"等皆为附会不实之言。他论证道：

　　帝以仁柔，海内欲不忘之，遂有逊荒之说，说历久益增。至史仲彬《致身录》诸凿凿，实所疑，如或亲见之者。观吴文定仲彬墓志，全不及此，一伪皆伪也。……（杨）行祥以洪武十七年度为僧，簿对确，毙狱，本末燎然。又三杨皆故臣，此时尚在朝。

　　英庙释建庶人（建文之子）有云："悯兹遗孤，特加宽宥"。让皇（建文）而在，自宜倍加优典，胡绝不一闻之？

　　考出亡踪迹，见诸稗乘者，二十五六而止，而情事各异，安得以各异者划为一定欤？至于胡濙、郑和之传，益见附会，果匿亡王，何尚密访？以靖难声灵，□□天下，谁曰不可？即何顾忌而出此？……

---

① 王世懋：《窥天外乘》。
② 明宣宗实乃成祖之长孙、仁宗之长子。

或云葬西山，不封不树，何不考帝礼葬原处，与皇后合兆，为恪遵太宗初制之洽于礼。①

但是直到清初纂修《明史》时，史馆中对建文死活仍争论不休，一派认为建文未被焚死，一派认为建文焚死宫中。按照孟森的说法，建文出亡的主张，实乃借以寄希望于崇祯太子未死，抒发了一种明朝遗民的民族情结。② 主张建文已死宫中的代表人物为《明史稿》的主笔万斯同，他在《史例议》中对此详加论说，指出"明代野史之失实，无有如建文逊国一事"。钱大昕在《万季野传》中对万氏观点予以支持：

> 初，建文一朝无实录，野史因有逊国出亡之说。史馆纂修，互有同异，斯同决之曰：紫禁城无水关，无可出亡理；鬼门亦无其地。成祖实录，建文阖宫自焚，上望见宫中火起，急遣中使往救，至已无及。中使出其尸于火中，还白上。所谓"中使"，成祖之内监也，安得以后尸而诳其主？且清宫之日，凡中涓嫔御为建文所属意者，逐一研讯，苟无实凭，安肯不行大索之令？③

不过奇怪的是，在经王鸿绪裁定进呈的《明史稿·郑和传》中却有这样的说法："帝（永乐帝）疑建文帝遁海外，欲踪迹之，且欲耀兵异域，示中国富强，乃命和（郑和）及其侪王景弘等通使西洋。"④ 这里提出的"踪迹"、"耀兵"之说被后来张廷玉总裁之《明史·郑和传》所沿袭。为什么一方面万斯同力主建文焚死宫中，另一方面《明史稿·郑和传》又说"帝疑建文遁海外"呢？颇令人费解。这是否与当时的政治气候有关？

---

① 查继佐：《罪惟录》帝纪卷二《惠宗帝纪》。
② 参见孟森《明清史讲义·靖难》《明清史论著集刊·建文逊国考》。
③ 钱大昕：《潜揅堂文集》卷三八《万季野传》。
④ 南京图书馆藏有《明史稿》民国二十年抄本，承范金民教授代为查阅，其《郑和传》有云："当是时，帝以兵戈取天下，心疑建文帝行遁海外，将踪迹之，且欲耀威异域，示中国富强，乃命和及其同官王景弘等通使西洋"。与王鸿绪进呈之《明史稿·郑和传》表述基本一致，只是"耀威"与"耀兵"有语意之不同。据友人介绍，天一阁藏有万斯同《明史稿》底本，敝人寡闻，未能目睹。经查1996年7月中华书局出版骆兆平编著《新编天一阁书目》，并无此书。

"明史馆"重开于康熙十八年，其崇祯太子下落不明，郑成功占据台湾，因此将郑和出海远航以"疑"、"欲"等猜测口吻说成是为了"踪迹建文"、"耀兵异域"，更符合清廷政治、军事之需要。

乾隆初年张廷玉进呈之《明史》，建文"焚死葬之"、"不知所终"、"由地道出亡"、"逊国为僧"诸说并存，并主胡濙、郑和"密访"之说。不过，它只是沿用明人传闻，既无根据，又自相矛盾。《明史·胡濙传》云，永乐二十一年，胡濙还朝，"驰谒帝于宣府。帝已就寝，闻濙至，急起召入，濙悉以所闻对，漏下四鼓乃出。先濙未至，传言建文帝蹈海去，帝分遣内臣郑和数辈浮海下西洋，至是疑始释"①。在这里，将胡濙奏报的内容由访察监国太子篡改为访察建文（胡濙奏报之事，前文已述），不过却弄巧成拙。既然是因为怀疑建文"蹈海去"，才"分遣内臣郑和数辈浮海下西洋"，那么"至是疑始释"，就不该再有下西洋之举了。可是，紧接着又分别于永乐二十二年正月、宣德五年六月，再命郑和率众出洋，岂不自相矛盾？而且如果密奏的内容真的是什么郑和浮海密寻建文之事，那么为何未曾宣召过郑和面奏，反而要急召胡濙，岂不舍本求末？

在《明史·姚广孝传》中，又说早在永乐十六年，永乐帝即已解除对建文逃匿的怀疑。据说，永乐帝因怀疑僧人溥洽与建文逃匿有关，于是"以他事"将其下狱长达十余年，且"命给事中胡濙等遍物色建文帝，久之不可得"。永乐十六年，八十四岁的姚广孝病重，"车驾临视者再"，"问所欲言"，姚广孝请求释放溥洽，"帝以广孝言，即命出之"②。按此，经过姚广孝的劝说，永乐帝已经解除了对建文逃亡的怀疑，放弃了追查，那么为什么永乐十七年又命胡濙出外巡访？永乐十九年、二十二年及宣德五年又命郑和出海远航呢？

明人著述和清修《明史》所云，胡濙密寻建文，且以此类推郑和密寻建文，都无直接可靠的证据，只不过是一种猜想、一种假说、一种传闻。这种传闻的出现与其时的政治气氛紧密相关，反映了传播者的政治情绪和价值取向。它们作为一种说法，尽可以去探索，去考证，但不可将之作为

---

① 《明史》卷一六九《胡濙传》。
② 《明史》卷一四五《姚广孝传》。

信史来判断郑和远航的原因、目的和价值。

二　"耀兵异域"：对远航使命的曲解

郑和"征西"之说，较早出现于万历年间罗懋登所著话本小说《三宝太监西洋记通俗演义》。其中有云，永乐帝宣谕，"我今日出师命将，扫荡西洋，取其国玺，要用总兵一员挂征西大元帅"，经刘基推荐，郑和遂挂帅西征。刘基逝世已三十年，何能荐举郑和？此乃小说之虚拟，本不足为据。罗懋登写作此《演义》之时，正值日本丰臣秀吉侵略朝鲜并伺机侵犯明朝之际，他有感于"今者东事倥偬，何如西戎即叙"，遂将郑和写成征西统帅，欲借此"摅怀旧之蓄念，发思古之幽情"，讽喻当局"尚兴抚髀之思"。

清初所纂《明史·郑和传》，又将"欲耀兵异域，示中国富强"说成是明成祖命郑和远航的两个目的之一。此后的一些作者便以此为据，径直把"耀兵异域"当成郑和七下西洋的重要动因。将郑和船队说成是征伐海外诸国的远征军，将郑和远航说成是以武力征服海外诸国，这实在是对郑和航海性质的曲解。

郑和船队拥有相当数量的军兵，这确有炫耀皇帝威严，显示大明国力的意图。但更主要的是为了保障使团和货物安全，打击海盗袭击，开辟前进航路，操作船舶，同时对某些国家的武装挑衅行为予以回击。

对于文献所云郑和每次率领二万七千多官兵，也要作具体分析。首先，这二万七八千人并不都是军人，其中包括相当数量的非武装力量。祝允明对下西洋的"人数"是这样记述的：

> 永乐中，遣官军下西洋者屡。当时使人有著《瀛涯胜览》《星槎胜览》二书，以记异闻矣。今得宣德中一事，漫记其概。人数：官校、旗军、火长、舵工、班碇手、通事、办事、书算手、医士、铁锚

木舵搭材等匠、水手民梢人等，共二万七千五百五十员名。①

可见，除官校、旗军等外，还有各种各样的文职人员、买办、书手、翻译、船工、水手、工匠、医生、士民等，这部分非武装人员应该占有重要比例。严格说来，将郑和船队称之为军人舰队是不准确的。其次，郑和所率军兵，并不是如同成祖北征军那样的野战主力部队，而是从守备南京的亲军中抽调的。最后，郑和船队有船舶百艘，又有称有大船五六十艘者②，每艘船平均三百人。而每艘大船操作篷、帆、锚、舵等，"非二三百人，莫能举动"。按此，即使军兵也需担负航行中的各种劳作。

郑和船队在海外三十多个国家的主要活动一是"开读赏赐"，一是买卖贸易，而不是武力征讨。因此所到之处，备受欢迎和拥戴，"天书到处多欢声，蛮魁酋长争相迎，南金异宝远驰贡，怀恩慕义摅忠诚"③的诗句就是这种情形的真实写照。马欢在《瀛涯胜览》中具体记述了使团在各国的活动和受到的礼遇。

在古里国（今属印度）：

> 永乐五年，朝廷命正使太监郑和等赍诏敕赐其王诰命银印，给赐升赏各头目品级冠带。……（古里国）王有大头目二人，掌管国事。……其二大头目受中国朝廷升赏，若宝船到彼，全凭二人主为买卖。王差头目并哲地、未讷几计书算于官府，牙人未（来）会，领船大人议择某日打价。至日，先将带去锦绮等物，逐一议价已定，随写合同价数，各收。其头目哲地即与内官大人众手相挈。其牙人则言某月某日，于众手中拍一掌已定，或贵或贱，再不悔改。然后哲地富户才将宝石、珍珠、珊瑚等物来看议价。

---

① 祝允明：《前闻记》。顾起元《客座赘语》卷一《宝船厂》亦云："通计官校、旗军、勇士、士民、买办、书手共二万七千八百七十余员。"

② 刘家港天妃宫石刻《通番事迹之记》云："每统领官兵数万人，海船百余艘"；长乐《天妃灵应之记碑》云："统率官校旗军数万人，乘巨舶百余艘"；黄省曾《西洋朝贡典录》云"率巨舰百艘"；费信《星槎胜览》云"驾海舶四十八号"；顾起元《客座赘语》云"宝船共六十三号"；《明史·郑和传》云"将士卒二万七千八百余人"，"造大舶修四十四丈、广十八丈者六十二"。

③ 马欢：《瀛涯胜览·卷首诗》。

在祖法儿国（阿拉伯半岛南岸）：

> 中国宝船到彼，开读赏赐毕，王差头目遍谕国人，皆将乳香、血竭、芦荟、没药、安息香、苏合油、木别子之类，来换易纻丝、瓷器等物。

在阿丹国（今也门亚丁）：

> 分艅内官周领驾宝船数只到彼，王闻其至，即率大小头目至海滨迎接诏赏。至王府，行礼甚恭谨感伏。开读毕，国（王）即谕其国人，但有珍宝，许令卖易。

开读诏书、赏赐物品完毕，便是贸易活动。而这种贸易又是在平和、公正、友好的气氛中进行的，既有买卖双方的验货、议价、书写合同，又有牙人允作中介，完全是市场交易行为，哪里有武力强制和战争征伐？

费信在《星槎胜览》中也记述道，使团所到之处，大都受到国王及民众隆重、热情的欢迎，"拜迎诏敕，叩头加额"，"铺绒毯于殿地，待我天使，宴我官兵，礼之甚厚"；同时当地物产与使团船队所载货物相互交易，没有任何以武力相威胁的恐怖气氛。

在暹罗国（今泰国）：

> 地产罗斛香、大风子油、苏木、犀角、象牙、翠毛、黄蜡，以海贝代钱，每一万个准中统钞二十贯；货用青白花瓷器、印花布、色绢、色段、金银、铜铁、水银、烧珠、雨伞之属。其酋感慕天朝远惠，尝遣使捧金叶表文贡献方物。

在苏门答剌国（今属印度尼西亚）：

（胡椒）番秤一播荷，抵我官秤三百二十斤，价银钱二十个重银六两，金抵纳即金钱也，每二十个重金五两二钱。……货用青白瓷器、铜铁、爪哇布、色绢之属。

在榜葛剌国（今孟加拉）：

永乐十三年二次上命少监侯显等统舟师赍诏赏赐国王、王妃、头目。……其王知我中国宝船到彼，遣部领赍衣服等礼，人马千数，迎港口。起程十六站，至琐纳儿江……又差人赍礼象、马迎接，再行二十站，至板独哇，是酋长之居处。……其王拜迎诏敕，叩头加额。开读赏赐，受毕，铺绒毯于殿地，待我天使，宴我官兵，礼之甚厚。……使海贝准钱市用。地产细布、撒哈剌毯绒、兜罗锦、水晶、玛瑙、珊瑚、真珠、宝石、糖蜜、酥油、翠毛、各色手巾、被面；货用金银、段绢、青花白瓷器、铜铁、麝香、银硃、水银、草蓆之属。

在天方国（今麦加）：

地产金珀、宝石、真珠、狮子、骆驼、祖剌法豹、麂、马，有八尺高者名为天马；货用金银、段疋、色绢、青白花瓷器、铁鼎、铁铫之属。其国王臣深感天朝使至，加额顶天，以方物狮子、麒麟贡于廷。

这里同样没有武力征讨，有的是国家间的友好和睦往来和相互平等贸易。只不过，这一内核被罩上了一层神秘的天朝与臣民的外衣而已。

郑和使团还真诚地尊重所到国的宗教信仰和民族习惯。郑和船队四至锡兰山国（今斯里兰卡）。永乐七年，曾布施该国佛寺，所施物品丰厚：

谨以金银、织金、纻丝、宝幡、香炉、花瓶、纻丝表里、灯烛等物，布施佛寺，以充供奉，惟世尊鉴之。总计布施锡兰山立佛寺供养，金一千钱，银五千钱，各色纻丝五十匹，各色绢五十匹，织金纻丝宝幡四对，内红二对、黄一对、青一对，古铜香炉五对，戗金座全古铜花瓶五对，戗金座全黄铜烛台五对，戗金座全黄铜灯盏五个，戗金座全朱红漆戗金香盒五个，金莲花六对，香油二千五百斤，蜡烛一十对，檀香一十炷。①

郑和使团实行的和睦往来、公平贸易方针收到良好效果，引来海外诸国国王和使臣纷纷回访，致使"是时诸番使臣，充斥于庭"。永乐六年，浡泥（加里曼丹北部）国王率妃子及弟、妹、子女、陪臣，泛海来朝，永乐帝慰劳再三，并于奉天门飨宴之。该年，浡泥国王病逝于南京，礼葬于安德门外。在永乐九年至二十二年的十年内，满剌加（今马六甲）历代国王曾五次来朝，其中永乐九年，陪臣人等达五百四十余人。永乐十四年古里、爪哇等十九国使臣入贡，"悉赐文绮袭衣，遣中官郑和等赍敕及锦绮、纱罗、彩绢等物偕往，赐各国王"。永乐十五年，苏禄国（今属菲律宾）东王、西王、峒王率家属头目三百四十余人泛海来朝，东王病逝于德州，赐祭安葬。永乐十八年，古麻剌郎（今属菲律宾）王来朝，归国途中病逝于福建，葬以王礼。永乐十九年，忽鲁谟斯（今伊朗斯湾口）等十六国使臣还国，赐钞币表里，复遣太监郑和等赍敕及锦绮、纱罗、绫绢等物赐诸国王，就与使臣偕行。永乐二十一年，忽鲁谟斯、古里等国使臣一千二百人来朝。其时，永乐帝北征出塞，敕太子宴劳赐赏，其以土物来市者，官酬其价②。这些事例真实、生动地展现了 15 世纪初，亚洲及东非三十余国，皆以明朝中国为"天朝"，往来不绝，互通有无，"华夷一统"的友好和睦景象。同时郑和本人也赢得了各国人民的爱戴和怀念，于是以郑和命名的三宝陇、三保峒、三保井、三保墩、三宝姜等纷纷出现，并为之立庙、立祠，燃香顶拜，奉若神明。

然而也并不都是迎宴与赏赐、友好与亲善，偶尔也有刀光剑影、流血厮杀。而这些武装冲突则是由海盗的抢掠和个别国王发动的袭击引起的。陈祖义乃一海寇，原为广东人，出海至爪哇、旧港（今属印度尼西亚），

① 黄省曾：《西洋朝贡典录·锡兰山国》。
② 以上诸国国王、使臣来访情形参见《明史》卷三二四、三二五、三二六。

为头目，剽掠海上商旅，为害邻国。郑和使团第一次远航返回，陈祖义"率众来劫"，郑和出兵与战，陈祖义大败被擒。① 郑和使团第二次返回，途经锡兰山，国王"诱和至国中"，"潜发蕃兵五万余劫和舟，而伐木拒险，绝和归路，使不得相援"。郑和使用声东击西之计，举兵破之，国王被擒。② 郑和使团第三次返回，途经苏门答剌，伪王苏干剌"方谋弑王以夺其位，且怒赐不及己"，遂"领兵数万，邀杀官军"。郑和帅众与该国之兵共同作战，苏干剌大败被擒。③ 郑和在《通番事迹之记》中所云"及临外邦，其蛮王之梗化不恭者，生擒之；寇兵之肆暴掠者，殄灭之"，实际指的就是这几件战事。而这类战事，使团一方都是被动的、自卫性的，而其结果则是"海道由而清宁，番人赖之以安业"④，不仅不能证明使团的征伐性质，相反说明这种自卫还击保障了和平友好活动的开展、海道的畅通以及相关国家的安全，保障了明朝中国与海外各国之间友好国家关系的维系。"（郑）和又岂特贸易探宝之使哉！除异域之患，为天子之光，（郑）和亦贤哉！"⑤

三　远航的本意

对郑和远航动因的考察，所依据的史料，首先应该是现存的《实录》、碑刻、亲历者的记述和历史文物等，其他历史文献则是参照和印证。

《明成祖实录》永乐三年六月己卯记：

> 遣中官郑和等赍敕往谕西洋诸国，并赐诸国王金织文绮彩绢各有差。⑥

---

① 《明成祖实录》卷七一，永乐五年九月。

② 《明成祖实录》卷一一六，永乐九年六月。

③ 《明成祖实录》卷一六八，永乐十三年九月。以上三次战事，在宣德六年郑和等立长乐《天妃灵应之记碑》中亦有记载。

④ 巩珍：《西洋番国志》附太仓刘家港天妃宫石刻《通番事迹之记》。

⑤ 黄省曾：《西洋朝贡典录·佛齐国》。

⑥ 《明成祖实录》卷四三。

永乐十四年四月初六日，御制《天妃宫之碑》有云：

> 仰惟皇考太祖高皇帝，肇域四海，幅员之广，际天所覆，极地所载，咸入眅章，怀柔神人，幽明循职，各得其序。朕承鸿基，勉绍先志，罔敢或怠，抚辑内外，悉俾生遂，夙夜兢惕，惟恐弗逮，恒遣使敷宣教化于海外诸番国，导以礼义，变其夷习。①

宣德六年郑和等立长乐《天妃灵应之记碑》有云：

> 皇明混一海宇，超三代而轶汉唐，际天极地，罔不臣妾。其西域之西，迤北之北，固远矣，而程途可计；若海外诸番，实为遐壤，皆捧琛执贽，重译来朝。皇上嘉其忠诚，命和等统率官校旗军数万人，乘巨舶百余艘，赍币往赉之，所以宣德化而柔远人也。②

费信作为文牍人员，曾于永乐七年、十年、十三年及宣德六年，四次随郑和远航。他在其所著《星槎胜览》自序中说：

> 王者无外，中天下而立定，四海之民，一视同仁，荐近举远，故视中国犹一人，而夷狄之邦，则以不治治之。……太宗文皇帝继统文明之治，格于四表，于是屡命正使太监郑和、王景弘、侯显等开道九夷八蛮，钦赐玺书礼币，皇风清穆，覃被无疆，天之所覆，地之所载，莫不贡献臣服。……选随中使至海外，经诸番国，前后数四、二十余年，历览风土人物之宜，采辑图写成帙，名曰《星槎胜览》，不揣肤陋，辄敢自叙其首，一览之余则中国之大，华夷之辨，山川之险易，物产之珍奇，殊方末俗之卑陋，可以不劳远涉而尽在目中矣。③

---

① 《御制弘仁普济天妃宫之碑》，现存南京静海寺。
② 该碑现存福建长乐"郑和史迹陈列馆"，巩珍《西洋番国志》收录。
③ 费信：《星槎胜览序》。

马欢作为译员随郑和三次远航，其所著《瀛涯胜览》自序云：

> 永乐癸巳（八年）太宗文皇帝敕命太监郑和统领宝船，往西洋诸
> 番开读、赏赐。予以通译番书，亦被使末，随其所至，鲸波浩渺，不
> 知其几千万里。历涉诸邦，其天时气候，地理人物，然后知《岛夷
> 志》之所著者不诬，而尤有大可奇怪者焉。于是撮采各国人物之丑
> 美，壤俗之异同，与夫土产之别，疆域之制，编次成帙，名曰《瀛涯
> 胜览》，俾属目者一顾之顷，诸番事实悉得其要，而尤见夫圣化所及，
> 非前代比。①

从这些记述和郑和船队在海外的实际行为中可以看到，远航的动因，
即本来用意，主要有以下三个方面。当时和后来的研究者，有的比较准确
地理解、把握了这些动因，有的则作了猜测和曲解。

（一）了解世界，开拓海洋

《星槎胜览》《瀛涯胜览》《西洋番国志》等亲历纪实作品及《郑和航
海图》都是 15 世纪初叶英勇的中国远航者为后人留下的探险海洋、了解
世界的宝贵记录。它们着重记述了所至国家的名称、大小、方位、航线、
里程、疆域、政治状况、社会关系以及天时、气候、人物、山川、地势、
物产、风土、民情、习俗等海外情况，使人"一览之余，则中国之大，华
夷之辨，山川之险易，特产之珍奇，殊方末俗之卑陋，可以不劳远涉而尽
在目中矣"。"一顾之顷，诸番事实悉得其要，而尤见夫圣化所及，非前代
比"。而在郑和远航之前，人们对这些状况、特别是对西洋的了解是很少
的，甚至认为《异域志》《岛夷志》等书乃"好事者为之，而窃意其无是
理也"，待见到马欢等"所纪经历诸番之事实，始有以见夫《异域志》之
所载，信不诬矣"。而了解海洋、探险海洋则是为了开通海洋、向海外发
展。《武备志》的编著者茅元仪敏锐地观察到这一点，他说：

---

① 马欢：《瀛涯胜览自序》。

唐起于西，故玉关之外将万里；明起于东，故文皇帝航海之使，不知其几十万里。天实启之，不可强也。当是时臣为内竖，郑和亦不辱命焉。其图列道里国土，详而不诬，载以昭来世，志武功也。①

汉唐重在了解和开通西域，明代则重在了解和开通海洋，这确实是时代的特点、历史的进步。万历年间的顾起元也强调了郑和远航乃探险海域、开通西洋的空前之举：

案此一役，视汉之张骞、常惠等凿空西域尤为险远。后此员外陈诚出使西域，亦足以方驾博望，然未有如和（郑和）等之泛沧溟数万里，而遍历二十余国者也。当时不知所至夷俗与土产诸物何似，旧传册在兵部职方。成化中，中旨咨访下西洋故事，刘忠宣公大夏为郎中，取而焚之，意所载必多恢诡谲怪辽绝耳目之表者。所征方物，亦必不止于蒟酱、邛杖、蒲桃、涂林、大鸟卵之奇。而《星槎胜览》纪纂寂寥，莫可考验，使后世有爱奇如司马子长（司马迁）者，无复可纪。惜哉！其以取宝为名，而不审于《周官·王会》之义哉！②

顾起元指出，郑和远航无论规模之大、经历之险、里程之远、国家之多都远远超越张骞凿空西域及陈诚出使西域。他对眼光短浅、焚匿郑和远航档案资料的刘大夏深为不满，对《星槎胜览》所记过于简要很是惋惜，对只强调"取宝"而看不到与西洋诸国发展国家关系感到遗憾。

（二）开读和赏赐，即构建以宗主国与臣属国关系为名义的友好和睦的国家关系体系

朝廷明确规定，郑和使团历次远航的首要任务是开读敕谕和颁发赏赐。敕谕的内容是：

---

① 茅元仪：《武备志序》。
② 顾起元：《客座赘语》卷一《宝船厂》。

　　皇帝敕谕四方海外诸番王及头目人等：朕奉天命，君主天下，一体上帝之心，施恩布德，凡覆载之内，日月所照、霜露所濡之处，其人民老少，皆欲使之遂其生业，不致失所。今特遣郑和赍敕，普谕朕意，尔等祇顺天道，恪守朕言，循理安分，勿得违越。不可欺寡，不可凌弱，庶几共享太平之福。若有撛诚来朝，咸锡皆赏。故兹敕谕，悉使闻知。①

　　这是第二次远航时开读的敕书，有三层主要含义：首先，向各国宣告，永乐帝"奉天之命"，已取代建文帝"君主天下"，成为大明新君、明太祖的合法继承人，各方皆宜周知，尊奉臣服。这一点，对于以非常方式承继皇位的永乐帝尤为重要，与即位之初遣使赴各国宣谕《即位诏》的用意是一致的。其次，要求各国国王"祇顺天道，恪守朕言，循理安分，勿得违越"，所到国国王接受封号，称臣朝贡，明皇赐予赏品，建立君臣关系。最后，各国要和睦相处，"不可欺寡，不可凌弱，庶几共享太平之福"，共同维护海上的和平和稳定。

　　开读和赏赐的核心是建立宗主国与臣属国关系体系。"际天极地、罔不臣妾"，"抚辑内外，悉俾生遂"，这种"天朝上国"、君临天下的传统观念具有时代的局限性，但是这种宗主国与臣属国的关系是在"四海之民，一视同仁"的"王道"精神指导下建立的"以不治治之"的关系，其基调是"敷宣教化"，"宣德化而柔远人"，即宗主国不用兵占领臣属国国土，不派官治理臣属国人民，不以任何手段掠夺臣属国资财，重在传播中华文明教化；臣属国拥有主权和独立，且可通过朝贡获得超值赏赐的"华夷"一体关系。所谓的君主国、臣属国，只不过是一种政治名分而已。

　　这种华夷无间、和平友好对外政策的基本思想是明太祖提出的。太祖朱元璋以"祖训"不可更改的法典形式为继任者规定了对外关系的基本国策。这主要是：第一，一视同仁，远迩无间，推诚礼待。"圣人之治天下，四海内外，皆为赤子，所以广一视同仁之心。朕君主华夷，按驭之道，远

---

　　①　《郑和家世资料》，人民交通出版社1985年版，第2页。

迹无间"，"共享太平之福"①。第二，和平友善，不得无故兴兵。"海外蛮夷之国，有为患于中国者，不可不伐；不为中国患者，不可辄自兴兵"②，并将15个东南亚国家明确规定为"不征之国"。第三，朝贡"惟是表意而已"，不可劳民伤财。"自今以后，薄来而情厚则可；若其厚来而情薄，是为不可。"③"厚往薄来"，即赏赐品价值大大高于入贡品价值，是朝贡关系的显著特点。第四，贡舶贸易。外国使团来华，除进献贡品外，还在明朝设立的市舶司相互贸易，称之"贡舶贸易"或"市舶贸易"、"勘合贸易"。明太祖就是按照这些原则与外国交往的。尽管开国后，外有倭寇侵掠，内有统一国家、恢复经济的重任，但仍派使臣出访海外诸国，积极谋求建立友好关系，"朕自即位以来，命使出疆，周于四维，历诸邦国"。④

明成祖是太祖国策的继承者、发展者。他即位后，减免赋役，移民垦田，兴修水利，沟通运河，兴建铁厂，制造海船，兴办织造、烧造；五征漠北，经营周边；加强集权，整饬吏治；提倡理学，重振儒风。所有这一切，使之很快稳固了统治，发展了经济，在洪武年间奠定的基础上进一步增强了国家实力，对大规模开展陆上、海上外交提出了需求，同时也为此提供了坚实的基础。永乐年间沿海倭患相对缓解，也为出海远航提供了有利条件。在这样的历史背景下，成祖不仅继承了太祖对外政策的根本方针，而且作了重大发展，对外更加开放。即位伊始，即昭示天下，"今四海一家，正当广示无外，诸国有输诚来贡者听"⑤。"帝王居中，抚驭万国，当如天地之大，无不覆载，远人来归者，悉抚绥之，俾各遂所欲。"⑥并一再申明"华夷一家"，"朕祇膺天命，君主华夷，体天地好生为治，一视同仁，无间彼此"⑦。于是遣使四出，"成祖时，锐意通四夷，奉使多用中贵，西洋则和（郑和）、景弘（王景弘），西域则李达，迤北则海童，

① 《明太祖实录》卷三七，洪武元年十二月；《明太祖实录》卷一三四，洪武十三年十月。
② 《宝训·驭夷狄》。
③ 《御制文集》卷二《谕高丽国王诏》。
④ 《明太祖实录》卷二四三，洪武二十八年十二月。
⑤ 《明太祖实录》卷一二上。
⑥ 《明成祖实录》卷二四，永乐元年十月。
⑦ 张燮：《东西洋考》卷一二《谕暹罗国王敕》。

而西番则率使侯显"①。派遣庞大使团出访西洋诸国，与之恢复、加强和建立友好关系，开展贸易和文化交流，乃是成祖整体内外政策的重要一环。"自成祖之大度雄风，为之敷被，太祖时未及矣"②。大度雄风的政治品格，适宜的历史环境，使明成祖导演出郑和远航轰轰烈烈的伟业，这是他对中国历史发展作出的重要贡献。

（三）开展国际贸易

洪武、建文时期的对外贸易主要在国内市舶司进行，故有"贡舶贸易"之称。郑和远航以百艘船队为载体，将这种贡舶贸易扩大、伸延到海外三十多国，使中国古代的海外贸易首次以这样大的规模在南洋、印度洋国家进行，出现空前繁荣的局面。《瀛涯胜览》《星槎胜览》等纪实文献记载的这种贸易的具体情况前文已有叙述，明人其他著述对此亦屡屡提及。

> 自永乐改元，遣使四出，招谕海番，贡献迭至，奇货重宝，前代所希，充溢府库。贫民承令博买，或多致富，而国用亦羡裕矣。③
>
> 太宗文皇帝入缵丕绪，将长驱远驾，通道于乖蛮革夷，乃大赍西洋，贸采琛异。……由是明月之珠，鸦鹘之石，沉南龙速之香，麟狮孔翠之奇，梅脑薇露之珍，珊瑚瑶琨之美，皆充舶而归。④

这种国际贸易促进了明朝中国与海外诸国的经济交流和发展，传播了相互间的物质文明与精神文明。当时的贸易并不局限于珠宝等高级奢侈品，还有大量民间生活、生产用品，如中国的货品有瓷器、丝织品、布匹、金银、铜钱、铜铁、铁器、铜器、水银、雨伞、草席、米谷等；海外诸国的货品有香料、药材、胡椒、黄蜡、细布、绒毯、锦、手巾、被面、水晶、玛瑙以及中国缺少的动物、植物物种，还有制瓷原料苏泥勃青等。在当时的历史条件下，即使是富人们的奢侈性消费对于拉动社会经济也起

---

① 《明史》卷三〇四《郑和侯显传》。
② 查继佐：《罪惟录·志》卷三二《列朝属夷封爵·列洋》。
③ 严从简：《殊域周咨录》卷九《佛郎机》。
④ 黄省曾：《西洋朝贡典录自序》。

积极作用。

郑和远航虽然与永乐帝的品格紧密相关，但并不是个人随心所欲的产物，而是有深厚的历史原因。郑和使团出色地完成了历史赋予的使命，在人类航海史上谱写下光辉灿烂的篇章。它从太仓刘家港起航，由东海驶向南海、印度洋，开通了中国与东南亚、中亚、西亚、东非诸国之间相互连接的海上之路，建立了和平友好的国家关系，促进了各国间贸易的开展和经济发展，交流了各民族的文化，为世界历史作出了杰出的贡献。

而在这所有的贡献中，最具有永久价值的则是在中华"万物一体"、"天下一家"传统观念指引下，为人类开创了通过以和平、友好、互利为准则建立国家关系，开展国家间经济文化交流，促进共同发展的国际关系模式。而此后西方早期殖民主义开创的则是以武力征服、建立殖民地统治、掠夺殖民地财富的另一种模式。人类历史长河是异常曲折和漫长的，从一个时间段来看，殖民地人民的血汗和财富变成了殖民国家的资本原始积累，促进了它的工业化发展，但是随着历史的发展，这一模式终究被国际社会所抛弃；而郑和模式的价值越来越被世界人民所认识、所接受、所光大，它才是人类应该传之久远并不断丰富发展的国际关系范式。

人们常说，21世纪将是中国传统文化大放异彩的世纪，而其中尤应发扬的又该是郑和远航所体现的走向世界、和平发展的中华传统精神。

（原载《中国社会科学院学术咨询委员会集刊》第2辑，
社会科学文献出版社2006年版）

关于明代倭寇性质问题的思考

倭寇的侵掠几乎贯穿整个明代,至嘉靖年间尤为酷烈,是中国古代历史上前所未有的重大沿海边患。关于倭寇的性质,在20世纪80年代以前,国内大陆学者的看法基本一致,80年代以后出现了原则性的分歧。

从20世纪30年代至70年代末,国内大陆学者对倭寇性质的总看法是,倭寇是日本武装侵掠集团,它对中国沿海的掠夺和屠杀是破坏性的侵略战争,沿海军民的反倭斗争是反侵略的正义斗争。

80年代以后,对倭寇性质产生了不同见解,大体上形成两派意见。一派学者对自30年代以来的传统观点做出修正,认为倭寇,特别是嘉靖、隆庆年间的倭寇是私人海上贸易商人反抗明朝政府海禁政策的斗争,倭寇是由明朝政府的海禁政策引起的、造成的;倭寇是一场"国内的人民起义战争";倭寇是资本主义萌芽时期东南沿海地区"各阶层人民反对封建的运动",是"资本主义萌芽势力反对封建生产关系的阶级斗争","是中国社会历史上资本主义萌芽的时代标志之一"。另外一派学者不同意以上观点,坚持认为倭寇不是反海禁斗争,也不是什么"国内的人民起义战争"或"资本主义萌芽势力反对封建生产关系"的斗争,而是日本封建领主支持的海盗及西方殖民者对中国沿海地区的侵掠和破坏。

60年代以来,我国台湾学者关于倭寇特别是嘉靖年间倭寇的研究,比较重要的新观点有两种。一种观点认为,倭寇是海禁政策引起的,是海禁与反海禁的斗争;另一种观点认为,"倭寇应属于明代中国华南社会史的一部分,而不为日本的侵略问题"。后一种观点指出,"中国嘉靖倭寇史的研究落后,并非因史料掌握不足而起,主要还是受意识形态的影响所致","在80年代才好不容易的由民族意识中解放"。"如要对嘉靖倭寇做更全面、更深入的研究,将嘉靖倭寇问题视为华南社会问题的一部分是惟一的方法"①。

外国学者的倭寇研究,以日本著述为主。第二次世界大战以后,日本学者一些颇有影响的观点与我国学者传统观点相左,而与80年代以后出现的新观点相似。片山诚二郎等学者提出,嘉靖倭患是中国社会内部由海禁政策引起的东南沿海不同势力之间争夺海上贸易的斗争。藤家礼之助、田中健夫等学者也认为,嘉靖倭寇是海禁与反海禁的斗争。佐久间重男等学者进而提出,嘉靖倭寇问题并非单纯由海禁与反海禁引起,解释其原因,必须从明代中叶所发生的社会变迁着手,因此嘉靖倭寇的研究就从中日关系史的范畴转变为明代中国内部社会史的范畴②。

倭寇研究的状况表明,正确阐明倭寇的性质是倭寇研究全部问题的核心,也是推进倭寇研究的关键所在。而要阐明倭寇的性质,又必须正确回答以下两个问题:一是倭寇是怎样引起的?是倭患引起了海禁,还是海禁导致了倭患?是倭寇代表了资本主义萌芽势力,还是资本主义萌芽惨遭倭寇践踏?二是倭寇是中国国内的人民起义战争,还是外国侵略者对中国发动的侵掠战争?倭寇问题属不属于中外关系史的范畴?本文拟对这些问题谈些粗浅看法,抛砖引玉,以求研究的深入开展。

一　倭患的由来

明代倭患大体可以分为三个时期:洪武至正德;嘉靖;隆庆、万历。只要对倭患的历史过程加以实事求是的分析,就可看到,倭寇既不是海禁政策所引起,也不是资本主义萌芽的产物;从根本说来,它并不是明代中国的内部问题,而是明代中国与日本、葡萄牙的关系问题。

元末,日本进入南北朝时期。在南朝征西府及各地封建割据势力的庇护、支持下,日本政客、武士、浪人、流民、海盗商人大批涌向中国沿海,进行武装走私和野蛮杀掠。中国官民将这些日本海盗称之为"倭寇"。在元末统

---

① 参见吴大昕《明嘉靖倭寇研究的回顾》,台湾《明代研究通讯》二,1999年出版。

② 参见万明《中国融入世界的步履》(社会科学文献出版社2000年版)、郑梁生《明代中日关系研究》(台湾文史哲出版社1985年版)、吴大昕《明嘉靖倭寇研究的回顾》(台湾《明代研究通讯》二)等对日本学者有关倭寇观点的介绍。

一战争中被朱元璋击败的张士诚、方国珍余部有的逃遁海洋,与倭寇相勾结,骚扰海疆,倭势加重。元明之际,从辽东到广东的漫长海岸,"岛寇倭夷,在在出没,故海防亦重"①。

明朝建国,在北部、西北部有北元武装集团的反扑;在沿海有日本倭寇和张士诚、方国珍残部的侵扰。面对如此严峻的政治、军事形势,如何制定陆海疆及对外政策,是关系到新皇朝能否巩固、发展的大事。而且,我国明代以前的边患皆来自北、西北、东北,因此明朝的开创者太祖朱元璋在日本倭寇与前朝残敌相勾结、威胁国家安全的客观形势下,如何确定海外政策,是其前辈汉唐宋君主所未曾遇到过的新问题。明太祖从实际出发,在自己的国家安全方略中,将打击和防范的重点放在北元,而对包括日本在内的东亚、东南亚诸国则确定了相安共处的和平方针,将之列为"不征之国";并针对日本倭寇侵掠的特定海外环境,同时提出了加强海防、严禁军民"私通海外"和贡舶贸易等政策。

明太祖本着相安共处的和平对外方针,从建国伊始,即积极谋求与日本建立睦邻关系,同时要求其制止倭寇对中国的侵掠。为此,多次派遣使臣赴日。洪武元年、二年连续遣使,"特报正统之事,兼谕倭兵越海之由",以求"永安境土"。日本南朝征西大将军怀良亲王(后醍醐天皇之子),斩杀明使,纵倭侵华。洪武三年再派莱州府同知赵秩使日,并送还捕获的倭寇。怀良遣僧人祖来随赵秩来华"奉表称臣入贡",但日本封建诸侯依然"纵民为盗,肆侮邻邦",倭患有增无减。洪武四年,太祖严正宣告,对海外诸国,"有为患于中国者,不可不讨;不为中国患者,不可辄自兴兵"②,表明了既坚决维护皇朝安全又与海外国家和平相处的基本对外国策。洪武十四年,怀良答书明皇,中有"顺之未必其生,逆之未必其死,相逢贺兰山前,聊以博戏,臣何惧哉"之语。太祖见其无睦邻友好之意,有纵寇用武之心,遂欲与之绝交。洪武十九年,原丞相胡惟庸又增"通倭谋叛"之罪,太祖"怒日本特甚,决意绝之,专以防海为务"。洪武二十八年,颁《皇明祖训》,虽宣布"日本国虽朝实诈,暗通奸臣胡惟庸,谋为不轨,故绝之";但仍将之列为"不征之国",告

---

① 《明史》卷九一《兵志三》。
② 《明太祖实录》卷六八,洪武四年九月。

诚后代继位之君切记不可"无故兴兵"①。日本也中止朝贡。

　　太祖在遣使交涉的同时,又加紧进行海防建设,以抵御倭寇的侵掠。先后派遣永嘉侯朱亮祖、靖海侯吴桢、德庆侯廖永忠、信国公汤和、江夏侯周德兴、魏国公徐辉祖、安陆侯吴杰等上公元侯、谋臣宿将备倭海疆。在辽东、山东、江南北、浙江、福建、广东的万里海岸设置备倭都司、卫所、巡检司,修筑城池,树列寨堡,装备舰船。由于海防坚固,倭寇虽屡有侵犯,但终洪武一朝,未成大患,同时为后代奠定了海防基础。

　　明太祖"禁海"令的提出有一个过程。明朝建国后,太祖不仅对国内商业实行低税率、缩小征税范围的宽松政策,而且曾一度允许中外民间海上交通和贸易。吴元年,在太仓设市舶司,中外商船在此往来交易。《大明律·舶商匿货》载明:"凡泛海客商船舶到岸,即将货物尽实报官抽分。"②《大明律》始创于吴元年,以上内容当是此时所定,以后几次修律而保留。故此丘浚考证:"臣考《大明律》于《户律》有《舶商匿货》之条,则是本朝固许人泛海为商,不知何时始禁。"③黄佐在《广东通志》中也云,明朝灭元建国后,许以互市,"其番商私赍货物入为易市者,舟至水次,悉封籍之,抽其十二,乃听贸易"④。但是方、张余部及"诸贼、豪强悉航海,纤岛倭入寇"⑤,随着倭寇威胁的加大,明太祖不得不对海外政策做出调整。洪武四年底,颁发禁海之令,从允许中外客商泛海贸易改为"禁濒海民不得私自出海"⑥。此后又数次申令严禁滨海居良及守卫官军"私下诸番互市"、"私通海外诸国"。在《大明律》中还规定,"凡将马牛、军需、铁货、铜钱、段匹、绸绢、线绵私出外境货卖及下海者"罪之;若将人口、军器出境及下海者绞之⑦。

　　"禁海"并非"闭关"。禁海令发布后,官方控制的贡舶贸易仍在进行。"国初禁海之例,始因倭夷违谕而来,继恨林贤巨烛之变(即所谓胡惟庸'通

---

① 《皇明祖训·首章》。

② 《大明律》卷八《户律·舶商匿货》。

③ 丘浚:《大学衍义补》卷二五《市籴之令》。

④ 黄佐:《广东通志》卷六六《外志·夷情》。

⑤ 郑晓:《吾学编·四夷考·日本》。

⑥ 《明太祖实录》卷七〇,洪武四年十二月。

⑦ 《大明律》卷一五《兵律·私出外境及违禁下海》。

倭'案），故欲闭绝之，非以通商之不便也"，"以故《祖训》虽严，而三市舶司如故"①。市舶司吴元年始设于太仓黄渡，洪武三年改设于浙江宁波、福建泉州、广东广州，"以通华夷之情，迁有无之货，收征税之利，减戍守之费，且以禁海贾，抑奸商，使利权在上"②。海外诸国凭明廷颁发的"勘合"入贡，准许附载货物，官设牙行，在市舶司和京师会同馆的管理下与中国商民贸易，谓之"互市"。"是有贡舶即有互市，非入贡即不许其互市"。这种贸易史称"贡舶贸易"，或称"市舶贸易"、"勘合贸易"。明廷以为，一方面加强海防、实行禁海，另一方面开展贡舶贸易，则可达到既防范倭寇侵掠又与海外贸易通商的理想局面。

对于明廷来说，贡舶贸易既是一种经济行为，又具有重要政治目的。明太祖及其后继者皆自命"居中国而治四夷"，欲以贡舶贸易宣扬威德，羁縻远人。贡舶贸易交换的商品有三类。其一，贡品。这是特殊商品。入贡国进献贡品，明廷以赏赐方式抵偿其值。对此明皇坚持"厚往薄来"的方针，进贡"宁物薄而情厚，毋物厚而情薄"；而对进贡国国君及贡使的赏赐则务必丰厚，实则是一种重义轻利的不等价交换。其二，"附至蕃货"。此乃进贡国王室、诸侯、使臣等在正贡之外的附进货物，数量大大超过贡品，许其贸易。对这部分商品，明廷不仅常常免予抽分，豁免关税，而且所给货值超出市价许多，"用以怀柔远人，实无所利其入也"③。其三，私货。此乃贡使、船员、商人附带之私货，可在京师会同馆和市舶司与官民人等自行交易，亦受种种优惠，中叶以后贡舶所载的私货日渐增加。虽然由于明廷过分重视政治名义而不与"外夷"计较货利，而使贡舶贸易背上了沉重的经济包袱，但是在当时的历史条件下，它毕竟担负了开展海外贸易的重任，发挥了重要的历史作用。三个市舶司是对外开放的门户，市舶贸易是对外贸易的渠道，如果没有外来势力的侵扰，明代的海外政策是会逐渐放宽的，海外贸易是会逐渐繁荣起来的。

洪武以后，后继之君虽无敢更改海禁"祖训"者，但禁海的实施程度却因

---

① 王圻：《续文献通考》卷三一《市舶互市》。
② 郑晓：《吾学编·四夷考·日本》。
③ 丘浚：《大学衍义补》卷二五《市籴之令》。

倭患的时重时轻而时严时松。建文年间,北朝足利幕府第三代将军足利义满(原道义)已经统一日本。他努力改善同明朝的关系,剿捕海盗,遣使入贡。建文帝厚加赏赐,派官回访。洪武末年中断的中日两国朝廷之间的友好往来又恢复起来。成祖朱棣放宽海禁,对海外采取积极经营方针。登极伊始,便遣使以登极诏告谕日本及其他东南亚国家。永乐元年日本派遣贡使300人来华,进呈国表,贡献方物。成祖回赐之物甚为丰厚,并且命令对日本贡舶勿拘禁令,予以免检,所携兵器刀剑等违禁物品也准许出售,"毋阻向化"。永乐二年,制定"市舶条例"。由于倭寇不时侵扰,因此规定日本10年一贡,每贡船不得超过2艘,人不得超过200,颁发勘合百道为验。其他国家未曾寇扰,故"任其时至",不作限制。但实际上,中日双方都未严格执行有关规定,日本贡舶频繁而至。永乐中期,日本足利义满持继为幕府将军,对明朝转而采取敌视态度,两国朝廷间的关系再度中断。宣德年间,足利义教当国,关系重新恢复,明廷对"市舶条例"加以修订,稍事放松,规定日本每次朝贡船勿过3艘,人勿过300。但同过去一样,亦"悉不如制",每每不期而至,人船逾限。永乐、宣德年间的郑和远航,更是突破海禁,开展海外贸易是其重要目的之一。正德年间,海禁进一步松弛,广州市舶司施行"不拘年分,至即抽货"①的新法,不仅取消了贡舶贸易来有定期、船有定数、人有定员的限制,而且事实上对贡舶以外的外国商船也准许互市,出现了由贡舶贸易向市场贸易转变的趋势。

　　从永乐至正德的100年间,中日关系虽有所缓和,基本保持了"贡赐"和市舶贸易关系,但是倭患并未停息,有时仍很猖獗。日本幕府及各地藩侯实行亦贡、亦商、亦寇的多元方针。贡使有的抢掠民财,有的持刀行凶,有的殴击地方官吏。倭寇或假称贡使,乘机侵夺;或明火执仗,野蛮杀掠。永乐十七年六月,倭寇数千分乘20只海船,进犯辽东半岛望海蜗(大连湾东北),被辽东总兵官刘荣击败。正统四年夏,倭船四十艘侵犯浙江,连破台州府桃渚千户所、宁波府大嵩千户所,又攻陷昌国卫(在宁波府),疯狂屠戮,惨无人性,"积骸如陵,流血成川,城野萧条,过者陨涕"。

　　从洪武至正德年间的中日关系虽然错综复杂,但基本线索是清楚的。

---

① 《明武宗实录》卷一四九,正德十二年五月。

从以上所述史实可以看出,倭患的始因源于日本武装集团对中国沿海的侵犯;明廷原本将日本列为"不征之国",欲与建立和睦邦交,但这一政策的实施和不断主动同其改善关系的努力遭到倭寇侵犯的破坏,使中日关系不时出现紧张局面;明廷的"禁海"政策是在倭寇疯狂侵掠的非常情势下被迫提出的,是特定历史条件的产物,是保护国家安全和民众利益的防范性政策,不是"禁海"引来了倭患,而是倭患导致了"禁海";所谓"禁海"是有条件的,是局部的,而不是一般地反对所有的海外通商,不是完全禁海,不是闭关,官方市舶贸易非但没有禁止,有时还很活跃,并于正德年间出现了由市舶贸易向海外市场贸易转变的趋势,只是为了防范"奸民"与倭寇相结合,防范倭寇趁机而入,才禁止沿海居民私自出海。就是说,海外贸易由官方来控制,而不是绝对禁止。用"闭关锁国"来概括明太祖以来的海外政策是不准确的,所谓"闭关锁国"引来了倭寇更没有根据。

二　倭患的加剧

至嘉靖年间,倭患明显加剧。嘉靖二十六年冬抢掠福建漳州;二十七年夏,抢掠浙江宁波府双屿港、福建漳州府月港、福建泉州府浯屿;二十八年春,抢掠漳州府诏安。特别是嘉靖三十一年以后,东南沿海陷入倭寇侵掠的战争状态,一直持续十五六年之久。三十一年四月,华人海盗头领王直勾结日本倭寇,率众数千登陆,侵犯浙东台州府,攻陷黄岩县城。然后分兵剽掠宁波府象山、定海诸县。这是明代倭乱史上的转折点。此前倭寇主要在近海岛屿及沿海抢掠;此后遂登陆远袭,攻城略地,杀官戮民,焚烧掳掠。山东、南直、浙江、福建、广东遍受蹂躏,长江下游城乡惨遭荼毒。敌锋远达徽州府、宁国府、太平府,陪都南京亦遭围攻。先后攻破府州县卫所城池上百座,涂炭数千里,杀死军民数十万。

嘉靖年间倭患加剧到如此程度,原因何在? 此时的倭寇性质与前期是否有了质的区别? 这是不同学派分歧的焦点。我们认为,此时倭寇的性质并未发生本质的变化,此时倭患严重局面的形成有极为深刻复杂的原因。

（一）日本海盗和西方殖民者加紧对中国的武装侵掠是倭患加剧的根本原因

我国嘉靖年间，日本已进入战国时代，"瓜分豆剖，各君其国"，君弱臣强，诸侯争雄。"日本所需，皆产自中国。"①上自天皇、将军、藩侯、领主、寺院，下至海商、武士、浪人皆馋涎于中国的丰富物产。为了满足奢侈欲望，解决财政困难，增强争霸实力，日本封建领主及幕府便支持或组织海上武装海盗集团对中国进行疯狂的侵掠。

16 世纪初叶至 17 世纪中叶，西欧正处于由封建时代向资本主义时代的过渡时期。葡萄牙、西班牙、荷兰、英国等早期殖民主义者为了资本原始积累的需要，极力向东方进行殖民主义扩张。他们企图以坚船利炮打开古老而广阔的中华帝国的大门，与日本倭寇相结合，对沿海肆行掠夺，时人也将其包括在"倭寇"之内。

明中叶以后，由于中外双方的共同需要，中国同日本、东南亚、西欧的海外贸易日益发展起来。但是日本和葡萄牙既有要求同中国通商的一面，又有疯狂侵掠的一面，"盗"与"商"一身而二任。他们在通贡、通商的同时，又肆意对中国进行军事侵掠和商品走私，以致形成走私贸易额超过市舶贸易额，武装掠夺所得超过和平贸易所得的反常局面。嘉靖初年发生的葡萄牙侵犯新会和日本贡使"争贡之役"事件使海禁松懈趋势迅速逆转。葡萄牙在正德年间占据了满剌加，极力阻断明朝与南洋的交通和贸易，中国商船"率被邀劫，海路几断"。正德十三年正月，葡萄牙武装舰队强行闯入广州，"铳炮之声，震动城廓"。嘉靖二年三月，葡舰又侵掠广东新会西草湾，明将柯荣率部抵抗，葡军大败。嘉靖二年五月，两批日本贡使同时到达浙江宁波市舶司。他们互争真伪及验货先后、宴会座次，因而引起仇杀，并借机烧毁嘉宾堂，抢劫仓库，剽掠浙东，直逼绍兴城下。明备倭都指挥刘锦、千户张镗等战死，指挥袁琎等被俘。

"西草湾之役"和"争贡之役"发生后，日本倭寇、西方殖民者、中国海盗相勾结，对中国的武装侵掠不断升级，造成了经久不息的战乱。嘉靖中期以后的大规模倭患，都是在日本封建领主、藩侯和西方殖民者的指使和支持

---

① 姚士麟：《见只编》卷上。

下,并有日、葡海盗直接参加酿成的。华人海盗头领皆因有日、葡做靠山才能肆虐。华人海盗头领王直经常往日勾结,不断联倭寇掠。三十二年夏季以后,又长期居住日本萨摩松浦,"惟坐遣徒党入寇而不自来"①。日本文献亦留下王直赴日勾结平户领主的记录。② 华人海盗头领陈思盼、林碧川等曾屯居日本杨哥,寇掠中国沿海,战败即归日本躲避。华人海盗头领徐海于嘉靖三十四年正月勾引日本和泉、萨摩、肥前、肥后、津州、对马等地倭寇大举入犯,为祸惨烈。华人海盗头领陈东于嘉靖三十四年正月亦勾引日本肥前、筑前、丰后、和泉、博多、纪伊等地倭寇大举入犯,三月遁归日本,三十五年正月又率倭入犯。而且据云,陈东乃日本"萨摩州君之弟,掌书记酋也,其部下多萨摩人"。华人海盗头领叶明于嘉靖三十五年正月勾引日本筑前、和泉、肥前、萨摩、纪伊、博多、丰后等地倭寇大举入犯。华人海盗头领金子老、李光头、许栋、洪泽珍、严老山、许西池等同时还是"通西番(葡萄牙)巨寇"③。

日本倭寇、西方殖民者和华人海盗头领不仅以日本为大后方,而且占据中国沿海浯屿、双屿、柘林等港,将其变为进犯沿海和内陆的前沿军事基地。葡萄牙还在嘉靖三十六年强行租占澳门,荷兰在天启年间曾侵占台湾。屯据在这些军事基地的绝非仅是华人海盗,而且还有日、葡侵掠者和他们的头目。朱纨在嘉靖二十七年收复浙江双屿港后,"入港登山,凡逾三岭,直见东洋中有宽平古路,四十余日,寸草不生"。由于双屿已被官兵据守,倭贼失去巢穴,致使"贼船外洋往来一千二百九十余艘"。④ 二十八年朱纨获得福建走马溪大捷,"生擒佛狼机国王三名,一名矮王","夺获佛狼机大铜铳二门,每门约重一千三百余斤"⑤。可见"贼徒占据之久,人货往来之多",军力之强,且有日、葡侵略者头目坐镇指挥。当时来华葡萄牙人的著述也记载了葡人屯据沿海岛屿为非作歹的事实。他们写道,葡人在浙江双屿建房一千多所,"和葡人一起的中国人以及其他葡人,无法无天,开始劫掠,杀了一些百姓,这些恶行不断增加,受害者呼声强烈,不仅传到省里官员,也传到了皇帝

---

① 《筹海图编》卷八《寇踪分合始末图谱》。

② 参见[日]木宫泰彦《日中文化交流史》,胡锡年译,商务印书馆1984年版,第618、619页。

③ 以上各海盗头领通倭情况皆见《筹海图编》卷八《寇踪分合始末图谱》。

④ 朱纨:《双屿填港工完事》,《明经世文编》卷二〇五。

⑤ 朱纨:《六报闽海捷音事》,《甓余杂集》卷五。

那里"①。明朝政府和爱国军民如果不是用武力将浯屿、双屿、柘林以及台湾等岛屿港口收复,它们完全有可能被强行占领,以致从明朝的版图中分割出去,那将会是一幅怎样的情景!

日本倭寇和葡萄牙等殖民者的直接侵掠和对华人海盗的卵翼、支持、怂恿是造成倭患加剧的根源,它们是倭寇的主体,是规定倭寇性质的决定性因素,由此也就从根本上决定了倭寇的外国侵掠的实质。

(二)华人海盗头领与外国侵略者相勾结增强了倭寇的破坏力

嘉靖年间,东南沿海逐渐形成一批与日本倭寇、西方殖民者相勾结的华人海盗,大大增强了倭寇的破坏力。《筹海图编》卷八《寇踪分合始末图谱》将华人海盗分为 14 支,其头领分别是金子老、李光头、许栋、王直、陈思盻、肖显、郑宗兴、徐海、陈东、叶明、洪泽珍、严老山、许西池、肖雪峰、谢老等。他们之中的一些人原为海上走私商人,与日本走私商人、海盗及西方殖民者私相贸易,"丝宝盈衍而出,金钱捆载而归","自上番舶以取外国之利,利重十倍"。为了适应海上走私的需要,又组织武装船队,自任"船头"、"舶头",除防护自卫外,还劫掠商船、渔船、兵船。他们"始以射利之心违明禁而下海,继忘中华之义入番国以为奸",进而与日本倭寇、葡萄牙殖民者相结合,"称王海岛,攻城略邑,劫库纵囚,莫敢谁何"。"海商初不为盗,然盗从海商起"②的话比较确切地概括了这些人由海上走私商人堕落蜕变为海盗、倭寇头领的实际情况。他们再也不是"海商",而成"海盗"。兹以势力最大的华人海盗头领王直为例说明之。

王直,原籍南直徽州府歙县。嘉靖十九年,趁"海禁尚弛",带领同伙南奔广东,制造巨舰,装载硝磺、丝绵等违禁货物前往日本及南洋诸国进行走私贸易,并居住于日本平户。五六年间,暴发为海上巨富,"夷人信服之,称为五峰(王直又名汪五峰)船主"。为了称雄海洋,又招聚亡命,组织武装,并与倭寇相勾结,以倭酋门多郎次郎、四助四郎、辛五郎等为部伍,逐渐由海

---

① 平托《游记》、克鲁斯《中国志》,转引自万明《中国融入世界的步履》,社会科学文献出版社 2000年版,第 224 页。

② 《筹海图编》卷一一《叙寇原》。

上私商蜕变为与倭寇结合的海盗。后来,他吞并其他海盗队伍,成为海上霸主,益加"四散劫掠,公然无忌","诱倭入犯,倭获大利,各岛由此日至"。嘉靖三十年,引导倭寇突入浙江定海关,屯据金塘之烈港,自以巨舟泊于列表。"乃更造巨舰联舫,方一百二十步,容二千人"①,并以日本萨摩洲之松浦津为根据地,"僭号曰京,自称曰徽王,部署官属,咸有名号,控制要害,而三十六岛之夷皆听其指使,时时遣倭兵十余道,流劫滨海郡县,延袤数千里,咸遭荼毒"②。嘉靖三十一年四月,王直率领倭寇自舟山、象山登陆,劫掠浙江台州、温州、宁波、绍兴诸府,攻陷黄岩县城,史称"壬子之变"。接着又于次年春天"勾诸倭大举入寇,连舰数百,蔽海而至",陷昌国、犯定海、攻海盐、破乍浦、犯杭州、入南汇、犯嘉定、据吴淞,"浙东西、江南北,滨海数千里同时告警"③。此后"比年如是,官军莫敢撄其锋"。"许栋败没,直始用倭人为羽翼,破昌国,而倭之贪心大炽,入寇者遂络绎矣。东南之乱皆直致之也。"④他实际上已经"倭化",甚至以日本藩王的名义遣使同明朝交涉。王直之流绝非是什么人民起义领袖,而是名副其实的背叛祖国、屠杀同胞的通倭海盗头领,也就是倭寇头领。

(三)通倭官豪势要为倭寇提供了政治保护

中外海盗"咸托官豪庇隐,有司莫敢谁何"。闽浙沿海地区的不少官宦豪强之家或者"私造海舰,岁出诸番市易,因相剽掠";或者凭恃权势,挟制地方,为倭寇通风报信,包庇窝藏,接济食物,转运商货。走私船只靠岸,即张挂起豪族巨室的旗号,无敢查问;私货运送,则借其关文,贴其封条,畅行无阻;官军逮捕海盗也遭受他们的阻拦。他们在朝中还有政治代表,鼓吹不抵抗政策,迫害抗倭将领。因此时人认为,倭患"皆缘势要之家通番,获大利,以贻国家东南之忧"⑤。

福建泉州府同安县林希元,做过提学佥事,因事罢官家居,"守土之官畏

---

① 佚名:《汪直传》。
② 严从简:《殊域周咨录》卷二《日本》。
③ 《明史》卷三二二《日本传》。
④ 《筹海图编》卷八《寇踪分合始末图谱》。
⑤ 郑晓:《今言类编》卷四《驭夷》。

而恶之"。其家宅院的门上置有"林府"二字的匾牌,或"擅受民词,私行拷讯";或"擅出告示,侵夺有司"。又造违式大船,假称"渡船","专运贼赃并违禁货物"①。不仅通倭为乱,还制造舆论,为外国侵掠者洗刷罪责。浙江余姚谢氏乃世代簪缨之家。谢迁、弘治、正德年间内阁大学士,有"贤相"之誉,嘉靖十年卒。其弟谢迪,嘉靖年间官至广东布政使;其子谢丕,吏部侍郎。华人海盗头领许二、王直、徐海等人的走私活动"皆主于余姚谢氏"。但由于谢氏常常压低其货价,拖赖其货款,遂引起他们的愤恨。嘉靖二十六年夏,王直等率众夜袭谢氏,焚烧府第,杀死数人,大掠而去②。

官豪势不仅要有雄厚的经济实力,而且要有巨大的政治能量,他们与倭寇勾结,为倭寇提供政治庇护和舆论支持,是倭患久久不能平息的重要原因。因此浙江巡抚朱纨感慨地说:"大抵治海中之寇不难,而难于治窝引接济之寇;治窝引接济之寇不难,而难于治豪侠把持之寇……去外夷之盗易,去中国之盗难;去中国之盗易,去中国衣冠之盗难。"③朱纨正是看到了治倭"难"之所在,在闽浙通倭豪门巨室及其政治代表的围攻下,饮鸩而亡。

(四)民众从倭壮大了倭寇的声势

嘉靖年间,东南沿海地区有相当数量的农民、游民、渔民、盐徒等也涌入中外海盗组织的队伍。小民从倭的情形很复杂,其中除混入不少"粗豪勇悍"的流氓无产者外,确有很多劳动者参加。这些劳动者,或倚海为生,海禁以后,生路受阻,遂啸聚海上,从倭为乱;或因赋役繁重,不堪重负,投向海洋,加入倭寇行列,他们"忍弃故乡,幡从异类","宁负中国,不肯负倭"④。这些华人民众从倭后,时人也称之为"倭寇",从而壮大了倭寇的势力。

那么,有民众从倭是否就是农民起义呢?是否就改变了倭寇的性质呢?这要作具体分析。在历史上,并不是所有的有劳动者参加的暴力行动都是合理的。它应以国家的民族的根本利益为前提,以对历史发展是否有利为标准。贫苦民众从倭为乱,虽然是被迫铤而走险,但是与通常所说的农民起

---

① 朱纨:《阅视海防事》,《明经世文编》卷二○五。
② 《明世宗实录》卷三五○,嘉靖二十八年七月。
③ 朱纨:《请明职掌以便遵行事》,《明经世文编》卷二○五。《明史》卷二○五《朱纨传》。
④ 郑晓:《今言类编》卷四《驭夷》。

义的性质不同。他们投靠外国侵略者和华人通倭海盗头领,听命杀掠,其行为背离了国家和民族的利益,充当了外国海盗侵掠自己祖国的工具。他们自己并无明确的反对封建统治的政治目的和要求,打击目标也不是官府或朝廷的腐朽统治,而只是在市镇乡村间四处奔袭,对广大民众施行烧杀抢掠,因此不仅未能起到调解生产关系、促进生产力发展的作用,反而使东南血流千里,残破蔽败。而那些与倭寇英勇斗争的广大农民及各阶层民众才是人民群众本质的代表,才是维护国家和民族利益、保护社会进步的中坚力量。

(五)朝政腐败为倭寇作乱提供了可乘之机

面对这强悍的倭寇队伍的却是一个腐败的朝廷。嘉靖中期以后,皇帝修仙厌政;奸相严嵩当权,"贿赂公行,官邪政乱"。贪贿成风不仅加重了民众的负担,而且腐蚀了统治集团的机体。地方官吏平日以"平倭"为名,巧索横敛,而一旦倭寇临境,则"怀印而去",倭寇遂肆行抢掠,如入无人之地。而抗倭有功之士反遭迫害,时人不平地吟道:"君不见王江泾头张尚书(张经),凯歌声里征囚车。又不见浒墅关前曹巡抚(曹邦辅),捷音一奏丞相(严嵩)怒。"[1]

政治的腐败还带来了海防的废弛和军纪的败坏。明初所设御敌水寨,至嘉靖年间大都由海岛移置海岸。浙江双屿、烈港,福建浯屿等岛,明初皆为海防前哨,至嘉靖年间,反沦为倭寇进犯陆地的军事据点。沿海卫所及巡检司卒伍严重缺额,"登埤之士十无一二"。嘉靖年间,浙江各卫所实有人数平均仅为原额的22%,福建仅为44%,广东仅为23%[2]。原设战船亦十存一二。福建铜山水寨原有战船20只,至嘉靖二十六年前后仅存1只;玄钟澳原20只,仅存4只;浯屿寨原40只,仅存13只,而仅存者又往往损坏未修[3]。长江防务同样废弛不堪,由长江口至安庆,"波涛千里,无一战将,仓卒之际,不过郡县二三健隶耳",只好任倭杀掠。不仅战备不修,而且军纪涣

① 沈学渊:《严家兵诗》,(同治)《上海县志》卷一一《兵防》。
② 据《筹海图编》卷三、四、五。
③ 参见朱纨《阅视海防事》,《明经世文编》卷二○五。

散，"将不知兵，兵不知战"，"聚如儿戏，涣若搏沙"，驱之对敌，"如以蛾赴火，以雪实井"。

朝廷腐败还导致了决策的失误。面对通商与寇掠、合法交易与违禁走私、内奸与外寇相互勾结的错综复杂的局势，应采取怎样的方针，在统治者内部展开了激烈的争论。一派主张闭关禁海；另一派主张"除盗而不除商，禁私贩而通官市"，"来市则予之，来寇则奸之"。从理论上来说，后一种意见显然比较得当，但日趋腐败的嘉靖朝廷既未能对倭寇的侵掠给予坚决抵抗和有效打击，也未能对正常的贸易给予恰当的处理。嘉靖初年"西草湾之役"和"争贡之役"之后，明廷下令关闭市舶司。此后随着倭患严重程度的变化，市舶司时开时关。毫无疑问，停开市舶是由外国侵掠引起的，先有外患，后有闭市，但是关闭市舶司，不仅不利于市舶贸易的正常开展，也无益于孤立和打击真倭。嘉靖朝廷"不图其捍卫，但禁其往来"，一方面闭市停贡；另一方面对倭寇的军事侵掠不敢抗战，助长了敌军的嚣张气焰。嘉靖二十九年逼死抗倭名将朱纨之后，朝廷又从一个极端走向另一个极端，下令"宽海禁"。这时情况更糟。所谓"宽海禁"，其实际内容并不是开放正常的海外贸易，而是放弃一切防卫和抵抗，任凭倭寇自由走私和杀掠，结果招致三十一年以后东南大乱。

在明初，倭寇的构成比较简单，主要是日本海盗。至嘉靖年间，成员日趋庞杂。从外部来说，不仅有日本海盗，而且增加了西方殖民者。从内部来说，海盗、官绅、民众及"凶徒、逸囚、罢吏、黠僧及衣寇失职、书生不得志、群不逞者"各种华人群体相率"入海为盗"，因此从数量上看，倭寇中的"真倭"，即日本海盗、西方殖民者所占比例甚至少于中国的"假倭"。故时人往往这样讲，"倭居十之三，而中国叛逆居十之七也"①。这种成分和数量上的变化，成为嘉靖年间倭寇性质已经改变论者的主要论据。这种外国侵略势力与东南沿海各种"乱民"相结合而猖狂攻掠中国本土的现象虽然是奇特的，但并不能改变事物的性质。在各种原因、各种成分中，日、葡侵略者是倭患的发动者、主谋、根源，已经"倭化"、"西番化"的华人通倭海盗头领是其帮凶，他们决定着倭寇的性质；而中国从倭"乱民"则是胁从、工具，对倭寇

---

① 佚名:《嘉靖东南平倭通录》。

性质并不起决定作用。至于朝廷的腐败和决策失误,也只是给倭寇的肆意作乱提供了可乘之机,而不是日、葡对中国发动侵掠的理由。嘉靖年间的倭寇已经演变成为以日本海盗、西方殖民者及华人通倭海盗头领为核心,以沿海通倭豪门势家为掩护,有逃海民众参加的"内奸外寇"相结合的特殊的海上武装侵掠集团。这一武装集团的肆虐,使东南倭患空前加剧。

三　倭患的平息

倭寇的暴行激起天怒人怨。尽管朝廷腐败无能,广大民众和爱国将士仍然对倭寇进行了艰苦卓绝的抗战。"犁锄之民挺身与死而胜","乡村之人,手执农器,亦能杀截贼船;男妇上屋,徒手掷瓦,亦能驱走强寇"。倭寇所到之地,不仅遭到农夫农妇的顽强抵抗和反击,而且商人和手工业者为了捍卫国家和自身的利益也投入了抗倭斗争。有的学者为了证明倭寇代表商人的利益,断言势力强盛的徽商是通倭的。实际情况怎样呢?张海鹏、王廷元在其主编的《徽商研究》一书中,经过有说服力的论证得出如下结论:王直、许栋等通倭巨魁虽为徽籍,但"不是徽商,而是海盗";"徽商非但没有通倭,更没有与倭寇海盗联成一体";在倭患当头之际,"徽商中无论坐贾或行商,也无论盐商、典商、茶商、木商或其他商人,更无论在家乡或外地,他们都能积极主动、尽其所能地参加抗倭斗争,可以说是一个比较普遍的现象"。书中列举许多感人事例,将徽商的抗倭斗争归纳为以下三种方式:捐赀筑城,募勇抗倭;出谋划策,领导抗倭;弃贾从戎,杀敌疆场。[①] 其他地区的工商业者也有类似的抗倭事迹。

抗倭名将朱纨、张经、戚继光、俞大猷等人也前仆后继,依靠民众,英勇善战,痛击敌军。在抗战军民的持续打击下,倭寇势力逐渐削弱,倭患逐渐平息。在浙江桃渚、温州,福建永宁、惠安等地,保存至今的明代抗倭城堡(或城堡遗址),就是当时军民顽强抗倭的历史见证。

嘉靖二十六年七月,倭患日炽,朝廷命朱纨提督浙闽海防军务、巡抚浙

---

① 参见张海鹏、王廷元主编《徽商研究》第六章第二节《明代嘉靖年间徽商的抗倭斗争》,安徽人民出版社1995年版。

江。朱纨清正刚直,勇于任事。到任后革渡船,严保甲,搜捕奸民,加强海防,追歼倭寇,并将通倭官豪势家的姓名上报朝廷。二十八年春,捕获通倭、通佛郎机(葡萄牙)华人海盗李光头等96人,全部就地斩首,倭寇遭到严重创伤。闽浙通倭势力诬陷他"擅杀启衅",皇帝下诏逮问。朱纨愤懑不平,饮药自尽。朝廷自此"撤备弛禁","华夷群盗唾手肆起,益无忌惮"。

嘉靖三十三年五月,倭寇猖獗,逼近南京,朝廷任命张经为总督大臣,统领江南北、浙江、山东、福建、广东、湖广军务,征剿倭寇。三十四年五月,张经指挥总兵俞大猷、参将卢镗、汤克宽等将4000余倭寇包围于浙江嘉兴西北王江泾镇,水陆并进,一战而胜,歼敌2000余人,溺水焚烧毙命者不可胜计,又焚烧柘林倭寇巢穴。这就是著名的王江泾大捷,"自有倭患以来,东南用兵未有得志者,此其第一功云"。但宰相严嵩却诬陷张经"纵寇"、"冒功",皇帝听信谗言,下诏将张经处斩,天下冤之。

嘉靖三十五年八月,总督胡宗宪设计离间海盗头领徐海、陈东等,并围而歼之。三十六年十一月,胡宗宪诱降海盗头领王直,擒而斩之。王直部众3000余人,怨恨"中国渝约",乃烧船登岸,列栅舟山,占据岑港,四出剽掠。总兵俞大猷、参将戚继光率兵围攻,倭寇放弃舟山,扬帆南窜,浙东倭患减轻。嘉靖四十二年四月,倭寇再犯浙江。戚继光率领军民,取得台州大捷,杀敌2200余人。至此浙江倭乱平定。

倭寇南移后,结寨泉州之浯屿,福建沿海皆受劫掠。嘉靖四十一年十一月,攻陷兴化,占据三个月后,焚掠一空,移驻平海卫。总兵俞大猷、副总兵戚继光、总兵刘显汇兵围剿平海之敌。戚继光招募农民和矿工训练成的"戚家军"英勇善战,在平海战役中充任中军,率先进攻。官军取得平海大捷,歼灭倭寇2000余人,伤溺者甚众。平海大捷后,福建倭患逐渐平息。

嘉靖末年,俞大猷、戚继光等又率师剿平侵掠广东的倭寇。总兵官俞大猷招募训练农民武装力量参加抗倭斗争,在海丰等战斗中沉重地打击了敌军。至此肆虐于沿海的各支倭寇主要头领全部被击毙或捕获斩首,倭众随之作鸟兽散,"海氛顿息"。

万历十八年,日本宰相丰臣秀吉统一日本,随后发动侵略朝鲜战争,并妄图"超越山海,直入于明"。朝鲜国王向明朝紧急求援,明朝派兵入朝抗倭。中国援朝抗倭战争历时七年,用兵数十万,费饷数百万,终于与朝鲜军民一道,击败了日军的侵略。明朝老将总兵官邓子龙在海战中,奋勇直前,壮烈牺牲,朝鲜人民为之建造庙宇,世代瞻仰。援朝抗倭战争的胜利使得日本侵略者再也无力和不敢侵犯明朝,从而从根本上解除了我国沿海倭患。

随着南直、浙江、福建、广东沿海倭患的逐渐平息,明廷海禁也逐渐宽松。隆庆元年,基本解除海禁,除日本外,民间商船"准贩东西二洋"①,私人海外贸易取得合法地位。隆庆末年,朝廷决定"傍海通运",海运开通后,许商民持号票文引入海,往返查验②。万历十三年,颁布《问刑条例》,对《大明律·私出外境及违禁下海》条款中,"私出外境"和"违禁下海"违法行为的范围作了界定,从而进一步放宽了海禁。其主要点是:(1)持有号票文引的下海船只"许令出海";(2)下海之船,二桅以上属于"违式",其他当为合法;(3)小民撑使单桅小船,给有执照,于海边近处捕鱼打柴,"巡捕官军不许扰害"③。此外对犯罪量刑标准也做了规定。

史实表明,倭患的平息是爱国军民经过浴血抗战取得的,是抗战派对妥协派经过激烈斗争取得的。只有在经过严酷的斗争之后,在逐步削弱直至消灭倭寇的武装力量之后,倭患才逐渐平息下来,东南沿海才出现和平局面,社会生产也才得以正常进行和发展,因此抗倭之战是正义之战。史实还表明,正是倭寇的侵掠破坏了中国同日本、东南亚国家及西方国家的正常的互利贸易,是造成明廷施行海禁政策的根本原因;明廷放宽海禁并不是倭寇"斗争"的结果,而是抗倭胜利成果之一,倭患的平息为开放海外贸易创造了条件,只有在和平互利的前提下,中外贸易才能正常地进行和发展,因此抗倭绝不是"排外"、"锁国",倭寇也绝不是真正意义上的海上开放势力。

四　倭寇与资本主义萌芽

关于中国资本主义萌芽问题,在学术界尚有争议。但无论如何都很难将倭寇说成是资本主义萌芽或推进商品经济发展的进步势力的代表。

---

① 张燮:《东四洋考》卷七《饷税考》。
② 《穆宗实录》卷六六,隆庆六年二月。
③ (万历)《大明会典》卷一六七。

　　明中叶以后,随着社会生产力的提高和商品经济的发展,在中国江南地区和其他一些地方出现了资本主义生产关系的萌芽,同时出现了扩大正常海外贸易的要求和趋势。但是资本主义萌芽是有特定含义的。我们所说的明中叶以后出现的资本主义萌芽系指:随着社会生产力的提高,特别是商品经济的发展,明中叶自成化、弘治年间,即15世纪中叶以后,社会生产关系中的超经济强制和封建人身依附日趋松缓,工农业生产中雇佣劳动和雇工经营日趋增多,并开始了由官营手工业向民营转化、由自给自足的家庭农业经营向为市场生产商品的较大农业经营转化、由官匠向私匠转化、由封建等级雇佣向非等级自由雇佣转化的历史过程。这种"转化"的历史过程的开始,也就是在生产关系上出现了资本主义生产关系的萌芽。这种资本主义生产关系的初始形态,至嘉靖、隆庆、万历年间即16世纪及17世纪前叶有了进一步发展。在这里,关键是"创造资本关系的过程,只能是劳动者和他的劳动条件的所有权分离的过程,这个过程一方面使社会的生活资料和生产资料转化为资本,另一方面使直接生产者转化为雇佣工人。因此,所谓原始积累只不过是生产者和生产资料分离的历史过程。这个过程所以表现为'原始的',因为它形成资本及与之相适应的生产方式的前史"①。"资本主义生产实际上是在同一个资本同时雇用较多的工人,因而劳动过程扩大了自己的规模并提供了较大量的产品的时候才开始的。较多的工人在同一时间、同一空间(或者说同一劳动场所),为了生产同种商品,在同一资本家的指挥下工作,这在历史上和逻辑上都是资本主义生产的起点。"②按照马克思主义经典作家关于资本主义生产关系"超点"的基本理论和不同民族历史实践活动的特色,明中叶以后,在一些地区的丝织业、棉纺织业、矿冶业、制瓷业、榨油业、造纸业、印刷业等行业中,在生产关系上都发生了明显变化,产生了资本主义萌芽。在那些手工工场、手工作坊中,雇主拥有生产资料和货币,通过剥削雇工的剩余劳动增殖资本;雇工则是与生产资料相分离的自由雇佣劳动者,他们之间是摆脱了封建人身等级关系的资本与劳动之间的自由雇佣与被雇佣的关系。

----

① 马克思:《资本论》第1卷,《马克思恩格斯全集》第23卷,人民出版社1972年版,第782—783页。
② 同上书,第358页。

　　15 世纪中叶以后,不仅手工业,在商业性农业发达地区和新垦植山区,农业中也产生了资本主义生产关系萌芽。富裕农民采取雇工经营方式进行商品生产,成为萌芽状态的资本主义性质的农业主。一些庶民地主,甚至官绅地主的剥削方式也在发生某种变化,在坚持租佃制的同时,还采取雇工直接经营的方式进行农业商品生产。随着封建宗法关系和封建人身依附关系的日渐松弛,农业雇工的法权地位也逐渐提高。万历十六年修订律例时,将"雇工人"分解为"长工"和"短工",数量远比长工为多的短工,取得了"凡人"地位,即法权上的平等地位,从人身隶属的等级中解脱出来,成为农业自由雇佣劳动者。

　　明中叶以后,商业空前繁荣,商人阶层扩大,商人社会地位比前代有了较大提高。在商品经济空前发展、资本主义萌芽出现的历史潮流中,除手工业主以外,还有一些商人,甚至官宦之家,将他们的商业资本或土地所得投入手工业生产领域,转化为产业资本;或者投向商业性农业。嘉靖年间,婺源商人李迪在江西山中使用"工佣"数十人,经营木材采伐业。休宁商人汪以振在芜湖"募工"百余,经营冶铁业。休宁商人朱云沾在福建山区使用许多"佣人"开矿冶铁。歙县商人阮弼在芜湖创立染局,招徕"染人",分工操作①。正统年间,南海商人聂天根把商业资本投向纺织业。嘉靖年间,佛山巨商李壮从事冶铁业,商人麦宗泰"创立炉冶之艺"。新会商人卢从庵从事钢铁冶炼业,"赀雄于一方"②。其他地区亦有类似情况。至于像徐阶、霍韬、张瀚、归有光、王世贞、钱海山、卢柟等官宦之家或投资于手工业,或雇工经营商业性农业,更为人所知。以上所举,虽然是否具有资本主义萌芽性质或因素还有争议,但他们的这些经济活动对促进商品经济的发展,推动资本主义萌芽的出现和成长,的确起到了积极的历史作用。

　　而倭寇的活动却完全相反。明中叶以后的资本主义萌芽是在中国本土滋生的,与日本倭寇、西方殖民者无关。"倭寇中国,掳掠男女,劫夺财货,费靡刑伤不可胜计。"③工商业者同样是他们掠夺的对象。日本倭寇尤其馋涎

---

　　①　转引自张海鹏、张海瀛主编《中国十大商帮》第十章《徽州商帮》、第五章《广东商帮》,黄山书社1993 年版。

　　②　同上。

　　③　郑舜功:《穷河话海》卷六《日本一鉴》。

于中国的丝、棉、瓷器、铁器等物品,每遇辄抢之。如嘉靖三十七年正月,倭陷崇德,"入叶序班家,见丝棉库广,踊跳而喜"①。他们既非中国资本主义萌芽的产物,也非为中国进行资本原始积累而杀掠,更没有在中国开办资本主义萌芽性质的手工工场或经营商业性农业,有的仅是对社会生产和资本主义萌芽的严重破坏,这是显而易见的事情。

华人倭酋王直之流同样与资本主义萌芽无涉。他们一不从事资本主义萌芽性质的手工业、农业经营;二不在中国土地上进行资本积累,而是将武装走私和战争掠夺的巨额资产和大量人口运往他们的后方日本;更值得注意的是,遭受他们野蛮屠戮的东南沿海一带,正是我国资本主义萌芽的发祥地,当时中国商品经济和海外贸易最发达的地区。"倭寇猖獗,苏松等府,通泰等州,民遭焚劫,惨毒之甚。"②嘉靖三十二年五月,倭寇攻入上海,杀死指挥武尚文、县丞宋鳌,焚毁县衙,烧掉民房千余间,"向来被祸惨烈,上海为甚"。该年寇掠江阴,杀伤2000余人,焚烧房屋千余所。三十三年再犯江阴,杀戮万人,全县370里,里里皆空,仅存江阴孤城一座。该年抢掠昆山村镇,杀人万计,烧房20000余间,"各乡村落,凡三百五十里,境内房屋十去八九,男妇十失四五"。"苏松两府既被残害,而其狂谋又且欲窥南京。"三十四年七月,倭寇剽掠南京城下,杀死官军把总指挥2人、兵士八九百人,"南京十三门紧闭,倾城百姓皆点上城"。福建沿海兴化、莆田、漳州等商业繁华地区同样遭到倭寇野蛮杀掠。"经过兵燹后,焦土遍江村。满道豺狼迹,谁家鸡犬存。"③经过他们的践踏,曩昔繁荣富庶之地鞠为茂草,史家记云:"吴越中村落市井,故称繁盛殷富者,半为丘墟。"④"倭来而沿海骚然,是直(王直)之死生,东南之安危系之也。"⑤"四郊庐舍鞠为煨烬,千队貔豼空填沟壑。既伤无辜之躯命,复浚有生之脂膏。闻者兴怜,见者陨涕。"⑥不仅沿海地区民众惨遭涂炭,农工商业惨遭破坏,而且内地商民也深受其害。例如徽

---

① 采九德:《倭变事略》。
② 徐阶:《论发兵征倭》,《世经堂集》卷二。
③ 归有光:《甲寅十月纪事》,《震川别集》卷一〇。
④ 何乔远:《日本记》,顾嗣立编《皇明文海》卷一七四,日本细川家永清文库合抄本。
⑤ 谢杰:《虔台倭纂》上卷《倭媒》。
⑥ 采九德:《倭变事略》。

州"休歙两邑民皆无田,而业贾遍于天下。自寇乱,破家荡产者大半",同时"一家破则连及多家与俱破"①。即使是一般的非武装的海外贸易商人同样遭受他们的劫夺。徽商许谷"贩缯航海而贾岛中,赢得百倍,舟薄浯屿,群盗悉掠之"②。因此这些海盗头领不仅不是"反封建运动"和反海禁的领袖,相反却是摧残社会生产和资本主义萌芽、毁灭民众生命财产、破坏正常贡舶贸易和海外贸易市场逐渐扩大趋势的历史罪人。

那些"奸豪"、"贵官家"、"势要之家"也不是什么"从封建地主阶级中分化出来的","正在形成中的资本家阶级"。他们或是现任封建官僚,或是致仕封建乡官,或是考取功名的绅衿,都是享有封建特权进行封建剥削的官绅地主。商品经济的发展固然激发了他们的贪欲,但他们经营的走私贸易不仅仍然属于封建经济范畴,而且与外国侵略者狼狈为奸,背叛祖国利益,充当外敌"窝主",毫无进步性可言。

"罢吏"、"衣冠失职"、"书生不得志"等类,或者是因罪而罢职者,或者是封建权力分配中的失落者,他们从倭只不过是为了"欲泄其怒",企图借此改善自己的地位,他们的作用并不能滋生和发展资本主义萌芽。而所谓"凶徒"、"逸囚"、"黠僧"、"群不逞者",虽然其中会有反叛官府蒙受冤屈者,但也一定混迹有许多破坏性较强的社会渣滓。

贫苦民众"入海从倭",既不是旧式农民起义,也不是资本主义萌芽性质的新式"反封建运动"。他们并不是手工作坊、手工工场以及经营性农业的雇佣劳动者,而是从倭作乱的掠夺者。他们虽是贫民,但被倭寇所利用,充当了掠夺战争的工具。还应指出的是,从倭民众中有相当数量是被俘虏、被裹胁、被驱使的。从主体和本质上看,真正的农民、雇佣劳动者、手工业者、商人及各阶层民众同倭寇是势不两立的,正是他们与倭寇进行了英勇悲壮、可歌可泣的斗争。

历史运动是"合力"运动。组成倭寇队伍的各个不同人群带着各自不同的意愿汇集在一起,由此产生出一个总结果,即倭患。而其中起决定作用

---

① 金声:《与歙令君书》,《金太史集》卷四。
② 《重修古歙东门许氏宗谱》卷九《许本善传》,转引自张海鹏、王廷元主编《徽商研究》,安徽人民出版社1995年版,第347—348页。

的,决定倭患性质的则是"合力"中的主导力量,即日本倭寇、西方殖民者及与之结合、同化的华人倭寇头领。他们的武装杀掠行径决定了倭寇的侵略性、破坏性和反社会性;而抗倭则是维护国家安全和历史前进的正义斗争。

(原载《明清论丛》第2辑,紫禁城出版社2001年版)

张献忠"谷城受抚"评析

　　在明末农民战争史上，张献忠"谷城受抚"是一个影响全局的战略问题。但是张献忠的这一决策究竟是正确的，还是错误的，史学家们却长期众说不一。本文拟就此谈些肤浅的看法，以期有裨于明末农民战争史的研究。

一

　　任何战争都有前进和退却，进攻和妥协。农民战争也不例外。但是并不是任何的退却和妥协都是正确的。为了判断"谷城受抚"是正确的妥协，还是错误的妥协，首先需要弄清在当时的斗争形势下，农民军有没有必要施行像接受"招抚"这样的妥协。

　　人们知道，当时的社会主要矛盾并没有发生变化。农民阶级与地主阶级的矛盾仍然是主要矛盾，它们之间的战争已经持续了十几个年头，朱明王朝并没有改变消灭起义军的根本方针，因此当时并没有出现新的社会因素要求张献忠以放弃武装斗争为代价向朝廷妥协。

　　从敌我力量对比看，当时起义并非处于低潮，而是处在高潮。客观形势要求的是继续发展起义，而不是停止武装斗争，使起义转向低潮。

　　先看农民军方面。

　　经过十几年的浴血奋战，大起义正在全国范围内迅速蔓延，起义军已拥众"百余万"①，并逐步形成了分别以张献忠和李自成为首的南北两个主要战场。在西北战场，李自成接过高迎祥的义旗，顽强地战斗在陕甘川

---

① 　杨嗣昌：《复南监西贼复溃疏》，《杨文弱集》卷二八。

一带，而张献忠的中南战场在相当长的一段时间内更是全国战争的中心，"全夥大患惟在陕西、河南、湖广、江北之间"①。十五家农民军以张献忠为领袖转战于汉水之滨，淮河流域，大江北岸，"幅员数千里，一任往来飘忽"。崇祯十年十一月，即张献忠蕲水、谷城议抚前一个多月，十五家首领集中十五六万大军，在河南光山、固始、商山一带，把官军"四面合围"，聚而歼之。② 江淮楚豫是明王朝"陵、漕、盐、赋重地"，具有重要战略地位。以张献忠为首的农民军在这个地区的胜利发展，就像滚滚洪流猛烈地冲击着摇摇欲坠的明王朝的腐朽统治，"岂惟中原脏腑溃决堪忧，抑亦南北咽喉依稀欲断"③。

那么，当张献忠郧西、南阳战败退至谷城之时，形势是否发生了根本性的变化呢？回答也是否定的。从局部看，张献忠打了败仗，遇到了困难；但从全局看，起义高潮并未过去。张献忠的部队虽然伤亡较重，但在退居谷城时，仍保有较强的兵力。《孤儿吁天录》卷三载，崇祯十一年三月，郧抚戴东旻造报张献忠招抚姓名册，内归农解散一万八千一百三十五人，精兵一万一千名。《杨文弱集》④ 卷四三载，崇祯十一年四月，张献忠在谷城县有数万人，《怀陵流寇始终录》卷一〇载，张献忠至谷城，"拥党数万"。《绥寇纪略》《明季北略》《罪惟录》等书均记载，在谷城，熊文灿要张献忠大量减员，只准保留"精卒二万给饷"；而张献忠却说自己的队伍都是壮士，坚持要十万人的饷。《滟滪囊》卷一载，张献忠、罗汝才谷城、房县再起时，众达十万。综观有关记载，我们有把握地说，张献忠谷城受抚时拥众当有数万之多，而精壮主力尚有二三万人，他亲自率领的三千骑兵劲旅更保持着较强的战斗力。这时张献忠的兵力同李自成十

---

① 杨嗣昌：《敬陈安内第一要务疏》，《杨文弱集》卷九。

② 戴笠：《怀陵流寇始终录》卷一〇。

③ 杨嗣昌：《再上敬陈安内第一要务疏》，《杨文弱集》卷一〇。

④ 《杨文弱集》是明末杨嗣昌的文集，世存手抄本。杨嗣昌，崇祯九年秋起为兵部尚书；十一年六月，入阁参与机务，仍掌兵部事；十二年秋，督师出征，前往湖广陕川指挥围剿以张献忠为首的农民军；十四年三月，因李自成、张献忠相继攻陷洛阳、襄阳，畏罪自杀。在我们这篇文章所涉及的历史时期内，杨嗣昌既曾主持中枢戎政，又曾督师前线围剿，因此他的文集中的大部分奏疏和信函比较真实地记录了这一时期农民军和官军的斗争，为了解这一时期张献忠的活动提供了重要的第一手材料。由于此书世间罕见、鲜为人用，故在这篇文章中比较多地援引了它所提供的材料。

八骑突围来，简直不可比拟。在战争中，某次战斗的失败，乃兵家常事。此时的张献忠完全可以在经过一番整顿之后，继续向官军作战，而不必采取"受抚"的"斗争策略"。

不仅如此，此时江淮楚豫农民军的其他部分也都拥有相当可观的数量，而且斗志旺盛，生机勃勃。崇祯十一年三月，即张献忠退居谷城两个月之后，河南罗山、光山一带数十个地主的"坞壁"被农民军一扫而光，官军被打得落花流水，"汝水为赤"①。同时，马守应在湖北麻城、蕲州、随州一带，亦杀得官军"合境糜烂，僵尸相属"②。同年夏初，正当朝廷"安抚张献忠已妥"的时候，贺一龙、蔺养成、马守应等十六股农民军二十余万，进行了著名的京山、承天战役，农民军"绵亘数百里，接连三四郡"，"旌旆蔽空，气焰烁地"，打得官军"人心风鹤之惊，不胜惴惴"③。李自成也在西北、西南英勇地战斗着，崇祯十年底、十一年初，攻入四川，连陷三十六州县，围成都二十日。

农民军还有雄厚的后备力量。当时全国饥荒连年，流亡载道，到处都是饥寒交迫的百姓。在西北，"异常奇荒，斗米千钱，爨骨易子"④。在中原，"黄河以南，大江以北，东西七八千里，止有州县城池尚在，其余村落残破难堪"，"人民相食，至不忍言"⑤。在江南，"江楚闽广所在见告……伏戎于莽，大可寒心。况乎其分股者，其冲突者，方兴未艾，东西南半壁天下，其谁得安枕而卧也"⑥。这遍布各地的"饥寒之徒"，正是起义军的强大后盾和力量的源泉。只要张献忠将起义的旗帜高高举起，数以百万计的挣扎在死亡线上的劳苦民众便会涌入起义军的队伍，而把大起义推向更高的阶段。

与农民军蓬勃发展相反，官军却深深地陷于势穷力蹙、朝不保夕的困境，朱明王朝正处于苟延残喘之中。

---

① 戴笠：《怀陵流寇始终录》卷一一。
② 吴伟业：《绥寇纪略》卷六《谷房变》。
③ 《兵部题为塘报湖广等处贼情事》，郑天挺《明末农民起义史料》，中华书局1957年版，第251—256页。
④ 杨嗣昌：《复赵职方安内须图全局疏》，《杨文弱集》卷一五。
⑤ 杨嗣昌：《召对纪事》，《杨文弱集》卷四三。
⑥ 杨嗣昌：《南方盗贼渐起疏》，《杨文弱集》卷二二。

首先，兵力空虚。崇祯十年夏秋，熊文灿到达江淮楚豫战场之前，"湖广、河南、江北之兵通计不满四万，马少步多，或零星不成气势，或缺饷正思溃归，即使新理臣卒到，尚苦无兵可用"①。十月，熊文灿只带标兵不满千人到皖。到任后，虽然朝廷又增调了京师勇卫营一万二千、边兵五千、真定山西兵六千，共两万多人，并将左良玉部六千调归管辖。② 但是，在张献忠乞降议抚时，增调的边兵和山西、真定之兵尚未到达；后来，增调的京营和五千边兵又被抽回入卫；而唯一有战斗力的左良玉部又桀骜难制，"实不为之用"。因此，在整个江淮楚豫战场上官军并无多少实力。熊文灿革职时的《交代兵马册》载，归他管辖的丁健共一万五千八百二十二名，而亲隶于他的标兵只有二千八百余名。因此杨嗣昌感慨地说："理臣驰驱二载，仅此标兵，何其甚薄？""是以二年所就惟有剿抚之劳，未收剿抚之局，坐是故也。"③ 官军不仅数量少，而且素质低，临时纠集，"权柄不一，号令不行，心力不齐"。尤其是军心涣散，人无斗志，"今日望班师，明日望换班"，哗变不断。总之，官军与农民军相比，无论是数量还是质量，都处于相对劣势。

其次，兵饷殆尽。军中无粮无饷是朝廷最头疼的问题之一。熊文灿在任三年，国家应该拨发的饷银有六十万三千一百一十余两没有兑现。截至崇祯十二年十月，不仅十年、十一年的剿饷尚未发齐，而且十二年的饷银"分文未解"④，形成了"盗饱我饥"，"士众嗷嗷，糊口无资"的垂危局面。其他军需给养也日增艰难，"马匹强半丧亡，弓箭凋零殆尽"。这样近乎弹尽粮绝的队伍会有怎样的战斗力是可想而知的。

最后，清兵进袭，腹背受敌。从农民起义爆发以来，朝廷一直处于"腹心内溃"、"边烽乘虚"的两面作战地位。由于清军不断入关侵扰，崇祯皇帝不得不一再宣布京师戒严，并从围剿农民军的战场调兵入卫。这就为农民军的发展提供了有利的客观条件。

历史事实表明，客观势态并不要求张献忠对朝廷施行战略妥协，更不

---

① 杨嗣昌：《复延抚剿贼部咨方到疏》，《杨文弱集》卷一五。

② 杨山松：《孤儿吁天录》卷三。

③ 杨嗣昌：《交代兵马疏》，《杨文弱集》卷三五。

④ 同上。

要求他率部受抚。在那有利于农民军，不利于官军的形势下，如果不是接受招抚，而是乘胜前进，发展大好局面，那么将会大大加速战争进程，早日结束明王朝的腐朽统治。但是张献忠既看不到起义军的力量和前途，也认不清官军的虚弱和腐败，而被一时的战事失利所迷惑，接受招抚，实在是做了一件蠢事。因此如果说"谷城受抚"也是一种"策略"的话，那么它只能是违背客观实际要求的错误策略。

二

"谷城受抚"是战胜朝廷"剿抚互用"政策的法宝，还是朝廷招降阴谋的产物？是引来了起义的高涨，还是导致了起义的危机？为了正确评价"谷城受抚"，对这些问题不能不作进一步的考察。

崇祯十年十月，新任六省军务总理熊文灿到达中南战场后，秉承朝廷意旨，积极推行"剿抚互用"政策。一方面调集军事力量对农民军施行包剿；另一方面又极力施展"以贼招贼"的诡计，"刊招抚之令悬之通都"，"谕告诸家贼待以不死"。①

在官军武装围剿和政治诱降面前，农民军首领有三种不同表现。第一种，以李自成为代表。他们既不为敌人的淫威所屈服，也不为敌人的诱惑所软化，而是巍然屹立，坚持斗争。第二种，以刘国能为代表。他们屈服于敌人的压力，馋涎于敌人的施舍，叛变投降。第三种，以张献忠为代表。他们既不愿像刘国能那样背叛起义，也缺乏李自成那样坚持斗争的勇气，而是悲观动摇，在一段时期内接受了招抚。

崇祯十年十二月初，熊文灿派人至张献忠军营招降，张献忠发生了动摇。② 十二月底，他向熊文灿提出"求抚"的要求。③ 十一年正月初，他在郧西、南阳战败负伤，混在他的队伍中的朝廷宰辅薛国观的侄子薛盲趁机加紧劝降活动，怂恿他"以约降取富贵"④。他以为"诚得国观为主于

---

① 毛奇龄：《后鉴录·张献忠传》。
② 杨山松：《孤儿吁天录》卷三。
③ 同上。
④ 冯甦：《见闻随笔》卷上《张献忠》。徐鼒：《小腆纪年附考》卷二。

内，抚可万全"①，于是决计受抚。

这时，张献忠又得知曾经对他有过"救命之恩"的官军副总兵陈洪范亦在左良玉的追兵中，因此"大惊喜"，便派养子孙可望"饬名姝，赍重宝"登门乞抚，谦卑地表示"大恩未报，顾率所部随马足自效"②。并请他向熊文灿转达乞降之意。陈洪范闻之大喜，以为奇货可居，立即禀报熊文灿。熊文灿"固畏战"，又馋涎于送到手的"黄金蹄衮千，珠琲盈斗，他货累万"③，因此喜出望外，欣然受降。

于是，张献忠列下"军状"，声言从此"释甲归朝"④，"请备（调）遣"⑤，保证使"郧、襄、荆、承数百里外无一贼"⑥，并提出要当湖广总兵官及地方、关防、札付等多项要求。他就这样接受招抚，中止了武装斗争。受抚后，又派薛胄进入京师，"出入相邸，偏见群公，皆致厚馈"⑦，想以此求得权贵们的庇护。

张献忠的受抚震动了整个社会，不论是在农民军中，还是在统治阶级中都引起了巨大的反响。围绕着它，封建统治集团中的主剿派与主抚派展开了激烈的争论。但是，由于以崇祯皇帝为首的最高统治者更加深切地体会到招抚政策势在必行，因此在张献忠谷城再起前，主抚派一直占着优势。只要看一看皇帝朱由检、决策要员杨嗣昌、前线指挥熊文灿对待张献忠受抚的态度，就可清楚地认识到"谷城受抚"是多么的符合朝廷的需要了。

崇祯十一年正月初八，崇祯皇帝得到张献忠乞降的奏报后问廷臣道："卿说这贼杀得尽否？"然后"面谕剿抚原该互用"，"岂有他来投降，便说一味剿杀之理？"⑧四月十二日，又宣谕说，张献忠在谷城"造房种田，

---

① 梅村野史：《鹿樵纪闻》卷下《闯献发难》。
② 同上。
③ 彭遵泗：《蜀碧》卷一。
④ 彭孙贻：《平寇志》卷三。
⑤ 《明史》卷二六〇《熊文灿传》。
⑥ 查继佐：《罪惟录》传卷三一《张献忠·孙可望》。
⑦ 戴笠：《怀陵流寇始终录》卷一一。
⑧ 杨嗣昌：《复兵科招抚之功罪疏》，《杨文弱集》卷二四。

正是招抚好处"①。次年二月，向受抚者颁发"免死敕书"，其中有云："张献忠首倡归诚，又能截剿"，"特加褒美"，"以为余人榜样"②。

为了回答主剿派的攻击，杨嗣昌反复论证了招抚政策的必要性。他说："是则先抚一、二股以杀贼势，而后剿其余，似不为失算。""流贼蜂起垂二十年，为中原大害，若论经常之理，一剿而外，更有何词？乃其恣横遍七八省，党类至百余万，剿之不可胜剿，不得不开抚之一路，以杀其势。""国家之兵力实不能兼御夫内外，国家之饷力实不能两给于中边，即一时文武诸臣之才力心力，欲左投左效，右投右效者，不啻戛戛乎难之？"③熊文灿也申辩说："目前兵马俱以边警尽撤，仅有步兵数千，断非胜敌之着。""此时苦无兵马可发……勿轻言贼易剿，如剿有兵有势，不至十二年成此难结之局矣。"④

张献忠谷城再起后，针对主剿派对熊文灿的责难，杨嗣昌为其辩护说："流寇数十百万，诛之不可胜诛，必须剿抚兼行，斯可消散其党。……理臣二年之间，收拾楚豫江淮十分亦有六七，今除张献忠外，革里、左金、老回零星三股……余似已无他贼矣。……试思边警长驱，贼氛暂敛，中原江楚不受同时煽动之忧，伊谁之力？可将抚之一字一笔抹煞？"⑤

这些决策者的议论已经把招抚政策的实质和目的暴露得清清楚楚。它告诉人们，"招抚"只不过是封建统治阶级在不利形势下施展的政治阴谋。他们并非不想立即剿灭张献忠起义军，只是由于自己处于"一发引千钧"的危机之中，才只好"因其求抚而抚之"，以便"制伏其余"，"迨诸方之虎狼略尽"之后，再来将其"引之笼槛"，擒而灭之。这就是他们在特殊条件之下的"驯暴之术"。可惜的是，作为他们主要对手的张献忠却不仅未能击破这一阴谋，相反却附和它，不能不说是决策上的一大失误。

当然，张献忠的失误与刘国能的叛变在性质上是不同的。他虽然接受

① 杨嗣昌：《召对纪事》，《杨文弱集》卷四三。
② 杨嗣昌：《天恩准赐敕书谨再酌陈二义疏》，《杨文弱集》卷三〇。
③ 杨嗣昌：《复南监西贼复溃疏》《谨据申报验禀录请圣裁疏》等，《杨文弱集》。
④ 郝明龙辑：《明郝太仆褒忠录》卷二《熊理院回札》。
⑤ 杨嗣昌：《军前必资群策疏》，《杨文弱集》卷三五。

了招抚，但采取了一些措施，保持了自己队伍的相对独立性，并在一年半以后重举义旗。从这个意义上，也可以说"谷城受抚"是一种"假降"。但是这只能说明他不是叛变，而不能说明"假降"的正确。

其实，以崇祯皇帝为首的封建统治集团对于张献忠与刘国能的不同也是知道得很清楚的。但是他们仍然不顾主剿派反对坚持对其施行招抚政策，唯恐"惊眠虎而使之觉，嗾驯犬而使之嗥"。这种矛盾的现象揭示了这样一个深刻道理：在敌军危难之时，作为起义领袖的张献忠即使是"假降"，对朝廷瓦解起义、维持统治也是有利的。

张献忠"首倡归诚"严重地动摇了农民起义军的军心，瓦解了农民起义军的斗志，适应了朝廷推行"以贼招贼"策略的需要，造成了恶劣的后果。以"谷城受抚"为起点，大起义迅速由高潮跌入低潮。

崇祯十一年七月，顺义王沈万登率众万余在信阳投降。八月，罗汝才等十几股起义军"请降"议抚。九月，熊文灿在安抚张献忠之后，集中力量对革、左等部施行围剿，双沟镇一战，起义军大败，阵亡二千多人。这是熊文灿上任后所打的最大的一次胜仗。十月，李自成受张献忠受抚的影响，"势益衰"[1]，潼关原一仗战败，仅以十八骑突围。利用农民军军事上的失败，熊文灿加紧政治攻势。十一月，罗汝才等部仿效张献忠在均州受抚。在十五家中，罗汝才是仅次于张献忠的重要首领人物，他的受抚更加重了形势的恶化。十一年底、十二年初，"郧襄诸股之贼，聚讨招安，静听三月，止而不流"[2]。十二年四月，十五家中的又一重要人物射塌天李万庆亦叛变投降。至此，在楚豫江淮，除了贺一龙、蔺养成、马守应三支队伍还在坚持武装斗争外，其他的首领都纷纷仿效张献忠和刘国能或者接受招抚，或者投降叛变。熊文灿得意地向崇祯皇帝报功说："臣兵威震慑，降者接踵，十三家之贼惟革、左及马光玉三部未服厥辜，可岁月破也。"[3]杨嗣昌也踌躇满志地说"剿抚兼行，是以秦中大股渐次荡平，郧襄之间招纳有绪"，对于未尽"余党"，"仍用前法，诛其不服，宥其来归，或可不

---

①　《明史》卷三〇九《李自成》。

②　杨嗣昌：《谨据申报验禀录请圣裁疏》，《杨文弱集》卷三〇。

③　冯甦：《见闻随笔》卷上《张献忠传》。

难定也"①。"聚讨招安","降者接踵",大起义已濒临瓦解毁灭的边缘，这是崇祯十一年初至十二年夏季战局的基本特征。起义形势的急剧逆转，张献忠负有不可推卸的历史责任。

崇祯十年年底至十二年夏季出现的明王朝以招降为主要内容的政治攻势高潮，是封建统治阶级妄图摆脱严重的政治、军事、经济危机而采取的重大战略步骤，企图以政治上的分化瓦解弥补军事、经济上的力量匮竭，以军事围剿与政治诱降相结合的两面手法消灭起义军。而张献忠谷城受抚正是朝廷两手政策的产物。

三

崇祯十二年五月，张献忠在谷城重新起义。谷城再起并不是"谷城受抚"的继续，而是对受抚错误的修正，由此带来了大起义的重新高涨。

阶级斗争是残酷的。"谷城受抚"后的复杂斗争教育了张献忠，使他逐渐认清既不做刘国能、也不做李自成的脚踩两只船的中间状态是不能持久的。或者投降官军，或者把推翻明王朝的武装起义进行到底，作为起义军的一名主要领袖，他必须在二者中作出抉择。

自"谷城议抚"起，主剿派对杨嗣昌、熊文灿施行的招抚政策一直进行着激烈的抨击。而当起义陷入低潮，官军获得喘息之机时，主剿的声浪就更加高涨起来。他们或者密谋暗杀张献忠，或者主张趁受抚的农民军都蜂集在荆襄地区之机，四面合围，一举"荡平之"。同时，朝廷对张献忠也一直存有戒心，不实授官衔，不发放粮饷，反而要他大量减员。所有这些都使他十分恼火。他愤怒地责问郧抚戴东旻、谷城知县阮之钿："汝诱我耶？"②"公等疑我！"③封建统治者一方面伺机对他狠下毒手；另一方面，从朝廷权贵到地方文官武将又都贪婪地向他索取财物，稍有不恭，便是"反迹大露"，"恶已有端"。他忍无可忍，"遂怒生恶心"④，决计重新

---

① 杨嗣昌：《恭承召问补陈剿抚情形疏》，《杨文弱集》卷三二。
② 计六奇：《明季北略》卷一五《张献忠复叛》。
③ 戴笠：《怀陵流寇始终录》卷一一。
④ 戴笠：《怀陵流寇始终录》卷一二。

起义。正如他自己所说，他的再起乃是"总理（熊文灿）使然"①。

谷城再起的炮声犹如滚滚春雷，响彻了大江南北、潼关内外。在它的召唤下，除了个别死心塌地的叛变者外，受抚的首领们皆一呼百应，"一时并叛"。它也鼓舞和支持了李自成，"献忠反城谷，自成大喜，出收众，众复大集"。② 张献忠以重新起义的实际行动纠正了错误，迎来了一个新的斗争时期。

经过严酷斗争的洗礼，张献忠增强了起义斗志，提高了斗争艺术，为挽救起义进行了艰苦卓绝的奋争。谷城再起后，朝廷对农民军发动了又一次大规模围剿，崇祯皇帝命内阁大学士杨嗣昌督师出征，并将打击的重点再次放在了张献忠身上。这时的环境比"谷城受抚"前险恶得多，但是张献忠没有惊慌失措、悲观动摇，而是巍然屹立、力挽狂澜，与"谷城受抚"时的心态和行为形成鲜明对比。十二年九月，在白土关战役中，张献忠部被万余官军团团围住。他临危不惧，以"且死于墨吏，不如死于锋镝"的英雄气概率领全军"大决死战"，终于转败为胜，打得万余官军"尽归乌有"③。十三年二月初，由于力量对比悬殊，张献忠大败于玛瑙山，"老营踏破"，"精锐几尽"，阵亡三千六百多名，被俘四百余名，拥坠岩壑者无数；重要头领阵亡十五名，被俘三十七名，投降多人；损失马骡一千五百匹，大炮、鸟枪、三眼枪一百八十多杆；张献忠的妻妾及军师潘独鳌、徐以显等被俘入狱；张献忠本人也"乘马滚沟，仅以身免"。崇祯皇帝惊喜道，此战"足称奇捷"④。此后，又连战失利，情势异常危险。三月初，韩溪寺、盐井战败，阵亡近二千名，头领一条龙、顺天王、二只虎等率众三千投敌。三月九日，柯家坪战败，阵亡三百五十余名。三月十五日，木瓜溪战败，"老营尽夺，斩首三千有奇，其余尽行招安，马骡一匹也不曾骑去，张献忠止穿裤一条逃走"。至此，张献忠的队伍伤亡殆尽，几乎成了"赤身之贼"。官军将领们傲慢地宣称，"逆献直孤雏耳，死亡可

---

① 李瑶：《南疆绎史》卷八。

② 《明史》卷三〇九《李自成传》。

③ 佚名《纪事略》。

④ 杨嗣昌：《飞报玛瑙山大捷疏》《察奏捷功疏》，《杨文弱集》卷三九、四〇。

立而待也"①。

玛瑙山战败后，在农民军内部又一次出现"诸渠相继而降"的险恶局势。截至张、罗会师时，全国二十四股起义军，已有十九股或者被剿平，或者被招降，剩下的只有张献忠、罗汝才、贺一龙、蔺养成和李自成五股坚持斗争②。而其中，作为张献忠重要友军的罗汝才又不时发生动摇，张献忠自己队伍中也有不少头目叛变离去，有的还企图暗杀或生缚他，向朝廷邀功请赏。

按照在战败的条件下便可率部接受招抚的逻辑，此时的张献忠似乎比谷城时期更有理由接受招抚了。而且朝廷对他也没有把受降的路子完全堵死。督师杨嗣昌一方面宣称，"大恶不赦惟有张献忠一人"；另一方面又强迫张献忠宠妾丁氏堂兄丁举人给张献忠写信，"教诱杀其党与，将功赎罪，再讨招安"③。但是张献忠并没有重复以往的错误，而是按照自己在斗争实践中认识到的坚持起义的道路走去，对于军事围剿，毫不畏惧；对于政治诱降，坚决抵制；对于叛变者，严惩不贷；对于悲观情绪，严肃批评。从而坚定了斗志，保存了队伍。并根据敌强我弱的不利战局，组织积极的战略退却，"既不略地攻城，亦不扎营恋战，唯求夺路而走"，突破包围，切断封锁，转战楚陕川。十三年五月，张献忠率领仅存的千余人马转移至兴归山区，在官军的层层包围下，利用敌人的矛盾，依靠劳苦百姓的支援，休夏山中，"收散亡，养痍伤，气乃稍稍振"。④ 接着，为了与罗汝才会师，粉碎敌人各个击破的阴谋，又西出兴归，深入巴巫山区。在巴巫群众的掩护下，潜入深箐，"掩旗鼓，谷中杳然"⑤。张、罗会师，增强了起义军的力量，夺取了土地岭大捷，然后突破堵截，势如破竹，"长驱西入"，向四川腹地挺进。

张献忠入川后，采取"以走致敌"的战术，"倏东倏西，晨南暮北"，

---

① 杨嗣昌：《微臣驰至彝陵适接馘降献党疏》《飞报官兵连战异常大捷疏》，《杨文弱集》卷三九、四〇。

② 参见杨山松《孤儿吁天录》卷一一。

③ 杨嗣昌：《军中用间多方疏》，《杨文弱集》卷三六。

④ 吴伟业：《绥寇纪略》卷七《开县败》。

⑤ 彭孙贻：《平寇志》卷三。

长途奔袭，诱敌深入，主动出击，聚而歼之。在半年的时间内，从川东到川西，从川北到川南，转战游击数千里，给了官军以巨大杀伤。杨嗣昌尾随追赶，疲于奔命，"丧殁殆尽"。"前有邵巡抚，常来团转舞，后有廖参军，不战随我行，好个杨阁部，离我三天路"① 的歌谣形象地表述了张献忠战略方针的正确，反映了农民军的昂扬斗志和胜利的喜悦。入川是具有重要意义的战略转移，它扭转了被动挨打的局面，取得了战争主动权，把濒临覆灭的起义事业挽救了过来。

接着，张献忠又抓住战机，杀出巴蜀，挥师东向。崇祯十四年二月，攻陷襄阳，处死襄王，把大起义重新推向高潮。李自成、张献忠相继攻陷洛阳、襄阳，宣告了朝廷又一次大围剿的破产，标志着明末农民大起义最艰苦的相持阶段已经结束，战略反攻的胜利进军即将到来。此后，农民军遂"势成滔天"，"不可复制"，"襄洛之陷，明室之所由以兴亡也"。

有比较才有鉴别。"谷城受抚"使起义由高潮跃入低潮；谷城再起后的顽强斗争又使起义由低潮转向高潮。两种不同的方针产生了两种不同的结果。崇祯十四年以后的起义高潮并不是由"谷城受抚"所准备、所导致的；恰恰相反，是通过纠正"谷城受抚"错误、坚持不屈不挠的起义斗争夺得的。

实事求是地评析"谷城受抚"绝不会否定张献忠的重要历史地位。崇祯十一年初至十四年初的三年，是明末农民战争由高潮到低潮，又由低潮到高潮的大转折时期。这是决定起义是半途而废，还是继续前进的三年；也是决定明王朝生死存亡的三年。在这个关键时期，张献忠既曾因为"谷城受抚"而给起义带来重大损失，也曾因为谷城再起及再起后的艰苦斗争而扭转了败局，拯救了起义，立下了不朽功勋。而且在明末农民大起义的中期，在各支起义队伍中，张献忠为首的部队力量最强，它活动的江淮楚豫川战场是全国战争的中心，抗击了明军的主要兵力。因此自崇祯九年高迎祥牺牲，至十四年春季李自成攻入河南，明王朝一直把张献忠作为主要战略攻击目标，提出了"先行献忠之诛，余贼以次第剪灭"的战略方针和

----

① 李馥荣：《滟滪囊》卷一。

"四正、六隅、十面网"的大围剿战术。张献忠起义军在这个时期的英勇斗争，对于保障起义免遭夭折，为大反攻开辟道路，作出了卓越的贡献。金无足赤，人无完人。总观张献忠的全部斗争历史，实不愧为一位中国历史上杰出的农民起义领袖，而且赋有勇于修正错误、在艰难险阻中摸索前进的历史主动精神。

"历史的发展是曲折的，迂回的。"[1] 人们创造历史的活动也只能是一个曲折的、复杂的过程。农民起义领袖张献忠的曲折经历从一个侧面向人们展现了古代的农民阶级是在多么崎岖的道路上艰苦地推动着社会的发展。

（原载《明史研究》第 1 辑，黄山书社 1991 年版）

---

① 　列宁：《当前的主要任务》，《列宁选集》第 3 卷，人民出版社 1972 年版，第 492 页。

晚明心学的没落与实学思潮的兴起

　　明清之际顾炎武、黄宗羲等进步思想家的经世致用主张经常为后人所称道。但是，这仅是个别人物的进步思想，还是一种广泛的社会思潮？如果是社会思潮的话，那么它是怎样兴起的？具有哪些基本的内容和特征？历史地位怎样？这些是很值得深入进行研究的。

　　在思想史上，明朝万历中期至清朝康熙中期，即 16 世纪末至 17 世纪末可以划为一个发展阶段，而以晚明为其前期，清初为其后期。王阳明心学的没落与实学①思潮的兴起便是这一历史时期社会思想的显著特征。

　　社会意识的根源虽然深藏于社会经济之中，但是它的发展却是一个有自身规律的独立的运动。从思想发展的逻辑看，心学的没落是实学思潮兴起的原因；实学思潮的兴起是心学没落的归宿。它们是同一过程的两个方面。为了研究这一过程，就必须对这两个方面给予分析和综合。

　　限于篇幅，本文只能把探讨的重点放在晚明。

一　心学的没落

　　阳明心学自嘉靖初年形成完整体系之后，很快便进入全盛时期。这个时期持续了半个世纪之后，于万历中期跌入了衰落期。衰落期亦维持了半个世纪，至明清之际终于被实学思潮所战胜而彻底败落下去。

　　在全盛期，阳明学派"几遍天下"。它不仅是控制整个学界的强大的文化势力，而且还是在很大程度上控制政界的强大的政治势力。这正如陆

---

　　①　"实学"，即通常所说的"经世致用"之学。为了同心学清谈相对立，晚明和清初倡导经世致用的人们往往使用"实学"这一更为鲜明的概念。

陇其所说："自嘉、隆以来，秉国钧作民牧者，孰非浸淫于其教者乎？始也倡之于下，继也遂持之于上。始也为议论，为声气，继也遂为政事，为风俗。"[1] 心学已经以国学的资格取代朱（熹）学而成为全社会的统治思想。[2]

那么，如此风靡一时的阳明学派，为什么最终还是走上了穷途末路呢？我们认为，思想日趋腐朽同社会发展需要之间的尖锐对立，乃是导致这一结局的根本原因。

（一）思想日趋腐朽

阳明心学在思想史上曾经起过一定的积极作用。它的"万物一体"论，为嘉靖初年社会阶级矛盾的缓和提供了理论指导；它以"吾心"而不以孔子和经书为衡量是非标准的思想，为李贽等人反对"圣贤"偶像、反对封建礼法的异端思想提供了思想资料；它极力宣扬精神、理性作用，补救了朱学支离烦琐之弊，把理学推进到一个新的阶段。在经历了程朱理学的漫长统治之后，阳明心学的出现，确曾因其简易直接而使人们"一时心目俱醒，恍若拨云雾而见白日"[3]。

但是，所有这些都不是建立在科学的世界观基础之上的。它必将没落的命运已为本身世界观的根本谬误所注定。王阳明"心外无物"、"心外无理"的命题，把中国古代主观唯心主义发展到了登峰造极的地步。列宁曾经精辟地指出："哲学唯心主义是经过人的无限复杂的（辩证的）认识的一个成分而通向僧侣主义的道路。"[4] 王阳明正是通过片面地无限夸大"精灵"的作用而使自己陷入了禅宗的泥坑。如果说，在心学形成的过程中，他还没有完全摒弃"事功"思想的话，那么到了晚年，已经明显地表露出虚无主义的倾向。

---

①　陆陇其：《学术辨》下，《三鱼堂文集》卷二。

②　隆庆元年四月，追赠王守仁新建侯，谥文成。万历十二年十一月，钦准王守仁从祀文庙。王阳明的神位被请进文庙，起到了"烬程（程颢、程颐）、漂朱（熹）"（阎若璩：《潜邱劄记》卷一）的作用。由于最高统治集团对心学的尊崇，"嘉、隆而后，笃信程、朱，不迁异说者无复几人矣"（《明史》卷二八二《儒林传》）。

③　顾宪成：《小心斋札记》卷三，《顾端文公遗书》。

④　列宁：《哲学笔记》，人民出版社1960年版，第411页。

嘉靖六年九月,他逝世的前一年,曾同他的高徒钱德洪、王畿有过一次关于"四有"与"四无"①的讨论。他调和钱、王的不同意见,对自己过去提出的"四句教"作了一番修正,形成了对心学基本思想的最后的经典式的表述。他说:"四无之说,为上根人立教;四有之说,为中根以下人立教。上根之人,悟得无善无恶,心体便从无处立根基,意与知、物皆从无生,一了百当,本体便是工夫,易简直截,便无剩欠,顿悟之学也。中根以下之人,未尝悟得本体,未免在有善有恶上立根基,心与知、物皆从有生,须用为善去恶工夫随处对治,使之渐渐入悟,从有以归于无,复还本体,及其成功一也。"② 在这里,他为人们指出了"顿悟"与"渐悟"两条"引入于道"的途径。所谓的"顿悟"之法,根本之点乃是一个既否认客观世界("物")也否认主观世界("心"、"意"、"知")的"无"字和一个藐视社会实践、不仅取消感性认识,甚至也取消理性认识的"悟"字。所谓的"渐悟"之法,虽然也讲"心与知、物皆从有生",但它所说的"有",仅是一种"善"、"恶"的道德观念;所说的"物",只是意念的体现;所说的"工夫",只是静坐式的内心涵养;而且,在经过一番"为善去恶"的工夫之后,最终仍然是"从有以归于无",达到"四无"的神秘境界③。因此,实际上,"渐悟"之法的根本点同样是一个"无"字和一个"悟"字。这种以"无"和"悟"为核心的世界观和方法论正是禅宗教理的翻版;"顿悟"与"渐悟"的两种方法,正是禅宗"顿教"(南宗)与"渐教"(北宗)两个派分的变种。王阳明正在把哲学认识和改造世界的庄严职责让位给神学空谈。事实证明,"四无"之说的被肯定,造成了严重的后果。它为王门后学虚无主义思想和清谈学风的泛滥打开了闸门,从而为心学的腐朽和没落埋下了祸根。因此,清代不少的学

---

① "四有"即王阳明的"四句教"——"无善无恶心之体,有善有恶意之动,知善知恶是良知,为善去恶是格物。"钱德洪坚持此说;而王畿反对,认为心、意、知、物都是无善无恶的,都是"无",故称"四无之说"。

② 王畿:《天泉证道纪》,《龙溪王先生全集》卷一。

③ 王阳明为"四无"之说涂上了一层浓厚的神秘主义的色彩。他玄虚地说:"此是传心秘藏,颜子、明道所不敢言者。今既已说破,亦是天机该发泄时,岂容复秘?"(王畿:《天泉证道纪》,《龙溪王先生全集》卷一)

者都批评说，"风俗之坏，实始姚江"①，"开误后学，迄今祸尚未艾"②。

王阳明死后，王门后学的主要部分基本上是按照"顿悟"、"渐悟"两条道路发展的③，形成了以二王（王畿、王艮）为首的顿悟派和以邹守益、钱德洪等人为首的渐悟派两大派系，而尤以二王顿悟派的势力最大④。他们都片面地发展了王学的糟粕，从而使它走向日益空虚、贫乏和简陋的绝境。

王畿为学"以无念为宗"⑤，鼓吹"现成良知"说，认为"良知"不仅是先天的，而且是"现成"的，既不需读书明理，也不要砥砺德性，更不必社会实践，只要"从心悟人"，便可"一了百当"；只要"大彻大悟"，便可"破千古之疑"⑥。王艮为学"以悟性为宗"，"以太虚为宅"⑦，宣扬不睹不闻，不思不虑，说什么"只心有所向便是欲，有所见便是妄；既无所向，又无所见，便是无极而太极（良知）"⑧，认为只要"于眉睫间省觉"，便可当下顿悟"天机"⑨。以邹守益等人为首的渐悟派，虽然认为"良知"需要"渐修功夫"才能显露，但是他们所谓的"功夫"也只不过是静坐敛心而已，以为只要不着物，不思念，虚静无欲，枯槁寂寞，就可逐渐悟出"天理"，成为"圣人"。这样的"圣人"岂不成了脱离社会生活、停止思维活动的一具行尸？

王门后学对虚无主义世界观的鼓吹进一步加深了心学禅宗化的程度。如果说王阳明熔儒、释、道于一炉而创立了致良知学说的话，那么他的弟子王畿等人则把这个学派改造成了一个以"虚寂"为共同基础的三教合一的"良知教"。为了建立这样一个宗教，王畿曾大造舆论。他说："良知"

---

① 陆陇其：《答臧介子书》，《三鱼堂文集》卷五。

② 阎若璩：《潜邱劄记》卷一。

③ 万历中期以后，王门发生了深刻的分化。关于此点，下文将要论及。

④ 黄宗羲说："阳明先生之学有泰州、龙溪而风行天下。"（《明儒学案》卷三二《泰州学案》卷首）

⑤ 王畿：《趋庭漫语付应斌儿》，《龙溪王先生全集》卷一五。

⑥ 王畿：《答南明汪子问》《与狮泉刘子问答》《三山丽泽录》《留都会纪》《闻讲书院会语》等，均见《龙溪王先生全集》。

⑦ 李贽：《王艮传》，《续藏书》卷二二。

⑧ 王艮：《与俞纯夫》，《王心斋先生遗集》卷二。

⑨ 耿定向：《王心斋传》，《王心斋先生遗集》卷四；黄宗羲：《明儒学案》卷三二《王艮传》。

乃是"范围三教之枢","老氏曰虚，圣人之学亦曰虚。佛氏曰寂，圣人之学亦曰寂"，"世之儒者不揣其本，类以二氏为异端，亦未为通论也"①。在王门后学的鼓动下，嘉、隆以后，参禅之风盛行，"万历世士大夫讲学多类此"②，甚至像李贽那样的进步思想家也无力摆脱其影响。儒、释、道合而为一是嘉、隆以后社会思想重要特征之一。人们知道，佛教苦空寂灭的世界观在禅宗，特别是它的南宗（顿教）那里已经发展到了无以复加的地步。净心自悟、面壁禅坐之风的流行，会给社会思想、社会风气造成多么恶劣的影响是可想而知的。

清谈之祸的酿成就是突出表现。由于"无"、"空"思想的泛滥，加上心学成为科举考试的内容③，因此形成了不读书，不探讨实际学问，不研究当代政治、经济、军事，只知谈心性、诵语录、参话头、背公案的空疏学风。"现成良知"成了万灵的套语，清心静坐成了枯死的教仪。不论是在政界，还是在学界，到处都在清谈。正如顾炎武痛切指出的那样："刘石乱华，本于清谈之祸，人人知之。孰知今日之清谈，有甚于前代者。昔之清谈谈老庄，今之清谈谈孔孟。""举夫子论学、论政之大端一切不问，而曰一贯，曰无言。以明心见性之空言代修己治人之实学。"④

清谈之祸漫及甚广。在政治上，它助长了统治阶级的腐败。嘉靖以来，王门弟子在朝廷和地方身居显位者比比皆是。他们极力要把心学变为整个统治阶级治理国家的指导思想。⑤ 在他们的提倡下，崇尚清谈成了官场作风。什么国计民生、典章制度、用兵御敌，概不用功把握，"士习人

---

① 王畿：《三教堂记》，《龙溪王先生全集》卷一七。

② 《明史》卷二八三《周汝登传》。

③ 嘉、隆以后，心学成为科举考试的内容，更加助长了空洞无实的学风。顾炎武揭露说："自兴化（李春芳）、华亭（徐阶）两执政尊王氏学，于是隆庆戊辰（二年）《论语》程义，首开宗门，此后浸淫无所底止，科试文字大半剽窃王氏门人之言。"（《日知录》卷一八《举业》）又说：隆庆二年李春芳主考会试，"始明以庄子之言入之文字，自此五十年间，举业所用无非释老之书"（《日知录》卷一八《破题用庄子》）。

④ 顾炎武：《日知录》卷七《夫子之言性与天道》。

⑤ 例如，嘉靖三十二年底、三十三年初，王门弟子宰相徐阶、兵部尚书聂豹、礼部尚书欧阳德、吏部侍郎程文德等，趁四方官吏云集京师朝觐之机，在灵济宫召开讲学大会，"与论良知之学，赴者五千人，都城讲学之会于斯为盛"（《明史》卷二八三《欧阳德传》）。

心，不知职掌何事"①，"问钱谷不知，问甲兵不知"②。后人所作的"天下无一办事之官，廊庙无一可恃之臣"③的批评，并非夸大之词。迂腐、愚昧、空虚之习在士大夫阶层中扩展，而统治阶级的腐败无能又促进了社会危机的深化。

在经济上，它阻碍了社会生产的发展。"去人欲，存天理"的理论，把政治伦理思想纳入社会经济思想的范畴。它既是王阳明伦理观的核心，也是社会经济思想的核心。它以空谈心性为高雅，以理财治生为卑俗。它要求人们但知明心见性，而禁绝一切"私欲"。"物"、"货"、"声色"的欲望，"慕富贵"、"尤贫贱"的念头，都必须荡涤干净④。嘉、隆以后，"禁欲存理"的鼓噪，极大地限制了人们创造物质财富的积极性，束缚了社会生产力的提高。

在学术文化上，它桎梏了许多学科的发展。儒家学派本来有治经兼治象数等自然科学的传统。这个良好的传统，在清谈之风的冲击下，面临中断危险。阳明学派认为，心性之学是"本"，璇玑九章是"末"，因此只知"束书而从事于游谈"⑤，很少有人致力于自然科学的研究。"士占一经，耻握从衡之算；才高七步，不娴律度之宗。无论河渠历象，显忒其方；寻思吏治民生，阴受其敝。"⑥经过空疏学风的摧残，明中叶以后的自然科学出现了衰敝景象。清代自然科学史家阮元正确地指出，"自明季空谈性命，不务实学，而此业（天文、数学）遂微"⑦。不仅自然科学如此，心学以外的诸子百家之学也都遭到了厄运。经学、史学、词章、典籍等古代文化的各个领域几乎都受到影响。时人对当时文化界的状况曾做过这样的描述：士人"尊陆（九渊）以毁朱（熹）"，"翕翕訾訾，如沸如狂。创书院以聚徒，而黉校几废；著语录以惑众，而经史不讲。学士薄举业而弗

---

①　《明史》卷二五三《王应熊传》。

②　《明史》卷二五二《杨嗣昌传赞语》。

③　李塨：《与方苞书》，《恕谷后集》卷四《颜李遗书》。

④　王阳明禁欲主义的论述，可见《王文成公全书》中《亲民堂记》《为善最乐文》《答南元善》《与王纯甫》《与黄诚甫》《传习录》等篇。

⑤　全祖望：《梨洲先生神道碑文》，《鲒埼亭文集》卷一一。

⑥　李之藻：《同文算指序》，《增订徐文定公集》卷六《附李之藻文稿》。

⑦　阮元：《西洋·利玛窦》，《畴人传》卷四四。

习，缙绅弃官守而弗务"①。

通过以上分析，对嘉靖、隆庆以来阳明学派的特点似乎可以用"大"和"空"来加以概括：规模大，思想空；既繁盛，又腐朽。空虚贫乏的思想、束书游谈的学风是这个学派日趋腐朽的象征；而浩大的规模，又使它在广泛的范围内产生了消极作用。学说内容本身的腐朽决定了它本质的虚弱，准备了它必然走向没落的成熟条件。

"错误的思维一旦贯彻到底，就必然要走到和它的出发点恰恰相反的地方去。"② 心学走到尽头，社会思想必然要向注重实际的方向转化。这是不可抗拒的客观规律。已经把"无"、"空"思想"贯彻到底"的心学，不仅决定了本身必将衰败的结局，也为实学思潮的崛起创造了前提。

（二）被"天崩地陷"的时代所抛弃

"对哲学发生最大的直接影响的，则是政治的、法律的和道德的反映。"③ 只是思想本身的原因，还不能使心学衰落的必然性变成现实性。决定心学没落和实学思潮兴起的还有深厚的社会根源。是变化着的时代最终抛弃了那已经远远地落后于自己、严重地阻挡自己前进的清谈之学，而把生机勃勃的、能够帮助自己向前发展的实用之学召唤上了历史的舞台。

万历初年，张居正改革所带来的社会阶级矛盾的缓和，只不过是昙花一现，到了万历中期，又重新尖锐起来。它既有封建社会固有矛盾的激化，又有因资本主义萌芽而产生的新矛盾的抗争。各种社会矛盾的对抗和冲突，导致了社会各阶级、阶层、集团、派别之间激烈的搏斗。农民起义、市民运动、奴仆叛主、矿徒暴动、士兵哗变汇合成反对封建腐朽统治的滚滚洪流。与此同时，民族矛盾也在激化。蒙古族鞑靼部对内地不断骚扰，女真族后金对中央朝廷发动了长期的大规模战争。民族战争的烽火、阶级斗争的怒涛直接威胁着明王朝的存亡。它们反映在统治集团内部，形成了持久的、激烈的党争。在党争中，统治集团的力量消耗殆尽，

---

① 袁衮：《距伪》，《世纬》卷下。
② 恩格斯：《自然辩证法》，《马克思恩格斯选集》第3卷，人民出版社1972年版，第482页。
③ 恩格斯：《致康·米特》，《马克思恩格斯选集》第4卷，人民出版社1972年版，第486页。

国家机器几乎陷于瘫痪之中。

明后期的五十年，的确是一个风起云涌、"天崩地陷"的时代。思想派别的命运取决于满足这个时代发展需要的程度。阳明心学形成之初，它所提出的"万物一体，天下一家，中国一人"的阶级调和论①确曾在一定程度上起过调整地主阶级与农民阶级之间以及统治阶级内部关系，缓和社会矛盾的作用。那时，正德年间全国范围的农民起义高潮刚刚退落，阶级矛盾相对缓和，社会局势相对稳定。因此，企图通过"正心"泯灭矛盾，从而达到"公是非，同好恶，视人犹己，视国犹家"的"大同"理想，一时间颇受人们的欢迎。但是，乞求纯粹的"精灵"拯救世界，只不过是一种幻想，它终归是要破灭的。封建制度（特别是它的后期）本身固有的规律，决定了它的各种社会矛盾的缓和只能是暂时的、相对的；而周期性的经济、政治危机则是绝对的、不可抗拒的。心学虽然可以一时起到某种缓和社会矛盾的作用，但终不能阻挡周期性社会危机的必然到来。而当危机一旦降临，在尖锐复杂的社会矛盾面前，这样的明心见性之学就只能一筹莫展，束手无策。它不仅无力扶危定倾，相反却因自己的腐朽而加剧了危机。

社会意识与社会存在之间已经处于严重的对立状态。拯时救危需要的是治国经邦之术、经世致用之学；发展社会经济和资本主义萌芽，需要的是自然科学技术和能为它们服务的进步的社会思想。社会存在绝不允许社会意识长期与自己相背离。必须用有用之实学取代无用之清谈，乃是时代向思想界提出的迫切要求。

这种要求逐渐被关心国事民瘼的有识之士所认识。东林学派领袖之一的顾允成就曾愤慨地说："吾叹夫今人之讲学者"，"恁是天崩地陷，他也不管，只管讲学快活过日"②。这样，以实学"救世"为己任的心学反对派便应运而起，伴随政治、经济、军事领域的生死搏斗，在意识形态领域里也展开了一场"实"与"虚"的激烈论争。心学反对派来自两个方面，

---

① 关于王阳明"万物一体"的理论，可见《王文成公全书》卷二六《大学问》；卷七《新民堂记》；卷二《传习录·答顾东桥书》《传习录·答聂文蔚》；卷三《传习录》；卷五《与黄勉之》等。

② 高攀龙：《顾季时行状》，《高子遗书》卷十一。

一是阳明学派自身的反动，二是异军营垒的攻击。

随着心学的日益腐朽、社会危机的不断加深，阳明学派内部发生了急剧分化，有愈来愈多的人从苦闷中醒来，逐渐觉悟到清谈乃是自己阵营的不治之症。它不仅不能使天下治平，相反却使国力日衰、世道日乱、民不聊生，因此必须以实用之学对其加以修正、改造，甚至取而代之。过去所景仰、所崇拜、所追求的，现在成了被厌恶、被唾弃、被批评的对象。还是在嘉靖年间，在心学鼎盛风靡之时，阳明弟子黄绾就通过亲身的体验，发现了"致良知"学说的"空虚之弊，误人非细"①，在《明道编》中对其作了犀利的批评。不过在那时，王门弟子的反戈还是少有的个别现象；到了万历中期以后，自身反动的趋势便日益明显起来，逐渐形成了一股强大的势力。它以颜山农、何心隐、李贽开其端；顾宪成、顾允成、高攀龙继其后；而由明末和清初的刘宗周、孙奇逢、张采、陈确、黄宗羲、陆世仪、李颙、唐甄等一群人达到高峰。这种反动有三种基本的形态：一是打着心学旗号修正心学，以李贽、黄宗羲为代表；二是公开地扯起是朱（熹）非王的旗帜，要求抛弃心学，以顾宪成、高攀龙为代表；三是介于二者之间，调和程朱、陆王，各扬其长，各避其短，以张采、孙奇逢、李颙为代表。他们之间，虽然思想水平高低不等，但是在以"实"救"虚"这一基本点上却是一致的。在经历了这样几次自我否定之后，阳明学派便彻底走上了土崩瓦解的末路。

在心学内部反对派形成和发展的同时，其他抨击心学、倡导实学的学派、集团、个人也纷纭而起，从而结束了心学对思想界的长期统治，打破了一家独鸣、万马齐暗的沉闷局面。这些派别主要有：以徐光启、宋应星为代表的自然科学家；以张溥、陈子龙、顾炎武、方以智为代表的复社；以王夫之为代表的唯物主义思想家；以陈第为代表的考证学派；还有诸如朱舜水、傅山、潘平格、费密、吕留良等一群明清之际主张经世致用的著名思想家、学者。如果说，阳明学派由于自身的否定已是分崩离析的话，那么再遇上如此众多的异军劲旅的冲杀，就只能是气息奄奄了。

对心学的抨击，也就是对实学的倡导。各种反心学观点的汇合，构成

---

① 黄绾：《明道编》一。

了汹涌澎湃的实学思潮。

二　实学思潮的基本内容

作为一种社会思潮，是在特定的历史条件下，社会上相当多的人共同具有的思想。具有这种思想的人群，虽然在思想上相互影响，彼此呼应，但并不一定有门户上的从属关系。晚明实学思潮就有这样的性质。组成这个思潮的各个部分，虽然各自有别，但是批判空虚、倡导实际，却是他们的共性（当然有程度和角度的不同）。这个共性，在哲学思想、政治思想、经济思想、伦理思想以及自然科学、考据学各个方面都体现出来，从而构成了丰满翔实的实学内容。

（一）反虚务实

当时，由于思想界的主要任务是如何认识和改变严重的社会危机，因此实学思潮在哲学思想上主要是围绕认识论和学风，即认识和实践、理论和实际的关系对心学展开了批评，并在论争中锻炼和发挥了唯物主义哲学。关于实学与心学在认识论和学风上的对立，时人通常用"实"与"虚"的命题予以表述。

首先对清谈发起攻击的是东林学派。顾宪成、高攀龙等人看到王门"百病交作"，于是"起而救之，痛言王氏之弊"[①]。顾宪成批评王阳明的良知学说是"此窍一凿，混沌几亡，往往凭虚见而弄精魂，任自然而骛競业。陵夷至今，议论益玄，习尚益下"[②]。尖锐地指出，"心是活物，最难把捉"，如果以"吾心"为是非标准，那就是"无星之秤，无寸之尺"，必然导致"轻重、长短颠倒失措"[③]，"率天下而归于一无所事事"[④]。他尤其厌恶"四无"之说，认为这是"以学术杀天下万世"[⑤]。

---

① 陆陇其：《学术辨》上，《三鱼堂文集》卷二。
② 顾宪成：《小心斋札记》卷三，《顾端文公遗书》。
③ 顾宪成：《与李见罗先生书》，《泾皋藏稿》卷二。
④ 顾宪成：《小心斋札记》卷一，《顾端文公遗书》。
⑤ 顾宪成：《小心斋札记》卷一八，《顾端文公遗书》。

在扬实弃虚方面，高攀龙比顾宪成走得更远。他在比较思想史上"虚"、"实"两条认识路线的优劣时说："除却圣人全知，便分两路去了。一者在人伦庶物、实知实践去；一者在灵明知觉、默识默成去。此两者之分，孟子于夫子微见朕兆，陆子于朱子遂成异同，本朝文清（薛瑄）与文成（王阳明）便是两样。宇内之学，百年前是前一路，百年来是后一路。两者递传之后，各有所弊，毕竟实病易消，虚疾难补。今日虚症见矣，吾辈当相与稽弊而反之于实。"① 高攀龙虽然还没有挣脱唯心主义世界观和封建伦理的束缚，但是他意图以"实"、"虚"对立及其相互转化为标志而对孔孟以来，特别是本朝的思想史作出自己的概括，却是相当难得的。他切中要害地指出，当代社会思想的主要弊病是"虚症"，因此东林党人的历史任务就是救治"虚疾"，而"反之于实"；"不贵空谈，而贵实行"②。不仅如此，他还无情地挖掘了王门"虚症"的病根，指明心学乃是儒、释、道的杂烩③，对王畿、王艮们掀起的禅玄之风痛加批驳④。

在晚明，顾、高的思想曾在社会上产生过重大影响，他们正在取王阳明而代之，成为"一时儒者之宗，海内士大夫识与不识，称高、顾无异词"⑤。在他们的开拓下，实学思潮的基础已初步奠定。他们起到了扭转社会思想发展方向的巨大历史作用⑥。

但是，他们在抛弃心学的同时，却抬出了朱熹的亡灵，认为王阳明"逊于朱子"，朱熹才是孔子的"真血脉"⑦。其实，这并没有什么奇怪的。任何新的思想都是从已有的思想资料出发并对其加以扬弃而形成的。反理学的斗争有个逐步深化的过程。在其初级阶段，即晚明，斗争的锋芒主要是对准当时危害最大的心学，而对朱学采取了联合的方针。从"实用"的

① 高攀龙：《讲义·知及之章》，《高子遗书》卷四。
② 高攀龙：《语录》，《高子遗书》卷五。
③ 高攀龙：《三时记》，《高子遗书》卷十。
④ 孙奇逢：《理学宗传》卷二三《高攀龙传》。
⑤ 《明史》卷二四三《高攀龙传》。
⑥ 高攀龙就曾把他的师友顾宪成推尊为同孟子、朱熹一样的划时代的明哲："自孟子以来得文公（朱熹），千四百年一大折衷；自文公以来得先生（顾宪成），又四百年间一大折衷。"（《泾阳顾先生行状》，《高子遗书》卷十一）
⑦ 顾宪成：《小心斋札记》卷三，《顾端文公遗书》；《朱子节要序》，《泾皋藏稿》卷六。

立场出发，而对朱学加以改造和利用，在晚明实学思潮中是比较普遍的现象，即使是著名的思想家顾炎武、科学家徐光启也是如此。实际上，虽然同是理学，但在程朱、陆王之间，也的确有"实"与"虚"的区别，在朱熹客观唯心主义思想体系中就含有某种唯物主义和利于经世致用的因素。因此，当顾宪成等人向心学作战，而又拿不出新的思想武器时，便又回到朱熹的即物穷理、格物致知的旧思想资料中去寻找经世致用的思想内容，以达到去"虚"就"实"的新意境①。只是到了清初，唯物主义思想家王夫之、颜元等人才在已有的基础上，同时对心学和朱学，即宋明理学展开了全面的攻击，而把反理学的斗争推向一个新的高度。因此，从唯物辩证法看来，不仅不能因为实学思潮中的某些代表人物贬王褒朱，就否定其历史进步性，相反却应将其视为辩证发展过程中的一个阶段。

继承东林反心学传统的是复社。复社的成员，在学派源流上虽不一致，但厌倦空谈、主张实际则是相通的。而且，由于明王朝灭亡的征兆越来越明显，因此他们"通今"、"实用"的思想也比东林人士更加明确，并在对心学批评的同时，着手了实学本身的建设。复社领袖张溥认为，由于士人高谈心性，不通经术，因此造成了"登明堂不能致君，长郡邑不知泽民，人才日下，吏治日偷"的腐败现象。为了"利社稷，福苍生"，为国家培养有真才实学的栋梁，他为复社规定了"兴复古学"，"务为有用"的宗旨②，并以身作则，刻苦致力于实学的研究，"凡经函子部，迄历代掌故家言，君子小人所以进退，夷狄盗贼所以盛衰，兵刑钱谷之数，典礼制作之大，无不博极群书，涉口成诵"③。复社另一领袖陈子龙，亦是一位才华横溢、博学多能的经世家。顾炎武曾经这样评价

---

　　①　主张"史学所以经世"的章学诚对朱、陆优劣的分析，很可以帮助我们了解为什么某些反对心学、倡导实学的人却推崇朱熹的原因。他也认为朱子"务为实学"，而陆子"不切人事"，并从历史上考察了朱学的"实学求是"传统："性命之说，易入虚无。朱子求一贯于多学而识，寓约礼于博文，其事繁而密，其功实而难。虽朱子之所求，未敢必谓无失也。然沿其学者，一传而为勉斋、九峰，再传而为西山、鹤山、东发、厚斋，三传而为仁山、白云，四传而为潜溪、义乌，五传而为宁人、百诗，则皆服古通经，学求其是，而非专己守残、空言性命之流也。"（《文史通义》内篇二《朱陆》《浙东学术》）当然，朱氏客观唯心主义体系中是否含有某些唯物主义因素，还是一个有待深入讨论的学术问题。

　　②　参见陆世仪《复社纪略》。

　　③　周锺：《七录斋集序》，张溥《七录斋诗文合集》卷首。

他："陈君晁贾才，文采华王国。早读兵家流，千古在胸臆。"① 他对"士无实学"② 深为不满，对"俗儒是古而非今，文士撷华而舍实"的不良学风作了尖锐的抨击，明确地提出了主张"实用"，反对"浮文"；主张"通今"，反对"拟古"的思想路线③，给了心学和"公安派"、"竟陵派"文学以沉重打击。

黄宗羲、顾炎武、方以智同是复社后劲，也是东林、复社理论的集大成者。不论是对心学的攻击，还是对实学的建设，他们都作出了杰出的贡献。不过，引起人们注意的是，黄、顾虽同是一代学人宗师，但由于顾氏同王门没有师承关系，因此对心学的批判要比黄氏彻底得多。他不仅反复论证了心学即是禅学，还把明王朝覆灭的原因记到了心学的账上。认为是清谈导致了"股肱惰而万事荒，爪牙亡而四国乱，神州荡覆，宗社丘墟"④。这几乎是明清之际非阳明学派进步学者的共同认识。虽然他们把历史事变的根源归之于社会意识是不科学的，但清谈是促成明朝灭亡的重要原因之一却是事实。

半个世纪的实学思潮培育了唯物主义思想家王夫之。在同理学的斗争中，王夫之丰富了自己的朴素唯物主义思想体系。他怒斥良知学说"祸烈于蛇龙猛兽"⑤。指出在宇宙观上，心学是禅宗的虚无论，因此必须"辟佛老而正人心"⑥；在认识论上，王阳明的"知行合一"论是"以知为行"，"销行而归知"。"以知为行"，就是"以不行为行"，即在认识过程中根本取消"行"⑦。因此，这样的"知"，实际上就是禅宗的"悟"⑧。毫无疑问，这些分析都是相当深刻的。他光辉的唯物主义思想为实学思潮提供了更为坚实的哲学基础。

---

① 顾炎武：《哭陈太仆》，《亭林诗集》卷一《顾亭林诗文集》。
② 陈子龙：《明经世文编序》。
③ 参见陈子龙等《明经世文编凡例》。
④ 顾炎武：《日知录》卷七《夫子之言性与天道》。
⑤ 王夫之：《老子衍·序》，《船山遗书》。
⑥ 王夫之：《张子正蒙注·太和篇》，《船山遗书》。
⑦ 王夫之：《尚书引义·说命中二》，《船山遗书》。
⑧ 王夫之：《礼记章句》卷三一《船山遗书》。

（二）以"救世"为己任

如果说，反对清谈、主张务实是实学派思想纲领的话，那么反对逃世、主张"救世"就是他们的政治纲领。"实用"思想是实学派政治改良主义的世界观基础。

在资产阶级革命还是遥远未来的晚明，地主阶级改良主义反映了地主阶级中一部分开明势力和新兴市民阶层革除时弊、推动社会发展的要求，因此具有一定的历史进步性。

东林领袖们主张，不论在朝还是在野，都应时刻关心国家安危、百姓疾苦，"脚踏实地"地去改革社会。顾宪成说："士之号为有志者，未有不亟亟于救世者也。"① "官辇毂，念头不在君父上；官封疆，念头不在百姓上；至于山间林下……念头不在世道上，即有他美，君子不齿矣。"② 高攀龙说："学者以天下为任。"③ "居庙堂之上则忧其民，处江湖之远则忧其君，此士大夫实念也。居庙堂之上无事不为吾君，处江湖之远随事必为吾民，此士大夫实事也。实念、实事，在天地间凋三光敝万物而常存；其不然者，以百年易尽之身，而役役于过眼即无之事，其亦大愚也哉！"④ 赵南星说："君子在救民，不能救民算不得账。"⑤ 顾允成则立志要做"天下第一等人"⑥。在那腥风血雨的年代，东林义士们以向腐朽势力的英勇斗争实践了自己的诺言。他们之中不少的人，不仅"讽议朝政"，暴露黑暗，而且在阉党野蛮屠杀面前视死如归，牺牲了自己的生命。黄宗羲说的东林学院"一堂师友吟风热血洗涤乾坤"⑦ 的话，很好地概括了多数东林人士的风节。

继东林之后，复社再一次成为政治清流的中心。为了富国强兵，他们评骘五经，讲求制艺，切磋诗文，尤其重视经世致用之学、治国经邦之术的研究、整理。《明经世文编》《农政全书》《天下郡国利病书》的编辑、

① 顾宪成：《赠风云杨君令峡江序》，《泾皋藏稿》卷八。
② 顾宪成：《小心斋札记》卷十一《顾端文公遗书》。
③ 高攀龙：《与李肖甫书》，《高子遗书》卷八。
④ 高攀龙：《答朱平涵书》，《高子遗书》卷八。
⑤ 高攀龙：《与华讱庵邹经畲忠余书》，《高子遗书》卷八。
⑥ 黄宗羲：《明儒学案》卷五八《东林学案卷首》。
⑦ 同上。

整理、刊刻就是突出的事例。

《明经世文编》编于崇祯十一年，共五百零八卷，收集洪武至崇祯改元二百七十年间中央和地方官员文集和著述千种以上。陈子龙等人编就这样一部大书仅用了十个月的时间。① 是什么原因使他们这样迫不及待呢？这是因为，当时，在农民军和清军的腹背夹击下，明王朝已是危在旦夕。为了汲取当代治乱兴衰的经验教训，挽狂澜于既倒，他们才"网罗本朝名卿巨公之文有涉世务国政者"编成是书，"志在徵实"，"以资后世之师法"，"通今者之龟鉴"②。吴晗先生在《影印明经世文编序》中说："这部书的编辑、出版，对当时的文风、学风是一个严重的挑战，对稍后的黄宗羲、顾炎武等人讲求经世实用之学，也起了先行者的作用。"③ 这是对它的历史价值的恰当评语。

崇祯十二年初，在《明经世文编》刚刚编就之后，陈子龙等人又在短短的七八个月的时间内，完成了对徐光启《农政全书》的整理，并写了《凡例》《序文》，付梓刊印。

徐光启"生平务有用之学"④，是晚明实学思潮的一面鲜明的旗帜。他对王门的清谈十分反感，认为心学"阴用二氏之精"，"无所用于世"⑤，针锋相对地提出了"实学"、"实用"的主张，"以为求治卒不能易此"。他说，"方今事势，实须真才。真才必须实学。一切用世之事，深宜究心"⑥。"方今造就人才，务求实用"，"人人务博通屯田、盐法、河漕、水利、兵事等天下要务，以称任使"，"救时急务，似当出此"⑦。他的一生就是实践"实用"之学的一生，为"富国强兵"奋争的一生。而《农政全书》正是体现他的"实用"和"富国强兵"思想的代表作。

由于共同的思想基础，徐光启赢得了张溥、陈子龙等人的崇敬，被他们视为师长和实学的典范。徐光启在世时，《农政全书》虽已基本编就，

---

① 在编辑过程中，得到了各地复社成员的大力支持。因此，它实际上是整个复社的集体杰作。
② 陈子龙：《自撰年谱》卷上，《陈忠裕全集》；《明经世文编·序·凡例》。
③ 吴晗：《影印明经世文编序》，中华书局 1962 年版。
④ 查继佐：《罪惟录·列传》卷十一下《徐光启传》。
⑤ 徐光启：《刻紫阳朱子全集序》，《徐光启集》卷二，中华书局 1963 年版（下同）。
⑥ 徐光启：《与胡季仍比部》，《徐光启集》卷一〇。
⑦ 徐光启：《敬陈讲筵事宜以裨圣学政事疏》，《徐光启集》卷九。

但尚未定稿。他逝世之后，陈子龙等人对其进行了加工整理，刻板印行。整理刊行此书，完全出于经邦济世的目的。陈子龙说："故相徐文定公负经世之学，首欲明农……有草稿数十卷"，"慨然以富国化民之本在是，遂删其繁芜，补其缺略，粲然备矣"①。又说："其生平所学，博究天人，而皆主于实用。至于农事尤所用心，盖以为生民率育之源、国家富强之本。"②

崇祯十二年，在编辑《明经世文编》、整理《农政全书》的同时，复社另一位成员顾炎武开始了《天下郡国利病书》的编纂。他"感四国之多虞，耻经生之寡术"③，满怀救世激情，遍阅二十一史以及各地志书、名人文集、奏章文册，并经过实地考察，终于完成了《利病书》和《肇域志》两部不朽之作。《利病书》犀利地剖析了社会弊病，无情地揭露了社会矛盾，具体地反映了社会生活，既是一部"明道救世"之作，也是一部少有的著录明代社会经济状况的资料汇编。

使人们惊异的是，《天工开物》《明经世文编》《农政全书》《利病书》等经世名著，都同时产生（或整理刊刻）于崇祯十、十一、十二年前后。稍晚，方以智的《通雅》、徐弘祖的《徐霞客游记》也在崇祯末年编成。这表明，那个激烈动荡的年代，已经把实学思潮日益推向高峰。

如果说顾宪成、徐光启、陈子龙、顾炎武等人的"救世"实学主要表现在政治学、经济学领域的话，那么黄宗羲则主要表现在史学领域。他的父亲黄尊素是东林党人，天启六年死于阉党之手。为了鉴古喻今，黄尊素被逮时嘱咐他"不可不通知史事"。于是，从崇祯初年起，他便潜心于史学，"自明十三朝实录，上溯二十一史，靡不究心"④。明亡的重大历史事变，更使他清楚地看到了"明人讲学袭语录糟粕，不以六经为根柢，束书而从事于游谈"所造成的严重恶果；为了"适于用"，为了"免迂儒"，为了民族的复兴，他极力主张治经"必兼读史"⑤，培育了清代浙东学派

①　陈子龙：《自撰年谱》卷上，《陈忠裕全集》。
②　陈子龙：《农政全书凡例》。
③　顾炎武：《天下郡国利病书序》。
④　全祖望：《梨洲先生神道碑文》，《鲒埼亭文集》卷一一。
⑤　《清史列传》卷六八《黄宗羲传》。

"史学所以经世"的优良传统。

（三）注重生产　鼓励工商

实学与心学清谈相反，普遍比较重视社会生产，在用社会经济状况说明历史事变方面作了初步尝试。

首先给予理学家伦理财富观以沉重打击的是李贽。他针对"儒者高谈性命，清论玄微，把天下百姓痛痒置之不问，反以说及理财为浊"的不良倾向，明确地提出了"不言理财者，决不能平治天下"[①]的生产观念。既然"理财"是治理天下的根本，因此就应该鼓励"治生产业"，"勤俭致富"。他指出，"富贵"乃是社会发展的必然之势[②]，追求"富贵"乃是人的自然本性[③]。

同李贽相比，徐光启生活的年代各种社会矛盾都更加尖锐，因此他更多地思考了国家盛衰兴亡的根源。与王门后学国家兴衰系于"人心邪正"的空论相反，他把这个问题放在了真实的物质基础之上。面对后金灭亡明朝的严重威胁，他反复地指出，只有兵强才能图存；而要强兵必须"富国"，必须"财足"，"财足则惟我所为"[④]。也就是说，物质财富的多少才是国家兴亡的根本。

不仅如此，财富的充足还是防范农民造反、维持社会安定的物质基础。徐光启指出，"含生之类无一人一日不用财者"[⑤]，"人富而仁义附焉，或东西之通理也"[⑥]。只有一定的物质生活条件得到保障，人们才能遵守封建道德礼法，否则就会揭竿而起。因此，若想熄灭愈燃愈烈的农民起义烽火，根本之计并不是血腥的屠杀，而是发展生产，增加财富，让农民能够生存下去。他深有感触地说："自今以往，国所患者贫，而盗未易平也。中原之民不耕久矣。不耕之民易与为非，难与为善。因言所辑农书，若不

---

① 李贽：《四书评·大学》。
② 李贽：《答耿中丞》，《焚书》卷一。
③ 参见李贽《明灯道古录》卷上，《李氏文集》卷一八。
④ 参见徐光启《徐氏庖言》。
⑤ 徐光启：《拟上安边御虏疏》，《徐光启集》卷一。
⑥ 徐光启：《泰西水法序》，《徐光启集》卷二。

能行其言，当俟之知者。"① 如果我们不是苛求古人徐光启应该具有阶级观念的话，那么我们就会承认，徐光启的这些主张，在他那个时代，是进步的思想。

徐光启还指出，廉洁吏治，整顿风纪，也必须以充足的财富作保障。他很赞成王安石"益吏禄"的主张，以为"如是而可以报廉"，否则澄清吏治就会像禁止饿狼啖食群羊一样难以实现。而为了能够厚禄，就必须富足，"欲严法，又非厚禄不可；欲厚禄，又非足用不可"②。

总之，只有"富国足民"才能战胜强敌、安定国家、严肃纪纲，"财计而民生、士风、边防皆倍胜于今日"③。那么，财富由何而来？徐光启的回答是由生产中来，由劳动中来，由四民就业中来。他发挥了墨子的劳动观点，把结成一定社会关系的劳动看作是人与动物区别的标志，用以驳斥佛、道二氏和王门后学鄙视社会生产的逃世主义。他说，"不营而自足"是"佚"，是鸟兽的特性；而耕种、纺织、教育、治理是"劳"，是人类的特性。人类若想有正常的社会生活，就必须每人每日都得在士农工商四业中生产劳动，否则就不成为"世道"④。在他的劳动观中，虽然把士大夫治理国家的活动也包括在内，但把生产劳动看作社会得以维持的基础的观点，在古代应该说也是很杰出的。

马克思、恩格斯曾经指出，人类的第一个历史活动就是生产满足人们需要的物质生活资料，"因此任何历史观的第一件事情就是必须注意上述基本事实的全部意义和全部范围，并给予应有的重视"⑤。我们可以这样说，李贽、徐光启的上述观点虽然不是，也不可能是科学的历史唯物主义世界观，但却是历史观上唯物主义思想观点的朴素表述，力图为历史提供世俗的基础。而且，在当时，这还不仅是李贽、徐光启单独达到的水平，实学派中不少的人都在不同程度上具有相似的观点。例如，即使是以考据

---

① 陈子龙：《农政全书凡例》。
② 徐光启：《处置宗禄边饷议》，《徐光启集》卷一。
③ 徐光启：《屯田疏稿》，《徐光启集》卷五。
④ 徐光启：《与友人辩雅俗书》，《徐光启集》卷一一。
⑤ 马克思、恩格斯：《德意志意识形态》，《马克思恩格斯选集》第 1 卷，人民出版社 1972 年版，第 32 页。

著称的陈第也明确地认为，"货财"是国家实现统治、庶人维持生存的基础；假若只讲"心"、"性"，而不言"货财"，那势必出现"天子不问国课，庶人不理家业，文臣不核赋税，武吏不稽兵食"的危险局面。因此，这实在是"乱天下"的谬论①。

由于对社会生产在社会历史发展中的重要作用有朴素的认识，因此实学派对于经济思想和生产技术的研究都比较重视，产生了不少的经济科学名著，潘季驯的《河防一览》，徐光启的《农政全书》《泰西水法》，宋应星的《天工开物》，顾炎武的《天下郡国利病书》，方以智的《通雅》《物理小识》等是我国经济思想史和科学技术史发展到一个新阶段的标志。

在强调社会生产重要性的同时，实学派中不少的人肯定了工商业在国计民生中的地位，对落后的"重本抑末"传统观念发起了挑战，为实学思潮谱写了绚烂的一章。

李贽对工商业者的成就十分钦佩，高兴地说："今之百工，居肆以成其事者比比；今之君子，学以致其道者几人哉？"② 他还对海外贸易商人给予了深切的同情："挟数万之赀，经风涛之险，受辱于关吏，忍诟于市易，辛勤万状。"③

人们对徐光启鼓励工商的思想往往重视不够。他虽然受了"重本抑末"思想的影响，但从基本倾向看来，并不主张抑制工商业的活动。他对江南地区纺织业的蓬勃发展给予了满腔热忱的称赞，并欣喜地预言，纺织业越出江南而在更广的地域内迅速发展将是不可阻遏的趋势；他对江南纺织业在国家经济生活中的重要地位给予了充分的肯定，并对国家的重赋政策表示不满；他并不一般地反对商业，主张"通商贾"应是国家的经济政策之一；他反对朝廷施行"绝市"政策，鼓吹发展正常的海外贸易；他大力倡导棉、桑、苎麻、乌桕树、女贞树、葡萄、茶树、药材、林木等商品经济作物的种植和产品加工；甚至他家还经营过油坊和

---

① 参见陈第《义利辨》《松轩讲义》，《一斋集》。
② 李贽：《四书评·论语》。
③ 李贽：《又与焦弱侯》，《焚书》卷二。

店房。[1] 这一切，说明徐光启不仅是一位政治家、科学家，而且还是一位热情鼓吹工商业的实业家。徐光启既要以农为"本"，又要发展工商业的思想，集中地反映了那个时代进步人士的思想正在由"重本抑末"向农工商并重方向发展的深刻变化。

科学家宋应星对工商业的重视已为人们所熟知。他的《天工开物》就是一部研究工、农业生产技术的名著，因此梁启超称他是"工业科学家"[2]。他认为在有社会分工的人类社会，商业是不可缺少的经济活动。"人群分而物异产，来往贸迁以成宇宙；若各居而老死，何藉有群类哉？"[3] 因此主张废除关卡，"通商惠民"[4]。

东林名士赵南星、启蒙思想家黄宗羲等人更进而勇敢地批驳了已沿袭近两千年的"农本工商末"的陈旧观念，提出了"工商皆本"的革命性命题，而为明清之际的思想界放一异彩。赵南星说："士农工商，生人之本业。"[5]"农之服田，工之饬材，商贾之牵车牛而四方，其本业然也。"[6] 黄宗羲说："世儒不察，以工商为末，妄议抑之。夫工固圣王之所欲来，商又使其愿出于途者，盖皆本也。"[7]

社会存在决定社会意识。"工商皆本"思想的提出，是明中叶以后商品货币经济的发展在观念上的反映。东林党人对矿监税使的无情揭露；市民阶层抗议逮捕东林党人的聚众示威，集中地说明了"工商皆本"思想与市民阶层之间的依存关系。当然，重视工商的思想，也反映了地主阶级中兼营工商的那部分势力的政治经济要求。

（四）为"私欲"辩护

"去人欲，存天理"的理论，从朱熹到王阳明，从王阳明到王门弟子，

---

①　徐光启发展工商业的见解，可见《农政全书》卷三五、三八、三九；《徐光启集》之《家书》《海防迂说》等。

②　梁启超：《中国近三百年学术史·反动与先驱》。

③　宋应星：《天工开物》卷中《舟车》。

④　宋应星：《野议·盐政议》。

⑤　赵南星：《寿仰西雷翁七十序》，《赵忠毅公文集》卷四。

⑥　同上。

⑦　黄宗羲：《明夷待访录·财计》。

一直讲了三四百年，至晚明才被实学思潮颠倒了过来。

首先发难的还是李贽。他以极大的理论勇气提出了"穿衣吃饭即是人伦物理"① 这样一个闪耀着思想光辉的伦理学命题。按照这个命题，人们的道德观念、世间的万物之理，既不是王阳明的"良知"，也不是朱熹的"天理"，而是人们对"衣"与"饭"，即实在的物质生活资料的要求。既然如此，人们的"私欲"、"物欲"也就是"自然之理，必至之符"。人心本是"私"；"若无私，则无心。"不仅如此，"私欲"还是士农工商各勤其业的动力。农人努力耕田，是为了收获；士子发愤读书，是为了当官；当官又是为了厚禄，即使是"圣人"孔子，终日奔波也是为了司寇之任、相事之摄。因此，他尖锐地指出，那些假道学家的"无私"之说"皆画饼之谈，观场之见，但令隔壁好听，不管脚根虚实，无益于事，祇乱聪耳，不足采也"②。

李贽之后，肯定"私欲"正义性的人逐渐增多。特别是在明清之际，不少的进步思想家、科学家、学者都持有这样的观点。考据家陈第说："义即在利之中，道理即在货财之中"，如此看，"乃不流于虚，而天下、家乡受其益也"③。科学家宋应星说："气至于芳，色至于艳，昧至于甘，人之大欲存焉。"④ 黄宗羲更从反对君主专制政治的高度呼吁保护大多数人的"私利"而取消君主一人的"专利"。指出："有生之初，人各自私也，人各自利也。"但是，后来的君主却"使天下之人不敢自私，不敢自利"。因此，"为天下之大害者君而已矣。向使无君，人各得自私也，人各得自利也"⑤。

在劳动人民被剥削、被压迫的封建时代，禁欲主义是阻碍社会进步的反动伦理观。在"去人欲，存天理"滥调猖獗一时的晚明，李贽、陈第、宋应星、黄宗羲、顾炎武、王夫之、陈确等人对"私欲"、"物欲"的辩护，真是惊世骇俗、振聋发聩之论。它无论是政治上还是理论上都是一个

① 李贽：《答邓石阳》，《焚书》卷一。
② 李贽：《德业儒臣后论》，《藏书》卷二四。
③ 陈第：《义利辨》《松轩讲义》，《一斋集》。
④ 宋应星：《天工开物》卷上《甘嗜》。
⑤ 黄宗羲：《明夷待访录·原君》。

革命性的进步。在政治上，它反映了市民阶层冲击封建特权桎梏发展工商业的历史要求，反映了地主阶级改良派改善民生、缓和社会矛盾的愿望，同时在客观上也支持了劳苦大众为争取生存条件而进行的斗争。在理论上，它撕去了封建伦理虚伪的面纱，而给了人的本能的情欲、物欲以合理的道德地位。恩格斯曾对黑格尔提出的"情欲"是"历史发展的杠杆"的提法给予过肯定性的评价。① 列宁也曾说过，黑格尔提出的"自私心"是人们进行历史活动的动力的观点"接近历史唯物主义"②。因此，实学派思想家肯定"物欲"的观点是伦理观和历史观上的朴素唯物论观点。

（五）自然科学的复兴

晚明自然科学的复兴是心学没落、实学兴起的又一重要标志。

明代自然科学的研究在经历了长期的沉寂之后，在晚明呈现了空前活跃的局面，涌现出了像李时珍、潘季驯、徐光启、徐霞客、宋应星、李之藻、李天经、杨廷筠、王徵、方以智等一群灿烂的明星。他们所编著、编译的《本草纲目》《河防一览》《农政全书》《几何原本》《泰西水法》《崇祯历法》《徐霞客游记》《天工开物》《同文算指》《泰西奇器图说》《物理小识》等科学名著，至今仍然放射着夺目的异彩。而且当时，不仅以科学家著称的人在自然科学方面取得了可喜的成就，就是思想家、学者，也有不少的人对天文、数学发生了浓厚的兴趣，儒家兼治自然科学的传统正在恢复。这些，一方面反映了明中叶以后商品货币经济的发展对科学技术所提出的迫切要求，另一方面也表达了进步知识分子以科学技术谋求富国强兵的强烈愿望。

在繁茂的自然科学园圃中，西方近代自然科学的引入又格外为人们所瞩目。西学的媒介是耶稣会士。耶稣会士的来华是中国历史上继佛教传入之后的又一次影响深刻的中外文化交流。

耶稣会在中国的传教活动可以1581年（万历九年）为界分为两个阶段。

---

① 参见恩格斯《费尔巴哈和德国古典哲学的终结》，《马克思恩格斯选集》第4卷，人民出版社1972年版，第233页。

② 列宁：《哲学笔记》，人民出版社1960年版，第344页。

在此前，他们只能在澳门活动，而未能冲破明朝海关；此后，他们总结了失败的教训，改变了策略，认识到若想打开"远东的伟大帝国"的大门，既不能用宝剑，也不能用佛郎机，只能用"学术"和"礼貌"。因此便确立了"学术传教"的方针。这个方针的奠基人就是曾对晚明自然科学产生过重要影响的利玛窦。同利氏一起贯彻这个方针的还有龙华民、庞迪我、熊三拔、邓玉函、金尼阁、阳玛诺、汤若望、罗雅谷、艾儒略等传教士。①

由于耶稣会士把天主教皇扩展势力的野心包藏在学术外衣之内，因此很快便得到了实学派思想家、科学家以及进步人士的欢迎。思想家李贽，科学家徐光启、李之藻、杨廷筠、李天经、王徵、方以智，东林名士叶向高等人都对利玛窦抱友好态度。宋应星虽然未能和传教士接触，但在他的《天工开物》中，对西方火器制造等技术亦有反映。这样，在晚明，便形成了一个以徐光启为首、有利玛窦参与的研究西方自然科学的学派。"中土士人授其学者遍宇内，而金陵尤甚。"② 在这个学派的影响下，中华民族传统的天文、算数、舆地、医药、机械等学科的内容和治学方法都发生了很大的变化，并给了清代的自然科学以深刻影响。阮元说："自利氏东来，得其天文数学之传者光启为最深"，"迄今言甄明西学者，必称光启"③。徐光启可谓是16、17世纪之际中西文化交流的大师。

致力西学的人都有明确的实用目的，其中尤以徐光启最为突出。他在回答反对派的攻击时说，他之所以佩服利玛窦等人，是因为"其实心、实行、实学诚信于士大夫"④；他们所传的几何、算数之学"皆精实典要"，"返本蹠实，绝去一切虚玄幻妄之说"，"裨益当世定复不小"，"故率天下之人而归于实用者，是或其所由之道也"⑤。相反，宋明理学却给数学召来了厄运，"算数之学特废于近世数百年间尔。废之缘有二，其一为名理之

①　关于"学术传教"方针提出的原因、内容及贯彻情况，在裴化行著《天主教十六世纪在华传教志》《利玛窦司铎和当代中国社会》及徐宗泽著《中国天主教传教史概论》中都有详细叙述。

②　沈德符：《万历野获编》卷三十《外国·大西洋》。

③　阮元：《畴人传》卷三二《徐光启传》。

④　徐光启：《泰西水法序》，《徐光启集》卷二。

⑤　徐光启：《刻几何原本序》《几何原本杂议》《刻同文算指》等，《徐光启集》卷二。同徐光启一样，李之藻也指出，西洋数学能"使人心归实，虚骄之气潜消"，"便于日用"（《同文算指序》，《增订徐文定公集》卷六《附李之藻文稿》）。

儒士苴天下之实事；其一为妖妄之术谬言数有神理……卒于神者无一效，而实者亡一存。往昔圣人所以制世利用之大法，曾不能得之士大夫间，而术业、政事，尽逊于古初远矣"①。对于西洋天文学、水利学、火器制造的研究同样也有十分明确的实用目的。他知道，历算之学的推广会引出"百千有用之学"②，"于民事似为关切"③，因此一反时人空谈陋习，以毕生精力致力于天文历法的研究，并同传教士一起修订了大统历。他看到，水利乃是"富国足民"④ 的 "救时至计"⑤，因此同熊三拔一起翻译了《泰西水法》。他是战争"实力"决胜论者，因此非常重视当时最先进的武器——西洋火器的研究、制造和使用，认为"火器今之时务也"⑥。

16、17 世纪正是欧洲资本主义原始积累时期。经历文艺复兴，西方近代自然科学正在迅猛发展。此时，在世界中世纪科技史上，曾名列前茅的中国已显得落伍。徐光启等人为了国家的富强、民族的兴旺，而在自然科学领域呕心沥血、自强不息，这无疑是可贵的历史主动精神，也是对心性清谈的有力批判。

（六）考据学的出现

考据学的萌起是学风由空疏不学走向健实博识的表现之一。

明中叶，杨慎、梅鷟、陈耀文等人虽肆力古学，但和者甚寡，整个学术界呈现"心学盛而经学衰"⑦ 的畸形发展局面。万历中期以后，随着实学思潮的兴起，考据学作为一种学派也逐渐形成、发展起来。它由陈第、焦竑开其端，而为黄宗羲、顾炎武、方以智等人所发展。他们都博览群书，对于经书的疏证辨伪、音韵的考证训诂、典籍的校勘辑佚，以及史乘天算、地理金石、诗词文章都有较深的造诣。

陈第研究经学的著作主要有：《毛诗古音考》《伏羲图赞》《杂卦传古

---

① 徐光启：《刻同文算指序》，《徐光启集》卷二。
② 徐光启：《致老亲家书》，《徐光启集》卷一一。
③ 徐光启：《条议历法修正岁差疏》，《徐光启集》卷七。
④ 徐光启：《泰西水法序》，《徐光启集》卷二。
⑤ 徐光启：《勾股义序》，《徐光启集》卷二。
⑥ 关于徐光启的军事思想及其对西洋火器的提倡，可见于他的《徐氏庖言》。
⑦ 《四库全书总目提要》卷三三《经典稽疑》。

音考》《读诗拙言》《屈宋古音义》《尚书疏衍》等。他对经义的解释，反对跟着古人亦步亦趋，主张"思而得之"；对经书的真伪、传注的异同，反对"匡坐而谈，瞑目而证"，主张用多种证据给予考证；尤其是以"本证"、"旁证"考据古音的科学方法，更是学术史上杰出的创造，为后来的考据学提供了有力的手段。他的《毛诗古音考》，"语字画声音，至与茧丝、牛毛争其猥细"①。而且，他致力于考证训诂，还有与心学空谈相颉颃的目的。他批评陈献章、王阳明给学术界带来了"书不必读"、"物不必博"的坏风气②，这种风气的蔓延，导致了士农工商四业的废弛，"士而专于静坐，则士之业废矣；农工贾而静坐，则农工贾之业废矣"③。而他本人则"志在经世"④，于戎马、经术均有建树。考据学就是他的实学的一种。

　　明清之际的黄宗羲、顾炎武、方以智继承并光大了陈第等人的博学传统和研治经史的考证方法，成为清代朴学的始祖。顾炎武不仅是杰出的思想家，而且是经学大师，尤精韵学，"古韵者，始自明陈第，然创辟榛芜，犹未邃密；炎武乃推寻经传，探讨本原"⑤。方以智"纷纶五经，融会百氏"⑥，著述达数百卷，其《通雅》一书，网罗载籍，疏证前训，尤为世人所称道。清人在评价方以智的学术地位时说："明之中叶以博洽著者称杨慎，而陈耀文起而与争。然慎为伪说以售其欺，耀文好蔓引以求胜。次则焦竑，亦喜考证，而习与李贽游，动辄牵缀佛书，伤于芜杂。惟以智崛起崇祯中，考据精核，回出其上。风气既开，国初顾炎武、阎若璩、朱彝尊等沿波而起，始一扫悬揣之空谈。虽其中千虑一失，或所不免，而穷源溯委，词必有征，在明代考证家中可谓卓然独立矣。"⑦

　　需要指出的是，晚明考据学与清代乾嘉考据学虽有源流关系，但历史地位却不相同。在晚明，它是反对空虚、倡导实际的进步思潮的产物，是

① 焦竑：《毛诗古音考序》。
② 陈第：《谬言》，《一斋集》。
③ 陈第：《松轩讲义》，《一斋集》。
④ 陈第：《书札烬存·答赵思国》，《一斋集》。
⑤ 《清史列传》卷六八《顾炎武传》。
⑥ 朱彝尊：《静志居诗话》卷一九。
⑦ 《四库全书总目提要》卷一一九《通雅》。

实学的一部分；而在乾嘉，在文字狱的摧残下，它是学风由"经世"转入"逃世"的象征，尽管它在整理古学方面取得了不可否定的重大成就。

以上这些就是实学思潮的基本内容。它同贫乏空虚、日益衰落的心学相比，是那样的丰富多彩、生动活泼。这绚丽的篇章，都是围绕反对心学、振兴实学的主题展开的。虽然不能用"实学"总括晚明的全部进步思想，但是由于清谈是当时社会发展的主要思想障碍，因此这个时期的一切进步思想，几乎都同提倡"实学"有关，即使是反映新生产关系——资本主义生产关系萌芽要求的反封建启蒙思想，也往往要以"反虚务实"的形态表述出来。因此，可以说实学思潮也就是一场要求从落后的心学统治下解放出来的思想解放运动。

三　实学思潮的历史作用与地位

晚明实学思潮产生了积极的客观效果，具有重要的历史地位。

第一，为明清之际百花齐放、百家争鸣局面的形成奠定了基础。

波澜壮阔的实学思潮，终于摧毁了心学一家独尊的地位，结束了它对思想文化长达一百年的统治，把其他学术流派从压抑中解放出来，使单调贫瘠的学术文化园地重新焕发出生机，继春秋战国之后，在明清之际形成了又一个百花齐放、百家争鸣的学术繁荣时期。当时，真可谓明哲辈出、群芳争艳。哲学思想、政治思想、伦理思想、经济思想、史学思想都放射着耀眼的火花；经学、史学、文学、自然科学都呈现着蓬勃发展的趋势。令人惋惜的是，这百花盛开的园地，后来竟在文字狱的浩劫下冷落萧条下来。

第二，影响了清朝一代的思想文化。

历时半个世纪的晚明实学思潮培育了黄宗羲、顾炎武、方以智、王夫之、朱之瑜、陈确、傅山、潘平格、李颙、吕留良、唐甄、颜元以及宋应星、王锡阐、梅文鼎等这样一群生活在明清之际的著名思想家、学者和科学家。他们是由明末复杂尖锐的社会矛盾所孕育，由东林、复社死难志士的鲜血所浇灌而产生的时代骄子。黄、顾、方等人的经世思想和实学根柢已在明末基本形成，他们既是晚明学术的总结，又是清代学术的源头。他们架通了明清之际思想路线的桥梁，而把晚明进步思潮同清初进步思潮衔接起来，构成了中国封建社会末期思想史上一个光辉灿烂的阶段。

清初的经世致用思想是晚明实学思潮的继续和发展。晚明的社会矛盾并没有因为明朝的灭亡而全部解决。作为一个历史阶段，并没有以1644年为界而结束。清初康熙中期以前四十几年的武装抗清斗争是明末救亡图存斗争的延续；与此相呼应，晚明的实学思潮也在清初延续了下来，并在"亡国"的强烈刺激下走向了高峰。这个时期的进步知识分子，普遍地认为明朝亡于"清谈"，因此以"灭清复明"为宗旨的经世致用的呼声空前高涨，并在思想水平上达到了一个新的境界。例如，在哲学思想上，王夫之、颜元等人在集中晚明各种实学派别不同程度的唯物主义思想观点、因素的基础上形成了唯物论体系，把古代朴素唯物主义推向一个新的高度，并对宋明理学中程朱、陆王两派同时展开了抨击。在政治思想上，黄宗羲、顾炎武、王夫之、方以智、唐甄、傅山、陈确、吕留良等人把晚明的改良思想发展为反对封建君主专制政治的民族民主思想。在经济思想上，强调"工商皆本"等。

康熙中期以后的学术文化，亦带有晚明学术的痕迹。以阎若璩、胡渭、戴震、段玉裁、王念孙、惠栋、江声、钱大昕、赵翼、王鸣盛等人为代表的考据学；以万斯同、全祖望、章学诚为代表的浙东史学；以梅文鼎为代表的天算学等都同晚明学术有源流关系。

明清之际启蒙思想家的进步思想，还是近代资产阶级改良主义思想家借以形成自己思想的一部分重要的思想资料。鸦片战争时期，龚自珍、魏源等人复兴清初经世致用之学的主张；戊戌变法时期，康有为、梁启超对黄宗羲、顾炎武、王夫之的崇拜，都是晚明和明清之际实学思潮对近代资产阶级改良主义发生影响的证明。

第三，促进了经济发展和社会进步。

判断一种思潮是进步，还是落后，归根结底要看它是促进，还是阻碍经济的发展、社会的进步。实学思潮是新的先进的思想，反映了地主阶级改良派和新兴市民阶层医治时弊、推动社会前进的要求。在晚明，它促进了商品经济的发展；在清初，它促进了社会经济的恢复。当然，清初社会经济的恢复和发展，原因是多方面的。李自成、张献忠大起义的推动，就是一个主要的原因。在明末，农民阶级、市民阶层、地主阶级改良派都在寻找着如何把已经陷于崩溃的社会推向前进的出路，只不过有着不同的阶级要求和解决矛盾的方式罢了：农民阶级用"武器的批判"（起义）推翻了腐朽的明王朝的政治统治，地主阶级改良派和市民阶层的政治代表用"批判的武器"（实学）结束了腐朽的心学的思想统治，它们之间虽然有主（农民起义）、从（实学思潮）之分，但都促进了历史的发展。

毋庸讳言，同历史上任何先进的思想、思潮都不可能完美无缺一样，实学思潮中的人物也都不可避免地带有时代的和阶级的局限性。诸如他们之中很多的人还尚未挣脱唯心主义世界观的束缚或影响，有不少的人倡导实学有明显的维护封建统治和封建道德、防范和熄灭农民起义的目的，几乎所有的人在社会历史观方面都程度不等地含有封建主义的糟粕，等等。但是，在唯物史观看来，实学作为一种思潮，其历史功绩并不会因为有这些局限性而泯灭。

恩格斯在评论欧洲文艺复兴时期思想家的特点时曾说：这"是一个需要巨人而且产生了巨人——在思维能力、热情和性格方面，在多才多艺和学识渊博方面的巨人的时代"，"他们的特征是他们几乎全都处在时代运动中，在实际斗争中生活着和活动着，站在这一方面或那一方面进行斗争，一些人用舌和笔，一些人用剑，一些人则两者并用。因此就有了使他们成为完人的那种性格上的完整和坚强"①。晚明，特别是明清之际，那一群思想文化界的明星同恩格斯在这里所讲的"巨人"是多么的相似啊！他们就是晚明那"天崩地陷"的时代所需要、所产生的"巨人"。

（原载《明史研究论丛》第 1 辑，江苏人民出版社 1982 年版）

附记：本文着重论述了阳明心学的消极面及其与晚明实学思潮兴起的关系，关于阳明心学的积极面，参见拙文《试论阳明心学的历史作用》《传统与启蒙》等，《张显清文集》，上海辞书出版社 2005 年版。

---

① 恩格斯：《自然辩证法》，《马克思恩格斯选集》第 3 卷，人民出版社 1972 年版，第 445、446 页。

明代社会思想和学风的演变

　　明代近三百年的历史，社会形态虽然没有发生根本变化，但是社会矛盾的发展却显示出明显的阶段性。与之相适应，在不同的发展阶段，社会思想、学术风气也具有不同的内容和形式。

　　明代社会思想和学风的演变，大体经历了三个各具特色的阶段：洪武至宣德年间，崇尚"务实"；正统至万历初年，空谈心性之风日盛；万历中期至崇祯，心学没落，实学思潮兴起，经历了由实到虚、由虚到实的转变过程。当然，这种划分是从基本态势观察的，不是截然断开的，不同思想潮流在不同时段会出现交叉现象。

一

　　朱元璋经过将近二十年的艰苦奋争，终于推翻元朝，翦灭群雄，建立了大明帝国。对于他来说，无论是夺取江山，还是奠定开国规模，都不允许把清谈性理作为自己的指导思想和整个社会的风气。他为自己立下的准则是："平日为事只要务实，不尚浮伪。"朱元璋虽然文化水平不高，但却刻苦钻研儒家经典，并指令儒臣编辑、注疏经书，颁行天下，而其中都贯彻着他的"务实"精神。

　　朱元璋为了汲取历史上兴亡成败的经验教训，努力习读史书，尤其重视对元代历史的考察，经常召集大臣议论元朝灭亡的原因，对于自己开基创业的历史更为关心，编成《日历》《宝训》诸书。

　　朱元璋要求儒臣和各级官员必须"知时务，达事变"。晋王府长史桂彦良上《太平十二策》，他很赏识；太州教谕门克新秩满来朝，召问经史及政事得失，克新直言无隐，遂提擢为礼部尚书，而对于不切时务的迂儒俗士则深为厌恶。诏令各县儒学教官至京，"询民疾苦"，岢岚县吴从权、山阴县张桓回答："臣职在训士，民事无所与。"朱元璋大怒①说："宋胡瑷为苏湖教授，其教兼经义治事；汉贾谊、董仲舒皆起田里，敷陈时务；唐马周不得亲见太宗，且教武臣言事，今既集朝堂，朕亲询问，俱无以对，志圣贤之道者，固如是乎？"于是，"命窜之边方，且榜谕天下学校，使为鉴戒"。②

朱元璋崇尚"务实"、注重"实效"的思想和作风强有力地影响了明初的政治家和学者。由于开国的历史条件和朱元璋的提倡，明初名贤大儒一般都实践着儒家"经世致用"之学。刘基、宋濂、王祎、叶琛、章溢等都是元末名儒，但是时代的狂飙却把他们从宁静的书斋中卷入了斗争的旋涡，以他们的"儒者有用之学"运筹帷幄，从容辅导，成为朱元璋夺取和治理天下的佐命股肱。

刘基、宋濂、王祎、方孝孺等大都以政治家而兼学者，是左右明初社会思想和学风发展方向的脊梁。由他们倡导的务实致用的风气在明初占着主导地位。谢应芳、施耐庵、苏伯衡、朱升、危素、宋讷、陶安、徐一夔、杨基、陶宗仪、叶子奇、刘三吾、张羽、罗贯中、桂彦良、徐贲、高启等明初著名学者、诗人、文学家皆有真才实学，写出了不少具有很高学术价值和艺术价值的作品。他们不仅博涉经史天算，擅长诗文书画，而且兼具治世之才。

明初的务实学风有力地推动了社会经济的恢复发展和国家实力的增强。它的进步的历史作用是可以肯定的。然而，在明初，无论是太祖朱元璋、成祖朱棣，还是名贤大儒，却都推尊朱熹理学，这与他们的经世致用主张有什么关系呢？

明王朝建立之后，继承南宋和元的传统，极力确立和维护朱熹理学的一尊地位。这主要是由于，朱熹理学体系比之汉代经学、魏晋玄学、隋唐佛学都更加完整、精巧，更能适应明初重建封建秩序、强化封建专制主义制度的需要。这是人们都了解的。不仅如此，朱熹学说还含有某些有利于

① 朱国桢：《大训记》卷二。
② 《明史》卷一三九《门克新传》。

经世致用的因素。他虽然根本颠倒了物质与精神、思维与存在的主从关系，但并不否认客体的实在性，也不否认必须接触事物才能获得知识。他所讲的"理"虽然是一个外化的精神实体，从根本上说指的是神秘的主宰万物的"天理"，但也含有客观事物的道理、法则的意思。他的通过考察事物、博览群书发现事物道理的主张，不仅使他本人在经学、史学、文学、乐律以及自然科学等方面都作出了一定贡献，而且也可以被某些提倡学以致用的政治家和学者作为理论的依据。

明初著名学者在强调务实、致用的时候，正是从这样的角度来理解朱熹的。嘉靖年间唐枢在解释明初为什么崇尚朱熹之学时说："由中以应外，制外以养中，乃文公之学。故爱民体国其精髓也，据典循故其形骸也。"① 就是说，之所以"尚朱文公学"，是因为它有"爱民体国"的精髓。清代章学诚更从朱、陆优劣的角度论证了宋濂、王祎等人推尊朱学的原因。他说："同一门户而陆王有伪，朱无伪者，空言易而实学难也。""性命事功，学问文章合而为一，朱子之学也。""性命之说易入虚无。朱子求一贯于多学而识，寓约礼于博文，其事繁而密，其功实而难。虽朱子之所求未敢必谓无失也，然沿其学者，一传而为勉斋（黄干）、九峰（蔡沈）；再传而为西山（真德秀）、鹤山（魏了翁）、东发（黄震）、厚斋（王应麟）；三传而为仁山（金履祥）、白云（许谦）；四传而为潜溪（宋濂）、义乌（王祎）；五传而为宁人（顾炎武）、百诗（阎若璩），则皆服古通经，学求其是，而非专己守残，空言性命之流也。""实学求是与空谈性天，不同科也。"② 章学诚在这里虽然未免过分估计了朱学的切于实用，但毋庸置疑，宋濂、王祎、方孝孺等明初大儒确实发挥了朱学中有利于经世致用的因素，从而改造和发展了朱学。在久经战乱、百业待兴的明初，提倡经世致用、实学实效，比起空谈性理、鄙视"事功"来，更有利于社会秩序的稳定和生产的发展。

---

① 唐枢：《木钟台杂记》元卷《政问录》。
② 章学诚：《文史通义》内篇二《朱陆》。

二

从英宗正统到神宗万历初年，统治集团日渐腐朽。虽然也有改革势力的不懈奋斗，但皇帝或童幼无知，或恬嬉放荡，或斋醮修仙；辅佐或有弄权宦官，或有只会呼喊"万岁"的"万岁阁老"，或有以撰写青词得宠的"青词宰相"。在这样的君臣治理下，国家既失去了洪永时期开拓进取的务实精神，也失去了仁宣时期休养生息的安定局面，农民造反，边备废弛，党争不息。

这样的局势给了人们的思想以巨大的刺激。一班正直的士大夫在痛苦地寻找着国是日非的原因。由于时代和阶级的局限，他们尚不知道这是封建制度本身的必然结果，而将其归之于"人心不正"，提出挽救社会必须从"正心"开始，尤其要"正君心"，即所谓"心正而天不违之"，"圣心正而天心自顺"。为此，就必须大讲"正心之学"。

薛瑄、吴与弼就是著名的代表。薛瑄"以复性为宗"，"以立心为本"，以复述"圣贤之言"为己任，而反对"自立新奇之说"。吴与弼同样主张向内用功，提出为了保持心体"莹净"，必须"精神收敛，身心检束"。因此刘宗周说吴与弼的学问，"多从五更枕上汗流泪下得来"。以薛、吴为代表的正统年间以后的朱学，由于强调内心的涵养，"心"与"理"的界限越来越模糊不清，朱熹理学便向陆九渊心学过渡、转化。明代心学的始祖陈献章就是吴与弼的弟子。

明代心学以陈献章开其端，王守仁总其成。陈献章原从吴与弼学习朱学。但是当他在"圣贤垂训"和"书册"中怎么也穷格不出"天理"时，便将功夫转到面壁静坐上，果然"从静中养出端倪"，达到了"天理"与"吾心""凑泊吻合"的境界。原来，"吾心"即是"天理"。因此，治学只要"求之吾心"即可，而不必即物外索、博学多闻；治理国家也只是"收拾此心"而已，而不必讲究兵农钱谷。

王守仁同样经历了由朱学向陆氏心学的转变。经过三十多年的酝酿、充实、提高，才形成以致良知为核心内容的心学体系。应该说这个体系是相当完整和精密的。它包含"心外无物"的唯我论的本体论，"心外无理"的先验论的认识论，"万物一体"的阶级调和论的社会历史观。

阳明心学一经出现，便以很强的号召力吸引了众多人的信仰，取代朱学而居一尊地位。它之所以能风靡一时，是因为在这个谬误的唯心主义体系中包含有某些合理的因素。这些因素，在一定时间、一定程度上适应了社会和思想发展的需要，适应了人们寻求新的思想武器的心理。这主要是，它的"正心"说和"万物一体"论为缓和社会矛盾提供了理论启示；它的以"吾心"而不以孔子和经书为是非标准的主张，为某些进步思想家反对圣贤偶像、反对封建礼教束缚的"异端"思想提供了思想资料；它极力宣扬精神、理性的作用，补救了朱学支离烦琐、寻章摘句之弊，把儒学推进到一个新的阶段。在经历了朱学的漫长统治之后，阳明心学的出现，确曾因其简易直接、开广活泼而使人心目俱醒。

但是，这些积极因素都不是建立在科学的唯物主义世界观基础之上的。王守仁无限地夸大"精灵"的决定作用，必然要使他在理论和实践上陷入不能自拔的泥坑。他日益走向虚无主义，晚年对"四无之说"的肯定和宣扬就是有力的证明。

"四无之说"为人们指出"顿悟"和"渐悟"两条"引入于道"的途径。"顿悟"与"渐悟"，在"天理"、"良知"醒觉的快慢和方式上虽有不同，但其根本点都是"无"和"悟"。所谓"无"，就是既否认客观世界的实在性，也否认人类认识世界的必要性，"物"、"心"、"意"、"知"都是"无"。所谓"悟"，就是否认通过社会实践去认识事物、检验真理，只要一"觉"、一"悟"，便可无所不知，成为"圣人"。这种以"无"和"悟"为核心的世界观和认识论乃是佛教禅宗教理的翻版。它的危害在于，不是提倡人们去认识和改造社会，而是把人们引向逃避现实、脱离实践的歧途。历史事实已经证明，王守仁的"四无说"为其后学虚无主义思想和空谈学风的泛滥打开了闸门，从而也决定了心学没落的命运。

嘉靖七年王守仁逝世后，王门后学的主要成员基本上是按照"顿悟"、"渐悟"两条道路发展的。他们或者鼓吹"现成良知"、"以无念为宗"；或者提倡敛心禅坐，以为只要虚静无欲、枯槁寂灭，便可入圣。王守仁著名的及门弟子王畿甚至举起"虚寂"的旗帜，提出以此为基础而把儒、佛、道合而为一。由于王门后学中的这部分人片面地发展了王学的糟粕，因此心学日益陷入空虚、贫乏的境地。

阳明心学及其流弊在社会上产生巨大影响，明清之际著名学者对此多有论述。

顾炎武说："以一人而易天下，其流风至于百有余年之久者，古有之矣。……其在于今，则王伯安（王守仁）之良知是也。"①

陆陇其说："盖自嘉隆以来，秉国钧作民牧者，孰非浸淫于其教者乎？始也倡之于下，继也遂持之于上；始也为议论、为声气，继也遂为政事、为风俗。"②

阎若璩说："王守仁讲致良知之学，而至以读书为禁，其失也虚。"③

《明史·儒林传》说："姚江之学……门徒遍天下，流传逾百年，其教大行，其弊滋甚。嘉隆而后，笃信程朱不迁异说者无复几人矣。"

阳明学派的确曾经在思想文化界占过统治地位，阳明弟子也的确曾经遍于天下，这并非夸张。《明儒学案》将王门后学按地域分为浙中、江右、南中、楚中、北方、粤闽、泰州、东林、蕺山等几大支系，它们分布于北直、南直、浙江、江西、湖广、广东、广西、福建、贵州、四川、山东、河南、陕西等明代大部分行政区。遍布各地的王门子弟纷纷建书院、立学社、修祠堂、刻语录，聚众讲学，尤以经济发达的江浙地区为盛。在这些书院、学社中听讲者，动辄百余人，以至数百人、上千人。王门一传门徒大都生活在嘉靖至万历前期，到万历中期至崇祯年间已是二、三、四传，有的甚至是五、六传了。在明中叶，由于王门阵容强大，因此尽管有罗钦顺、王廷相、陈建等人独树异帜，但也未能动摇其在学术文化领域的统治地位。

阳明学派在政界也拥有强大势力。在嘉靖、隆庆、万历年间，王守仁的好友或弟子在朝廷和地方官居显位者比比皆是。席书、张璁、方献夫、徐阶、李春芳、赵贞吉、申时行等先后居内阁而执国柄，聂豹、欧阳

---

① 顾炎武：《日知录》卷一八《朱子晚年定论》。
② 陆陇其：《三鱼堂文集》卷二《学术辨》。
③ 阎若璩：《潜邱札记》卷二。

德、程文德等亦官六部而握实权。嘉靖三十二年底、三十三年初，适值各地官员进京朝觐，以徐阶、聂豹、欧阳德等为盟主，在京师灵济宫召集讲学大会，"与论良知之学"，到会者五千余人。由身居要职的王门弟子在国都举行这样浩大规模的讲学活动，是对阳明学派实力的盛大检阅。

阳明学派在民间也有相当影响。尤其是王艮泰州学派，强调在劳动民众中传教，影响更大。

由于阳明学派在这样的广度和深度上空谈心性良知，鼓吹无空静悟，因此便酿成了支配整个学界的空疏无实的学风，并进而成为官场作风和社会风气，成为社会和文化发展的障碍。它给整个社会造成的危害越来越明显。因此人们批评说，明中叶以后"举世之无学术、事功"。

万历年间，于慎行曾用"文至今日，可谓极盛，可谓极敝"[1]来概括当时学术界的形势。他从"极盛"中看到了"极敝"，是很有见地的。的确，阳明学派鼎盛之日，即其走向衰落之时。空虚贫乏的思想、弃实清谈的学风是它日趋腐朽的象征。历史提出了这样的要求：必须以一种具有新内容、新形式的思想取代这日益腐朽的旧思想。

"错误的思维一旦贯彻到底，就必然要走到和它的出发点恰恰相反的地方去。"[2]心学走到尽头，社会思想必然要向注重实际的方向转变，这是不可抗拒的客观规律。

三

万历初年张居正实行的改革是地主阶级改革家企图中兴的巨大努力，但是它终究还是随着张居正的逝世而遭到顽固派的破坏。自此，封建统治集团更加腐败，阶级矛盾更加尖锐，边境危机更加深化，大明江山日现摇摇欲坠之势。

然而，奋争不息是中华民族的优良传统。面对危机四伏的局势，士大夫中的优秀分子不屈不挠，严肃地检讨过去，勇敢地探求未来。他们发

---

[1] 《于慎行》：《谷山笔麈》卷八。
[2] 恩格斯：《自然辩证法》，《马克思恩格斯选集》第3卷，人民出版社1972年版，第482页。

现，心学空谈是导致国弱民贫的重要原因；为了"救世"、"救民"，必须以有用之"实学"取代无用之空谈。他们认为，只有以"实"救"虚"，才能实现以"强"救"弱"，"实学"是他们寻觅到的拯救危机的新的思想武器。持有这样认识的人逐渐增多，于是在万历中期汇合成一股提倡"实学"的思潮。

这股思潮，继承发展了中国思想史上体用兼尽、经世致用的优良传统，抨击心性空谈，倡导实学、实才、实行、实事、实用、实效、实功，以期达到富国、足民、强兵之目的。

实学的倡导者，从学派源流看，其中有一部分人原来就是理学的反对派，但多数人原来或师承程朱，或宗法陆王，而现在都在不同程度上自我否定，反戈相击，以"实学"之精神对师说加以修正、改造，甚至舍而弃之。因此，实学思潮虽然还未彻底摆脱陆王心学的影响，但在本质上，它是与之有原则区别的新的思想潮流，又因为资本主义萌芽的新的历史因素，这一思潮还含有早期启蒙思想的成分。

其时，对实学的倡导，是堪称思潮、风气的。因为它不是个别思想家的主张，而是为数众多人的共同思想；它不是表现在某一方面，而是遍及哲学、伦理学、政治学、经济学、经学、史学、文学以及自然科学等各个思想文化领域。组成这个思潮的各个部分，虽然政治和思想的进步程度并不相同，但是批判空虚之弊、倡导务实之风则是它们的共性。

让我们具体地考察一下实学思潮的波及面。

（一）政治改革家

明后期，大凡进步的地主阶级改革派，无论在朝，还是在野，都反对浮议空谈，而主张"脚踏实地"地改造社会，以治国经邦的实际学问去解决现实"急务"。著名清官海瑞是一名务实派。他"不为俗学所染"，反对迂儒空谈，"事事求之于实用"。张居正是我国封建时代著名改革家。他在少年、青年时代，也曾学过阳明心学。但是，当他目睹士风空浮、政治腐朽之后，日渐认识了心学之非。他提出，"欲兴复古学，以新士业，唯在抑浮端习"。"抑浮端习"的途径是什么？是"窥见实际"，"使浮者挽之以就实"。所谓"实际"，重要的是指"人情物理"，而要了解"人情物理"，就必须亲身去接触，"从花中看花"，而不要"从纱窗里看花"。后来，他手握权柄进行改革，改革的指导思想就是"综核名实"。他明确地宣告了以下施政原则："凡事务实，勿事虚文"；"扫无用之虚词，求躬行之实效"。他还把整顿学政、变化风气列为重要的改革内容，指出在学校教育方面的弊病是，督学之官"既无卓行实学"，"务为虚谈贾誉"；由他们培养的学生"居常则德业无称，从仕则功能鲜效"，因此，必须扭转"空谈废业"的局面，而使学生"通晓古今，适于世用"。当然，他对"异端"思想和讲学活动的压制与打击，则又表明了他维护封建正统的坚决立场。

万历中期以后批判空谈、倡导实务的改革家越来越多，而且结成政治团体。东林学派已形成相当强大的政治势力、政治派别，无论在朝、在野都起着举足轻重的作用。东林领袖们主张，时刻关心国家安危、百姓疾苦；要有"实念"、干"实事"，"脚踏实地"地去"救世"、"救民"。为了保障政治理想的实现，他们认为必须彻底改变社会风气和官场风气。他们看到王门"百病交作"，于是"起而救之，痛言王氏之弊"。顾宪成尖锐地指出，"心是活物，最难把捉"，如果以"吾心"为是非标准，那就是"无星之秤，无寸之尺"，必然导致"率天下而归于一无所事事"。① 高攀龙也力主扬"实"弃"虚"，东林人士的任务就是救治"虚疾"，而"反之于实"；行动准则是"不贵空谈，而贵实行"。② 在晚明，顾、高在社会上有重大影响，他们正在取王守仁而代之，成为"一时儒者之宗"。因此，他们的主张对转变社会思想和学风起到了重要作用。

继承东林反虚务实传统的是复社。复社领袖张溥是明末杰出的学者、文学家和民间政治活动家。在政治上，他反对腐败势力，欲"振起东林之绪"，"推而远之"。在学术思想上，他主张尊经、治史，目的是"察古镜今"，"赞治资化"；提倡"质访实用，不务虚文"，认为国家只有具备实力才能立于不败之地。为了推广自己的政治和学术主张，他联合各地文社而成立复社，"复社"之所以名"复"，即"世教衰，此其复起"之意。

---

① 顾宪成：《小心斋札记》卷一。
② 高攀龙：《高子遗书》卷五《语录》。

　　复社的实际行动是贯彻了这一宗旨的。复社知名人士大都努力于实际学问的研究，例如黄道周编写《博物典汇》；张溥删定了《历代名臣奏议》；陈子龙编辑了《明经世文编》、整理刊刻了徐光启的《农政全书》；顾炎武编辑了《天下郡国利病书》；方以智编写了《物理小识》《通雅》等。他们还积极参加现实的政治斗争。天启六年，应社成员曾无畏地参加反抗阉党逮捕东林党人的苏州民变。为纪念在民变中捐躯的烈士，张溥写下了脍炙人口的《五人墓碑记》。崇祯十一年，黄宗羲等一百四十二名复社成员联名作《留都防乱公揭》，驱逐阉党余孽阮大铖。复社平日注重砥砺民族气节，因此当清朝入主后，复社成员大都坚贞不屈，蔚成一时风气。其时，大江南北倡议举兵抗清的官绅大半出于复社，"以持残局，而兀然能为中流之一壶"。其中陈子龙、夏允彝、吴应箕、杨廷枢、侯峒曾等复社领袖人物皆在抗清斗争中壮烈牺牲，其高风亮节，照耀异代。

　　复社的势力和影响大大超过了东林。它由全国各地社盟联合组成，已具近代政党之雏形，社员号称二万，有姓氏可考者达三千余人。明末清初进步的知名政治家、民族英雄、思想家、学者大都在复社之内，或与之关系友善。由于复社集各地之俊秀，声应气求，风动天下，因此对晚明实学思潮和务实学风的发展起到了巨大的推动作用。同时，对于冲击封建专制对民间结社的羁縻、冲击封建礼教对人们思想的束缚也起到了重要的积极作用。①

（二）哲学家、思想家

　　早在正德、嘉靖年间，阳明心学刚一出现，罗钦顺、王廷相、黄绾、陈建等人即与之展开了针锋相对的论争。万历年间以后，随着空虚之疾越来越重，反心学空谈的哲学家、思想家也越来越多，诸如李贽、吕坤、刘宗周、黄道周、孙奇逢、朱之瑜、陈确、傅山、黄宗羲、潘平格、方以智、陆世仪、张履祥、顾炎武、王夫之、费密、李颙、吕留良等就是杰出的代表。他们有的虽然出自王门，但对心学流弊却反戈痛击。

---

　　① 关于复社，参见陆世仪著《复社纪略》、吴伟业著《复社纪事》、杜登春著《社事始末》、吴山嘉著《复社姓氏传略》。

　　李贽与王门有师承关系，在哲学观点上也还没有完全摆脱心学的影响，但是他公然以"异端"自居，对王守仁的学说作了不少的修正，提出一些闪耀着反封建礼教思想光辉的命题。他向程朱、陆王鼓吹的"去人欲，存天理"的禁欲主义大胆挑战，提出了"穿衣吃饭即是人伦物理"的含有唯物论因素的伦理学命题。他针对"儒者高谈性命，清论玄微，把天下百姓痛痒置之不问，反以说及理财为浊"的伦理财富观，明确地提出"不言理财者，决不能平治天下"的生产观念，认为"富贵"是社会发展的必然之势，追求"富贵"是人的自然本性。

　　吕坤是一位反理学的勇敢斗士。他时刻关心时政，尖锐地批评朱熹和王守仁，推尊陈亮、叶适的"事功之学"。吕坤不仅在理论上对空疏之弊作了批判，而且身体力行，注重对社会现实问题的考察和实际学问的研究。

　　顾炎武是明清之际抨击心学的一员主将。他反复论证了"心学"即是"禅学"，而且认为明朝的败亡就是由空谈心性所造成。他指出明代之"清谈，有甚于前代者"，"举夫子论学、论政之大端一切不问"，而"以明心见性之空言代修己治人之实学"。他不仅是心学清谈的反对者，而且是实际学问的杰出建树者。他还在对历史和现实的考察中，提出了某些批评封建专制政治的带有民主色彩的观念，例如在《郡县论》中，指责"郡县之失，其专在上"；"今之君主"，"人人而疑之，事事而制之"。

　　黄宗羲是明清之际杰出的启蒙思想家。他的"君主是'天下之大害'"的初步民主意识，他的"工商皆本"的经济主张都起到了振聋发聩的作用。而这些早期启蒙思想的提出，与他反对空谈、倡导务实有着密切的联系。他与王门虽有学派上的渊源关系，但"矫良知之弊，以实践为主"，"乃姚江之诤子也"。[①] 为了与空谈学风划清界限，他潜心于史学、经学、天文、算术、乐律等实际学问的研究，并亲身参加反对阉党和武装抗清的实践斗争。

　　王夫之是明清之际杰出的唯物主义哲学家。反清复明斗争和实学思潮培育了王夫之。他一生坚持爱国主义和唯物主义的战斗精神，在抗清斗争

————————

　　① 　江藩：《国朝汉学师承记》卷八《黄宗羲·顾炎武》。

的实践中，在批判宋明理学的论争中，在长期对经学、史学、天文、数学、地理等实际学问的刻苦钻研中，总结和发展了中国古代传统的唯物主义，建立了自己的唯物主义思想体系，为实学思潮提供了更为坚实的哲学基础。

（三）经学家、史学家、文学家

明中叶整个学术界呈现心学独盛、百家沉寂的畸形发展局面。万历以后，随着实学思潮的形成和发展，经学、史学、文学也兴旺发达起来，出现了王世贞、徐渭、唐鹤征、陈第、焦竑、胡应麟、汤显祖、朱国桢、陈仁锡、何乔远、谢肇淛、沈德符、谈迁、查继佐、张岱、毛奇龄等一大群成就卓著的经学家、史学家、文学家，产生了一大批光彩夺目的经学、史学和文学著作，真是闻风竞起，著述如林。

万历以后，经学、考据学作为一种反心学的实学派别逐渐兴盛起来。它由陈第、焦竑开其端，而为张溥、黄宗羲、顾炎武、方以智等人所发展。他们都博览群书，对于经书、古籍的注疏辨伪、考证训诂、校勘辑佚，以及史乘天算、地理金石、诗词文章都有很深的造诣，称得上是百科全书式的学者。

万历以后，史学日趋兴旺，涌现出一批有成就的史学家。他们尤其重视明朝及明清之际当代史的研究，以期寻觅经世、治世之良方。黄宗羲提出，为了扭转王门后学"讲学龚语录糟粕，不以六经为根柢，束书而从事于游谈"的坏习气，治经"必兼读史"，从而培育了浙东学派"史学所以经世"的优良传统。

实学思潮在文学艺术领域也有反映，强调真实地反映社会现实生活，发展了古典现实主义文学的优良传统。嘉万时期文坛领袖、史学名家王世贞倡导的"文必秦汉、诗必盛唐"，虽有复古的形式主义倾向，但是他反对粉饰升平的庙堂文学，反对姚江学派浅薄空泛的学风，在文学创作上有不少现实主义珍品，《鸣凤记》就是以揭露嘉靖年间腐败政治和奸相严嵩父子丑恶行径等重大社会问题为题材的。天启、崇祯年间，著名诗人、散文家张溥、张采、陈子龙、夏完淳等人的作品都气势豪放、慷慨激昂、满腔热忱地描写了可歌可泣的现实斗争，留下不少传颂人口的优秀篇章。明清之际的顾、黄、王提倡文章必须言之有物，论学叙事，抒发性情，弘扬了古典现实主义文风。

民间文学和通俗文学在晚明空前发展，产生了古典长篇巨著《西游记》，反映市民生活的小说《金瓶梅》和"三言""二拍"，优秀戏剧《牡丹亭》《清忠谱》。《三国演义》和《水浒传》也更为广泛刊刻传播。这些作品暴露了社会的黑暗，歌颂了民众的反抗斗争，体现了反对封建礼教的民主精神，展示了广阔的社会生活画面。

（四）自然科学家

明后期自然科学的复兴是心学没落、实学思潮兴起的又一重要标志。

明代自然科学经历了中叶长期沉寂之后，在晚明呈现了空前活跃的局面，涌现出李时珍、潘季训、朱载堉、徐光启、徐弘祖、宋应星、李之藻、李天经、杨廷筠、王徵、方以智等一群灿烂的科学明星。他们编著、编译的《本草纲目》《河防一览》《乐律全书》《农政全书》《几何原本》《泰西水法》《崇祯历法》《徐霞客游记》《天工开物》《同文算指》《泰西奇器图说》《通雅》《物理小识》等名著，无论其深刻的内容，抑或其验证的方法，至今仍葆有不可磨灭的科学价值。而中国传统科技文化与耶稣会士传入的西方近代自然科学相结合，在明后期自然科学复兴中，又是一个引人注目的特点。实学派政治家、思想家、科学家对西方近代自然科学都持欢迎的态度，并形成了一个以徐光启为首的研究西学的学派。

这些科学家研究自然科学，大都有明确的发展生产、富国强兵的实用目的。最具代表性、堪称自然科学旗帜的是徐光启。他生平所学"皆主于实用"，对王门清谈十分反感，认为心学"阴用二氏之精"，"无所用于世"，给自然科学带来了厄运。他的一生就是勤奋钻研实学的一生，为富国、足民、强兵奋斗的一生，在农学、数学、天文学、水利学、兵器学等方面都作出了杰出的贡献。[①]

以上仅是对实学思潮轮廓的极为粗略的描述，但从中已可看出，它波

---

① 关于徐光启的实学主张，参见拙稿《徐光启社会经济思想的几个问题》，《晋阳学刊》1981 年第 4 期。

及政治、思想、文化、科学技术、学术风气、社会风气等各个方面，实在是一股波澜壮阔、名副其实的思想潮流。

由于历史条件的不同，明后期的实学思潮并不是明初务实学风的简单重复，而是在更高水平上的发展。就整个思潮的基本倾向来说，它反对清谈，提倡务实；反对逃世，提倡救世；反对守旧，提倡革新；反对禁欲主义，提倡物质利益；反对伦理财富观，提倡发展生产；反对重本抑末，提倡工商皆本；反对封建礼教，提倡限制君权；反对屈辱投降，提倡民族气节；反对迷信，提倡科学；反对闭关，提倡西学；反对理学独尊，提倡百家争鸣。所有这些都说明实学思潮比明初务实学风要广阔得多、深刻得多，而且增添了早期启蒙思想的新因素，发生了某种局部的质的变化。

明中叶以后，虽然出现了资本主义萌芽，但总体上仍然是封建社会。在这样的历史环境下，不仅资本主义萌芽需要生长，而且封建关系也需要自我调整，否则整个社会将终日陷于混乱，以至崩溃。实学思潮正是适应这样的历史需要形成的。它把实用、实行、实效思想与早期启蒙思想汇合在一起，既是地主阶级改革派的思想武器，又是市民阶层的思想武器。它冲破了宋明理学的长期统治，成为时代精神的主调和标志，使社会思想和科学文化获得一次解放，从而促进了社会生产力的发展，为历史的前进开辟了道路。

（原载《中国哲学史研究》1986 年第 2 期）

孙奇逢"以实补虚"论述略

孙奇逢，字启泰，号锺元，生于明万历十二年（1585），卒于清康熙十四年（1675），终生未仕。明清之际，孙奇逢在北直隶、河南聚徒讲学，北方学者大都出于其门，因此被奉为"泰山北斗"①。

他之所以蜚声遐迩，不仅由于学术成就显著，还因为气节奇烈。在明末，他曾无畏地投身于反对阉党的斗争，是名震一时的"范阳三烈士"之一。他还是抵抗清兵的民族英雄，曾率众固守容城；又结寨五峰山抗敌自保。故此获有"始于豪杰，终以圣贤"的美称。②

后人评论孙奇逢说："其生平之学，主于实用"③，"宗旨出于姚江（王守仁），而变以笃实，化以和平，兼采程朱之旨以弥其缺失"④。

他本人在《夏峰歌》中也对自己的思想特色作了形象的说明：

> 说甚么程朱王陆，门户便相悬。从陆征鞍，顺水扬帆，到头一样达畿甸，道同源。躬行实践，舌上莫空谈。⑤

史家的评价和他的自述，其基本精神是一致的。他的基本思想可以概括为：第一，"朱（熹）王（守仁）合一"，以实补虚；第二，躬行实践，实学实用。

---

① 《清儒学案》卷一《夏峰学案》。
② 参见申涵光《征君孙锺元先生诔词》，《聪山集》卷三。
③ 《四库全书总目提要》卷六《读易大旨》。
④ 《四库全书总目提要》卷九七《岁寒居答问》。
⑤ 《夏峰歌》，魏一鳌辑《三贤集》卷四。

一

明中叶以后，王守仁心学取代朱熹学说统治了思想界。但是，由于它日益空虚、简陋，而在明末走向衰落。为了寻找新的思想武器，随之兴起了一股抨击空谈、提倡务实的实学思潮。某些实学倡导者，力图以朱熹之"实"救治王守仁之"虚"，于是提出"朱王合一"的主张。孙奇逢就是一位代表人物。

孙奇逢青少年时期，受家学和师友影响，治学以阳明心学为宗。明清之际，转而主张"兼收朱陆，随时补救"①。他的这一转变，是在认真地研究了宋明理学的发展历史、比较了朱熹与王守仁各自的得失之后郑重作出的。他著名的《理学宗传》就是为了完成这一转变而编著的。

对于阳明心学体系中包含的积极因素，孙奇逢把握得相当准确。他说：

> 读前圣前贤之书，总借以触发我之性灵。不能触发性灵，不能强为之喜也。能触发性灵，不能强为不喜也。少壮时与吾友鹿伯顺（鹿善继）读诸儒语录，有扞格处，取阳明语证之，无不豁然立解，因妄意以闻知之统归之。……词章汩没之后，（阳明）有扫荡廓清之功。②

所谓"能触发我之性灵"，就是能够启发灵感、调动思维、发挥主观能动性的意思。阳明心学确有此等优点，而这正是朱熹学说所缺乏的。他进而指出，由于阳明心学以其强调"自心自性"补救了朱熹支离烦琐之弊，因此"儒术至阳明又一开辟也"③。就是说，阳明心学在儒学发展史上曾经起过划时代的作用。

明清之际，由于阳明心学空疏之弊已经充分暴露，因此孙奇逢在肯定

① 魏象枢：《答申凫盟书》，《寒松堂集》卷一〇。
② 《理学宗传》卷九《王守仁》。
③ 《理学宗传》卷一一《顾宪成》。

阳明心学的历史地位的同时，着重分析了它的弊病。他主要从两个方面批评了王门的流弊。

其一，"四无说"。所谓"四无"是指"心是无心之心"，"意是无意之意"，"知是无知之知"，"物是无物之物"。总之，不论是客观世界，还是主观世界都是"无"。这种理论是释、道"空"、"无"教义的再版。它由王守仁的高徒王畿提出，而被王守仁肯定。这种"弃有"、"着无"的虚无主义曾经风靡一时，严重腐蚀了社会思想和社会风气。明末以至明清之际，很多进步的思想家和学者都尖锐地批评了它的清谈误国之害。

孙奇逢对此同样作了中肯的批评。他说：

> 龙溪（王畿）独持四无之说，群起而疑之，乃先生（王守仁）亦复唯唯，于是龙溪之言满天下。后传龙溪之学者，流弊滋甚，因是遂疵阳明之学。……当时罗文恭（罗洪先）力救其偏，余颇爱其简易透彻，晚年始晰其流弊。[1]

他还深刻地指出，"四无"之说乃是"禅家宗旨"，"有"与"无"，"虚"与"实"是对世界两种对立的看法。"圣人"认为万物"流行"不止，"理归于有而实"；释氏认为宇宙生于无形无象的"静"，"理源于无而虚"。"有无虚实之际，正毫厘之辨也。"[2]

其二，"顿悟说"。王守仁及其弟子王畿等人鼓吹人有"现成"的"良知"、"良能"，只要"从心悟入"，在一觉悟之间，便可"一了百当"，无所不知，无所不能，当下成为"圣人"。这就是"顿悟"。[3] 它的实质在于否认认识来源于实践。这种说教的盛行，同"四无"说一样，酿成了清谈良知、不务实际的恶劣风气。

孙奇逢对"现成良知说"和"顿悟说"十分不满。他指出："一觉悟

---

① 《理学宗传》卷二六《补遗·王畿》。
② 《重修太室法王寺记》，《夏峰先生集》卷三。
③ 关于王守仁对"四无"、"顿悟"的肯定和宣扬，参见王畿《天泉证道纪》（《龙溪王先生全集》卷一）、钱德洪《阳明先生年谱》。

得即教做圣人，醒人处在此，误人处亦在此。"① "痛快处便是流弊处。"②
这些评论是很辩证的。人人都可以由"顿悟"而当下成为"圣人"的许
诺打破了上等人对"圣贤"的垄断，是很能鼓舞人的。但是这个脱离实际
的虚幻的"悟"，终究是要把人的认识引入歧途的。因此他批评王畿、罗
汝芳等人是反对见闻、否认知识、"隔判事物"，而"以一念灵明为极
则"，"以一觉之顷为实际"，"以理为入门之障，以顿悟为得道之捷"。而
"顿悟"说又来源于佛门禅宗，因此他又尖锐地指责他们"亦佛亦仙"，
"其流弊将至儒释同归而不可解"。③

朱熹并不是一位浅薄、简陋的唯心主义者。他的理学体系虽然从根本
上颠倒了物质与精神、客观与主观的关系，但是并不否认客体的实在性，
也不否认通过接触事物获得认识，与陆九渊、王守仁抛开心外之物、专向
内心求索不同。这些积极因素往往能被某些倡导经世致用的人所利用。主
张"史学所以经世"的章学诚就认为，朱子学派"学求其是"，"务为实
学"，而陆、王学派则"不切人事"，"空言性命"，因此朱学优于王学。④

孙奇逢批评了朱熹过于拘滞支离的弊病。不过，他站在提倡实用的立
场上，更重视的还是朱熹"平易质实"的长处。

朱熹主张"日用、饮食、起居之间，既无事而非学"，"群居、藏修、
游息之地，亦无学而非事"，为学要务求"力行之实"，要有所用。对此，
孙奇逢称赞是"恸哭流涕之言，足令读者愧汗而奋发"。

朱熹认为，不论是记诵词藻、吟咏性情，还是听信老子、释氏"虚无
寂灭"的说教，都不能"出治道"；要想治理好国家，"必先格物致知，以
极夫事物之变，使义理所存，纤悉毕照，则自然意诚心正而可以应天下之
务"。孙奇逢感到，这样的主张有利于经世致用，因此评论说：朱子"平
生所学在此"。

朱熹提倡只有通过学习、思考、闻见的功夫，才能"入圣"，不似陆
九渊那样强调不学不虑。孙奇逢赞成此说，认为符合儒学经典，"只从

---

① 《理学宗传》卷二六《补遗·罗汝芬》。
② 《理学宗传》卷二六《补遗·周汝登》。
③ 汤斌：《孙奇逢年谱》顺治十年。《夏峰先生集》卷七《报张湛虚》等。
④ 参见章学诚《文史通义》内篇二《朱陆》《浙东学术》。

《四书》白文细细体认，便自分晓"。

朱熹反对佛教和陆九渊提倡的"冥漠不可测知"的"顿悟"说，而主张"物必格而后明"，"伦必察而后尽"，只有遵循"下学上达之序"，"口讲心思，躬行力究"，才能"众理洞然"。孙奇逢认为，朱氏对"悟"的批评，"字字道着病痛"，他"一生实历处未悟，原不容说悟，只合如此做去，以俟一旦之豁然"。

朱熹在《读大纪》中对儒家与佛家在理论上的分歧以及佛教之所以盛行的原因作过系统的分析。孙奇逢认为他论证的精辟，对佛教"既暴其罪状，而又不抹其偏长，是从来辟异端第一首文字"。①

有比较才有鉴别。在经过具体的考察之后，孙奇逢发现朱子之所短正是王子之所长，王子之所短正是朱子之所长，恰好取长补短，相互补救。因此他相当深刻地指出："门宗分裂，使人知反而求之事物之际，晦翁（朱熹）之功也，然晦翁殁而天下之实病不可不泄。词章繁兴，使人知反而求之心性之中，阳明之功也，然阳明殁而天下之虚病不可不补。"② 以"虚"泄"实"，以"实"补"虚"，"虚"、"实"相辅相成，颇有辩证法味道。但是，有的人却不知以利救弊，而在谬误的道路上越走越远，"今举世皆病，而实者日益补，虚者日益泄，求其愈自不可得，且并其虚、实莫辨"③。

所谓"朱王合一"，并非不偏不倚。由于"虚症"是明末以来社会思想的主要弊病，因此孙奇逢更多地吸收了朱熹"务为实学"的思想，而摒弃了陆王思想中虚无主义的糟粕，从而侧重于推崇朱熹。他认为，朱熹继承发展了程颢、程颐之学。"程门往往未竟之言，而文公足发之"，"一灯相续，斯道中天，所以为集大成"④。

二

孙奇逢提倡"朱王合一"的主要目的在于以朱之"实"补王之

① 以上均参见《理学宗传》卷六《朱子》。
② 《孙奇逢年谱》，顺治十二年。
③ 《寄张蓬轩》，《夏峰先生集》卷七。
④ 《理学宗传》卷六《朱子》。

"虚"，为提倡躬行实践、实学实用服务。

孙奇逢继承了朱熹的"天理"观，因此在认识论上含有不少先验论的糟粕。他提出："日用食息间，每举一念，行一事，接一言，不可有违天理、拂人情处便是学问。"[①] "天之明命无一刻不流行于人伦事物中，能于日用食息真见其流行不已，便自有下工夫处。"[②] 在他看来，"随时随事体认天理"[③] 乃是认识的重要任务。

但是，他也提出一些含有反映论因素的思想片断和命题。这些主张有利于唯物主义思想的发展，有利于经世致用学说的施行。

孙奇逢所讲的"理"，不仅仅是那先验的绝对精神——"天理"，而且也指客观事物的"道理"、"法则"。他说：

> 道不离器，离器何处觅道？性不离形，离形何处觅性？[④]
> 道在何处？曰道在眼前。曰眼前何者是道？曰任举一物一事莫非道也，百姓日用而不知耳。果觉得无一物一事非道，时行、物生、古今、天地皆呼吸于一气之中，方是吾之全体。[⑤]
> 道理只在眼前。眼前有相对之人，相对之物，静对之我，正所谓道也者不可须臾离也。能尽人性、尽物性皆是眼前事，舍眼前而求诸远且难，不知道也。[⑥]

就是说，抽象的、无形的道理、法则、心性离不开具体的、有形的器物。在我"眼前"与我"相对"之人、之物，都是在我的意识之外客观存在的，而"道"就存在于它们之中，存在于时行、物生、古今、天地以及日常"一物一事"之中。因此必须通过接触事物才能发现"道"，才能认识事物之理；离开事物则"无知可致"：

---

① 《语录》，《夏峰先生集》卷一。
② 《语录》，《夏峰先生集》卷二。
③ 《孙奇逢年谱》，顺治十一年。
④ 《语录》，《夏峰先生集》卷二。
⑤ 《语录》，《夏峰先生集》卷一。
⑥ 同上。

> 心无体以事物为体，心无用以好恶为用。离事物则无知可致，离好恶则无致知之功。①

正因为离开事物就不能获得认识、修养道德，因此他"尤重于行"，是"行而后言之者"②。关于"知"、"行"关系，他指出：

> 行足以兼知，未有能行而不知者。知不足以兼行，耻躬不逮，圣人固虑之矣。③

这比王阳明的"知行合一"论进了一步。它强调的是"行"，"行足以兼知"，而"知不足以兼行"。认为只要行动、实践，就可以获得"知"，没有"能行而不知者"。

认识论上的反映论因素为其倡导实学、实用、实行奠定了理论基础。他反对空谈，提倡务实的学风，提出"学在躬行，而不在口语"④，"学问皆从躬行出，而不从口出"⑤ 的主张，认为对国家、对日常事物有实际用处的学问才是真实学问。"讲求实用"⑥ 的精神贯穿于他的整个治学活动中，自称其著作皆"日用平常之事与日用平常之人，为日用平常之言"⑦。

他的《四书近指》一书，从其"讲求实用"的基本立场出发，对《论语》《孟子》《大学》《中庸》的中心内容加以说明，而并非着重于经义的训释。他认为，这四部儒经的基本精神都是讲"修己治人，亲师取友，理财折狱，用贤远奸，郊天事神，明理适用，总之，皆学也"⑧。就是说，"圣贤"之所以"明理"，是为了"适用"。因此后人评论说："奇逢之学，兼采朱陆，而大本主于穷则励行，出则经世，故其说如此。虽不一

---

① 《语录》，《夏峰先生集》卷一。
② 魏裔介：《夏峰先生集序》。
③ 《孙奇逢年谱》，康熙五年。
④ 《语录》，《夏峰先生集》卷二。
⑤ 《理学宗传》卷二五《明儒考》。
⑥ 《祭鹿伯顺文》，《夏峰先生集》卷一二。
⑦ 《岁寒居答问自序》，《孙夏峰全集》。
⑧ 《四书近指·凡例》。

一皆合于经义，而读其书者，知反身以求实行、实用，于学者亦不为无益。"①

《尚书》今古文之辨，聚讼纷纭。但孙奇逢的《书经近指》一书，却不注重经文的诠注，而总结出《尚书》的"纲领"是"主敬存心"四字。只有"主敬存心"才能聚德得道，治事接物，享有天下。因此他强调《尚书》讲的乃是"治天下大道"，而"民生日用"就是这个"大道"。②

《易经》玄妙难读。他同样以"实用"精神对其加以解释。他读《易》，"不显攻图书，亦无一字及图书，大意谓发明义理，切近人事"。指出卦、爻"皆言用耳"。从"天地自然之理"的变化推测国家人事的变化，即因《易》之变"以明人事"。③

他的《理学宗传》对诸家的评论，亦着重以其学说的"实用"价值为褒贬的标准，"专主躬行，不在词章训诂"，"有体有用，亦有异于迂儒"。对实学实行，多有赞誉；对"伪而多惑"，多有批评。④

至于像《乙丙纪事》《守容纪略》《取节录》《甲申大难录》《两大案录》《中州人物考》《畿辅人物考》《苏门遗事》《新安县志》等社会历史方面的著作，所述皆"风教攸关"、"民命所系"之事，其"黜华藻，励实行"的目的就更加突出了。

"人才关气运之盛衰"。孙奇逢提出，"人之所以成人者，亦以其卓然有适于用，然后自命为人。如无一才一德足自见于世，不亦覥焉为人乎"⑤？就是说，有"真才真品"，起"真实作用"的人才是真正的人。治学、讲学的目的就是给国家培养"有适于用"的人才。

"儒学为治天下。""离职掌言学，则学为无用之物，圣贤为无用之人。"⑥因此士大夫都应具备"经纶天地，宰制民物"的本领。他们能够"遇事敢言，见危受命"；如果平时只知"谈身心性命，一遇事便束手"，

---

① 《四库全书总目提要》卷三六《四书近指》。
② 《书经近指序》。《四库全书总目提要》卷一四《尚书近指》。
③ 《读易大旨·总论》；《孙奇逢年谱》，康熙六年；《四库全书总目提要》卷六《读易大旨》。
④ 《理学宗传序》。
⑤ 《汝器字说》，《夏峰先生集》卷三。
⑥ 《鹿善继传》，《夏峰先生集》卷八。

那就是没有用处的"腐儒曲士"，"实足为理学之诟厉也"。

人生在世，要不要建功立业？这是理学家长期争论不休的问题。孙奇逢继承、发挥了南宋思想家陈亮、叶适的"事功之学"，认为"事功亦学也"；不讲事功则"无真理学"、"无真儒"。

> 理学、节义、事功、文章总是一桩事。其人为理学之人，遇变自能殉节，当事自能建功，操笔自能成章。触而应，迫而起，安有所谓不相兼者。如不可相兼，必其人非真理学。①
>
> 理学而必无事功，必无节烈，则一乡党自好之士耳。②
>
> 世无真儒，则无事功，无节义。世而至于无事功，无节义，尚可言乎？③

没有事功，没有节烈，世界将不成其世界。这是很精辟的见解。没有创造性的、有益的社会活动，历史何以能够前进？没有为国献身的节烈行为，国家何以得到捍卫？那种以抽象的心性空谈拯救世界的企图，只不过是自欺欺人的幻想，对现实社会的改造是不会有实际价值的。基于对"事功"的深刻认识，他对左光斗、魏大中、孙承宗、鹿善继等在反阉党和抗清斗争中英勇捐躯的烈士给予了热情的赞颂，称他们是"一代伟人"。

明中叶以后，"儒者高谈性命，清论玄微，把天下百姓痛痒置之不问，反以说及理财为浊"④。他们以空谈性理为高雅，以理财治生为卑俗。这种迂腐的伦理财富观桎梏了人们创造物质财富的积极性，束缚了生产力的提高。

孙奇逢不同意这种观点，认为"理财"是一门治国平天下的实际学问。他说：

> 《大学》平天下，而其实际在用人以理财。则财之理也，亦唯使

---

① 《语录》，《夏峰先生集》卷一。
② 孙奇逢：《黄石斋麟书钞序》，《夏峰先生集》卷四。
③ 孙奇逢：《报白仲调》，《夏峰先生集》卷七。
④ 李贽：《四书评·大学》。

家自为给，人自为足，合之而成丰亨豫大。自儒生俗士不知理财之务，而讳言理财之名，民生所以日促，而国家所以长贫也。太史公论富国家，洞悉人情，通达事体，能放其意而行之，无地不可富也，无人不可富也，无术不可富也。①

只有"理财"才能"家自为给，人自为足"，并进而使整个社会、整个国家富裕起来，形成"丰亨豫大"之势。相反，反对"理财"，不懂"理财"，就会"民生日促"、"国家长贫"。孙奇逢自己虽然终生穷困，但却盼望国家昌盛，民众富有，"无地不富"，"无人不富"。历史唯物主义要求以具体的社会物质生活条件为出发点来解释历史和社会。孙奇逢的历史观当然还不可能是历史唯物主义的，但是他注意到了人们的物质生活和物质生产对社会的重要影响，是难能可贵的。

孙奇逢的及门高徒汤斌曾以"上继往圣，下开来学"②来概括孙奇逢在学术思想史上的地位，称颂他对清初文化有筚路蓝缕之功。这个评价是有道理的。清初思想是晚明思想的继续和发展。晚明兴起的实学思潮，至明清之际更加波澜壮阔。孙奇逢提倡的以朱之"实"补王之"虚"和实学、实用、实行的主张都是实学思潮的一部分。在清初著名学者中孙奇逢的辈分最高，因此在沟通明清之际思想路线方面，他发挥了重要的桥梁作用。

当然，也应该看到，孙奇逢虽然对宋明理学的精华与糟粕作了某些分析，但终究未能摆脱理学体系的束缚，尤其是对朱熹学说中的消极面更缺乏足够的认识，因此他的思想也就不能不带有时代的局限性。

（原载《中州学刊》1986 年第 6 期）

---

① 《题货殖传后》，《夏峰先生集》卷五。
② 汤斌：《征君孙先生九十寿序》，《潜庵遗稿》卷一。

简论孙奇逢兼容并包的治学方针

清代史学家全祖望推尊孙奇逢（1585—1675）、黄宗羲、李颙为清初"三大儒"①，但今日学术界对孙奇逢的研究却很薄弱。本文拟对孙奇逢的"兼容并包"治学路线作些探讨，以期引起人们对这位爱国学者的关注。

一

明清之际是我国学术文化史上又一个群星灿烂、百家争鸣的时代。面对诸家并起、众说沸扬之势，孙奇逢举起"兼容并包"的旗帜，欲以推进儒学的发展。他明确地提出："人黑白不分者，不可以涉世处人；黑白太分者，不可以善世宜民，学问须要包荒，才是天地江海之量。"② 又说："诸儒学问皆有深造自得之处，故其生平各能了当得一件大事。虽其间同异纷纭，辩论未已，我辈只宜平心探讨，各取其长，不必代他人争是非，求胜负也。"③ 就是说，为人处世既不能"黑白不分"，是非不辨，又不能"黑白太分"、非此即彼；对于不同的儒家学派，应像天地容纳万物、江海汇聚百川一样兼收博采，"皆供吾用"。如若抱有"偏见"，就不能"窥其大全"；固执己见，就看不到社会思想的"变动"；盛气凌人，就难于"静深"思索。这里表现了这位正直学者对不同学派的大度和宽容。因此后人评论他的治学特点是"兼听并包，弥见其大"④；"讲学不分门户，有

---

① 全祖望：《二曲先生窆石文》，《全谢山文钞》卷一三。
② 孙奇逢：《夏峰先生集》卷一《语录》。
③ 汤斌：《孙夏峰先生年谱》卷上，顺治四年。
④ 申涵光：《荆园进语》。

涵盖之量"①。

孙奇逢是一位学术史研究的开拓者。他从思想文化自身发展特点出发论证了为什么必须采取"兼听并包"、"相济为用"的方针。他说：

> 要得阳明与程朱相剂为用之意，而非有抵牾也。得其相剂之意，则《宗传》（《理学宗传》）中诸儒无一而不供吾之用。五味调而成羹，八音谐而成乐，四时备而成岁，智廉勇艺文之以礼乐而始为成人。……存此一说，便欲废彼一说，有春而可废秋冬乎？有甘而可废辛辣乎？此必不得之数也。②

又说：

> 道原于天，故圣学本天。本天者，愈异而愈同；不本天者，愈同而愈异。夫天大之而元会运世，小之而春夏秋冬，至纷纭矣，然皆天之元气也。诸大圣、诸大贤、诸大儒各钟一时之元气，时至事起，汤武自不能为尧舜之事，孔孟自不能为汤武之事，而谓朱（朱熹）必与陆（陆九渊）同，王（王守仁）必与朱同耶？天不能以聪明全畀一人，尧舜亦未尝尽尧舜之量，孔子亦未尝尽孔子之量。孔子集大成矣，聪明不尽泄于孔子也。朱子集诸儒之大成，聪明岂遂尽泄于朱子乎？阳明格物之说，以《大学》未曾籍简，论其理，非论其人，何妨于道之一？③

孙奇逢"道原于天，故圣学本天"的根本立论虽然是先验的、唯心的，他提出的"道之一"的"道"虽然指的是"天理"、孔圣之学，但是在具体论述理论思维和社会意识的发展时，却揭示了一些规律性的东西：

思想文化的多样性是客观存在的。孙奇逢认识到社会思想的构成是丰

---

① 徐世昌：《清儒学案》卷一《夏峰学案》。
② 汤斌：《孙夏峰先生年谱》卷下，康熙六年。
③ 孙奇逢：《夏峰先生集》卷四《道一录序》。

富多彩的，而非单一的，这就如同"五味调而成羹，八音谐而成乐，四时备而成岁"一样。如果"存此一说，便欲废彼一说"，那就等于希望只要春季而不要秋冬，只要甘甜而不要辛辣一样，"此必不得之数也"。

"时至事起"。社会思想随着时代的改变而改变，不同时期面临不同的历史任务。各个时代的"大圣"、"大贤"、"大儒"，"各钟一时之元气"，因此他们的学说也不尽相同。汤武与尧舜，孔孟与汤武，王守仁与朱熹，有各自不同的事业和各具特色的思想主张，因此不能彼此排斥。他在《理学宗传·自序》中还把中国思想文化发展史划分为上古、中古、近古三个时期，每个时期又分为元、亨、利、贞四个阶段。"学术之升降，亦随令数为调剂"，每个时期、每个阶段出现的思想家都有其出现的历史原因和特定的历史地位。这种历史的、发展的观点是可贵的。

各家"俱非尽境"。"天"不可能把全部的"聪明"都赐给某一个人，因此无论怎样高明的圣贤也不可能独占全部的"聪明"，不可能穷尽"天理"。后人总要对前人有所补充，有所纠正，有所发展，而不能"前人言之，而后人不敢言"。否则思想学术就将停止发展，在尧舜禹汤等"圣王"之后就不可能出现孔子，在孔孟之后就不可能出现周程张朱了。在这里，孙奇逢所讲的实际上是绝对真理与相对真理的关系问题，在"天不能以聪明全畀一人"的神秘外壳里包含着真理相对性的合理内核。

"殊途而同归"。孙奇逢认为，儒学各派"道无不一"，其根本点是一致的，只是"入道"的途径不同。犹如从不同的地区到京城去，虽然路途不一，但归宿是一致的，因此不可相互非难。"从山者所见皆山，从水者所见皆水"，从陆路走者，怎么能说人家沿途所看到的不是"山"，而是"水"呢？同样，"从陆者所见皆陆，从山、从水者又乌得而非之"①？的确，在悠久的儒学发展史上，贤哲辈出，各鸣其说，虽见有偏全，识有深浅，但都从不同角度、不同层面论证了"圣人之道"，这是儒学之所以博大精深、源远流长的一个重要原因。孙奇逢对儒学发展道路的论述是深刻的。他的论证蕴含有这样的辩证观点，即要全面地、客观地看问题，而不要以偏概全，不要把对事物的片面的、局部的认识当作全面的、总体的

① 孙奇逢：《夏峰先生集》卷五《题白鹿洞聚讲四条后》。

认识。

应该指出的是，孙奇逢的"兼容并包"论带有明显的局限性。他同样重视道统、学统，用"主"与"辅"，"内"与"外"，"正统本原"与"异端邪说"的界限，把各种社会思想区分为不同的性质或确定为不同的地位。"学以圣人为归，无论在上在下，一衷于理而已"。"儒者之学乃所以本诸天也"，"不本诸天者，其非善学者也"①，"天理"乃是判断宗统的根本标准，符合者为正宗；不符合者为"异端"，为"邪说"。他的名著《理学宗传》所要传的"宗"就是"天理"。在这部书中，他把周敦颐、程颢、程颐、邵雍、张载、朱熹、陆九渊、薛瑄、王守仁、罗洪先、顾宪成 11 位宋明理学家确立为"主"，即"直接道统之传"的大宗、正宗；同时将从汉朝至明朝的 146 位"诸儒"确立为"辅"，即正宗的羽翼。"主"与"辅"皆属于"内"，即正宗之内部。与"内"相对者为"外"，即流于禅玄之弊的学派，他们"端绪稍异"，"其非善学"，是正宗之外的旁门。他还特别维护孔子的大宗主地位，"不归本于孔圣之道者则异端邪说，是谓非圣之书，不必观可也"②。他所主张的"兼容并包"，乃是儒家内部的兼收并蓄，在评价儒家以外的学派时，又落入了儒学正统论的窠臼，这与同时代的李贽等人的离经叛道思想相比未免相形见绌。

二

实际上，孙奇逢倡导"兼容并包"的主要目的是圆满解决棘手的"朱（朱熹）陆（陆九渊）异同"问题。这个问题从南宋以来一直争论不休，至明中叶又发展为"朱（朱熹）王（王守仁）异同"的争辩。到了晚明，这场论争出现了新的势态。

明中叶以后，王守仁心学（亦称阳明心学）风靡天下，取代朱熹学说统治社会思想将近一个世纪。但是由于它日益虚无空疏，而在晚明逐步走向衰落。为了寻求拯救国家危机的新的思想武器，随之兴起了一股强劲的

---

① 孙奇逢：《理学宗传自序》。
② 孙奇逢：《夏峰先生集》卷一《语录》。

抨击心性空谈、提倡实学实用的实学思潮。而以朱熹之"实"救治王守仁之"虚"的主张，则是这一思潮的重要组成部分。同是抬出朱熹，但有程度的不同，大体说来有以下几种情况：一为是朱而非王，认为王守仁"逊于朱子"，朱熹才是孔子的"真血脉"，应以朱学替代王学，这以东林领袖顾宪成、高攀龙为代表；一为调和程朱、陆王，各扬其长，各避其短，这以复社领袖张采以及著名思想家孙奇逢、李颙为代表；一为从"实用"的立场出发对朱学加以利用和改造，借以形成自己的思想，这在晚明及明清之际比较普遍，例如著名思想家顾炎武、科学家徐光启就是如此。

　　孙奇逢青少年时期受家学和师友的影响，治学以阳明心学为宗。明清之际，在实学思潮的推动下，转而主张"兼收朱陆，随时补救"①。他提出程朱陆王"四子俱非尽境"，"两路俱足以证圣"，因此"有程朱不可无陆王"，希望学人"忘却同异之辩"，"不必分左右祖"。

　　为了提倡"朱王合一"，他甚至极力掩饰程朱、陆王之间的差异，而要"借其异而证其同"。他说：

　　　　朱陆异同聚讼五百年迄今。自其异者而观之，朱之意教人先博览而后归之约，陆之意欲先发明人之本心而后使之博览。朱以陆之教人为太简，遂若偏于道问学；陆以朱之教人为支离，遂若偏于尊德性。究而言之，博后约，道问学，正所以尊德性也；约后博，尊德性，自不离道问学也，总求其弗叛而已。二公（朱、陆）毕竟皆豪杰之士，异而同，同而异，此中正好参悟。②

　　这样，他便成为明清之际提倡"朱王合一"的重要代表人物。正如他的弟子赵御众所说：

　　　　自考亭（朱熹）、象山（陆九渊）之辩，聚讼未息，而姚江（王守

---

① 魏象枢：《寒松堂集》卷一〇《答申凫盟书》。
② 孙奇逢：《理学宗传》卷七《陆子》。

仁）之丈相继而起。或者以先师（孙奇逢）为非考亭之学者，先师不辩也。盖自志学以至属纩，无一日非穷理之事也。或者以先师为遵姚江之学者，先师亦不辩也。盖自与鹿忠节（鹿善继）定交，讲明良知，无一日非格致之事也。或者又以先师为考亭、姚江调停两可之说者，先师亦不辩也。盖穷理为孔子之穷理，致知为孔子之致知，苟不同脉，何以调停？若果异端，谁为两可？但当看其是孔非孔，不当问其谁朱谁王，则考亭、姚江之辩，后人正亦未易以左袒虚见争也。①

孙奇逢主张的"朱王合一"，并不是二者的简单拼合。他认为只有以程朱之"实"补陆王之"虚"，以陆王之"虚"泄程朱之"实"，"虚""实"相济，以长救短，才能摆脱宋明理学面临的危机，开创儒学发展的新境界。他在深入地研究了程朱、陆王各自的得失及理学发展史后指出：

> 门宗分裂，使人知反而求之事物之际，晦翁（朱熹）之功也，然晦翁殁而天下之实病不可不泄。词章繁兴，使人知反而求之心性之中，阳明之功也，然阳明殁而天下之虚病不可不补。②

而由于明末王门后学"流弊滋甚"，"虚症"是社会思想的主要弊病，因此孙奇逢更多地吸收了朱熹"务为实学"的思想精华，而摒弃了阳明心学中虚无主义的糟粕，从而侧重于推崇朱熹。后人评论说："其生平之学，主于实用"，"宗旨出于姚江，而变以笃实，化以和平，兼采程朱之旨以弥其缺失"③。也是出于同样的原因，他的世界观虽然由于主张"兼容并包"而带有多元倾向，但是对其理论体系的表述主要的还是援引朱熹。

（原载《晋阳学刊》1993 年第 3 期）

---

①　赵御众：《夏峰先生集序》。

②　汤斌：《孙夏峰先生年谱》卷下，顺治十二年。

③　《四库全书总目提要》卷六《读易大旨》、卷九七《岁寒居答问》。

陈子龙:晚明实学思潮的健将

——兼论明清实学思潮的一些问题

我在 20 世纪 80 年代初曾撰写《晚明心学的没落与实学思潮的兴起》一文,对晚明及明清之际实学思潮的形成发展、基本内容及历史地位等作了较为全面的论述。此后,学界同人相继发表宏论,有关实学、实学思潮的论著逐渐增多。

不过,学者们的见解并不一致。这种不一致来自两个方面。一方面,有的学者不同意"实学"、"实学思潮"的提法,认为"实学"一词是学术泛称而不是学术专有名称。另一方面,同是实学、实学思潮论者中间也多有歧意,这主要表现在:有的用"实学思潮"概念,有的用"实学"概念;有的主张明清实学思潮是特定历史条件的产物、有着特定的思想内涵和外延,有的则对实学的时代和内容的界定比较宽泛。这些分歧意见的出现是正常的学术现象。严格说来,实学思潮的研究还处于初起阶段,很需要在不同学派、不同观点的自由讨论和争鸣中求得健康发展。

我还是认为,用"实学思潮"来概括在晚明及明清之际特定历史条件下兴起的在思想文化领域占主导地位的抨击心性空谈、提倡实学实用,以求拯救社会危机和理论危机的思想潮流是恰当的。至于说"实学思潮"是不是一个"学术专有名称"的问题,任何一个"学术专有名称"都有一个从无到有、逐步被人们承认的过程,不能说因为历史上没有这个名称,所以今天的史学家就不能使用这个概念。例如,我国"早期启蒙思想"或"早期启蒙思潮"的名称,在旧史学中也不曾有过,只是经过现代史学家提出才逐渐被人们接受为"学术专有名词"。同样,"实学思潮"的概念虽然并不像儒学、经学、理学那样原来就有，但只要它科学地概括了那股确曾存在过的社会思潮的本质，那么它就可以成为一个"学术专有名称"。

所谓"思潮"，系指在一定历史时期，一定阶级、阶层或社会群体中普遍存在的反映当时社会政治情况的有较大影响的思想潮流。它虽然不是专指某一个人的思想主张，但却由许多个人的大体相同的主张所构成。因此为了把明清实学思潮的研究引向深入，既应进行整体的综合考察，也应进行个体的典型分析。普遍性寓于特殊性之中，对个体进行典型分析，有助于对实学思潮基本特征的总体认识。而陈子龙恰是明清实学思潮中的重要典型人物之一。

一

陈子龙，生于明万历三十六年（1608），卒于清顺治四年（1647），松江府华亭县人。

万历中期以后，阶级矛盾、民族矛盾、统治阶级内部矛盾日趋尖锐和激化，人们普遍感到国将不国。但是在这危难之秋，阳明后学中的许多人仍在其先师晚年提出的"四无"说的指引下，整日空谈心性、参悟良知，甚至入禅逃世，"以无端之空虚禅悦自悦于心，以浮夸之笔墨文章快然于口"，"任是天崩地陷他也不管，只管讲学快恬过日"。在这样的风气下，士大夫只知"入则问舍求田，出则养交持禄，其于经济一途蔑如也"。

实学思潮的倡导者们力挽颓靡士风，号召人们从空无虚幻中回到多灾多难的现实世界，多想一想为国为民的实念，多做一做匡时救世的实事。他们以救世为己任，并且脚踏实地，努力以实际行动实践自己的政治理想。陈子龙的政治态度也是如此。与麻木不仁、清谈乏实的士风相反，陈子龙立志事功，"慨然以天下为务"。他以"劲骨热肠，亟为世用"的鲜明态度，向饱食高位的公卿、株守支离的腐儒发起挑战，揭穿了他们所标榜的"让退谦抑"的虚伪性。他提出，"俗丑自媒之女，朝羞自荐之士"是可悲、可恶的迂腐之见；掩盖光芒，隐匿利器，秘藏才能是舍弃"攻效"而甘愿"沈锢"。人生在世，应该把自己的"世用之资"毫无保留地发挥出来，建功立业。①

　　为了建立功业，陈子龙提倡"乘时而动，遇事而发"。他认为，"天下之势，皆有其机。苟失其前后之序，则行之不足以成功"。②因此应该"托时之所急，乘势之所便"，抓住时机，立即行动，以求奏效。他尤其肯定《易》经对行为的指导意义，指出客观形势在不断地变化，因此人们的行动也要"审乎时势之当然"，随机应变，这样便可以"成大功"；若失时、失势，则"足以致大祸"③。由于他主张"乘时而动，遇事而发"，因此反对听天由命。他批评"命运"之说："我甚恶夫命之说也"，"志士仁人莫不穷其力之所至而不言命之所有"；"如固有命，则天下皆可废，然无所为"④。不言"有命"，穷力而为，这是实干哲学。

　　陈子龙并不是徒事口舌的空谈家，而是一位为国为民鞠躬尽瘁的实干家和爱国志士。他父亲天启年间历任刑部郎中、工部郎中，因遭魏忠贤阉党排陷，忧愤成疾，四十而亡。陈氏门风给了陈子龙以良好的影响，使他逐渐养成了清风峻节。他在儿时便知关心国事，"自幼读书，不好章句，喜论当世之故，时从父老谈名公伟人之迹，至于忘寝"⑤；二十一岁时，即与立志改革的同志携手共进，创建进步社团组织。明末，各地不满现实、立志救国救民的知识分子纷纷以"社盟"、"社局"、"诗社"、"文社"等名目结社，江南尤盛。这些社团，虽说是以文会友，学习时艺，但其活动内容实际上是指陈时弊，抨击朝政，有很强的政治性。陈子龙是结社风潮的领袖之一。天启六年（1626），阉党逮捕东林党人激起苏州民变，陈子龙在家乡松江也"阴结少年数辈"，准备起事响应，并结扎草人，上写魏忠贤之名，用箭射之。天启七年，他与"应社"领袖张溥、张采结交。崇祯二年（1629）与松江杜征麟、夏允彝、徐孚远等创立"几社"，以"昌明泾阳（顾宪成）之学，振起东林之绪"为己任。⑥同年，"几社"加入

---

①　陈子龙:《陈忠裕公全集》（以下简称《全集》）卷二四《求自试表》。

②　《全集》卷二二《平内盗议》。

③　《全集》卷二一《易论》。

④　《全集》卷二五《王日逵九种心传序》。

⑤　陈子龙:《明经世文编序》。

⑥　参见杜登春《社事始末》。

张溥创建的"复社"。

崇祯十年春天，他终于考中了进士，选任惠州府推官。上任途中，继母去世，遂回里治丧。在丁忧的三年里，他"读书养气"，把大部分时间都用到了实学的建设上。他与社友徐孚远、宋征璧等人合作编辑了《明经世文编》，整理了徐光启的《农政全书》。这是两部学术价值和实用价值都很高的巨著。与此同时，他还积极参加了复社反对以首辅温体仁为代表的朝廷腐朽势力的斗争，被温体仁列为"党魁"之一，横遭迫害。

崇祯十三年六月，陈子龙就选为绍兴府推官。后升至兵科给事中，巡视浙江兵马。明朝灭亡后，明福王朱由崧称帝南京，陈子龙应召以兵科给事中入朝，巡视京营防务。在南明弘光朝廷中，他虽然只供职五十天，却上了三十多道奏疏。在这些奏疏中，他怀着亡国的悲痛和复兴的激情，极力主张革除积弊，消除党争，同舟共济，收复河山。由于他尖锐地抨击了弘光帝和马士英、阮大铖等当权者的昏聩、腐败，因此被他们罗织于冤案之中，几遭不测。

正当弘光朝廷同室操戈之际，清军轻易地跨过长江天堑，攻陷南京。南方爱国士民激昂悲愤，义师纷起，陈子龙与夏允彝、徐孚远等召集"市人"、"渔人"结成"振武营"，进行武装抗清。顺治三年（隆武二年，1646），又与进士吴易在太湖起兵。顺治四年（永历元年，1647），参与吴胜兆兵变，未遂被捕。陈子龙威武不屈，投江殉国，年仅40岁。他的生命虽然短暂，但却丰满充实，可歌可泣。他的一生是为实现救国救民政治理想而英勇奋斗的一生，是努力实践实学主张的一生。

二

要救世，就必须找出社会沉疾的症结所在，然后对症下药。对此，阳明心学与实学思潮有着不同的回答。

阳明心学认为，社会不安定的根本原因是人心不正，良知被私欲遮蔽。因此若要天下治平，就必须去人欲存天理、正人心、致良知，而不能舍心逐物。这就是阳明心学为人们提供的保障世道昌明的灵丹妙药，"立天下之大本"。阳明心学的世界观和历史观是头脚倒置的，它不懂得社会意识对社会发展固然起着重要作用，但归根结底，物质决定精神，社会存在决定社会意识，改变社会面貌的根本途径是社会生产力的发展和社会经济、政治的改革。也就是说，物质世界（包括人类社会）最终要由物质力量来改造。

在这个问题上，实学思潮比阳明心学要实际得多，现实得多。实学思潮的倡导者们一般都是从社会实际出发，从解决最迫切的经济、社会、政治、军事等现实问题入手提出自己的社会改革方案，而不是空谈良知。他们中的许多人都认识到，国弱民贫是社会动荡、边患无穷的根源，因此必须走富国强兵之路。

为了寻找解除社会危机的出路，陈子龙对明末社会经济状况作了考察，明确提出"今天下之大患在于国贫"① 的论断和"修兵农而极富强"②的对策。

他在研究了明末财政危机之后尖锐指出，明王朝正面临着"因费而致贫，因贫而致乱，因乱而益费，因费而益贫，其事循环，而莫能止"的严重局面。社会动乱的症结是"贫"，"惟贫乏是忧"。致"贫"的主要原因是"费"。那么，"费"在哪里呢？他指出："纪纲废弛，敛之虽急，漏之实多。宫中皆奢侈相矜，戚里承恩泽者，其家不数百万乎？中涓无他事则以欺诱为长策，一踏之饰，采办必以数千；一椽之修，估计必以累万；而又驰幢幡于五岳，建祠庙于三辅，诸中贵之家有不百万乎？士大夫之司管钥、掌库藏、监工役者，其家有不十万乎？由是推之，中饱何可胜计耶？"③纪纲废弛，政治腐败，宫廷、贵戚、宦官、士大夫竞相搜刮聚敛，整个社会陷于"费—贫—乱—益费—益贫—益乱"的恶性循环之中。陈子龙的分析，应该说深入到了问题的实质，它向人们展现了明王朝已经病入膏肓、行将灭亡的前景。

对社会经济状况的分析还使陈子龙对农民起义原因提出了一些符合实际的看法。他敌视农民"反叛"朝廷的行动，带兵镇压过农民起义。但在

---

① 《全集》卷二五《禹贡古今合注序》。
② 陈子龙:《农政全书凡例》。
③ 《全集》卷二二《议财用》。

分析农民起义的原因时却认为,"民惟贫而后盗","今之反者,无论天下日贫,而吏日贪,故民之比屋而居者,皆欲一旦发难于上"。即使素称富庶的江南地区,广大民众也陷于贫困之中,人心思变,"今江南之民困极矣,有死于催科者,有死于徭役者,有死于饥馑者,有死于污吏之攘夺者,有死于豪家之横逆者。十年以来,虽素封富室,皆已萧然,至于贫困,不保朝夕。……民之思乱,十室而九。寇在门庭,而人心如此,揆之往古,未有不乱者"。① 既然"因贫而致乱",因此"治乱"的根本之计在于"重民命","家既盈足,其心安业",社会即可安定下来。他还认识到,李自成、张献忠农民军之所以所向披靡的原因在于,"我能晓谕其党,彼亦能激劝其众。我所操者虚言耳,彼所为者实事也"。② 的确,千百万农民正是看到了"均田免粮"的实际利益才投身于起义的洪流。

对于如何改变贫困,陈子龙提出了一些设想。这主要是:首先,轻徭薄赋,减轻百姓负担。"农者之获,吏者之敛",官府敲骨吸髓是农民陷于贫穷的重要原因。他曾形象地指出,农夫的遭遇就如同蜜蜂一样,"春劳,夏富,秋贫",终年忙碌,到了秋天,被人"尽收其积","日为人谋甘,而己不得食,是大可悲怜者"③。其次,澄清吏治,扫除贪风。他大声疾呼,"今天下之大患,在于人臣之多贪"④。贪风不息,富民无望。最后,恢复和发展生产,即"修兵农而极富强"。他认为,只有发展生产,才能摆脱"国家贫弱"的困境,因此对轻视生产的观念进行了批评:"方今士大夫袭从容,安苟且,言及务农任地,则以为迂远,不近情实;又或以管、商之书,儒者不道,而一旦事急,则铸山榷商,加税鬻爵,不复顾其后。"⑤ 而发展生产,必须治理农田、兴修水利,"国之所由贫者,田功之不治、水利之不修也","欲富国莫若尽地利,尽地利莫先于治水"⑥。

实学思潮倡导者们的经济思想所达到的高度也不一致。黄宗羲等人曾

---

① 陈子龙:《安雅堂稿》卷一七《上张中丞论御贼事宜书》。
② 《全集》卷二二《保甲议》《平内盗议》。
③ 《全集》卷二八《讯蜂文》。
④ 陈子龙:《安雅堂稿》卷一〇《澄吏道》。
⑤ 《全集》卷二五《禹贡古今合注序》。
⑥ 陈子龙:《农政全书凡例》。

提出"工商皆本"论；而徐光启、陈子龙等则沿袭传统观念，把国民经济分为"本业"与"末业"，他们所强调的是"务本"，是衣、食。陈子龙说，"今所少者布帛与谷"，此乃"民不务本，田畴不修，风俗淫靡"所造成，因此应该"重本业，节财用"。① 在饥荒遍地，民不聊生的明末，提倡"务本"有其历史合理性。

三

施行政治改革是救世的关键。实学思潮的倡导者们在对时局和朝政的实际考察和分析批评的基础上提出了政治改革的主张和措施，当然不同学者所提的主张和措施的深度和力度是有差别的。

陈子龙通过对时弊的研究，认识到经济危机、社会危机、边防危机的根源是朝政的腐败，而朝政腐败又由于君主独揽权力。因此他在政治思想方面提出限制君权、开放言路、尊重"凡人"的主张。

《天说》是一篇隐喻着陈子龙政治理想的优秀作品。他在该文中比较集中地论述了自己限制君主权力的观点。他对"天"作出了大胆的批评："我悲夫天有其权而勿能用也，我悲夫天有甚盛心而辄失也"，"天者甚欲赏善而罚恶，举而行之则误"，"此其不明亦不得已之势也"②。在封建时代，君主是"天"的象征，陈子龙批评"天"，实则是在批评君主。他还直截了当地提出，"中主以上"之君，之所以"举而行之则误"，是因为他们的见识"甚反也"。既然如此，那么君主应该何以自持？他的回答是："智所勿及，则勿治之"，"苟知有所不能矣，则当少弛其权，齐天下之人"。但是，"天"即君主并不想这样做，而是骄横地认为"我号称天矣，而人非我治，我甚耻之"。于是"日求人之善恶，以致其祸福"。由于君主执迷不悟，不当治而治，因此造成"天下愈多不平之事"。为了防止君主滥用权力，应该把一部分权力分割给文臣武将，而不要独裁一切，"王者之道，执简而驭繁，持纲而举目，任人而已。任得其人，则虽授之以

① 《全集》卷二二《采金议》。
② 《全集》卷二八《天说》。

柄，分之以权而无患也"。① 皇帝独揽一切权力，往往造成恶果，宋朝因
"权不外授"② 而灭亡；特别是崇祯皇帝，"太阿在握，综核庶政"，"勾稽
愈精，事实愈疏"，"操柄愈一，国势愈轻"③，导致国破身亡。

在朝廷与地方官府的关系上，则应"分民而治"。他赞赏"三代"之
分权，认为"古之为吏也，与天子分民而治"，"封域之内亡不治也，任
使举察亡不用也，因利设教不一法也"。由于地方官吏手握实权，"因利设
教"，因此"万端举，百事理，教化起，奸邪息，文学兴，颂声作，暴虫
伏，瑞鸟下"，遂成盛世。但是"当今之制"则不然，一切权力集中于朝
廷，集中于皇帝，地方官员"权微而势分，虽欲为大善无由也"。因此
"人怀苟且之意，表饰虚美，便伺上旨，求适己利，故今人之置吏者，驱
之偷也"。④ 就是说分权与集权直接关系着吏治的清浊、世道的盛衰。陈子
龙"授之以柄，分之以权"的思想是对封建君主专制的冲击。

陈子龙一方面主张限制君主权力，另一方面则要求给予"文章之士"
发表政见的条件，反对钳制言路、深文周纳，即使是"刺上"、"非上"，
也不应对其进行迫害。他感慨地说，"三代以后，文章之士不亦难乎"！
"其或慷慨陈辞，讥切当世，朝脱于口，暮婴其戮。呜呼！当今之世，其
可以有言者鲜矣。"⑤ 但是志士仁人毕竟不能把不平之情郁结于胸，他们仍
然不畏斧钺而直言。陈子龙特别赞赏庄子敢"怨"、敢"愤"、敢于"荡
达不平之心"的气魄，他"所非呵者，皆当世神圣贤人"。庄子值得庆幸
的是，他遇到了允许他发泄"深悲极怨"之情的社会条件；而后世则不
然，"其深切之怨非不若庄氏者"，但由于没有条件表达和被采纳，遂致
"愤愤作乱，甘为盗贼"。⑥

针对阳明心学"去人欲，存天理"的空洞说教，陈子龙呼吁尊重"凡
人"，满足他们的实际生活欲望。他提出，"凡人不能无欲，有欲必满"。

---

① 陈子龙：《兵垣奏议·直陈祸乱之源疏》。
② 《全集》卷二二《晋论》。
③ 陈子龙：《兵垣奏议·直陈祸乱之源疏》。
④ 《全集》卷二一《策问》。
⑤ 《全集》卷二一《诗论》。
⑥ 《全集》卷二一《庄周》。

如果只求"满一人之欲"，那么广大"凡人"则将丧失生存的条件，"而乱乃起"①。"欲"的实际内容又是什么呢？他指出："圣人之礼，其万世不可易者惟衣与食与宫室也。然三者又非圣人之所能为也。如使圣人之礼必去人之衣，绝人之食，则亦乌所谓圣人不叛而去乎？"②衣、食、住是每一个人维持生存的基本物质需求，是"圣人之礼"中"万世不可易者"；如果"圣人之礼"坚持要"去人之衣"、"绝人之食"，那么人们就会叛离而去。陈子龙从人的物质生活和生存欲望出发对"礼"所作的解释，是对儒家"礼"的重要发展，是对理学"去欲存理"论的否定。

爱国思想是陈子龙政治思想中最赋光辉的内容之一。他爱祖国、爱家园，在诗文中洋溢着炽热的爱国情怀。他提倡民族气节，平日严格淬砺骨气。他对"夤缘卖国"、"再登华阮"的投降派十分鄙视，斥责他们"几于蛾化蛤变，忘其初服"。他主张共同对外，消除党祸，呼吁统治阶级内部"化畛域，修实政，共济坎险，以巩丕基"③。对于不顾国家安危、自毁长城的败类极为愤恨，怒斥他们"处累卵之危而愤睚眦之怨，忘门庭之寇而仇同室之人，不知此辈何恨于国，必欲空其善类"④。基于这些认识，在国破家亡之时，遂能大义凛然，慷慨捐躯。

"民为邦本"、"民贵君轻"的观念是中华传统文化中民主性的精华。陈子龙的政治思想继承和发展了这些进步主张，并在某些方面达到了早期启蒙思想的高度。

这里涉及实学思潮与早期启蒙思潮的关系问题。对于明清之际是否存在资本主义萌芽及与之相适应的早期启蒙思潮以及达到了何种程度，学术界还有不同的看法。笔者认为，它们已经出现，正在成长，否认它们的存在和夸大它们达到的程度都是难以令人信服的。在形成时间上，实学思潮略早于早期启蒙思潮，大体同期；在思想内容上，既有联系又有区别。实学思潮的求实精神，是具有早期启蒙意义的经济思想（如"工商皆本"论）、政治思想（如对君主专制的批评）、伦理思想（如对人的实际物质

---

① 《全集》卷二一《礼论》。
② 同上。
③ 《全集》卷二六《徐詹事殉事书卷序》。
④ 《全集》卷二七《报夏考功书》。

欲望的肯定）等得以形成的认识论基础；实学思潮的倡导者在寻求救国救民道路和改革社会方略中提出的一些具有民主性精华的理论观点是早期启蒙思想借以形成的思想资料。因此被许多学者承认的明清之际早期启蒙思想家顾炎武、黄宗羲、王夫之等同时又是实学思潮的倡导者，而且从其思想体系的主导方面来说仍然是批评空谈性理、提倡实学实用，号召匡时济世。

　　实学思潮与早期启蒙思潮也有相异之处。如在伦理观方面，实学思潮的倡导者往往强调传统伦理道德的修持和践履；而有些早期启蒙思想家则主张冲破礼教羁縻，要求个性解放，行为放荡不拘。在这些方面两股思潮又是有差别的。

　　社会现象和社会思想是复杂的，是相互影响、相互渗透的，其发展是螺旋式的，而不是笔直的。把明清之际的实学思潮与早期启蒙思潮截然分开或完全等同都失之绝对。

四

　　清初学者指出"明之积弊"有三：一为"务虚名而不采实用。高谈性命，而以农田军旅为粗；研志词华，而以刑法钱谷为俗，致使吏治不修，武备全废"。二为"别流品不求真才"。三为"争浮文不念切效。承平虚套，以抗大敌；祖制浮言，以摄巨寇。""积此三弊，败亡不悟。"① 靠这样的"不采实用"、"不求真才"、"不念切效"的社会思想、官场作风、学术风气不仅不能造就治国治军之才、指导社会改革，相反会促进明朝的败亡。生活在社会巨大震荡之中的实学思潮的倡导者们都深深感到，要挽救社会和国家危机还需挽救理论危机，在思想路线、舆论氛围、社会风气上实行"拨乱反正"，即用讲求实用、真才、切效的实学代替崇尚虚空、浮伪、清谈的心学，也就是说实现由虚向实的转变。陈子龙曾为实现这一转变而力挽狂澜。

　　陈子龙极力提倡务实、反对空谈，对士大夫"无事则不胜其乐，而心

_____

① 　温睿临：《南疆逸史序》。

无所思;有事又不胜其忧,而手足无所措"的现状十分不满。他尖锐地指出,自万历以来,士大夫们既无任事的勇气,又无办事的能力,"贱者守其章句";"贵者没于利禄";身居高官者"畏言综核,而好为容与需缓",以致"百事坠坏"。还有一班讲学者,鼓动意气,树立风声,专门提倡"虚空迂远无用之学",以为"天下可以不治而平,四夷可以不战而屈",致使数十年来,"奸人实有乱天下之心,而贤人亦无治天下之术"①。明亡之后,他更加清楚地看到"虚空迂远无用之学"的严重后果,认为"虚文胜而实事寡"② 是明朝覆灭的一个重要原因。

实学思潮的倡导者,从学派源流来说,可谓各有所宗。有的来自阳明学派的自我否定,有的来自朱熹学派,有的来自传统儒学,有的来自法、兵、农、律历等诸子各家。百川归海,虽然学术派别不同,但在主张以实代虚(或以实补虚)的共同点上汇集在一起,这大概也是社会思潮的一种特点。从思想流派的角度,陈子龙属于传统儒家,同时兼主法家、兵家。他认为唐以前的"士君子"主张"事功与节概",因此"赫然为世称道";而宋以后的"儒者"即理学家则与此相反,以致"学说晦暗"。理学家所提倡的"儒者之学"即理学、心学,"大而难名,内多而外少,功不必可见,节不必可称"。因此他们往往"所为至鄙"、"所学至疏",不仅不能"捍寇却敌",相反"一旦市朝改易,势去事移,至于卖国者有之"。正因如此,他反对独尊理学,认为诸子百家之学"或可以参圣道,或可以助政治,或可以颛应对,或可以资谋策",应该"去其踳驳过当之说,而取其适于世用者"③。

实学思潮倡导掌握致用之学风和平治天下的本领。陈子龙以很大的热忱和魄力致力于实际学问的研究和整理。由他主持编辑的《明经世文编》、整理刊印的《农政全书》可以说是明末实学建设的丰碑。《明经世文编》五百零八卷,从明代四百二十多位有影响的人物的文集、奏疏、尺牍、杂文中选取"关于军国、济于实用"者编辑而成,"志在征实",故称《经

---

① 陈子龙:《安雅堂稿》卷一○《尚有为》。
② 陈子龙:《兵垣奏议·自强之策疏》。
③ 陈子龙:《安雅堂稿》卷二《逊志斋集序》《王伯安高景逸两先生语录合刻序》,卷四《汇辑诸子序》。

世文编》。它的内容十分丰富，针对明末内忧外患的实际情况，在选材上，又强调"明治乱"、"详军事"的原则。这不仅是一部内容翔实的史籍，而且是一部"治乱攸关"的政书。陈子龙等人还对书中涉及的事件、人物、观点撰写了按语，作了评论，借以寄托自己的爱憎，阐发自己的政治、学术主张。例如对徐光启评论道："公博学多闻，于律历、河渠、屯田、兵法靡不究心，独得泰西之秘，其言咸裨实用。"①

这部鸿篇巨制从选编到刊印只用了一年多的时间。不仅陈子龙等人为之呕心沥血，而且很多复社成员也为之到处奔忙。他们从吴、越、闽、浙、齐、鲁、燕、赵为之搜集文集千种以上。可以说，这是复社的集体杰作。他们之所以这样急于编印此书，是想以此扭转"是古非今"、"撷华舍实"、"士无实学"的陋习，开创"通今"、"实用"的新风，以利于"救时"、"安邦"，挽救明末的严重危机。关于这个目的，陈子龙等人论述道："俗儒是古而非今，文士撷华而舍实。夫保残守缺则训诂之文充栋不厌；寻声设色，则雕绘之作永日以思，至于时王所尚，世务所急，是非得失之际未之用心……故曰士无实学。"②"儒者幼而志学，长而博综，及致治施政，至或本末眩瞀，措置乖方，此盖浮文无裨实用，泥古未能通今也。"③

时人对该书给予了很高的评价。他们称赞陈子龙等人"负韬世之才，怀救时之术"，此书一出，一洗"士大夫经济阔疏之耻"，为改变是古非今、空疏无实的学风树立了榜样。

徐光启"生平务有用之学"，是明末实学思潮的一面旗帜。陈子龙将其视为师长，登门求教；徐光启也敬重他的为人，诲之不倦。《农政全书》是体现徐光启实学思想的代表作之一。但在其生前，该书尚未定稿，"有略而未详者，有重复而未及删定者"。陈子龙从徐氏后人那里见到此书，如获至宝，"慨然以富国化民之本在是"，于是"删其繁芜，补其缺略"，付梓刊印。经陈子龙整理加工的《农政全书》，删节者十分之三，增加者

---

① 《明经世文编·姓氏爵里总目》。
② 陈子龙：《明经世文编序》。
③ 宋征璧：《明经世文编凡例》。

十分之二,"较原书颇为清楚"①。陈子龙通过对该书的整理,寄托和阐述了自己的农政思想。例如他在所撰写的《农政全书凡例》中,对农政、农家、农书、钱币、田制、屯田、四时、水利、农具、谷物、蔬果、纺织、桑棉、畜牧、荒政、食品制造、西学等都发表了议论。《农政全书》的整理刊刻是紧接着《明经世文编》完成的。其目的同样是为了提倡实学、实用,以图富国强兵。陈子龙对徐光启及其《农政全书》评论道:"其生平所学,博究天人而皆主于实用,至于农事尤所用心,盖以为生民率育之源、国家富强之本。……呜呼,食为民天,虽百世不易也。有辅世之责者,岂徒托诸空言而已哉!"②

实学思潮往往从经学和史学中吸收营养与思想资料,提出"经学所以经世"、"史学所以经世"的主张。陈子龙的实学建设同样包括史学。他认为史学"历盛衰,备兴废",具有"借往事以寄志,列陈迹以况今"③的社会价值。为了总结以往的经验教训,表达自己"善善恶恶"的立场,他撰写了一些很有见地的史评。他提出,好的史书不应该是"稽研章句,无益治道",而应通过对往事的叙述,探索"处世之道"、"救时"之策,因此要具备"五善":"略于浮华,详于典实,缓于见博,急于征用";"前代之迹简而赅,本朝之事备而切";"杂诸家之论而不病于驳,抽未发之绪而必源于古";"文章闳雅足以发抒其意";"上下二千余年典文详洽而卷帙不多"④。"详于典实"、"急于征用"、"详今略古"、"泽古证今"等主张都是实学思想在史学方面的体现。

五

文学创作需要形象思维和夸张虚构的手法,它与实学思潮崇尚的"实"有没有联系?对此,有的学者持否定态度;有的学者则对文学流派缺乏具体分析,把与实学思潮无关的文学家或文学主张纳入这个思潮。

① 《四库全书总目提要》卷一○二《别本农政全书》;《全集·自撰年谱》。
② 陈子龙:《农政全书凡例》。
③ 《全集》卷二六《郑牧仲古论序》。
④ 陈子龙:《安雅堂稿》卷五《朱子强古今治平略序》。

　　文学创作是在一定的文学理论指导下进行的。这个理论不仅不能脱离当时社会思想的总趋势，而且是重要的组成部分。文学作品与实学思潮发生联系的纽带正是古典现实主义的文学主张。晚明以来涌现出一批优秀的古典现实主义文学作品，它们应该是实学思潮在文学领域的反映。

　　陈子龙是明清之际现实主义诗人代表。他的现实主义文学思想和风格是在对公安派、竟陵派和前后七子的文学主张批评继承的基础上形成的。

　　当公安派、竟陵派以"独抒性灵，不拘格套"的文学思想去纠正前后七子的拟古主义弊病时，起到了解放文体、活跃思想的进步作用。但是由于他们全盘否定古代诗文的现实主义传统，片面强调"心灵"是创作的源泉，提倡幽深孤峭、荒寒寂静的艺术境界，结果使自己走上了内容贫乏、形式冷僻的道路。竟陵派领袖钟惺主张"我辈文字，到极无烟火处便是机锋"[1]，更使诗走上"挟枯寂之胸，求渺冥之悟"[2] 的参禅道路。而艺术上的玄虚，又植根于他们消极的政治态度和生活态度。在严峻的社会危机面前，他们企图用逃避现实、放浪山水来麻醉自己。因此他们的诗文也就只能抒发个人的幽情单绪、奇理别趣，而远离社会实际。这样的文学主张是阳明心学无空虚寂哲学思想在文学创作上的反映，显然与实学思想无涉。

　　对竟陵派脱离社会现实生活的弊病，陈子龙"慨然欲廓而清之"。他指出，诗文风貌的变化"大都视政事为隆替"。万历以后，"迂朴"、"柔媚"的诗风是士大夫"偷安逸乐，百事坠坏"的社会现实的产物。反过来，它又给社会以消极的影响，"士气日靡，士志日陋，而文武之业不显"。竟陵派领袖"极意空谈"，将"感时诧讽"、"援古证今"等传统一概抛弃，而且不讲究诗的韵律法度，致使"雅故灭裂，风华扫地"[3]。在陈子龙的倡导下，在明清之际逐渐形成一个与竟陵派逃避现实诗风不同的新的现实主义诗派，在明代诗歌史上开辟一个新的时期。

　　陈子龙现实主义新诗的形成，一方面摒弃了竟陵派"极意空谈"的

---

　　① 　钟惺：《隐秀轩文集》往集《答同年尹孔昭》。
　　② 　朱庭珍：《筱园诗话》卷一。
　　③ 　陈子龙：《安雅堂稿》卷一八《答胡学博》。

弊病，另一方面吸取了前后七子的某些文学主张。前后七子曾经举起过文学"复古"的旗帜。他们的"拟古"主张确实产生过束缚文学和思想发展的消极作用。但是，他们的"复古"是针对明中叶以后空虚学风提出的。他们企图以秦汉散文、盛唐诗歌的现实主义传统和古代诗文中的丰富知识来救治其时的空虚之弊，是有积极作用和进步意义的。而且，在政治态度上，李梦阳、何景明、王世贞、李攀龙等人都是向腐朽势力进行不屈斗争的志士；在文学创作上，也有不少抚时感事、才力富健的现实主义佳作。只是由于把"复古"强调到不恰当的地步，尤其是他们的后学片面地发展了他们的消极面，才使七子流派逐渐走上了句拟字摹的窘境。

陈子龙早期曾经提倡过"文当规摹两汉，诗必宗趣开元"①。但是随着社会实践和创作实践的深入，逐渐认识到无论是对秦汉盛唐，还是对前后七子，都不能全盘照抄，而应有所取舍。他对如何对待传统有比较完整的看法。他认为，诗歌创作与古诗既要有所"同"，又要有所"异"；既要撷取前人的成就，又要铸造自己的风格。这与前后七子的摹拟风气已有很大不同。对于所师承的前后七子亦不盲目崇拜，既肯定他们的"功不可掩"，又指出他们"摹拟之功多而天然之资少"的弱点，从而把自己同摹拟主义区别开来②。他的诗既"本乎性情"，又有丰富的现实内容，从而避免了前后七子和竟陵派双方的片面性。陈子龙的前辈、东林宿将姚希孟曾经指出，陈子龙等人"学古人之学"是为了学习古人的"创新"、"朝气"和"文辞"，改变现实的因袭、暮气和简陋，从而挽救"日趋日沉"的文坛③。这种分析是很有见地的，不应该因为他提出过"以古为师"的主张便简单地否定他在文学史上的地位。

正是在扬弃前人主张的基础上，陈子龙形成了自己现实主义的文学思想和风格。他把诗歌创作与"救时"、"济世"的现实需要紧密地结合起来，把暴露政治的黑暗、反映人民的苦痛作为写作的主要题材。强调诗的

---

① 《全集》卷三〇《壬申文选凡例》。

② 《全集》卷二五《仿佛楼诗稿序》。

③ 参见姚希孟《壬申文选序》。

时代内容和"颂美、刺非"的社会功能是其现实主义文学思想的主要特征。他说："诗之本不在是（指诗的技巧），盖忧时托志之所作也。苟比兴道备，而衷刺义合，虽涂歌巷语亦有取焉。……一人有盛名，余读其诗，谓之曰：'君之诗甚善，然传之后世，不知君为何代人，奈何？'夫作诗而不足以导扬盛美，刺讥当时，托物连类而见其志，则是《风》不必列十五国，而《雅》不必分大小也，虽工而余不好也。"① 诗之根本是"忧时托志"，即反映现实社会生活，褒扬善美，刺讥丑恶，抒发忧国忧民之情，表达治国安邦之志。也就是说，要有现实感、时代感。那些形式虽然工丽，但却看不出"为何代人"所写的诗是没有什么社会价值的。鉴于时事的艰险，他特别强调诗的"刺讥"时弊的社会功能，而反对"颂虚美、蔽实祸，或深默以取容者"。他认为，（《诗经》）"三百篇虽愁喜之言不一，而大约必极于治乱盛衰之际"，"触物而生讥颂，因事而陈治忽"，"虽颂皆刺也"。② 因此诗人要真实地反映治乱兴衰，勇敢地干预政治生活，而不能以任何理由逃避现实。

如果说杜甫的诗是反映唐朝由盛转衰的"诗史"的话，那么陈子龙的诗就是反映明朝由衰落走向灭亡的"诗史"。他虽然仅仅生活了四十个春秋，但却留下了一千九百余首诗、词、赋。③ 明清之际尖锐的社会矛盾、民族矛盾和重大历史事件在这些诗中几乎都有反映。这些诗绘制了一轴反映这个时期社会面貌的巨幅历史画卷。

作为一位杰出的诗人，陈子龙在强调诗的社会内容的同时，也主张诗要有浓烈的情感、娴熟的技巧、绚丽的文采。他说："词非意，则无所动荡，而盼倩不生；意非词，则无所附丽，而姿制不立。此如形、神既离，则一为游气，一为腐材，均不可用。"④ "情"与"文"，"意"与"词"，"神"与"形"，"真"与"美"相统一，这是陈子龙的美学观。在这一美学观的指导下，他的诗在技巧上也取得了相当高的成就。正如文学史家所

① 《全集》卷二五《六子诗序》。
② 《全集》卷二五《应本序》、卷二一《诗论》、卷二六《白云草自序》。
③ 参见《陈子龙诗集》（共18卷），上海古籍出版社1983年版。
④ 《全集》卷二五《佩月堂诗稿序》。

说，他在明末诗坛"首屈一指"。①

实学思潮培育了陈子龙的现实主义诗风；反过来，他那史诗般的诗篇所表现出的现实主义文学主张又丰富了这一思潮的内容。

应该说，包含在实学思潮和早期启蒙思潮中的文学思想，既有联系又有区别，它们各自既有其历史进步又有其历史局限性。公安竟陵派的"性灵"说，具有要求个性自由、人性解放的人文主义精神，属于早期启蒙思想范畴，但却脱离现实；陈子龙主张诗文要担负"颂美刺非"，"忧时托志"的社会责任，但却对"性灵"说中蕴含的积极因素难以理解，这正表明社会思想发展的复杂性、曲折性；也表明在那个动荡的时代，社会思想的多元性。

通过对陈子龙实学思想的典型分析，我们可以看到，明清之际实学思潮是特定历史条件的产物。所谓"特定历史条件"是指：

中国封建社会发展到明代已进入高度发达的成熟期，它固有的阶级矛盾、统治阶级内部矛盾和民族矛盾在晚明空前加剧。

明中叶以后，资本主义萌芽已经出现，但分布稀疏，生长幼嫩，它虽然报道了新时代将要来临的信息，但尚未进入新时代。因此虽然出现了市民运动、近代政党雏形和初步民主性政治主张，但是解决社会矛盾、推动社会进步的主要方式仍然是传统的阶级斗争和统治阶级内部的改革。

与社会存在相适应，中国封建文化发展至明代也达到了高度发达的成熟阶段。心学完整哲学体系的形成标志着中国封建意识形态的主体——儒学已经达到了巅峰。心学发展到尽头，使自己走向无空虚寂的绝境，从而导致儒学的空前危机。以"实"救"虚"、挽救儒学危机从而指导挽救社会危机，是时代向思想文化领域提出的主要任务，于是出现了实学思潮。

晚明和明清之际出现了早期启蒙思潮，这种先进的思潮在整个思想文化领域尚不占主导地位。实学思潮与早期启蒙思潮既有共同点又有区别。

① 参见陈田《明诗纪事》辛签卷一。

就规模和力量而言，实学思潮要比早期启蒙思潮强大。实学思潮虽然包含了早期启蒙思潮的许多重要内容，但其主体仍然是在为儒学的延续、创新和发展开辟新路。由于当时的社会还是封建社会，因此这一思潮是进步的。

（原载《明史研究》第 6 辑，黄山书社 1999 年版）

科举制历史作用刍议

明清之际许多著名哲人都曾对科举制进行过猛烈抨击，今人对之也褒贬不一。其实，科举制的形成、发展、衰亡都是历史的必然。它在我国封建社会的历史上，既起过重要的积极作用，也起过明显的消极作用。

一　历史的进步

科举是我国封建社会中后期，朝廷通过开科考试选拔人才、委任职官的制度。它存在了1300多年，大体经历了四个发展阶段：隋、唐初创期，宋代发展期，明、清鼎盛期，清末衰亡期。

科举制度的形成、发展和完善，适应了社会历史发展的需要。在我国漫长的封建社会，其封建经济形态的具体体现形式及经济体制、政治体制在不断地发生变化。就封建地主阶级而言，自秦以后，经历了以下几种主要形态：秦汉世家地主；魏晋南北朝门阀地主；隋唐以后，门阀地主日趋衰落，至宋明，官绅地主、庶民地主逐渐成长为封建地主的主要成分。世家地主、门阀地主的共同特征是享有朝廷封赐的世袭的经济、政治特权。秦代的军功地主，朝廷封赐世袭的等级爵位和田宅。汉代的世家大姓，朝廷封赐世袭的封国、封户，有的绵延数代。宋、明以后的官绅地主则不同，他们虽然享有额定的徭役优免权，但非世袭；他们的土地不是朝廷封赐的，而是购买或兼并的，自宋代即有"千年田换八百主"①的说法，因此"贫富无定势，财产无定主"。就一个阶层来说，官绅地主是稳定的；

---

① 辛弃疾：《稼轩词》卷三《最高楼》。

但其中的个体则是变动的，兴衰不定，隆替无常。① 至于庶民地主，则连徭役优免权都没有，要与平民百姓一样纳粮当差。

政治、文化是经济的反映。随着封建土地关系和地主阶级结构的变化，在政治上反映和代表地主阶级权益的选官制度也发生着改变。在隋唐以前，适应世家地主、门阀地主政治要求的选官制度是察举征辟制和九品中正制。这两种制度在历史上虽然也起过一定的积极作用，但其基本特征是以血统、门第和财富作为选官的主要标准，选人的权力也操纵在豪门世族手中。时人在评论九品中正制时指出："其始造也，乡邑清议，不拘爵位，褒贬所加，足为劝励，犹有乡论余风。中间渐染，遂计资定品，使天下观望，唯以居位为贵，人弃德而忽道业，争多少于锥刀之本，伤损风俗，其弊不细。""台阁选举，途塞耳目，九品访人，唯问中正，故据上品者，非公侯之子孙，则当途之昆弟"，形成"上品无寒门，下品无势族"②的局面。这种"尊世胄，卑寒士"，"贵以袭贵，贱以袭贱"，严格区分贵贱、尊卑的选官制度，在隋唐以后，便与日益壮大的没有世袭特权的官绅地主和庶民地主的政治要求发生了矛盾。与社会关系变动相适应，科举考试选官制度便应运而生。科举制自隋炀帝时出现以后，中经唐、宋，发展至明代已臻鼎盛。明朝把学校、科举、铨选有机地结合在一起，形成育人、选人、用人的完整体系，即所谓"学校以教育之，科目以登进之，荐举以旁招之，铨选以布列之，天下人才尽于是矣"③。

科举制度在自身的演变过程中，变化纷繁，难以缕述。从历史发展的角度看，这一制度对中华文明的最大贡献在于，打破了以往在选官用人制度上的血统、门第、财产的限制，而以科考成绩的优劣为主要依据。作为一种法定制度，它建立在没有血统、门第、财产先决条件的，择优录用、公平竞争的基础之上，血统的贵贱、门第的高低、财富的多寡已不再是选任官员的决定因素，应该说这是历史性的变革。它刚刚出现，便显示了向士族门阀制度挑战的咄咄锐气。出身低微的武则天竟诏令将"氏族志"改

① 关于明代官绅地主，参见拙稿《明代缙绅地主浅论》，《中国史研究》1984 年第 2 期；《明代官绅优免与庶民中户的徭役负担》，《历史研究》1986 年第 2 期。

② 《晋书》卷三六《卫瓘传》、卷四五《刘毅传》。

③ 《明史》卷六九《选举志一》。

编为"姓氏录"，不再以门第而以官品划分等级。科举制不仅对中国的历史和文化产生了重要作用，而且对西方文官制度和考试制度的形成也产生了积极影响，对世界文明作出了贡献。

科举制比起察举制、九品中正制来，具有明显的优越性。它更能激励士子们发奋学习，努力掌握知识学问，从而扩大了知识分子队伍，提高了整个社会的文化水平，推动了社会的进步；它拓宽了职官的选拔范围，提高了职官的素质，促进了职官队伍新陈代谢；它扩大了国家的统治基础，加强了朝廷的权力，保障了统治机器的有效运转，促进了多民族国家的统一。在这种制度下，不少出身布衣寒门之士经过艰辛的攀登，进入了仕途，有的还身居高官显位，真可谓"士或旦白屋而夕朱户"。明代名相张居正，高祖、曾祖、祖父、父亲四世皆未仕为民，而他却通过科考的阶梯获致荣显，做出了震古烁今的伟业。明代著名清官海瑞，父亲亦为平民；四岁丧父，母亲在贫困中将其抚养成人，由举人而得官。

对于这种变化和进步，历史上许多有见识的人物都作出了公允的评价。明代著名政治家张居正说："自汉以来，取士悉重阀阅，士大夫推本世系，皆假借前代，托附名家，以自表异。……至我国家，立贤无方，惟才是用，采灵菌于粪壤，拔姬姜于顦领，王谢子弟或杂在庸流，而韦布闾巷之士化为望族，昔之侈盛竞爽者溺于今之世矣。"① 明代著名学者王世贞说："若江左之有贵姓也，则自王谢始也。……然其人皆以姓贵者也，非能贵姓者也。……荐辟科举之政行，天子所与共天下者皆彬彬书生、诵法孔子之辈。士或旦白屋而夕朱户，其子弟习其遗编以继显，故其姓之所以贵，渐不在纨绔而在诗书，此其人能贵姓者也，非以姓贵者也。"② 近代著名资产阶级改良主义思想家梁启超说："科举，法之最善者也。古者世卿，春秋讥之。讥世卿，所以立科举也。世卿之弊，世家之子，不必读书，不必知学，虽驽愚淫佚，亦循例入政，则求读书、求知学者必少，如是故上无才；齐民之裔，虽复读书，虽复知学，而格于品第，未从得官，则求读书、求知学者亦少，如是故下无才，上下无才，国之大患也。科举立，斯

① 张居正：《张文忠公全集》文集八《西陵何氏族谱序》。
② 王世贞：《弇州山人四部稿》卷七十《陈氏族谱序》。

二弊革矣。故世卿为据乱世之政，科举为升平世之政。"①

科举制的出现和发展，还反映了我国封建社会深层次的变化。由世家地主再到门阀地主到官绅地主、庶民地主；由察举制到九品中正制到科举制，我国封建社会的经济结构和政治结构发生了深刻的变动。这种变动，使得封建贵族特权日趋缩减，封建宗法关系、超经济强制和封建人身依附关系日趋松缓，封建土地私有程度进一步扩大。这些都推动了社会生产力的发展，并为明代中后期出现资本主义萌芽积累了历史条件。

二　时代的局限

科举制既然是历史的产物，因此就不可避免地存在着时代的局限性。关于这一制度的弊病，人们可以列举出许多，而且不同时期，弊病的严重程度也有所不同。这里仅着重讲三点。

第一，荒废实学，钳制思想。

王安石为了纠正隋唐以来科举以诗赋为主、导致唯务文词吟咏的空疏之弊，而对科考内容进行改革，罢考诗赋，独重经义，但又走上"士专一经，白首莫究，其余经史，付之度外"的极端。明清时期，科考依然专以"四书"、"五经"命题，"五经"又专攻一经。对经义的解释一以宋儒为准，废注疏不用。试子只能代圣人立言，而不得抒发自己的思想见解，更远离社会实际。这样，学子们只要择经拟题，死记硬背，模仿程墨，彼剽此袭，就有可能考中，因此其他书籍尽可束阁不读，兵农钱谷之事尽可置之不习，治国经邦之术尽可不必用心，传统的经史之学遭受冷遇，天文、数算、律吕之学更少问津，于是形成空疏乏实之弊，士人徒腾清谈，而缺真才实学。特别是，明嘉靖、隆庆以后，阳明心学又成为科考答题的依据，更加助长了空虚之风的蔓延，"自此五十年间，举业所用无非释老之书"②。

---

① 梁启超：《饮冰室文集》之一《变法通议·论科举》。
② 顾炎武：《日知录》卷一八《破题用庄子》。关于明代空谈心性之弊，参见拙稿《晚明心学的没落与实学思潮的兴起》，《明史研究论丛》第 1 辑，1982 年 4 月。

科考文体，专以八股时文为定式。这是一种死板僵化的排偶文体，且要模拟古人语气为之，雕琢字句，空话连篇。因此这种文体不仅加剧了空疏之风，而且束缚了人们的思想，限制了人们的才能，使"聪明才智之士，一生有用之精神，尽消磨于无用八股之中"。顾炎武对此深恶痛绝，指出："八股之害，等于焚书。而败坏人材，有甚于咸阳之郊所坑者，但四百六十余人也。"① 又说："国家之所以取生员而考之以经义、论策、表判者，欲其明六经之旨，通当世之务也。今以书坊所刻之义谓之时文，舍圣人之经典、先儒之注疏与前代之史不读，而读其所谓时文。时文之出，每科一变，五尺童子能诵数十篇而小变其文，即可以取功名；而钝者至白首而不得遇。老成之士，既以有用之岁月销磨于场屋之中；而少年捷得之者，又易视天下国家之事，以为人生之所以为功名者，惟此而已。故败坏天下之人材，而至于士不成士，官不成官，兵不成兵，将不成将，夫然后寇贼奸宄得而乘之，敌国外侮得而胜之。"②

科举制既有打破品第、激励竞争的积极方面；又有荒废实学，束缚思想的消极方面。而每当朝政趋于腐败之时，其消极作用表现得也更加明显，难怪许多著名的明朝遗民都将明朝的灭亡归罪于科考和八股文，以致有"八股朋友奉送大明江山一座"③ 之诮。当然，将明朝灭亡的原因归结为科举并不科学，但它的确是导致明朝衰败的重要原因之一。

第二，形成新的特权阶层，加剧了社会矛盾。

科举取士虽然冲破了门第和血统的限制，但真正有条件参加科考的多数仍为富裕人家。而且取得功名、选授官职之后，在政治上，就具有与庶民百姓不同的身份；在经济上，朝廷即授予徭役优免权。唐朝规定，官员优免课役。宋朝施行官户限田分等免役之法。明代嘉靖二十四年《优免则例》规定，京官一品优免役粮三十石、人丁三十丁，以下递减，至九品优免役粮六石、人丁六丁；外官减半；举、监、生员优免粮二石、丁二人；致仕优免本品十分之七。④ 万历三十八年《优免新例》规定，现任甲科京

① 顾炎武：《日知录》卷十六《拟题》。
② 顾炎武：《顾亭林诗文集·亭林文集》卷一《生员论》中，中华书局 1983 年版。
③ 蔡尔康：《征闻类编》卷四《引用人才论》。
④ 参见《嘉隆新例附万历·户例》。

官一品免田一万亩，以下递减，八品免田两千七百亩；外官减半；致仕免本品十分之六；未仕进士优免田最高可达三千三百五十亩，未仕举人优免田一千二百亩；生员、临生八十亩。① 清初沿袭明制，后来虽不再施行分等限田优免之法，但官员及举、贡、监、生员仍优免徭役。这样，徭役优免权便把权利享受者同庶民百姓划分开来，形成新的特权阶层，即官绅地主。"官"系指现任官员之家；"绅"系指致仕官员之家及经科举取得功名而未仕者之家。官绅地主的特权虽然比世家地主、门阀地主有较大降低，而且官位和优免权都不能世袭，但"官"与"民"的界限仍然是不能逾越的。他们不仅在礼仪上有贵贱尊卑之分，而且在户籍上亦区分为"官户"和"民户"，整个社会依然在"贵贱有等，尊卑有秩"的轨道上运行，只不过与前代有程度的不同罢了。正如明太祖朱元璋所诏谕："食禄之家与庶民贵贱有等，趋事执役以奉上者，庶民之事也。若贤人君子，既贵其家，而复役其身，则君子野人无所分别，非劝士待贤之道。自今百司见任官员之家有田土者，输租税外，悉免其徭役。"②

权力在一定条件下转化成为财富。官绅地主不仅享有优免权，而且往往冲破法定权利界限而按习惯权利行事。他们凭恃法内特权和法外特权肆意转嫁赋役，兼并土地，聚敛钱财，而使自己由原来的中小地主转变成为大地主，甚至像明代奸相严嵩那样由寒素之家发迹为富豪巨室，即所谓"因官致富"。对于官能致富的神奇功效，时人感叹不已。他们说："贫士一登贤书，骤盈阡陌。"③"家无担石者，入仕二三年即成巨富。""因官致富，金穴铜山，田连州县。"④"一登科第，即谋肥家，有居官不几时，而家已巨富者；有不取财于官，家居而致巨富者。在官则取财于民，家居则取财于乡。"⑤"一叨乡荐，便无穷举人；及登科甲，遂钟鸣鼎食，肥马轻裘，非数百万则数十万。"⑥ 这些描述，向人们揭示了为什么士人在科举之

---

① 参见姚宗仪《常熟私志》卷三《赋役·优免新例》。
② 《明太祖实录》卷一一一，洪武十年二月。
③ 张采：《太仓州志》卷八《赋役》。
④ 见黄省曾《吴风录》、吴履震《五茸志逸》卷八。
⑤ 林希元：《林次崖文集》卷八《赠万二尹擢宁海州判序》。
⑥ 计六奇：《明季北略》卷一二《陈启新疏三大病根》。

路上，趋之若鹜、拼命攀缘的深刻的经济原因。

"因官致富"的对立面，则是广大庶民百姓赋役负担的加重，土地的丧失和日益贫困，从而导致社会阶级矛盾的加剧。"贫民代乡官之役，日祝乡官之死。"① "乡官田宅之多，奴仆之众，小民詈怨而恨。"② 不仅如此，官绅地主兼并土地、欺隐民户、逃避赋役，同朝廷争夺土地、人民、钱粮，还造成了"私家日富，公室日贫，国匮民穷"③ 的情势，大大削弱了封建国家的财政力量和实施统治的物质基础，酿成政治危机。因此明末有人惊呼：天下之财"今何不幸而尽夺之于缙绅乎？……若病根不除，则盗贼必不能息，势不以皇上之天下，断送于章句腐儒之手不止也"④。

第三，成为近代资产阶级改良和革命的障碍。

科举制是在中国封建社会中后期为封建专制主义服务的选官制度，因此当近代资产阶级登上历史舞台之后，它就成了资产阶段改良和革命的障碍，成了资产阶级新文化和近代科学技术的障碍，遭到一派新人的强烈攻击。科举已经完成自己的历史任务，清光绪三十一年（1905）朝廷被迫宣布废除科举，兴办学校。

需要指出的是，我们所讲的无论是科举的积极作用，还是消极作用，都是从制度上、总体上、趋势上说的。在这一制度存在的一千多年间，不仅不同时期的具体情况各有差异，而且同一时期的不同个体也不尽相同。比如当我们说科举"败坏人才"时，并不是说在这一制度下没有人才。即使是在政治已是非常腐败、社会阶级矛盾已是非常尖锐的明末时期，许多著名人士，如东林领袖顾宪成（进士）、高攀龙（进士），复社领袖张溥（进士）、张采（进士），抗清名将孙承宗（进士）、袁崇焕（进士），科学家徐光启（进士）、宋应星（举人），思想家李贽（举人）、方以智（进士），文学家汤显祖（进士）、陈子龙（进士）等，仍是科举出身。

（原载《中国社会科学院研究生院学报》1998 年第 1 期）

---

① 王文禄：《书牍·上侯太府书》，《百陵学山》。
② 海瑞：《被论自陈不职疏》，《海瑞集》（上），中华书局 1962 年版。
③ 张居正：《答应天巡抚宋阳山论均粮足民》，《张文忠公全集》书牍六。
④ 计六奇：《明季北略》卷一二《陈启新疏三大病根》。

试析明定陵考古发掘的学术和社会意义

在我国学术史上，20 世纪 50 年代明定陵发掘是第一次，也是迄今为止唯一一次对在位时统治全国皇帝陵寝的主动考古发掘。值此纪念定陵发掘 50 周年之际，对这一发掘的学术和社会价值很有进一步探讨的必要。

一

定陵考古发掘是经过慎重选择、认真论证、报经国家最高领导人批准、由文物考古专业人员实施、有明确学术目的的科学发掘。

1955 年 10 月，著名明史专家、分管北京市文教工作的副市长吴晗先生首先发出发掘明长陵的倡议。永乐皇帝是一位雄才大略之君，在位时创下了许多诸如郑和远航、迁都北京、经营边疆、修通南北大运河、纂修《永乐大典》等惊世壮举。他的陵寝（长陵）形制及埋藏物，对于了解永乐帝本人及明初社会无疑会提供丰富的有价值的实物资料。因此从学术的视角发掘长陵是有必要的。正因如此，吴先生的倡议立即得到著名史学家、文学家、中国科学院院长郭沫若等文化名人的积极响应和支持。

1955 年 10 月 15 日，由吴晗起稿、郭沫若修改，有郭沫若、沈雁冰（著名文学家、文化部部长）、张苏（全国人大副秘书长）、邓拓（著名史学家、人民日报社社长）、范文澜（著名史学家、中科院历史三所所长）、吴晗六人签名，给周恩来总理上呈了关于发掘明长陵的申请报告。报告言简意赅，阐述了发掘长陵的学术和社会意义，分析了发掘工作的有利条件，提出了保护出土文物的措施，并明确提出"长陵地下宫殿"的概念。报告说：在明陵中长陵规模最大，地面建筑最为完整，从已发现的正德、万历妃嫔墓推断，"长陵的地下宫殿规模的宏大，是可想而知的"，"埋藏在地下的宫殿，今天如能使其重见天日，开放为地下博物馆"，"不但可以丰富历史知识，也将使这个古代帝王陵墓成为具有世界意义的名胜"，所藏历史文物"对明初史事的研究将有极大贡献"，其宫殿"是研究过去帝王墓葬的最完整史料"。

这个报告是经过国务院办公厅主任林枫报给周总理的。10月19日，林枫向总理报告道："我同意此信意见。科学院、文化部可参加，可否考虑由北京市人民委员会主持其事"，"据我所知，吴晗同志对此事颇热心"。11月3日，周总理批准了六人联名报告。总理亲笔批示道："原则同意，责成北京市人民委员会（主）持。同中国科学院、文化部指定专人议定开发计划送批。"① 为了落实总理指示，11月22日，吴晗邀请中科院、文化部和北京市有关负责同志开会，经过研究，提出四项具体措施，呈报给国务院习仲勋秘书长。这四项措施是：成立由相关部门领导和文物考古专家组成的长陵发掘委员会，负责拟定具体开发计划；成立勘测小组，在正式发掘前，对长陵进行科学勘测，了解地下实际状况；先在永陵（嘉靖皇帝陵）进行部分试掘，取得经验，然后制定开发长陵的详细计划，报国务院审批；明确发掘工作的分工。

1956年3月28日，吴晗代表郭沫若召集相关部门负责人和考古、明史专家开会，再次研究开发长陵的具体计划。会议提出，发掘工作的科学技术专家由中国科学院和考古所抽调，一般技术人员由各方面调派；试掘对象由永陵改为定陵（万历皇帝陵）。②

---

① 周总理批示档案原件复印件载于庞中威著《定陵发掘亲历记》，学苑出版社2002年版，第23页。该书第24页将此批示排印为："原则同意，责成北京市人民委员会协同中国科学院、文化部指定专人议定开发计划送批"。经辨认，所谓"协"字应是"持"字，"持"字下有句号，与"同"字隔开。总理的批示是参考林枫拟议的意见做出的。林枫意见中有"可否考虑由北京市人民委员会主持其事"，故总理批示中遂有"责成北京市人民委员会（主）持"。

② 之所以由试掘永陵改为定陵，据中国社科院考古所、定陵博物馆、北京市文物工作队编著考古报告《定陵》云："在勘察期间，我们发现宝城外南侧、距地面高4米处的墙皮上，有几层砖塌落下来，形成一个小的缺口。缺口里面虽然用砖砌好，但显然有拆砌过的痕迹。这是个值得注意的现象。原因是它的位置极其重要，外可以通向外陵院，内可以通向宝城。帝后入葬，很有可能从这里通过。据此考虑，发掘工作就从这里开始"。又据庞中威著《定陵发掘亲历记》云："在此前的勘测中，曾发现南侧外墙皮有几层砌砖塌落，里面有砖砌券门的迹象。而这种迹象，被误认为是定陵的墓道（实际上这并不是墓道，而很可能是运土的券门）"。由于以上情况，故吴晗4月2日致郭沫若信中有"定陵已显露在外，有洞能入"之语。

4月2日，吴晗将3月28日会议内容写信报告给郭沫若。郭沫若随即将其转报给习仲勋秘书长，习仲勋向总理作了报告和请示。

4月11日，习仲勋分别致信郭沫若和吴晗，传达总理的批复："关于发掘明陵事，我请示了总理，他同意在步骤上先发掘定陵，然后再发掘长陵。""有关发掘明陵工作会议的召集和主持，总理和郭老（郭沫若）的意见还是由您（吴晗）担任为宜。"

郭沫若接到国务院批复后，立即致信吴晗，表示这"是很愉快的"，"今后就可以放手做了"，并建议吴晗"趁早再召集文化部和科学院有关同志，商讨进一步的具体措施"。吴晗也迅速将批复精神传达给了文化部和北京市文化局，并召集会议，讨论落实的具体办法。至4月27日，经研究作出了以下几项决定：（一）先试掘定陵（或献陵）①；（二）成立试掘定陵三人小组，由夏鼐（著名考古学家、中科院考古研究所副所长）、陈滋德（文化部文物管理局文物处处长）、朱欣陶（北京市文化局文物组主任）组成；（三）确定工作分工；（四）试掘工作立即着手进行；（五）三人小组提出开发计划和经费预算。

后经征询专家意见，最后还是确定定陵为试掘对象。试掘对象由永陵到定陵到定陵（或献陵）到定陵，一波四折，这本身就显示了抉择的艰难和慎重。从学术上讲，选择定陵为试掘对象是有眼力的。除陵墓形制等因素外，在历史背景上也有重要价值。万历时期是明代，也是中国封建社会商品货币经济空前发达的时代，同时也是明代政治走向衰落的起点。这些时代特点，在万历帝陵墓中必定有具体的展现。如果说发掘长陵的学术目的在于了解明初社会，那么发掘定陵的学术目的则是了解明后期社会。

经费是发掘得以顺利进行的物质保障。在发掘的准备阶段和过程中，吴晗曾多次在会上提出经费问题进行研究，一方面先由北京市人民委员会垫支，同时积极向国务院申请。1956年8月，由郭沫若、吴晗共同签发了

---

① 1956年4月14日，北京市文化局在报给王昆仑副市长的《关于开发明十三陵的试掘意见》中，提出不宜试掘定陵而试掘献陵（明仁宗陵）的意见。4月12日，郭沫若、吴晗接到总理批复，"在步骤上先发掘定陵"；4月13日，吴晗召集会议研究落实批复方案；4月14日，吴晗接到北京市文化局《关于开发明十三陵的试掘意见》抄送件，故在4月27日《会议纪要》中有"先试掘定陵（或献陵）"的提法。

中国科学院和北京市人民委员会给国务院的《关于报送试掘定陵预算的联合请示》，提出"现在先就试掘定陵作出初步概算，计需款二十一万三千余元。俟试掘工作告一段落时，再提出开发长陵的预算"。

11 月 22 日，《国务院关于试掘定陵预算的批示》下达，"核减为153500元，本院同意此项经费由财政部专款拨付"。鉴于该款到位时已届年底，12 月 24 日，吴晗又致函习仲勋秘书长，请求"对此项经费应作专款处理，今年内用不完的结余，转 1957 年度继续使用"①。

从提出发掘长陵、试掘定陵到国务院批准、试掘启动的全过程来看，发掘的倡议者和组织者，对发掘的学术目的是清晰的，态度是严肃的，行动是慎重的，步骤是稳健的，措施是恰当的，审批是完备的。这些前期准备都是大型科学发掘所必需的。

二

发掘的科技工作在著名考古学家、中科院考古研究所副所长夏鼐指导下进行，而由考古所和北京市文物组抽调专业人员组成发掘队。

1956 年 5 月中旬发掘正式开始。发掘采用"探沟法"发现了陵墓隧道，进而发现了打开玄宫的"钥匙"小石碑。据考古学家云，探沟法普遍应用于田野发掘，在墓葬发掘中使用此法，还是首次。按照小石碑指示的方向继续前掘，发现了金刚墙。打通金刚墙，发现了玄宫十四吨重的大石门。1957 年 9 月 19 日，以巧妙的方法打开石门，进入地宫。②

地宫打开后，发掘队按照考古发掘程序对地宫埋藏文物进行登记、编号、绘图、拍照、化学保护处理、修复等清理工作。1958 年 7 月，清理工作基本完成。1958 年 9 月，在故宫神武门举办定陵出土文物展。1959 年10 月，定陵博物馆正式开放。在发掘过程中，编写内部简报 11 期；发掘结束后，编写了《定陵试掘简报》（上、下）。

---

① 本文使用的有关定陵发掘档案资料，皆转引自庞中威著《定陵发掘亲历记》，学苑出版社2002 年版。

② 考古报告《定陵》为 5 月 19 日开始"开掘第一条探沟"；庞中威《定陵发掘亲历记》为 5 月17 日开工。《定陵》为 1957 年 9 月 19 日"打开了金刚墙，进入了玄宫"。

由于客观形势的变化，全面、系统、完整的定陵考古报告，直到"文化大革命"结束，才得以编写。从 1979 年底起，经过五六年的艰辛工作，由中国社科院考古研究所、定陵博物馆、北京市文物工作队共同编写的大型考古报告《定陵》（上、下）于 1986 年初完成（《后记》时间为 1986 年 3 月 25 日）；再经过 5 年，1990 年 5 月，文物出版社将其出版。

这是一部成功地记载和研究定陵发掘及其出土文物的考古报告，曾获中国社科院优秀科研成果奖。虽然有的读者对其中个别记述提出异议，但这并不能从总体上改变其科学性和可靠性。该报告正文六章，另有前言、后记和英文摘要；配有精美插图 333 幅，附表 36 张（有的表中再分子表），附录 12 份。其中经相关科技部门所做的关于丝织品、首饰、宝玉石、木质品、灯油、蜡烛、牙齿、头发等鉴定报告，则是考古学与自然科学相结合的成果。这部鸿篇巨制为我们提供了全面研究 16—17 世纪中国社会的极为宝贵的资料。

实事求是地讲，定陵考古发掘，在总体上是规范的、科学的。在缺乏经验和科技条件、仪器设备不足的情况下，不仅打开地宫、完整地保护了地宫建筑，而且使大部分文物得到保护。毋庸讳言，在整个发掘过程中，也存在一些缺欠。例如，发掘预案还不够精细周到；某些发掘环节的操作要求不十分严格；防腐、防氧化技术水平不适应需要等。[①] 这一方面是由于经验不足，更重要的是受当时科技水平的制约。当然，这些缺欠只是丰富了经验，提供了借鉴，而不足以颠覆发掘的成功。

三

定陵发掘对考古学、历史学、社会学以及建筑史、科技史、美术史、医学史等的研究都有重要学术价值，此外还有重要的社会价值，迄今为止对它们的研究还是很不够的。定陵考古报告所披露的原始资料也未引起学术界的足够重视。

定陵地上陵园比拟于皇宫的外廷，地下玄宫比拟于皇宫的内廷。定陵

---

① 庞中威同志在《定陵发掘亲历记》中对"定陵发掘的得与失"作了探讨与概括，可供参考。

地下宫殿由前殿、中殿、后殿、左配殿、右配殿构成，规模宏大，随葬物绚丽多彩。它为人们研究封建社会晚期皇帝制度、帝王陵寝形制、帝王丧葬制度以及皇室服饰、宫廷生活提供了形象的实物资料。这座恢弘的石构宫殿在地下已经埋藏三百七十多年，但却完整无损，技艺之高超令人折服，实为建筑史上之奇观。地宫铺地"金砖"多为江南苏州烧造；宫墙、隧道所用"白城砖"绝大部分为山东临清烧造。临清烧造之陵砖侧面烧制有年月、窑户、匠人等印记，如"乙酉年（万历十三年）临清窑户赵学贤、匠人张保造"，"寿工临清窑户孙济、匠人王淇造"。① 这种窑场大概是官督民办性质，官府下派任务拨给银两，窑户烧制上缴，匠人受雇于窑户。苏州工商业最为兴盛，临清是北方运河上重要工商业重镇，从定陵陵砖也可看出，苏州、临清的烧砖业也很发达。

地宫出土各类器物 2648 件（不包括钱币和纽扣）。这些器物包括纺织品、衣物、金银器、铜锡器、瓷器、琉璃器、玉石器、漆木器、首饰、寇带、佩饰、梳妆用具、木俑、武器、仪仗、谥册、谥宝、圹志等。其中金丝翼善冠、乌纱翼善冠、凤冠、缂丝龙袍等以往从未出土过，更是弥足珍贵。这些出土文物全面、生动、直观、真实地反映了明后期的社会生产、社会生活、社会习俗、社会结构的状况和社会物质文明的高度发展水平。特别是丝织工艺、金属缕织工艺、建筑工艺等真可谓登峰造极，无与伦比。

中国古代传统丝织业，至明代，无论是生产规模、生产技术，还是生产关系，都发展到一个前所未有的高度。这在定陵出土的丝织品中得到了有力的证实，与其他历史文献记载相印证，更具说服力。鉴定专家云：明定陵出土的丝织品"其数量之多，品种之全，花色之好，纹样之复杂，在中外考古发掘史上都是罕见的"，"是研究我国古代丝绸科学技术的珍贵资料渊薮"。专家们还通过对纹样、织物组织、色彩以及状花、提花、挑花、花本，改机、大花楼机等的具体分析，说明明代丝织技术在唐宋基础上提升到一个新的高度，已是"炉火纯青"。丝织匹料"腰封"上记载的产

① 本文述及的定陵地宫建筑及埋藏文物资料，皆引自中国社会科学院考古研究所等单位编著考古报告《定陵》，文物出版社 1990 年版。

地、工匠姓名、织造年月等又为我们提供了官私手工业分布状况、经营方式及工匠制度等信息。

定陵出土的65枚银锭则为我们提供了研究货币史、赋役史的实物资料。这些银锭分为五十两、三十两、二十两、十两四种，而以五十两者为多。五十两银锭绝大部分錾刻铭文，刻有府州县名、年代、重量，有的还刻有知县和银匠姓名，特别是还明确刻有"金花银"、"京库银"、"解京库银"、"米银"、"京库米银"、"折银"、"京折银"等字样。三十两、二十两、十两银锭大多刻有"银作局花银"字样；少数无刻文者，有的则贴有墨书纸签，标明"银一锭重拾两"。所刻年号，大多为万历四十七年，即万历帝逝世前一年新征银两。

明代自中叶以后即出现了自下而上的赋役改革潮流，其总趋势是由征收实物和劳役向征收货币银两转化，至张居正改革在全国普遍推行一条鞭法，这一转化遂基本完成。这一转变具有划时代的意义，由于赋役货币化，白银成为国家法定本位货币，大大促进了商品货币经济的发展和农民、手工业者人身束缚的松解。定陵出土的银锭正是实行一条鞭法之后地方缴纳的赋役银，直观地反映了中国货币史、赋役史上的这一历史性变革。

明后期（嘉靖至崇祯），社会生产力空前提高，商品货币经济空前繁荣，资本主义生产关系萌芽出现，与此相适应，在政治关系、思想意识、文学艺术、社会习俗、科学技术等方面也发生了深刻变化，中国古代社会开始起步向近代社会转型。当时，中国社会经济的发展程度仍处于世界领先地位，尚未落后于西欧。定陵地下宫殿以其辉煌气势和丰富器物有力地证实了这一点。

历史是纷繁复杂的。明后期，商品经济的空前繁荣与封建政治的日趋腐败形成鲜明反差，勾勒出一幅色彩极不协调的历史画面。商品经济的发展，极大地刺激了封建统治阶级的贪欲，他们日益丧失自我束缚和调控能力，疯狂掠夺资财，封建政治日益腐败，贫富矛盾日益加深。张居正逝世后，万历帝逐步走上荒淫怠政之路，成为一位"酒、色、财、气"俱全的皇帝。他没有心思治理国家，但对生前和死后的享乐却孜孜以求。他长期不理朝政，统治机体涣散，但却滥派矿监税吏，搜刮金银；还异常专注死后地宫的选择和修建。他 21 岁即选勘寿宫，23 岁寿宫开始兴建，28 岁竣工建成，至 58 岁病故入葬，闲置 30 年。万历十一年、十二年、十三年、十六年，他还以拜谒天寿山明陵为名，率领朝廷重臣，亲自选择、确定寿宫地址，察看寿宫修建工程。在地宫修建的五年间，每天要役使工匠军夫二三万人[①]，共耗银八百余万两[②]，相当其时全国两年赋税的总和。定陵超规制的建筑以及富丽豪华的随葬器物，都是万历帝不关心国家安危、百姓疾苦，只顾自己挥霍靡费、构筑皇权威仪的物证之一。史家云，万历中期以后，"边防、吏治俱置不理，贿赂日张，风俗大坏；辽东之难一发，而将弩兵骄，无可支吾；赋加民贫，流寇乘之，土崩瓦解。祸发于天启、崇祯之代，而所从来久矣"[③]。就是说，明朝封建统治的"土崩瓦解"之势，在万历后期就已出现，后经四五十年的发展，江河日下，遂成不可挽回之局。帝王陵墓同帝王皇宫一样，都是帝王绝对权威的象征。但是这种不计成本打造的权威，并不能阻挡已经腐败了的封建王朝的败亡。

定陵发掘还有很高的社会价值。吴晗先生在请示报告中所期待的建立地下博物馆，"供人瞻仰，不但可以丰富历史知识，也将使这个古代帝王陵墓成为具有世界意义的名胜"，已经得到实现。从 1959 年 10 月定陵博物馆对外开放，特别是改革开放以后，每天都人流涌动，来自祖国各地和世界各国的参观者络绎不绝，充分体现了历史文化遗产的社会价值。埋藏在地下的文物是宝贵的，必须认真地、有效地加以保护。但是它们是死的，无法被人观赏、认知；而一旦将其发掘出来，它们就显现在世人面前，成为活生生的历史见证，将其蕴含的历史和文化信息直观地传递给受众，从而发挥普及历史知识、传播历史文化的古为今用的作用。从这一角度看，定陵发掘的学术和社会意义也是积极的。不仅定陵这样的主动发掘，即使像南越王墓、马王堆汉墓、满城汉墓等发掘，也都具有这样的意义。

文物是不可再生的文化资源。对帝王陵墓的发掘，必须慎之又慎，严

---

① 《明神宗实录》卷一六四，万历十三年八月。
② 《明史》卷五八《礼·山陵》。
③ 计六奇：《明季北略》卷二四《国运盛衰》。

之又严，这是完全必要的。唯其如此，也许在相当长的时期内，明定陵仍会是唯一主动科学发掘的中国皇帝陵。这更显示了定陵发掘的独特意义。

我是文物考古学科的门外汉，本不该对定陵考古发掘妄加评论。但出于对祖国历史文化遗产的热爱，还是不揣浅陋，讲了以上的话，算是对纪念定陵发掘50周年的微薄献礼，错谬之处，还祈专家指正。

本文引用了庞中威先生《定陵发掘亲历记》和考古报告《定陵》中的有关资料，在此一并表示感谢。

附录：有关明定陵考古发掘部分档案资料①

一、吴晗致郭沫若函手迹

（1955 年 10 月 13 日）

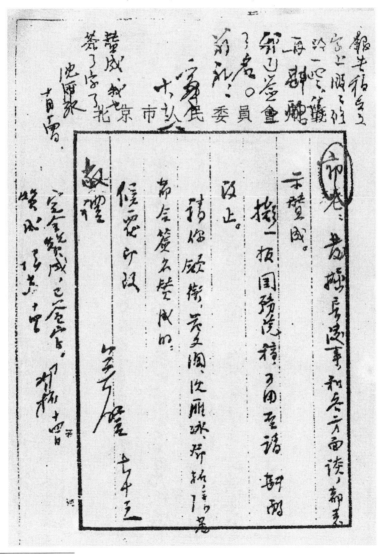

二、吴晗拟郭沫若、沈雁冰、张苏、邓拓、范文澜、
　　吴晗呈周恩来总理请示报告底稿手迹

（1955 年 10 月 14 日）

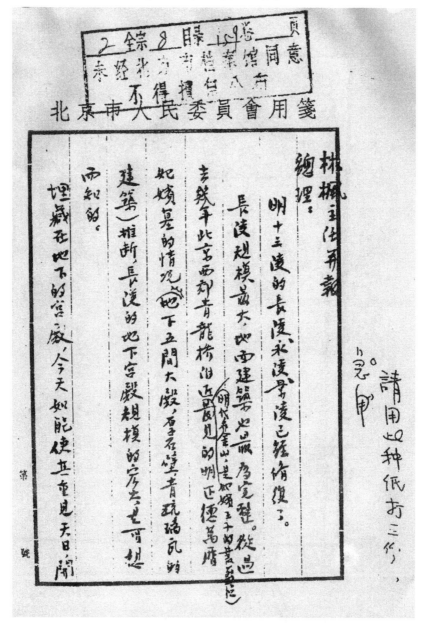

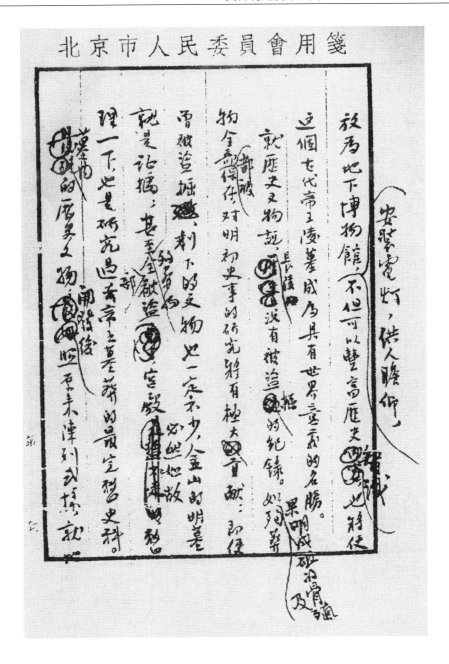

北京市人民委員會用箋

保存、成陳列長陵博物館。容易分容易变质的文
物，可用科学方法保護，或者移交给国家博物館，
而以仿制和仿印教置原处。

清陵是接做明陵修建的，清陵的地下结构作为参攷，
進行慎重

横圆题在还保存在整理社如加揚車揚，
同意，有据估计不会有太大困難。

同意，我們建議由文化局長陵地下室殿，由科学院
和文化局但化人力，进行工作。

是否可以，请示。

一九五五年十月十二日

三、周恩来总理批复手迹
（1955 年 11 月 3 日）

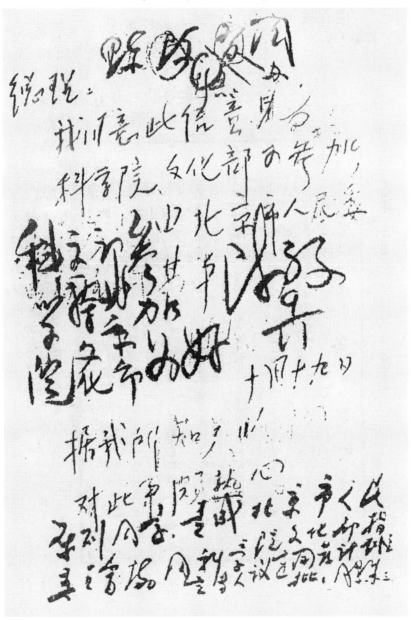

四、吴晗呈国务院秘书长习仲勋的请示报告及习秘书长批示手迹
（1955 年 11 月 23 日）

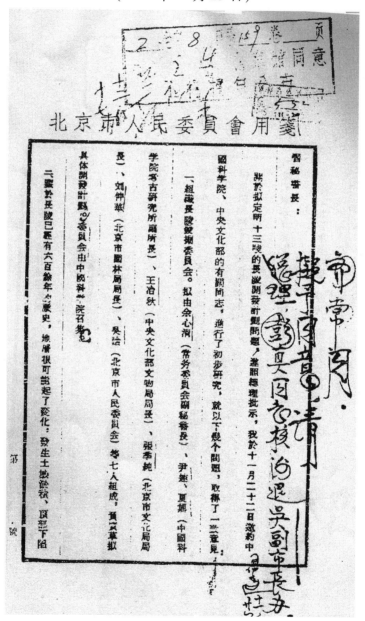

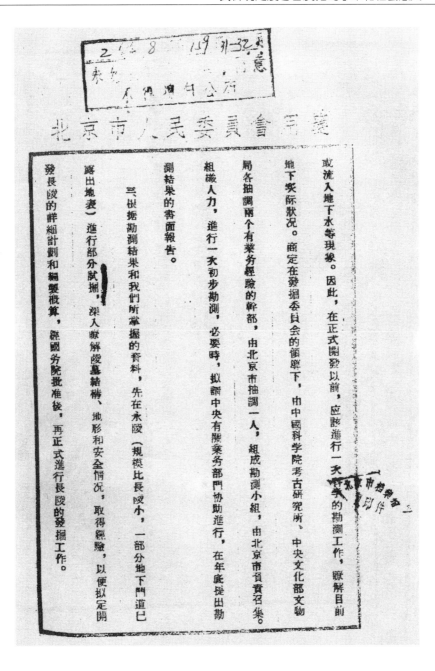

北京市人民委員會用箋

或流入地下水等現象。因此，在正式開發以前，应該進行一次初步的勘測工作，瞭解目前地下實際狀況。商定在發掘委員会的領導下，由中國科學院考古研究所、中央文化部文物局各抽調兩个有業務經驗的幹部，由北京市抽調一人，組成勘測小組，由北京市負責召集。

組織人力，進行一次初步勘測，必要時，拟請中央有關業务部門協助進行，在年底提出勘測結果的書面報告。

三、根據勘測結果和我們所掌握的資料，先在永陵（規模比長陵小，一部分地下門道已露出地表）進行部分試掘，深入瞭解陵墓結構、地形和安全情况，取得經驗，以便拟定開發長陵的詳細計劃和編製概算，經國務院批准後，再正式進行長陵的發掘工作。

北京市人民委員會用箋

四、今後進行發掘工作的具体分工是：業务技術領導工作由中國科学院和中央文化部負責，必要時，可請一些歷史、考古和建築工程方面的專家协助，提供意見；行政、保衛、日常聯系工作，以及劳動力的安排，均由北京市負責；目前勘測用款也暫由北京市墊支，待正式預算報請國务院核撥專款後，再行歸还。

拟卽日起開始進行工作，特此報告。是否妥当，請指示！

抄送

中國科学院、中央文化部、北京市人民委員会

余心清、尹達、夏鼐、王冶秋、張季純、刘仲華同志　刘仁同志　張友漁、薛子正副市長

吳晗

一九五五年一月二十三日

五、吴晗致郭沫若函手迹

（1956 年 4 月 2 日）

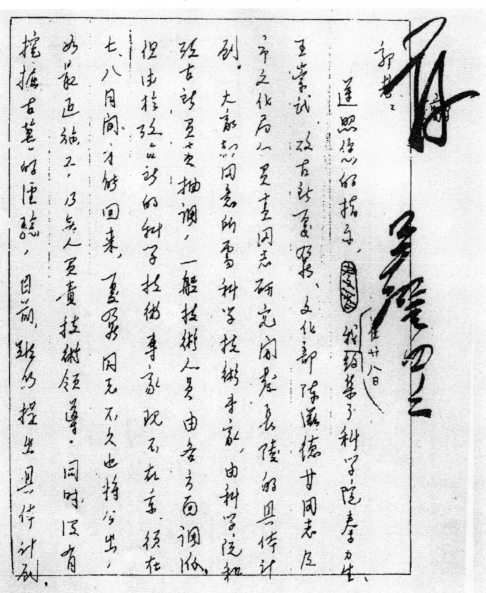

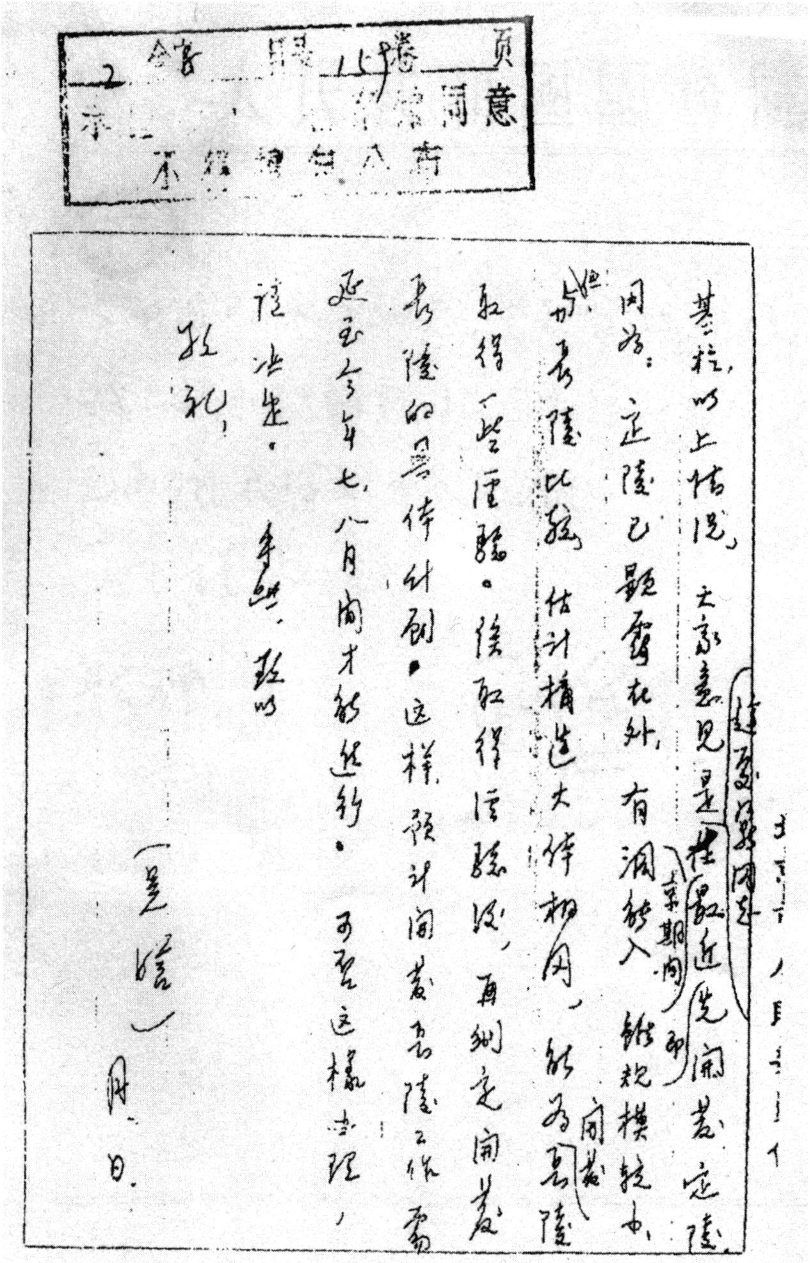
基於以上情况，大家意见是：最近先开发定陵，因为：定陵已显露在外，有洞能入，规模较小，与长陵比较，估计构造大体相同，能为开发长陵取得一些经验。俟取得经验后，再制定开发长陵的整体计划。这样，预计开发长陵工作需延至今年七、八月间才能进行。可否这样办理，请批示。

敬礼！

（吴晗）　月　日。

六、习仲勋致郭沫若函手迹
（1956 年 4 月 11 日）

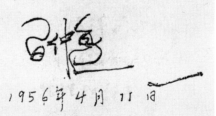

中華人民共和國國務院

沫若

　　四月二日来信敬悉。关於發掘明陵事，我已請示了总理。他同意您的意见。我已函請吴晗副市長办理。

　　　　謹致

敬禮。

　　　　　　　　　　习仲勋

　　　　　　1956年 4 月 11 日

七、习仲勋致吴晗函手迹

（1956 年 4 月 11 日）

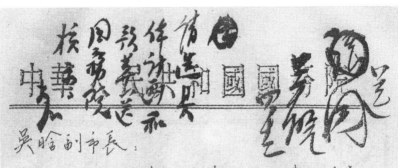

吴晗副市长：

　　你四月二日给郭老的信，他已转来我处。关于发掘明陵事，我请示了总理，他同意在步骤上先发掘定陵，然后再发掘长陵。发掘明陵的组织工作和将来的陈列工作都由市文化局负责。现在郑振铎副部长兼考古所所长又不在京，所以有关发掘明陵工作会议的召集和主持，总理和郭老的意见还是由您担任为宜。除写信给你外，同时我将总理和郭老的意见也告诉了张友渔副市长。

　　敬礼

　　　　　　　　　　　　　　习仲勋

　　　　　　　　　　　　1956 年 4 月 11 日

八、郭沫若致吴晗函手迹

（1956 年 4 月 12 日）

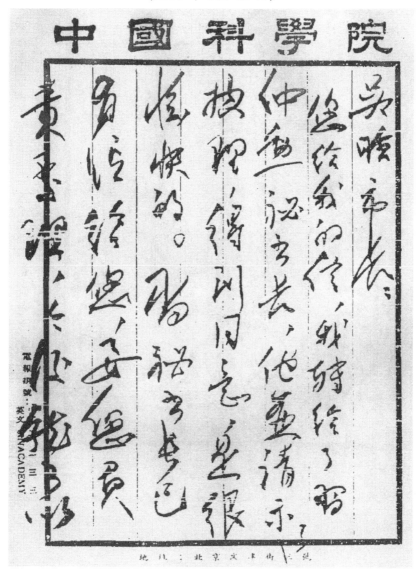

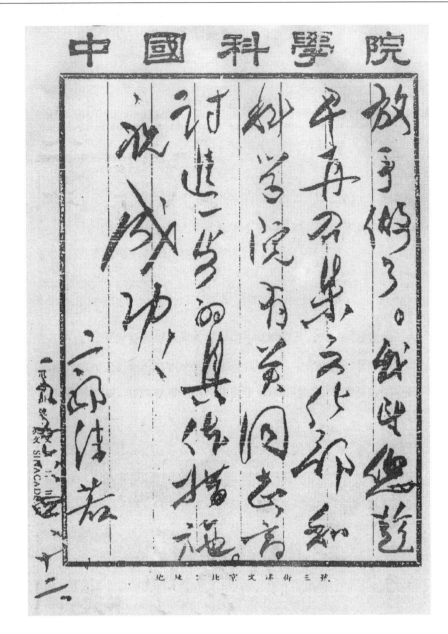

九、吴晗主持讨论开发长陵会议纪要

（1956 年 4 月 27 日）

讨論开发长陵会議紀要

时　間：1956年4月13日（星期五）上午九时

地　点：市人民委員会二楼中客厅

出　席：吴　晗、夏　鼐（科学院考古研究所）、陈滋德（文化部文物局）、梁　丹（市文化局）、朱欣陶（文化局文物組）、吴　瑜（王副市长办公室）。

主　席：吴副市长

决　定：

一、在开发长陵前，先試掘定陵（或献陵）。成立試掘定陵三人小組（由中国科学院考古研究所夏鼐副所长、文化部文物管理局文物处陈滋德处长、市文化局文物組朱欣陶主任組成），負責具体领导試掘定陵（或献陵）的工作。

二、在試掘定陵（或献陵）工作的分工方面，陵外除土工作由市文化局文物組負責进行；陵墓内部工作由中国科学院考古研究所負責进行；发掘出来的文物的整理、修补和保管工作由中央文化部文物管理局負責进行。

三、試掘定陵（或献陵）工作应即着手进行，全部試掘工作，在1956年雨季以前完成。並請試掘定陵（或献陵）三人小組即作出开发工作計划和预算报核。

1956年4月27日

十、郭沫若、吴晗签发的《关于报送
试掘定陵预算的联合请示》
（1956 年 8 月）

中国科学院
北京市人民委员会　联合发文稿纸

签发：

中国科学院
院长

北京市人民委员会
市长

核稿：

主办单位和拟稿人：

事由：　关于报送试掘定陵预算的
　　　　联合请示

附件：　预算及说明

发送机关：中华人民共和国国务院

打字：　　　　　　　　　　　校对：

发文　市吴　字第　760
　　　（54财秘　　　477　号　56 年 8 月 日封发

　　关于开发明十三陵问题，中国科学院郭沫若院长

等曾于 1955 年 10 月 15 日向国务院请示，举总

理批示：「原则同意，责成北京市人民委员会协同中

国科学院、文化部指定专人酌定开发计划送批」。

　　关于开发明十三陵所需预算，经科学院会同北京

第　　頁

市人民委員会、文化部商議，因对这項工作缺乏經驗，

目前还不可能作出切合实际的預算，現在先就試掘定

陵作出初步概算，計需款二十一万三千余元。俟試掘

工作告一段落时，再提出开发長陵的預算。

　　兹送上試掘定陵預算和說明各一份，請審核撥款。

抄送：財政部、文化部

第　　頁

十一、吴晗呈习仲勋的请示报告手迹

（1958 年 8 月 5 日）

仲勋同志：

关于长陵发掘问题，有些意见前已当面

请示。现再具体报告如下：

一、长陵发掘委员会原小由各有关方面人士

组成，业经决定。原则进行工作，现在定陵试直发

掘工作已结束，出土文物正在整理公开展览。下

一步骤又定陵博物馆建馆及长陵发掘工作。

二、定陵发掘之收获提出较进一步，利用一年有余

人力，说情而展览收入进行长陵发掘工作不再

向国家要求经费。

经修改我集议：

一、长陵发掘委员会作第一经定期、定期报

……

北京市人民委員會

（原载《世界文化遗产——明清皇家陵寝保护与发展研讨会论文集》，
北京燕山出版社 2007 年版；收入此集，增补
了附录《有关明定陵考古发掘部分档案资料》）

晚明社会的时代特点

所谓"晚明",一般系指嘉靖至明末这一百多年的历史时期。在整个中国古代史上,这一时期出现许多新的时代特点,占有特殊历史地位,很值得深入研究和讨论。

一 晚明社会的时代特点

晚明社会的时代特点,概括起来讲,就是中国传统封建社会高度成熟,并开始起步由传统的封建社会向新的近代社会转型,晚明恰是转型的起点。

中国由古代社会向近代社会转型是一个十分漫长、非常曲折的历史过程,而且具有本民族的特色。在转型启始之时,社会呈现出新旧交织的纷繁复杂的历史画面。一方面,封建经济、社会、政治结构和思想观念依然牢固地占据统治地位,封建社会的固有矛盾正在深化;另一方面,经过长期的积累和聚集,中国社会自身已经孕育出一些不同于传统封建社会的、具有近代社会性质的新的经济、社会、政治、习俗和思想因素,社会正在发生深刻而强烈的变动。

这些新因素乃是转型启始的标志。它们主要是:在经济结构方面,商品性农业、民营手工业、商业空前发展,国家货币实现银本位、白银流通量大增,全国市场网络形成,工商业城镇蓬勃兴起,资本主义生产关系萌芽。有的学者反对再使用"资本主义萌芽"的提法,而主张使用"市场经济萌芽"或"早期工业化"的概念。其实这是从不同层面和角度来概括明中后期社会经济的发展和变化的。"市场经济"是从经济运行机制和交换、流通的层面,"早期工业化"是从手工业发展程度的层面，而"资本主义萌芽"则主要是从生产方式、生产关系的层面来表述晚明社会经济的发展和变化的。应该说，生产方式、生产关系是在更高、更深的程度上反映了社会的变迁，它是以整个社会生产的发展为基础的。

在社会结构方面，由"本业"转向"末业"（工商业）者增多，城乡人口流动加快，自由雇佣劳动者队伍扩大，市民阶层出现。在政治方面，封建君主专制控制力减弱，超经济强制和封建宗法关系松弛，东林党、复社等近代政党雏形出现，公众领域扩展。在社会习俗方面，由崇尚节俭朴实转向崇尚消费和奢华。在思想文化方面，出现早期启蒙思想，或出现近代思潮萌芽。

晚明中国并未落后于西方国家，无论从经济总体发展水平，还是从社会发展走向，都处于世界前列，是当时的世界强国。这令西方来华传教士艳羡不已。万历年间生活在中国的传教士利玛窦在其《中国札记》中记述道，当时中国的大米产量，"远比欧洲富裕得多"；生产的棉花和棉布，"足够供应全世界"；生产的丝织品，不仅使"那个国度的居民无论贫富都穿丝着绸，而且还大量地出口到世界最遥远的地方"；钢铁冶炼和铸造业发达，"他们用熔化的铁，可以铸造出比我们更多的物品"；煤炭"采掘出来后，广泛运往全国各地，价钱很低，这表明煤很充足"；江西的瓷器，"不仅运到中国各地，而且还运到欧洲最遥远的角落"，受到那些"欣赏宴席上风雅的人们的珍爱"。

在当时世界市场上，中国商品最为丰富。它们被销往亚洲、欧洲、美洲各地，缓解了世界市场商品的短缺，促进了西方经济的发展；同时大量白银输入中国，从万历至崇祯，通过贸易输入的银元超过一亿元以上，使中国货币经济进一步繁荣。

二　晚明的进步社会思潮

晚明经济、社会、政治、习俗的新变化对社会思想和文学艺术产生了重要的影响。与社会开始起步转型相呼应，思想文化也开始出现由传统儒学向近代思想转型的迹象。这种转型初始阶段的进步思想潮流，可以称为早期启蒙思潮，或近代思想萌芽。所谓"启蒙"，包含两层基本要素，一是与传统儒学思想有所不同，对传统儒学中的一些重要理论原则进行批驳；二是提出一些具有近代思想因素的命题。

晚明以及明清之际的早期启蒙思潮由早期人文主义思潮和实学思潮所组成。晚明的人文主义思潮由阳明心学中的一支发展演变而成，以王艮、颜山农、何心隐、李贽等人为代表，强调人的自心自性的醒悟，宣扬离经叛道，要求人性解放；反对封建礼教，要求行为自由；鼓吹人欲、私欲，要求物质利益；肯定心性无别，要求贵贱平等。李贽一派的思想具有一定规模的代表性，引起众多人乃至平民百姓的共鸣。这种要求人性解放的思想在文学艺术领域反映得更为敏感。汤显祖、袁宏道等人的作品以及空前繁茂的民间文学、通俗文学中的优秀之作，如《西游记》《金瓶梅》和"三言""二拍"等，都宣扬了反封建礼法、追求人性解放的人文精神。

晚明及明清之际实学思潮的构成和理论观点比较复杂。实学思潮的倡导者，有的只停留在经世致用的层面；另外一些人，如王廷相、黄绾、赵南星、黄宗羲、顾炎武、王夫之、唐甄等，则在对心性空谈的批判中，在对晚明社会弊病的探寻中，在对国计民生实际社会问题的研究中，提出一些超越儒学传统观念的具有启蒙性质的新的政治思想和经济思想。在政治思想上，批判封建君主专制，主张众人共治、民众是天下的主体，要求对君权和政府权力加强舆论监督和制约，认为"凡为帝王者皆贼也"，君主是"天下之大害"，"向使无君，人各得自私也，人各得自利也"。在经济思想上，抛弃流传久远的"重本抑末"论，提出"工商皆本"的革命性命题，为工商业发展制造舆论，为从事工商业者改变社会地位辩护。稍早的丘浚还在中国思想史上第一次提出劳动决定商品价值的观点。这些进步思想都成为早期启蒙思潮的重要组成部分。

三　晚明的政治腐败与经济繁荣

完整地讲，明代政治既有积极力量，又有腐败力量，二者并存，此消彼长。明前期的休养生息政策，明中后期持续不断的改革和党社运动、市民运动等，都是积极政治力量，它们在与腐败力量的斗争中促进了经济的发展、社会的进步。

进入明中后期以后，政治腐败日渐突出，贪贿公行，官风败坏；荒淫怠政，玩忽职守，党争不息，纪纲不振；兼并土地，转嫁赋役，富者愈富，贫者愈贫，民不堪命。这些都是社会经济发展的阻碍力量。

政治腐败日趋严重有着十分复杂的原因，其中有两点是很重要的。

第一，商品货币经济的发展，大大刺激了封建统治阶级的贪婪欲望，于是他们便凭借政治权力和地位，通过贪污受贿和兼并欺隐、搜刮钱财，以满足其奢华生活的需要。他们只知吞噬商品经济发展带来的文明成果，而不愿承担稳定社会的责任。这样，一方面是商品经济的空前发展，另一方面是政治腐败日益加重，形成鲜明的反差，构成一幅极不谐调的历史画面。由于商品经济的发展，金钱关系和市场法则也凶猛地扩展到社会和政治生活领域，一切以金钱买卖关系为准则。封建统治阶级抵挡不住金钱、商品关系的侵袭，便大肆搜刮起来。嘉靖皇帝只要大臣为他修仙服务，而"不怪人要钱，贪夫从而和之"。臭名昭著的卖官宰相严嵩父子，有"钱癖"之称。万历皇帝"酒、色、财、气"俱全，滥派矿监税使到全国暴敛金银财宝。天启皇帝昏庸无能，阉党乱政。"上有好者，下必有甚焉者"。于是贪贿、兼并、奢靡之风便在士大夫和官绅间弥漫开来。

第二，封建统治阶级没有能力从根本上整治、消除本阶级的腐败，没有能力从根本上约束、扼制本阶级的贪欲。张居正改革是明中后期一次规模最大、力度最强、触动最深的改革，其目的就是整治腐败。但是他死后，反改革腐朽势力把持朝政，改革遭到破坏，特别是整顿吏治的成果付之东流，此后直至明亡的半个世纪中再也没有出现具有重要意义的改革。这标志着明朝封建统治集团已经丧失自我调控能力，自万历中期以后，政治腐败已成不可阻止之势，社会阶级矛盾愈来愈尖锐，统治阶级分崩离析，再加上对天灾丧失抵抗能力，终于导致农民大起义的爆发和明朝的灭亡。史家称："明之亡，实亡于神宗"，万历中期以后，已出现"崩解之势"，是符合实际的。

明末农民大起义推翻了腐朽的明王朝，具有重要的历史意义，但是它并没有能够巩固胜利成果。紧接着，清朝乘机而入，进行了半个世纪的征服战争。政治腐败及由其酿成的明末社会大动荡以及清初落后的政治、经济、文化政策，使明中后期形成的商品经济空前发展的良好势头受到巨大打击和挫折。这个历史教训是十分深刻的。

［原载《河南师范大学学报》（哲学社会科学版）2005 年第 6 期］

晚明：中国古代向近代转型的起点

中国古代社会经历长期而艰难的跋涉，至明代后期（16 世纪初叶至17 世纪中叶）已经开始起步向近代社会转型。本书稿的论述，将围绕这一主题层层展开。

一　转型启始

（一）中国历史"发展论"与"停滞论"的激烈争论

对于中国古代社会自身能否滋生新的近代社会因素，能否向近代社会转型，中外学者向来有不同看法。不同观点尽管很多，但归结起来只有两大学派：一派是不变论，无发展论，停滞论；另一派是变迁论，发展论，转型论。两派争论的焦点又集中在明代中后期至清代中期，即 15 世纪至19 世纪中叶。[①]

中国历史"停滞论"与中国历史的"停滞性"是两个不同概念，它的表述多种多样，但共同点都是认为中国古代社会稳定不变，没有发展，自身不可能产生近代性因素，只有靠西方的冲击才能打破平衡状态，向近代转变。这一理论由来已久，并随着时代的不同而不断变化。它最早出现在 19 世纪欧洲伴随完成工业革命加强对外扩张之时，与西方中心史观同是资本殖民时代的孪生子。当时一些人诬蔑中国是"一具涂着香料、裹着丝绸、写着象形文字的木乃伊，它的内部循环就如同一只冬眠鼠那样"，

[①]　关于两派的观点参见张显清《近二十年来国内关于明代社会变迁问题研究状况读书札记》《近三十年来国外关于明代社会变迁问题的研究状况》《中国历史"停滞论"的由来和发展》，《张显清文集》，上海辞书出版社 2005 年版。

"它把世界上最丑恶的形貌一丝不变地保存了三四千年"①。20 世纪初叶，马克斯·韦伯等西方学者提出精神文化决定论，给中国"停滞论"涂上理论色彩。第二次世界大战期间，日本秋泽修二等人鼓吹中国历史具有"停滞"、"倒退"、"循环"的特性，只有依靠外力才能推动历史的发展，为日本军国主义侵华战争服务。第二次世界大战结束，冷战爆发，西方学者提出的"西方冲击—中国反应"论、"传统—近代"论及"东方专制主义"论相应而生。"西方冲击—中国反应"论、"传统—近代"论的共同点都是站在种族中心主义的立场上，认为凡是近代的就是西方的，中国传统社会是停滞不变的，如果没有西方资本主义的入侵，中国根本无力产生近代性变化，西方是中国近代转变的创始者。如果说这些观点还是在学术框架下对历史进行探讨的话，那么自称"与共产党决裂"的魏特夫抛出的"东方专制主义"论，就有着与他的"敌人"即共产主义进行"战斗"的赤裸裸的政治目的。20 世纪 70 年代以后，西方学者相继提出中国明清时期"高水平平衡陷阱论"、"有增长无发展论"、"过密型商品化论"、"明代倒退论"，把"停滞论"提升到更高的理论形态。

国外中国"停滞论"被中国学者引进到国内。20 世纪 20 年代末、30 年代初，在中国社会性质和中国社会史论争中，有人提出中国资本主义"外铄论"。50 年代以后，由于中国资本主义萌芽问题研究的展开，停滞论销声匿迹。80 年代以后，一些学者提出近代资本主义西欧文明特有论，中国封建社会超稳定系统论，稳定性最高、进化度最小、封闭性最强的中国单纯农业经济论。

自中国历史不变论、停滞论出现之日起，中外学者即不断与之商榷和争鸣，并在争辩中使中国历史变迁论得到发展。在国内，早在 20 世纪 30 年代初，吕振羽即提出"中国资本主义萌芽说"。新中国成立后，从 50 年代中期起，逐渐形成明清资本主义萌芽研究的热潮。80 年代，在经历"文革"十年沉寂之后，资本主义萌芽问题研究再次出现兴旺之势。90 年代，虽然还有不少学者坚持"资本主义萌芽"说，但研究资本主义萌芽的论著已较为少见，随之出现了"市场经济萌芽"、"近代化萌芽"、

---

① 参见［美］柯文《在中国发现历史》第二章，林同奇译，中华书局 1989 年版，第 46—49 页。

"早期工业化"等新概念。在我国台湾，90年代以来，也出现了"前近代"研究。

在国外，西方和日本自20世纪70年代以来，相继出现"把中国历史的中心放在中国"、"近代早期"、"前近代"、"中西大分流"、"明清是世界经济秩序中心"等观点，从不同角度阐述了从明代中叶至清代中叶，中国社会经济内部出现了人类近代文明因素，批驳了中国历史停滞论。不过，有的西方"近代早期"论者对帝国主义侵略中国的历史作用及中国近现代革命是否是历史的必然的论述却是错误的。

（二）明后期中国古代社会开始起步向近代社会转型

我们反对中国历史不变论，吸收中国历史发展论的一切有益学术成果，在深入研究的基础上提出自己的见解，形成明代后期社会转型启始的观点。

明代创建于洪武元年（1368），败亡于崇祯十七年（1644），历时276年。明代历史的阶段划分，迄今说法不一。这里从社会变迁的角度，将其分为三个时期。从洪武至天顺（14世纪中叶至15世纪中叶）为前期，是中国传统封建社会的延续和发展时期；从成化至正德（15世纪中叶至16世纪初叶）为中期，是社会转型苗头出现时期；从嘉靖至明末（16世纪初叶至17世纪中叶）为后期，是中国古代封建社会高度成熟并开始起步向近代社会转型时期。[①] 社会转型的苗头在成化、弘治、正德年间虽已出现，但至嘉靖以后新的社会因素才比较普遍、显著地成长起来，故此将明后期视为转型的启始更为稳妥。我们研究的时间范围也就主要选择在这个时期，而在探求变迁的原委时则或上溯或下延。

这里所讲的中国古代封建社会向近代社会转型有其特定含义，系指由自然经济向商品经济转化，由农业社会向工业社会转化，由封建生产关系向资本主义生产关系转化，由古代传统政治、文化向近代政治、文化转化。这是一个十分漫长、非常曲折的历史过程，不同时期有不同的转化程度、形态和特点。这里所讲的社会转型起步、启始系指中国古代封建社会

---

① 在本书中，有时也将明中期称之为"明中叶"，将明后期称之为"晚明"。

自身经过将近两千年的向前发展，至明代后期已经积累、孕育出新的社会因素，这些新因素在性质上不同于以往的传统封建社会而与未来的近代社会相同。它们首先出现在经济领域，然后引起阶级结构、社会生活、政治关系、思想意识、文学艺术、科学技术发生相应变化，传统古代封建社会已经发生局部结构性变换。新生的先进的社会因素代表了社会的未来，显示了社会的走向，各种新因素纷纷出现的明代后期成为中国早期近代化历程的起点。

以往不变论与发展论的争论，双方大都集中在经济是否有发展的问题上，而对社会的其他方面较少涉及；即使是对经济发展的探讨，也往往局限在某一部门，而缺乏全面考察。人类社会是由一定的经济基础和上层建筑构成的整体，"是人们交互作用的产物"①。判断一个社会是否发生了较大变化，是否发生了结构性变异，是否发生了转型，应该做全方位的、综合的、整体的评估，既要看它的社会经济，也要看它的阶级关系、社会生活、政治变革、思想意识、文学艺术、科学技术等。所谓"社会转型启始"，应该是这个社会从经济基础到上层建筑的全面变换的开始。

"社会转型启始"与"资本主义萌芽"既有联系又有区别。前者的内涵比后者要广阔、深入得多；后者主要是社会生产关系变化的突出表现，是社会转型的重要标志之一。以往的"资本主义萌芽"研究，大都重点探讨丝织业、矿业等少数经济部门雇佣关系的变化，而对经济领域其他方面出现的近代因素较少关注；大都重点探讨经济关系，而对社会结构及上层建筑领域的变化较少关注，因此带有较大局限性，不利于有力说明、全面把握其时社会变动的走向。因此，我们的"社会转型"研究，既充分肯定"资本主义萌芽"论，又大大扩展了研究范围，以求真实地再现当时社会面貌。

既然是转型启始，那就意味着母体社会的旧结构仍占据主导方面，新因素还处于遭受压抑的劣势。因此在探讨转型启始、中国早期近代化起步的同时，还要对转型遇到的阻力，对给转型带来严重挫折的本质原因做出

---

① 《马克思致巴·瓦·安年柯夫（1846年12月28日）》，《马克思恩格斯选集》第4卷，人民出版社1972年版，第320页。

回答。这些阻力的存在，使得中国古代向近代转型，中国近代化历程十分漫长、曲折和艰难。

马克思指出:"虽然在十四和十五世纪，在地中海沿岸的某些城市已经稀疏地出现了资本主义生产的最初萌芽，但是资本主义时代是从十六世纪才开始的。"① 15 世纪末 16 世纪前叶，西欧先进国家初步奠定资本主义生产方式的基础，开始从中世纪农奴制社会向近代资本主义社会过渡。从人类社会的总体发展趋势来说，人类的近代史乃是资本主义时代史。从社会形态来看，中国古代社会向近代社会转型，归根结底也是从封建社会向资本主义社会转型，只不过有着本民族的历史特色和独特的发展道路而已。郑和、哥伦布、达·伽马、麦哲伦的航海活动，把地球各大洲连接在一起，明代中国同西欧发生碰撞和交往。但是西欧 16 世纪开始资本主义时代，与中国 16 世纪、17 世纪起步向近代资本主义社会转型，都是各自社会自身发展的结果。这并不是比照西欧虚拟中国历史，而是中国历史的真实。

"发展论"是辩证唯物论的基本原则之一②，而发展又是一个运动变化过程。中国近代化历程源远流长，从 16 世纪初叶（明代嘉靖年间）一直延续到 20 世纪中叶（中华人民共和国成立），其间 16 世纪初叶至 19 世纪中叶（清代鸦片战争）为其早期。这部书所要完成的任务仅是考察这一发展过程早期的初始阶段（明代后期），而对于清代及其以后的状况未能论述。

二　社会经济

明代是中国封建社会的晚期。判断其经济有没有发展，发展到什么程度，归根到底要看历史事实，而不能由某种经济理论来决定。所谓"发展"，其内涵不是单一的而是综合的，既有量的增长也有质的进步。对生

---

① 马克思:《资本论》第 1 卷，《马克思恩格斯全集》第 23 卷，人民出版社 1972 年版，第 784 页。

② 参见毛泽东《辩证法唯物论（讲授提纲）》（1937 年），八路军军政杂志社出版，第 15 页。转引自中共中央文献研究室编《毛泽东著作专题摘编》，中央文献出版社 2003 年版，第 48 页。

产力水平、劳动生产率水平也要作综合考察，不仅要看农业，而且要看手工业；不仅要看农业、手工业生产，而且要看交换和流通，要看商业、服务业、金融业和市场发育程度；还要看早期城镇化水平。在考察某一部类产业时，也不是单一的而是综合的。例如，农业生产，不仅要看粮食生产，还要看经济作物生产以及牧畜业、林业、渔业、副业生产。社会经济的发展，不仅体现在生产能力和交换能力的提高，而且体现在生产关系和经济结构、社会结构的进步上。总之，只有全面地、整体地考察，才能真实地反映出一个历史时期的经济发展程度和走势。

明后期社会经济呈现全面发展之势，经济结构、社会结构、生产关系呈现深刻变革之势。商品货币经济空前发展是社会经济全面发展的显著特征，由古代社会开始起步向近代社会转型是经济体制变革的走向。

在当时的世界上，社会经济发展的总体水平和综合国力，明代中国与西欧并驾齐驱，甚至超过了西欧；社会经济体制的变革，虽有早、晚及快、慢之别，但其走向都是由古代向近代转型、过渡。

明代中国幅员广大，在我们重点考察明后期社会经济的上升趋势时，当然应该看到，各地区间的发展是不平衡的，比较起来，长江中下游流域、东南沿海、珠江三角洲及南北大运河沿岸等地，发展较快，变化较为明显。

具体说来，明后期社会经济的发展和变革主要表现在以下几个方面。

（一）商品性农业的发展引起农业经济和农村社会发生结构性变异

明后期，农业经济的突出特点是商品性农业以前所未有的规模和速度发展。这种发展引起农业经济和农村社会发生深刻的结构性变异，其变异的历史进程是这样展开的：农业生产力的发展，粮食生产能力的提高，为经济作物种植的扩大和牧畜业、林业、渔业、副业的发展提供了可能；经济作物的普遍种植导致农业生产商品化程度提高；商品性农业的发展冲击、瓦解着传统自然经济结构和农村社会结构；传统社会经济结构的变异促使新的农业生产关系和经营方式出现；等级雇佣向自由雇佣过渡和农业雇工经营是农业资本主义生产关系萌芽的主要体现。而农业商品化程度的提高又是手工业、商业、金融业和城镇空前发展的基础，农业经济和农村社会的结构性变异是整个明代社会经济结构发生变异的起点。

（二）民营手工业的蓬勃发展引起手工业发生历史性变革

在中国古代手工业史上，明后期手工业发生历史性变革，步入一个新的发展阶段。其主要特征是：（1）官营手工业实施体制改革，向商品化和民营化转变；（2）民营传统手工业焕发新颜，新兴手工业勃然兴起，它们生产规模扩大，生产技术提高，商品化程度增强，占据了整个手工业生产的主导地位；（3）在民营手工业普遍发展的基础上，形成苏杭丝织业、松江棉纺织业、芜湖浆染业、佛山矿冶业、景德镇制瓷业、铅山造纸业、石门榨油业、南京印刷业等著名手工业中心；（4）民营手工业的新发展有力地推动了商业的繁荣、市场的扩展和早期城镇化进程，同时推动了为其提供原料的商品性农业的发展，使社会经济结构进一步发生变化；（5）主要手工业部门出现资本主义生产最初阶段的手工作坊、手工工场或包买商。

（三）商业贸易的繁荣、商人势力的壮大和全国性市场网络的形成开创了我国古代商业史的新阶段

手工业、农业商品性生产的发展和社会分工、区域分工的加强，为商业的繁荣和商人队伍的扩大提供了前提。明后期的商业流通有以下主要特点：（1）商品种类增多，商品流通范围扩大。这些商品除少数属于奢侈品外，大多数是各阶层民众生产和生活必需品。（2）商人和牙人势力空前壮大，地域性商帮形成。商人阶层不仅拥有巨额资产，而且社会地位也有所提高。（3）商人不仅在本地区贸易，而且进行跨区域的大规模的长途贩运，把全国市场联成网络。沿海海商还进行进出口国际贸易。这种大批量的贸易，商人并"不是为满足他个人需要而购买，而是把许多人的购买行为集中到他的购买行为上"①。（4）一些商帮实施的自由雇佣制、合伙制、伙计制、领本制等都是与传统商业不同的新的经营方式和劳资关系。（5）一部分商人将商业资本转向产业资本，经营手工业或商品性农业。所

---

① 马克思：《资本论》第 3 卷，《马克思恩格斯全集》第 25 卷，人民出版社 1974 年版，第365 页。

有这些都表明，在明后期，我国封建商业已经高度发展并孕育出近代商业因素。"市场经济，在封建社会时期就有了萌芽。"① 这个"萌芽"应该是产生于明后期，市场在组织社会生产、进行资源配置方面已经初步发挥作用。

（四）货币权力的增大和信用借贷的活跃

货币流通依存于商品流通，同时又加速商品流通。货币反映着商品生产者之间的生产关系。明后期的货币关系有以下主要特点：（1）赋役货币化，货币以银为本位。一条鞭法的实施是国家赋役完成由征收实物和金派劳役向征收货币转变的标志，具有划时代的历史意义。（2）白银流通量和储存量剧增，"金令司天，钱神卓地"，金钱关系渗透到社会生活和政治生活的各个方面，货币权力空前增大，超经济强制和封建宗法关系日趋松弛。（3）从事货币兑换、汇兑和保存的货币经营业应运而起，它们已具有近代金融业的某些因素。（4）信用借贷需求旺盛，货币持有者纷纷将一部分货币投向放贷经营，形成巨额生息资本。借贷利率下降趋势的出现、农业生产性借贷的增多、生息资本与商业资本的结合、部分生息资本向手工业资本的转移，都是信用借贷出现的新现象。

（五）早期城镇化进程的启动

城镇化程度是商品货币经济发展和社会进步程度的综合体现，是近代化程度的重要标志之一。明后期，以往延续下来的城市、市镇、集市，无论是居民规模，还是工商业繁荣程度，都超过了前代，工商业贸易中心的经济功能明显上升；一批新的工商业城市、市镇、集市蓬勃兴起，构成中国古代城镇发展史上前所未有的新的时代特色。手工业、商业、服务业、金融业和商品性农业是工商业城镇形成和发展的经济支柱。工商业城镇是当时先进生产力和生产关系的聚集地，经济的增长极，发挥着辐射作用，带动着周围地区的经济发展和社会进步。四通八达的水陆交通把各地的城

---

① 邓小平：《社会主义也可以搞市场经济》，《邓小平文选》第 2 卷，人民出版社 1994 年版，第236 页。

市、市镇和集市联结成商业贸易网络和全国市场。城镇是市民阶层的居住地，时代新风的引领者。明后期，以行政和军事功能为主的传统城镇向以工商业功能为主的近代城镇的转变已经开始，它奠定了我国近代城镇发展的基本布局。

（六）资本主义生产关系萌芽的出现

自 20 世纪 50 年代以来，关于中国明清时期资本主义萌芽问题的研究取得巨大成就，有力地推动了中国历史研究的开展。但是长期以来，对于中国资本主义萌芽不仅有不同的学术观点，而且这一命题还遭到中外某些学者的诘难和嘲笑。在这种气氛下，自 20 世纪 90 年代以来，相关研究随之走向沉寂，不少学者自此缄口不言"资本主义萌芽"，即使原来对资本主义萌芽研究作出过重要贡献的学者有的也抛弃此说。一时间，资本主义萌芽研究好像真的犯了什么大错。

我们明确地接续当代史学史上中国资本主义萌芽研究的学术传统，重新肯定明代中后期中国出现了资本主义萌芽，将被歪曲、被否定的资本主义萌芽论重新确立起来。不仅如此，在以往研究的基础上，进一步提出自己的看法，在对资本主义萌芽出现范围和发育程度的估量上，比之过去的研究为广、为高。它不仅出现在丝织业、矿冶业，而且出现在棉织业、制瓷业、造纸业、榨油业、印刷业、商业和农业。

在现有社会形态中保存着前一社会形态的某些遗存，同时滋生出未来社会形态的萌芽，这是人类社会的发展规律。资本主义萌芽并不像某些人说的那样神秘，也不是某一民族的"专利"。它属于生产关系的范畴，是封建社会发展到一定程度的产物。人类社会再生产过程包括生产、流通、交换、分配、消费等各个环节，生产又包括生产力和生产关系两个方面。资本主义萌芽学说主要是从生产关系的层面考察社会演进的过程，是指在中国封建社会晚期的明代后期，在社会生产关系中出现了一定量的以往未曾有过（或仅仅偶然出现）的新的因素，这些新因素在本质上与资本主义生产关系的性质相同，是资本主义生产关系的初始形态，故称为资本主义"萌芽"。由于明后期的资本主义萌芽出生在中国封建社会的母胎中，因此其发生、发展的道路也就具有自身的特色。相对于封建生产关系，资本主义萌芽是先进的、有生命力的新兴生产关系，但它的生长是一个渐进的过程，它不可能是"纯粹"资本主义的，而不可避免地沾带着母体的某些属性，即封建性。明中后期出现的资本主义萌芽，在清代又延续下来，并有所发展。

对中国资本主义萌芽的基本认识是从对中国历史实际的考察中得出的，并不是给中国历史生搬硬套地贴上马克思主义、毛泽东思想的"标签"。在有的人看来，因为马克思在《资本论》中讲过，地中海沿岸的"资本主义生产的最初萌芽"；毛泽东在《中国革命和中国共产党》（《毛泽东选集》第 2 卷，人民出版社 1952 年版）中讲过，中国封建社会内"孕育着资本主义的萌芽"，因此中国学者就不应该再讲"资本主义萌芽，"否则就是"削足适履"、"臆度之辞"、"淆乱听闻，纵收宣传之功效"[①]。这真是奇怪的逻辑！

明后期以来，社会生产关系发生了新的变化，这是客观事实。有的学者试图以别的命题来概括这种变化，作为学术探讨，这当然是有益的。即使是对资本主义萌芽的不同学术观点，也只有在自由争鸣中才能推进研究的深入开展。

三　阶级关系

明后期，社会基本矛盾和主要阶级关系虽未发生根本性变化，但却出现了一些以往未曾有过的或不明显的新的时代特色。这主要表现在以下几个方面。

（一）官绅地主政治经济势力空前扩大，成为封建统治阶级的基本力量

明代地主阶级分为三个等级（阶层）：贵族地主、官绅地主、庶民地主。贵族地主、官绅地主是享有封建特权的身份性地主，庶民地主是没有封建特权的非身份性地主。官绅地主在经济上享有赋役优免权；在数量上

---

① 黄仁宇：《资本主义与二十一世纪》第一章《问题的重心》，三联书店 2002 年版，第 13、22 页。

远远超过贵族地主,是地主阶级的基本力量;在政治权力分配上,从中央到地方各级国家统治机构的官员主要来自官绅阶层,地方宗族势力也控制在乡绅手中,因此他们成为实现国家统治、左右政治发展趋势的主导力量。

随着土地私有程度的扩大、土地买卖的增多、地权转移的加快及科举制度的日益完善,明代官绅地主势力迅速发展,规模大大超过了宋元。与秦汉世家地主、魏晋隋唐门阀地主及明代贵族地主相比,官绅地主的兴起是一种历史的进步。它使封建等级制度和宗法关系有所减弱;有利于地主阶级构成的更新,增加地主阶级的活力和社会竞争力;文官制度的发展,在一定程度上形成对皇权的制约和分割之势。

官绅地主虽与贵族地主不同,但依然是封建等级特权制度的产物,从而决定了它的腐败性。明后期,一方面由于法度松弛,另一方面由于商品货币经济的发展刺激了人们的物欲,官绅地主遂利用优免特权不仅自己逃避赋役,而且荫蔽亲友族党及投献、诡寄者逃避赋役,并借此兼并土地。他们法内优免和法外隐蔽的粮差都转嫁给了庶民百姓,乃至庶民富户、庶民地主,由此加深了同农民的矛盾,也同朝廷发生了争夺民户和赋役的冲突。

法内外优免特权是官绅地主腐败性的主要标志。在一定历史条件下,其腐败性失去控制,恶性发作,导致社会阶级矛盾激化,阻碍社会转型正常运行。

(二) 贫富两极分化加剧

明后期,社会财富以前所未有的规模和速度向极少数人手中集中,形成贫富悬绝之势。这时的贫富分化加剧,出现在商品货币经济空前发展的社会背景下,带有新的时代特点:(1) 商品货币经济的发展使消费领域空前扩展,消费水平空前提高,消费欲望空前增大,同时使追逐金钱财物成为价值取向。贵族、官绅为了满足贪婪欲望,凭借特权,不择手段,肆无忌惮地兼并土地、榨取金钱、谋夺财物,"夺民之田以为田","夺民之居以为居","夺民之利以为利",致使"天下财货皆聚于势豪之家",而大量自耕农,甚至中等之家则纷纷破产。(2) 商品货币经济的发展使竞争加剧。在竞争中，一部分种植经济作物或弃农经商、弃农经营手工业的人家，上升为富户，少数发迹为富商或地主；而失败者则沦落为自耕农、佃户、奴仆、雇工或游民。

贫富两极分化，一方面为手工业、商业、农业提供了大量雇佣劳动者；另一方面在社会上制造出庞大的衣食无着的极贫群体。对日益加剧的两极分化，统治者不仅不能加以调控，反而任其发展，为社会大动荡的爆发埋下祸根。

（三）早期劳资关系的出现

所谓"早期劳资关系"，系指在由传统古代社会向近代社会转型启始时期出现的具有近代资本主义劳资关系萌芽的那种劳资关系。这是以往未曾有过的，明后期出现并有一定发展的新型阶级关系。所谓"资"，即在某些手工业部门投入资本、开设手工作坊或手工工场、雇佣工人进行商品生产的早期资本家或包买主；所谓"劳"，即在手工作坊或手工工场为雇主劳作、将劳动力作为商品出卖的雇工，劳资之间形成摆脱人身依附关系的劳动力自由买卖关系。这种性质的劳资关系在农业中也已出现，农业雇工经营者与农业雇工之间以经济契约为纽带建立起新型的农业雇佣关系。工农业中的这种劳资关系仍处于封建经济结构占统治地位的大环境中，数量上还不很多，自由程度参差不齐，因此是"早期"的。

（四）农村人口向城镇转移和市民阶层的形成

明代有三次农村人口大流动。第一次，明初移民垦荒；第二次，明中叶流民运动；第三次，明后期农村人口向城镇转移。第三次与第一、第二次在性质上有明显区别，它是自发的而非由官府所组织；它是分散的持续的而不是集中的；它由农业生产分离出来转移到手工业、商业、服务业，由农村分离出来转移到城镇。第三次农村人口转移与商品货币经济空前繁荣、城镇空前发展同步，为传统城镇向近代城镇转变提供了前提和条件。

城镇人口数量是城镇化水平的重要标志之一。明后期随着农村人口向城镇转移，城镇人口空前增加。工商业城镇的发展和城镇人口的增加导致中国历史上的市民阶层开始出现。城镇居民比农村要复杂得多。所谓"市民阶层",系以商人特别是中小商人、手工业主、手工业工人、各种服务行业业主及从业人员为基本成分的群体,占城镇人口的大多数,是推动城镇发展的动力。市民阶层的形成为明后期的政治斗争、思想意识、文学艺术带来新的气象。

四　社会生活

明后期形成的追求财富、崇尚消费、尊卑失序、违礼越制、标新立异、开放不拘的风俗习尚是社会转型启始在社会生活方面的体现。

这股强劲的新的社会风气滥觞于弘治年间,形成于嘉靖年间,至万历年间有了进一步发展,与商品货币经济的发展历程大体同步。从空间来看,它"大抵始于城市,而后及于郊外",即起于城镇而波及于乡村,尤以工商业发达的城市领风气之先。当时的苏州即"善操海内上下进退之权,苏人以为雅者,则四方随而雅之;俗者,则随而俗之"。从社会人群来看,被卷入其中的既有皇室贵族、官绅势豪、富商巨贾,也有庶民富户、工商业者,以及俳优隶卒、市井游民、农夫佣工,只不过程度不同而已。

社会新风是商品货币经济发展的产物,是对自然经济结构和社会结构的冲击。明前期自然经济占统治地位,农民"安于农亩,无有他志",乡社村保"无酒肆,亦无游民","村落少金钱",遇有婚丧喜庆则以"布帛牲畜五谷相馈遗",货币量少,消费水平低,生活简单,风俗淳厚。明后期商品经济发达,消费领域扩大,货币权力提高,价值观念转向,各阶层人们竞相推崇消费、追逐财富和金钱,"论英雄,钱是好汉,有了他诸般趁意,没了他寸步也难","如今人敬的是有钱"。为了追求金钱,纷纷去本就末,弃农经商,以致"以商贾为第一等生业,科第反在次着"。

社会新风是对贵贱尊卑封建等级制度的挑战。许多史籍都讲晚明"崇尚奢华",对此要作具体分析。实际上,所谓"崇尚奢华",除指崇尚奢侈靡费行为外,更多的是讲崇尚消费,既指富人的高消费,也指广大民众超越封建礼法限制的生活消费和社会行为。在封建时代,人们的物质生活方式也是有等级的,不得"违式僭用",《大明律·服舍违式》《大诰续编·居处僭分》都有明确规定。明后期随着商品货币关系的发展，市场商品的增多，追逐财富风气的形成，人们的生活观念和消费观念也发生很大变化，纷纷冲破封建礼法的等级限制，提高生活质量和消费水平，享受他们原来不能享受的生活。这表现在衣、食、住、行、用以及婚丧嫁娶等各个方面，"不以分（名分、身份）制，而以财制，侈富逾节者，亦既多矣"，"人皆志于尊崇富侈，不复知有明禁，群相蹈之"。为了追求享用，即使借贷而不惜。社会经济发展的冲击力终究是不可抗拒的，法令设置的防线正在被冲破。因此有人惊叹，晚明是一个僭礼越制、"乾坤迸裂"的"极乱世界"。所谓的"乾坤迸裂"、"极乱世界"，实际是旧秩序开始瓦解，新习俗蔚然成风，这不正是社会转型时期所出现的生活场景吗！

社会新风直接扰乱了封建等级关系和社会秩序，对此既有反对者也有拥护者。朝廷和一些地方官员站在维护封建等级制度的立场上，发布《禁约风俗》条令，对庶民百姓房舍、服饰等方面的"过饰僭分"行为进行裁革。但是这种"过饰僭分"行为既有巨大的经济驱动力，又有启蒙思想意识的引导，已成不可阻挡之势，"虽蒙朝廷禁止之诏屡下，而民间僭用之俗自如"。也有一些人站在潮头，为社会新风辩护，鼓吹富人在宅室、车马、饮食、服饰、玩好等方面的花费用度有利于劳动者的就业，有利于刺激工农业生产和商业贸易发展的新消费观。这种新消费观正适应了商品货币经济发展及其引发的社会习俗变化的需要。

追求财富、崇尚消费、尊卑失序、违礼越制、标新立异、开放不拘的新风是一场广泛而深刻的移风易俗的社会变动，其总的发展方向是进步的。然而社会是在矛盾中发展的，商品货币经济给社会风气带来的影响不仅有积极的，而且有消极的，同时也出现一些社会陋习。权贵势要、豪门望族、富商巨贾挥金如土，奢靡无度；某些庶民百姓在婚丧喜庆等活动中超越本身承受能力的过度消费；赌博行为泛滥；流氓、恶棍等恶势力横行等陋习，都对经济发展、社会进步、民众安全带来较大负面作用。

五　政治维新

明后期出现的改革运动、党社运动和市民运动形成生机勃勃的政治新气象，孕育出某些近代政治的新因素。

（一）改革运动

在明后期以前的中国历史上，曾出现过众多大大小小的朝政改革，但唯有明后期的改革含有比较明确的近代因素。

自明中叶起，出现了持续不断的、波折起伏的改革活动。这些改革既有中央层面的又有地方层面的，既有政治的又有经济的，最后汇集发展为隆庆和万历初期的张居正改革。这些改革的历史价值在于：

首先，数次挽救了明王朝的统治危机，将其从崩溃的边缘拉回到正常运行的轨道。明代正统末年、正德末年、嘉靖末年都曾出现过朱家王朝"几倾覆矣"的危险局面，但却都倾而未覆，危而未亡。其奥妙就在于，改革祛除了弊政，缓解了当时最突出的社会矛盾，不仅使王朝渡过了危机，而且为经济发展和社会进步营造了必需的环境。

其次，如果这些改革仅仅局限于此，那么它与前代相比也就没有多少新意了，而事实当然不是这样。一条鞭法从酝酿、提出、试行到万历九年（1581）在各地全面推广，经历了由下而上、由上而下的大约半个世纪的历程。张居正逝世后，以他命名的改革虽遭破坏，但一条鞭法基本上延续了下来，并被清朝和民国继承发展。它的核心内容有二：一是赋役货币化，适应了商品货币经济发展的要求；二是摊丁入亩，不再直接对人身征役，适应了挣脱封建人身束缚的要求。这些都是以往经济制度不曾出现过的新因素。

（二）党社运动

明后期士气之高昂，清议之鼎沸，党争之酷烈，均为前代所无。在一百多年间，每凡朝中遇有大事则皆议论横生，舌争笔战，既有皇帝及权臣是否应该遵循儒家治国规范之争，也有关系民众疾苦、官风吏治、考核选举、边防战事及宦官专权等重大朝政是非之争。

争论的具体事件固然重要，而更具历史价值的是争论背后蕴含着的时代精神。这主要是：

1. 敢于挑战权威的议政精神。在党争中，清流派面对的或是绝对权威的皇帝，或是权柄在握的权臣，或是虐焰炽烈的乱政宦官，但谏争者却无所畏惧，一呼百应，前仆后继。这种开放活泼、挑战权威的议政风气与社会生活方式上出现的僭分逾制行为、社会思想上出现的自我独立意识是相互呼应的。

2. 要求"公论"、"共治"的政治主张。作为政治团体的东林党和复社，其政治主张的合理内核是要求政治上的"公论"和"共治"。他们虽然还无法提出否定帝制的主张，但他们理想中的皇帝和朝政已经加进了新鲜内容，要求将"天下之公论"和众人"共治"的原则也作为君主制的基本要素和施政基础，使皇权、相权成为接受监督和制约的权力。公论、共治不仅是士大夫的责任，"匹夫匹妇"即普通民众也应参加其内，他们"卒以定天下之是非"。黄宗羲的父亲是东林党人，本人是复社成员，他在《明夷待访录》中发出的批判君主专制的振聋发聩之论，乃是明后期几十年间公论、共治思想的总结和升华。

3. 具有近代政党色彩的政治组织。东林党的"党"字虽然是政敌加的，但实际上，东林派也确实够得上具有某种松散组织形式的政治组织。东林派以东林书院而得名，而东林书院是东林派活动的基地和中心，有自己的《东林会约》，自己的领袖人物，经常聚会活动。特别是它并不是单纯的讲学机构，而是"讽议朝政"、"裁量人物"的政治舆论中心；是议政与讲学相结合、讲学为议政服务的政治性机构。东林派人士虽然分布各地，不尽在东林书院，但都以东林为宗，在政治斗争中目标相同、步骤一致、相互支持。因此将以东林书院创始人顾宪成、高攀龙为领袖，以东林书院为活动基地和联系纽带，为共同政治目标一起进行斗争的群体称之为"党"，是有道理的。复社是东林的继承者，而且组织化程度比东林为高。它以应社为基础，将南直隶、浙江、江西、河南、山东等省社盟联合为一，统称"复社"，以张溥为盟主，每地各推一人为长，其时"娄东（张溥系娄东人）之局几比尼山（相传孔子生于尼山），从之游者几万人"。复社积极干预朝政，以致其力可以更易内阁首辅。复社在斗争中培育出张溥、陈子龙、顾炎武、黄宗羲等一批明清之际杰出的政治家、思想家、文学家和爱国志士。

（三）民众和市民运动

明后期民众政治意识空前提高，社会舆论空前活跃，民间动员能力空前增强，持续爆发了大规模民众反抗运动，其中尤以市民反抗运动为以往所无。

明后期的民众和市民运动有三种类型，即反抗豪强劣绅欺压贫弱、夺民财的民众运动；反抗朝廷滥派矿监税使的民众运动；反对阉党迫害东林党人的民众运动。这些运动既有政治斗争又有经济斗争，它们有两个鲜明的时代特点：

1. 以手工业主、手工业工人、商人、商店雇员以及服务行业从业者为主体的市民阶层开始登上政治斗争舞台。万历后期，全国各地爆发反矿税民变三十多起，其主体大多为市民阶层，为首者或为商人、雇工，或为市民。

2. 知识分子与民众相互支持。在三种类型民众运动中都有知识分子参加。生员是官绅的最下层，同样是豪强的鱼肉对象，因此往往成为民变的参加者或发起者。天启年间，各地民众纷纷起而反对阉党迫害东林党人，这本身即表明知识分子（东林党人）与民众在反阉斗争中已经连为一体。天启六年苏州民变中的倡率者不仅有"市民"颜佩韦等人，而且有应社（复社前身）骨干杨廷枢等人。颜佩韦等五位"市民"就义后，应社为之建墓立碑，张溥亲撰《五人墓碑记》，以"明死生之大，匹夫之有重于社稷"。

六　思想观念

经济社会的变迁，引起思想观念的深刻变化。明后期突破传统观念束缚，出现两次大的思想解放，一次是由程朱理学向阳明心学的转变，一次是早期启蒙思潮和经世实学思潮的兴起。活跃、创新和发展是明后期思想的显著特点，由传统儒学开始向近代思想转变是明后期思想的基本走势。

（一）异说纷纭

明前期、中期，程朱理学处于钦定的独尊地位。在反思和对程朱理学的批评中心学崛起，而于嘉靖、隆庆年间达到鼎盛。阳明心学突出本心的自足，重视人的价值，强调人的主观能动性，生动活泼，简易直接，是与程朱理学相对立的新的学说体系。阳明心学理论上的创新是其生命力和号召力的所在，一时风靡天下。

心学的出现，使明后期思想界焕发了活力，呈现出派别林立、异说纷纭、生动活泼的局面。各学派之间不仅唇枪舌剑，而且本学派内部亦辩难不已，在论争中推动了思想的发展，催生了新的观念，为早期启蒙思潮和经世实学思潮的出现开辟了道路。

（二）经世致用

明后期涌现一股强劲的经世实学思潮。反虚务实，关心时政，以天下为己任，积极救世是实学思潮的基本纲领；倡导研习、应用一切致用之学，振兴社会是实学思潮的主题。明后期的经世之学，经历了从"道"到"器"的转变，即从强调以"道"（儒学经义）经世到强调以"器"（致用之学）经世的转变，这个转变至万历后期最后完成。众多原来只是关注经书经义、道德性理的学者转而大力提倡传统的及非传统的切实有用的致用之学，这是明前、中期，乃至以往中国历史上所没有的，不仅批驳了空谈之风，而且推动了社会的发展和科学的进步，具有划时代意义。特别是西学传入后，在知识分子中兴起一股学习自然科学的热潮。这股热潮使致用之学的内涵发生转变，它以实用之学、自然科学的面貌示人，而不再把道德性命作为旗帜。由于有了这样的历史性转变，崇尚科学的精神才得以树立，而此精神正是近代精神的重要组成部分。

在实学思潮中，还有一些学者提出一些超越儒家思想范围的更加开放的救世之道，既具人文启蒙色彩，又具经世实践的内容。至明清之际，以黄宗羲为杰出代表的思想家进而转向对制度及社会的思考，在对传统封建君主专制制度进行批判的基础上，努力构建新制度的蓝图，谱写了实学思潮最辉煌的篇章，使之成为早期启蒙思潮的重要组成部分。

(三) 观念更新

明后期,人们的价值观念出现明显转化,传统判断标准遭遇挑战,一些新的认识成为个人行为和社会行为的指导与依据。在充分肯定自我与人的欲望的前提下,伦理观、财富观、权威观、政治观都与传统观念有了很大不同,贯穿着批判和求实精神,呈现出人文主义色彩和初步民主理念。这些新的社会观念为这一时期的社会增添了无尽的精彩。

对欲望合理性的肯定,是晚明思想十分突出的现象。在传统观念里,人欲与天理相对立,必须祛除。而在这一时期,人欲的必然性和合理性在理论上得到充分肯定,使古老的理欲观发生革命性变化。对欲望的肯定,基于对人的推尊和自我意识的觉醒,人的自我价值与地位获得前所未有的重视。王艮的"尊身立本"、"爱身如宝"论,李贽的"人必有私"、"穿衣吃饭即是人伦物理"论,都闪耀着近代人本主义思想光辉。

纲常伦理观念发生明显改变。如对五伦中夫妇、君臣关系的认识,就出现了与传统主流观念不同的声音。有的学者极力为妇女鸣不平,对妇女的才能、智慧、勇气给予高度评价。一些人开始抛弃笼统的尽忠观念,在什么是忠臣、为谁尽忠、是否应该尽忠的问题上有了新的思考和回答,在认识上实现了君主与国家、天下、百姓的分离,为进而批判君主专制提供了前提。

明后期,关系经济利益方面的观念变化更大。义利观、工商观、消费观等都向着更为现实的方向改变,而对传统观念予以修正。许多人不再把义利对立起来,而是认为对利的追求,不仅是人的生存所必需,而且是正确的行为和观念,为人们在现实生活中追求物质利益提供了理论依据。重本抑末传统观念发生突破性变化,工商的地位,特别是商的地位明显提高,人们对工商的社会作用加以充分肯定,在重商观念流行的基础上进而明确提出"工商皆本"的新概念。与生活消费崇尚节俭、禁止奢华的传统经济理论不同,嘉靖年间出现了"反禁奢"的惊世骇俗之论。这一理论认为,富人的生活消费可以带动相关行业的发展,提供较多的就业机会,促进工商和市场的繁荣,实现财富的自然转移,达到全社会的均衡和富裕。这一理论还倡导通过市场以经济手段管理经济,实则是一种自由贸易的主张。

明后期，权威观出现多元化趋向。在是非观方面，一些人反对以孔孟之是非为是非，而以自我感受直接评判事物，平等意识增强。对权威的挑战，还表现在圣人与凡人"等同论"的提出，凡人即平民百姓地位提高。是非"无定论"和圣凡"等同"观念启发了人们对君主绝对权威的质疑，有的提出"君主亦民"的观点，有的提出重视社会"公论"的主张。

在明后期各种新观念的基础上，至明清之际，一些启蒙思想家对封建君主专制直接展开批判，提出新的政治观。黄宗羲不仅对君主专制进行尖锐抨击，更具有时代意义的是提出一种与君主专制相对立的"自私自利"的自由社会理想。在这个社会中，不以天子之是非为是非，而以学校为议政之所。这种类似开明君主制的政体主张，已是那个时代最进步的政治思想。

明后期及明清之际出现的这些新的理论和观念在属性上有两个基本要素，一是有别于历史上传统儒家思想，对传统儒学中的许多重要理论原则进行批评；二是具有近代思想因素，新的自我观、欲望观、伦理观、权威观、政治观都蕴含着人本主义、人文主义精神和初步民主意识，新的义利观、理财观、本末观、工商观、消费观以及新的致用之学都反映了商品货币经济发展和新生产关系成长的要求。这些新思想、新观念已经具有近代启蒙性质，相对于鸦片战争以后的近代启蒙思潮，我们将其称为早期启蒙思潮。晚明早期启蒙思潮是中国社会自身孕育出来的，它既是近代启蒙思潮的先导，又在二百年后与其相衔接。

明后期和明清之际的经世实学思潮和早期启蒙思潮把中国古代思想推向高峰，并为19世纪末20世纪初资产阶级改革派提供了思想源头和理论武器，对中华民族优秀文化作出特殊贡献。梁启超曾说："最近三十年思想界之变迁"，"最初的原动力，我敢用一句话来包举他，是残明遗献思想之复活"①。资产阶级改革家的亲身体验，更证实了明后期和明清之际进步思想的近代启蒙性质。

---

① 梁启超：《中国近三百年学术史》四《清代学术变迁与政治影响》（下），东方出版社1996年版。

七　文学艺术

　　文学艺术对社会的变动最为敏感，对社会变动的反应最为快捷。明初，雍容典丽、歌功颂德的台阁体统治文坛；明中叶以后，以前后七子为代表的复古之风盛行；明后期，随着社会经济、阶级关系、生活习俗和思想意识的深刻变化，文学艺术也出现了前所未有的变革。这一变革的主要标志是公安派、竟陵派诗文的兴起，市民通俗文学的繁盛，以及绘画艺术风格审美趣味的变化，尤以市民通俗文学的兴起最具划时代意义。

　　小说、戏曲在明初处于沉寂状态，明中叶逐渐兴起，明后期走向繁荣。这种以小说、戏曲和市井民歌为主要形式的反映市民阶层和广大民众、下层知识分子生活和思想情绪、审美观念的市民通俗文学，构成明后期文学艺术的主要特色和代表，同时也是观察社会变化程度和群体心态走向的测量仪。

　　嘉靖以后，小说、戏曲百花竞放、多姿多彩，涌现出以《西游记》《金瓶梅》为代表的长篇小说，以"三言""二拍"为代表的短篇小说，以《浣纱记》《四声猿》《四梦》和"一人永占"为代表的戏曲等世界文学名著。这些作品虽然具体故事情节不同，但都以鲜明的艺术形象反映了转型时期的社会面貌，表达了大致相同的思想内容。这些思想内容主要是：反映城镇商业、手工业的繁荣和市井居民的生活、情感与愿望；反映下层民众的苦难；暴露封建政治的腐败，权势者的丑恶，黑暗势力的残暴，有的还对封建君主专制进行抨击，抒发早期民主意识；歌颂男女爱情的美好，主张婚姻自由，倡导尊重女性；要求冲破封建专制和封建礼法的桎梏，宣扬人的价值，鼓吹人性解放、个性自由。

　　明后期，不仅产生了许多优秀文学作品，而且徐渭、李贽、汤显祖、袁宏道、冯梦龙等文学巨匠还提出了具有近代启蒙性质的文学理论。这一理论的主要内容是：主张抒发现实之中我的"童心"、"真情"、"至情"、"性灵"、"灵气"，反对刻意模拟古人，反对封建礼法束缚；追求"本色"、"率真"和自然，反对伪饰矫作；提倡通俗，反对故作高雅，作品要面向"大地众生"，表现"人生本色"，使"畴农市井"都能欣赏，实现俗、真、美的统一；在创作方法上，推崇新奇，不拘格套，以收振聋发聩之效，开启积极浪漫主义新风。这是一种前所未有或以往并不明确、并不系统的新的文学思想。它的实质是要求从文学复古主义和封建正统文学的束缚中解放出来，而实现向反映市民阶层、普通民众和下层知识分子生活和思想愿望、审美情趣的市民通俗文学转型。在中国文学史上，虽然自宋元以后话本和戏曲就有了某种程度的发展，但像这样系统、鲜明、深刻的新的文学理论，只是到了明后期才出现在文坛，开创了中国古代文学发展的新阶段。

明后期，绘画艺术风格和审美趣味也发生了明显的变化。这主要表现在：商人和市民阶层形成日益庞大的艺术消费群体，用书画换取金钱财物成为普遍现象；注重表达个人情感和性灵的文人画应运而起，开创了生机勃勃的新鲜画风；高雅艺术与民间艺术相互交流和融合；西洋画的传入促进了中国绘画风格和技法的变化。

以人为本，推崇人的价值和人性尊严，强调个人对幸福、利益、欲望、自由的追求，是与封建专制主义和"去人欲，存天理"封建价值观相对立的近代人文主义的本质特征。明后期以小说、戏曲、民歌为代表的新文学，不论是思想内容还是文学理论都明显地表现了这一特征，是早期启蒙文化的重要组成部分，新的绘画艺术风格和审美趣味同样具有这样的性质。

当然，新文学中不同作品所包含的启蒙因素的程度是不同的，艺术性也参差不齐，还不同程度地存在因果报应、鬼神迷信、伦理说教和赤裸裸性描写等封建糟粕。这在转型过程中是不可避免的。

八　科学技术

中国传统自然科学技术的全面总结创新与西方自然科学技术知识的传入，是明后期科技发展状态的显著特征。中国传统科技在总结过程中，原生的近代因素与西方科技传入后催生的近代因素相融合，促成了传统科技近代转型的起步。

（一）传统科技的全面总结和创新

在明后期的一百多年间，涌现出一批科学巨匠和对中国古代传统科技进行总结与创新的科学巨著，在科技领域开创了以往从未有过的新局面。李时珍的《本草纲目》，徐光启的《农政全书》，徐弘祖的《徐霞客游记》，宋应星的《天工开物》，程大位的《算法统宗》，朱载堉的《乐律全书》，茅元仪的《武备志》，方以智的《物理小识》和《通雅》就是这些巨匠和巨著的杰出代表。这些划时代的科技成果不仅是中华民族，而且是全人类的宝贵的文化遗产。

所谓传统科技的全面总结和创新主要有以下几个特点。

第一，对自古以来直至明代的许多学科的发展成就进行全面、系统、深入的总结，为科技的进一步发展奠定基础。继往开来是这个时代科技所承担的历史使命。

第二，在总结的基础上创新。许多学科都没有停留在对以往成就的汇总和继承上，而是在总结的基础上提出新的创见。这些创见，有不少属于当时世界的最高水平，处于领先地位。《本草纲目》革新了传统的本草学，创立了更为先进合理的新的药物分类体系，体现了宝贵的进化论思想。《农政全书》在"杂采众家"的基础上，"并出独见"，是当时世界上罕见的农业科学和农业经济的巨著。《徐霞客游记》在我国历史上第一次系统、科学地记述和说明了岩溶地貌，是世界上最早的关于岩溶地貌的科学文献，并首次论证了金沙江是长江的正源。《天工开物》是当时世界上最早的手工业和农业的综合性科学巨著，在世界上第一次提出了物种发展变异的观点。《算法统宗》完善珠算口诀、规范珠算规则，使珠算计算走向成熟，是现存最早记载珠算定位法、归除开立方法、各种带纵开方法的算书。《乐律全书》创建了十二平均律，在中外音乐史上最早使用等比级数平均划分音律；在世界上第一个正确解答了等比数列，比西方数学家早二十九年；总结出九进制数和十进制数的换算口诀，比德国数学家莱布尼茨发现二进制早一百多年。《武备志》对当时先进的军事技术火器的制造、应用及火药的配制工艺进行了探索。《物理小识》和《通雅》对自然科学的各个方面都有论述，几乎无所不包，兼及中外，其中有些创见处于世界领先地位，如对色散现象的论述和实验即比牛顿的分光实验早三十年。

第三，科学方法的进步。思想意识领域对物欲、理性、治生的宣扬，为科学方法的进步开辟了道路。许多科学家摆脱了传统的心性、天命、天理之说的束缚，崇实求真，通过实地考察、实验求证、数理推论、分析比较、理论阐述的科学方法探寻科学真理，从而在相关领域作出重要贡献。李时珍的纲目分类法及药学与医学相结合、通过药医实践探寻"物理"的认识道路；徐光启通过试验推广农业技术和优良品种的研究方法及由"数"达"理"的思维方式；宋应星自然力与人力相结合、自然行为与人类社会生产活动相结合的科学思想及通过实验进行定量统计和比较研究的方法；程大位"多算则胜"的数学思想；朱载堉"理数相倚"的数学思想；茅元仪对火药配比成分的定量定性分析；方以智的"质测之学"等都是科学方法上的进步与创新，已经具有近代科学方法的因素。其中方以智"质测之学"的概念实际就是以客观物质世界为研究对象的自然科学。他还进一步把"物理"与"通几"联系起来，探讨了自然哲学。

第四，欢迎、吸取西方自然科学技术。将西方科技知识嫁接于中国传统科技之树，使之与中国传统科技相结合，推进中国科技的发展。

第五，这些科学家大都怀有为民众、为社会、为国家而献身科技事业的强烈责任感，抱有为发展农业、手工业生产和商业贸易而进行科技研究的明确目的。

科技内容和研究方法上的总结与创新表明，中国传统科技已经步入大总结阶段并萌生了近代科技因素。其发展虽然步履维艰，但趋势和走向与明后期整个社会变迁是一致的。

（二）西方科技文化的传入及对中国科技发展的影响

15 世纪末、16 世纪初，跟随早期殖民主义东来的还有耶稣会传教士。在强盛的明朝中国面前，耶稣会改变了武力征服传教的方针，而采用以传播西方科技知识为手段，争取中国知识分子，进而传播天主教的适应性传教策略。一方面由于中华民族素有包容、融汇外来文化的传统；另一方面由于晚明社会存在西方科技生长的土壤，对其有传入的需要，西学便在中国传播开来。

传教士传入的欧洲科技知识水平高低不一,先进性程度不同。既有古希腊罗马时代的古典科技知识,又有神学色彩浓厚的中世纪科技文化,还有一些具有近代意义的科技知识。这些科技知识主要有以下几类:(1)天文历法知识及天文仪器;(2)火器及其制造技术;(3)几何、笔算等数学知识;(4)地理知识及绘图技术;(5)物理学、机械学知识;(6)医学知识等。

西方科技的传入对明后期传统科技文化产生了重要影响。传统科技的大总结与西方科技知识的融合,一方面促进了在中国传统科技总结中原生的近代因素的进一步生长;另一方面又在一些领域催生了新的近代科技因素,从而在某种程度上改变着中国传统科技的发展道路。西方科技传入引起的中国科技的新变化主要表现在:(1)西学东渐推动中国再次兴起自然科学研究的热潮,促成了中西科技的交融与汇通。一些科学家在总结传统与吸纳西学相结合的基础上,进行由"数"达"理",由"质测"到"通几"的理论探索,自然科学朝着科技哲学的高度攀登,具有近代科学因素。(2)西方科技的传入与融合,不仅拓展了中国科技的学科领域、丰富了中华文化的内容,而且丰富了既有领域的研究内容,逐步构建起中国近代科学基础的主要方面。(3)西方科技的传入,促进了中国近代性科技研究手段和方法的形成和发展。(4)推动了思想观念的变化,西学成为明后期实学思潮的组成部分,同时引起社会思想的碰撞,在知识界发生了中学与西学的激烈争论。

明后期传入的西学也产生了一些负面影响。传教士所传科技知识以不违背天主教神学为标准进行筛选和包装,从而造成种种误导,同时隐瞒了当时西方的一些先进的科学发现和成就。

九　阻力和挫折

由于经济、社会、政治以及思想文化、科学技术各个领域新因素的涌现,使得明后期社会呈现出新旧混合的多元化趋势。但是旧结构处于优势,新因素处于劣势,社会转型遭遇旧结构的强劲阻碍。虽然这种障碍阻挡不住社会转型的必然趋势,但却减缓了转型的速度并使之出现巨大曲折。

关于明后期社会转型的阻力可以列出许多，但从根本上来说，主要来自封建等级特权制度及其所造成的封建统治阶级的政治腐败。

明后期封建统治阶级的腐败除了传统原因之外，还由于对商品货币经济发展带来的负面作用任其泛滥。商品法则、金钱关系不仅支配着社会经济生活，而且充斥于政治领域。被商品经济繁荣刺激起来的封建统治阶级的贪婪欲望日益失控，无限制地掠夺财富，导致资源和利益分配极度失衡，贫富悬殊，社会阶级矛盾激化，社会转型受阻。尤其是当腐败全面加剧引起社会大动荡之时，社会转型更遭到严重挫折。

明后期封建统治阶级的政治腐败主要表现在以下几个方面。

（一）封建等级特权失去约束，贫富差距极度拉大

贵族地主土地受赐权、赋役优免权和官绅地主赋役优免权都是封建等级特权制度的产物。他们凭借这些特权兼并土地、掠夺财物、转嫁赋役。贵族地主、官绅地主的过度掠夺造成贫富极度分化，"富者极其富，而每至于剥民；贫者极其贫，而甚至于不能聊生"。贫富悬殊，导致贫者在经济上缺乏、甚至丧失生产能力和消费能力，阻碍经济的发展和新生产方式的生长；在政治上加剧贫富对立，引发社会动荡。平日里，那些特权者已成为广大农民乃至庶民富户的"怨恨"对象，"日祝乡官之死"；到了农民大起义爆发，又成为重点打击对象。李自成在崇祯十七年（1644）二月向北京进军途中发布的檄文中，就曾指斥"利入戚（贵族）绅（官绅），间左之脂膏尽竭"[①]。

贵族地主、官绅地主还凭借特权同国家争夺土地和民户，严重削弱了国家财力，加速了明王朝的崩溃。土地、人民是封建国家赋役的主要来源，统治机器赖以存在和运转的物质基础。明末，田土、民众、钱粮越来越不在朝廷和官府控制之中，税源越来越枯竭。而在这时，内乱外患又同时而起。在国家危难之时，拥有巨资的贵族、官绅大都不肯"出气力，同休戚"，而袖手旁观；朝廷不得不继续向民众征税，"辽饷"、"剿饷"、"练

---

① 计六奇：《明季北略》卷二〇《李自成伪檄》。

饷"接踵而至。富贵者逃避赋役,贫穷者被敲骨吸髓。这种对民众竭泽而渔式的过度征派,对于朝廷则是饮鸩止渴;对于已经失去承受能力的百姓更是雪上加霜,只有铤而走险了。

明后期,不仅贫富悬殊,而且地区间社会经济发展水平差距很大。比较落后的西北地区,在繁重的封建剥削和赋税负担的压榨下,已经丧失抵御自然灾害的能力。而在大灾之年,朝廷不仅不予赈济,反而加派不已,以致饿殍遍地,人相食,成为农民大起义的策源地。

封建等级特权制度是造成封建社会社会矛盾、阶级矛盾全面激化,财政危机、社会危机全面爆发的根本性体制原因。当封建统治阶级尚未全面腐败,对这一体制所产生的社会弊病,还能通过改革在一定时期、一定程度上加以整治;而当封建统治阶级已经全面腐败之时,对其则丧失了整治能力。封建等级特权制度所产生的社会弊病,虽可减轻、缓解于一时,但靠封建统治阶级自身是难以根除的,一旦条件适合便会旧病复发,因为这与他们的切身利益息息相关。张居正改革曾取得显著成果,但他去世不久,改革即遭否定或篡改。以一条鞭法而言,他在世时推行一条鞭法是建立在清丈田亩、限制优免的基础上的;他死后,一条鞭法虽然延续了下来,但贵族地主、官绅地主肆无忌惮地欺隐田产、滥免粮差,在这样的基础上施行一条鞭法,虽然赋役合一、按亩征银,却无法改变赋役不均、贫富悬殊的弊病。而当体制性疾病浸入膏肓之时,封建统治集团自身也就丧失了救治能力,只有等待革命的力量将其推翻了。

张居正在推行改革时曾尖锐、准确地指出,"私家日富,公室日贫,国匮民穷,病实在此"①。就是说,财富极度积聚在少数权豪势要之家是一切社会弊病的病根。半个世纪以后,当农民大起义已成燎原之势时,又有人提出官绅掠夺财富、贪酷剥民、逃避赋税是社会弊病的"病根",这一"病根"不除,则"盗贼必不能息"②。如果说,万历年间,张居正改革尚能在一定时间、一定程度上减轻和抑制社会弊病的话;那么崇祯年间,崇祯皇帝连减轻和抑制病情的能力也没有了。历史表明,贫富差距在封建时

---

① 张居正:《张文忠公全集》书牍六《答应天巡抚宋阳山论均粮足民》。
② 计六奇:《明季北略》卷一二《陈启新疏三大病根》。

代是不可避免的，但它应该保持在合理范围之内，一旦严重失衡，势必给社会带来巨大创伤。

（二）贪贿公行，吏治败坏

明后期，一方面是商品货币经济空前发展，另一方面是吏治腐败日益加重，形成鲜明反差。"如今人敬的是有钱"，金钱买卖关系已经成为官场政务行为的准则，以致"政以贿成，官以赂授"，"民不见德，惟贿是闻"。嘉靖以前，贪污受贿行为尚能受到舆论的谴责，因此只能"暮夜而行，潜杀其迹，犹恐人知"；到了嘉靖以后，各级官吏已视贪污受贿、卖官鬻爵、剥虐百姓为"自然"，"习以成风，恬不为耻"，廉洁奉公者反遭讥笑，被斥为"无能"、"迂腐"①。崇祯十年（1637），崇祯皇帝在"罪己诏"中指责臣下"今出仕专为身谋，居官有同贸易"②。问题看得虽准，但此时贪污受贿已经发展成为无法救治的整个官僚队伍的普遍行为，这位末世天子已无回天之力，所谓"罪己诏"只不过是无可奈何的哀鸣而已。"为民父母虎狼心"，那些虎狼心肠的"父母"官已把自己摆在同深受其害的百姓尖锐对立的位置上，其下场只能是被广大民众所埋葬。

（三）纪纲废弛，机体瘫痪

张居正曾用"考成法"整治吏治，提高执政能力。张居正逝世后，纪纲废弛，统治机器陷入瘫痪、半瘫痪状态。万历皇帝酒、色、财、气俱全，久久不理朝政，"章疏当发而不发，人才当用而不用，政务当修而不修，议论当断而不断"；从中央到地方各级军政部门缺官而不补，甚至衙署为空，政权处于失控状态，"崩解之势"已现。待到天启年间，残酷屠杀进步势力，元气尽伤，生机无存。

（四）明末社会大动荡的酿成和清前期社会发展趋势的逆转

明末封建统治阶级全面腐败造成的直接社会后果是，一方面激化了社

---

① 关于嘉靖前后的吏治变化，参见张显清《严嵩传》第二十章第二节，黄山书社1992年版。
② 计六奇：《明季北略》卷一三《责臣罪己》。

会阶级矛盾，引发全国范围的社会大动荡；另一方面削弱了对后金（清）地方割据势力发动的掠夺战争的抵御能力，使内地惨遭破坏。明末农民大起义持续了近二十年，明清战争持续近三十年，这二三十年蔓延不断的战火和动荡，对社会经济的发展，对明后期出现的社会转型趋势都是严重打击和挫折。

李自成大顺军撤离北京后，清朝趁乱入主中华。中国历史上以往的改朝换代，新王朝开国之初，一般皆吸取前朝败亡的历史教训，实行偃兵息武、休养生息、恢复发展政策；明清嬗递则不同。清初统治者带来的并不是和平与发展，而是四十多年的民族征服战争，商品经济最发达的长江中下游及东南沿海地区所遭涂炭尤甚。不仅如此，清朝统治者还在很长时期内残酷地实施民族歧视与压迫，并将其在关外实行的落后的农奴制政治、经济、文化政策移到关内，使内地先进的物质文明和精神文明遭到严重摧残，使明后期出现的社会转型趋势发生逆转。这种历史的倒退持续了九十多年，到乾隆初期社会经济才逐渐恢复到明代最好水平，与明后期出现的社会转型趋势重新接轨。

明后期的社会经济发展水平不仅没有落后于西方，甚至超过了西欧，其社会发展的大方向也是一致的。但是明末二三十年的战争和社会大动荡，特别是清前期九十年的历史倒退，却使中国延误和丧失了宝贵的发展时间，待到乾隆年间向近代转型再度启动时，西方已经开始产业革命，英、法已先后完成资产阶级政治革命。恰恰是在这时中国逐渐落在了西方的后边；待到外国资本主义发动鸦片战争以后，中国就只好"落后挨打"了。近年来西方一些学者也提出，至18世纪中后期，中国与欧洲的发展水平才拉开较大差距。美国学者彭慕兰在论述历史上的"中国与欧洲的差异"时说："在我看来，通过最近两年的讨论已完全站住脚的观点是：欧洲的核心区和世界其他一些地方（显然主要是东亚，但或许还有其他地方）的核心区之间，经济命运的大分流在18世纪相当晚的时候才出现。在我们能够对其进行计量的范围内，大多数人的生活水平、在经济因素中占关键地位的劳动生产率、重要日用品市场及生产要素市场的广度及自由度等，看起来都大致相同。"①

在世界历史上，不同国家生产和交换所处的条件不同，因此有着不同的发展速度和具体道路，这是正常的。中国封建社会晚期的经济基础和上层建筑不是不能出现近代因素，不是不能向近代转型。在明后期，近代性因素在经济、社会、政治、思想、文化、科技等各个方面已全面、普遍地出现，社会转型已经启动。但是中国封建社会经济体制、政治体制自身又蕴含着阻碍社会转型顺利发展的消极因素。当封建统治阶级在政治上尚葆有自我调控能力之时，这些消极因素得到抑制，近代因素得到生长；当封建统治阶级丧失自我调控能力、日趋腐败之时，这些消极因素便肆意泛滥，酿成社会动荡，社会转型遭受挫折。因此封建统治阶级的腐败程度成为近代因素能否顺利生长、社会转型能否顺利进行的关键。社会转型只能在不断克服阻力中曲折前进。

中国是多民族统一国家，各民族对中国历史的发展都作出了贡献。但是在历史上，各民族的发展水平、文明程度又是不相同的。清朝对我国多民族统一国家的形成和发展虽然作出了重要贡献，但在其前期，企图以其落后的生产方式、生活方式和思想观念代替明后期相对进步的生产方式、生活方式和思想观念，无疑是对明后期出现的社会转型趋势的反动。虽然在征服战争平息、逐渐实行"汉化"之后，经过生产力的自身发展和统治政策的调整，社会仍然逐渐回归到原来转型的轨道，但是发展的时间和机遇却丧失了。这一丧失竟然使以后的中国历史变得异常的复杂和曲折。

十　研究方法

马克思主义基本原理是指导我们研究的指针。恩格斯在《共产党宣言》1888年英文版序言中，对"构成《宣言》核心的基本原理"作了深刻分析，指出"这个原理就是：每一历史时代主要的经济生产方式与交换方式以及必然由此产生的社会结构，是该时代政治的和精神的历史所赖以

---

① ［美］彭慕兰：《大分流：欧洲、中国及现代世界经济的发展》，史建云译，江苏人民出版社2003年版，中文版《序言》。

确立的基础，并且只有从这一基础出发，这一历史才能得到说明；因此人类的全部历史（从土地公有的原始民族社会解体以来）都是阶级斗争的历史"①。恩格斯在《反杜林论》中又指出，唯物主义历史观是马克思使自己永垂科学史册的伟大发现之一，"这两个伟大的发现——唯物主义历史观和通过剩余价值揭破资本主义生产的秘密，都应当归功于马克思。由于这些发现，社会主义已经变成了科学"②。在这里，恩格斯为我们指明了什么是构成《共产党宣言》"核心的基本原理"，指明了马克思主义唯物主义历史观的精髓及其在马克思主义发展史上的重要地位。我们正是以马克思主义基本原理、马克思主义唯物主义历史观为指导，从经济基础和上层建筑的发展变化来考察和说明明后期社会转型历史的。

以往学术界一般用"资本主义萌芽"、"市场经济萌芽"等概念来表述明清社会变迁，或对变迁的程度和范围估计偏低、偏窄，或对变迁的社会属性不够明确，而且大都局限在经济领域。而本书则遵循马克思主义社会发展学说，从经济基础到上层建筑全面论述了这个时期的社会变化及其历史趋势，而用"社会转型"的概念加以概括。这里所说的"社会转型"，实质上就是社会形态的转化，既讲了变化，又讲了变化的性质。

以往学术界虽有研究"晚明"或"明后期"的论著问世，但或是着重论述某一方面的专史性著作，或是选取若干问题进行研究的专题汇集性著作。而本书则从这个时代的社会经济入手，进而分别考察了阶级关系、政治变革、社会风俗、思想观念、文学艺术、科学技术等各个重要领域的发展变化。内容决定体裁。它既非按历史朝代划分的明朝断代史，也非按学科分类的某种专史，更不是专题研究汇集，而是从社会经济基础和上层建筑两个方面全面、系统地综合研究明后期这一特定历史时代社会整体变迁的史学著作，是更准确意义上的"时代变迁史"。

我们旗帜鲜明地坚持马克思主义唯物主义历史观，绝不是什么以现成公式"剪裁"历史，"预设"历史，而是以其为认识历史、说明历史的锐利思想武器。同时积极借鉴和吸收其他一切有益的学术观点和研究方法。

---

① 《马克思恩格斯选集》第 1 卷，人民出版社 1972 年版，第 237 页。
② 《马克思恩格斯选集》第 3 卷，人民出版社 1972 年版，第 67 页。

　　历史学是实证性科学。它必须详细地占有史料，从历史事实出发，在对大量史实进行严肃认真全面系统分析的基础上，提出自己的见解。这是一部史学学术著作，期望通过对历史事实、历史过程的平实叙述，真实地展现明后期的社会面貌和历史走向。它不是一部争辩性著作，重点在于正面阐述自己的观点，而对不同观点不做展开评论。书中涉及的明后期国际环境及中外关系，重点在于探讨国内相关领域自身的变化，而非中外对比研究之作。在文字表述上，严格遵循学术规范，同时力求通俗易懂，以方便于广大读者的阅读。

　　　　〔本文乃为我主编的《明代后期社会转型研究》（中国社会科学出版社2008年版）
　　　　　　撰写的"导论"，现加标题《晚明：中国古代向近代转型的起点》〕

关于明代中后期的历史走向

——黄仁宇传统中国"不能产生资本主义萌芽"说述评

　　社会历史变迁，有一个向哪里变、向哪里走的问题，也就是历史走向问题。而考察历史走向，是史学研究的一项根本性任务。

　　关于明代中后期的社会变动及其走向，学术界有许多说法，这里举出以下几种观点。第一种观点，明中后期出现了资本主义生产关系萌芽。第二种观点，在资本主义萌芽说的基础上进一步提出，明后期不仅在社会经济领域出现了资本主义关系，而且在上层建筑领域引起相应变化，开始起步向近代社会转型。① 第三种观点，明代中后期虽然商品经济高度发展，思想文化也有新的变化，但是并未出现资本主义萌芽。第四种观点，明代既无商品货币经济的发展，更没有出现资本主义萌芽。

　　黄仁宇先生可谓是第四种观点的典型代表。他对毛泽东在《中国革命和中国共产党》中关于中国资本主义萌芽的论断及中国学者自 20 世纪 50 年代以来关于明清资本主义萌芽的研究做了全盘否定和尖刻讥讽。他认为，明清资本主义萌芽说，"是一种没有历史根据的见解"②；是"削足适履，产生一个非驴非马之称呼"③；"纯系臆度之辞"④，"淆乱听闻，纵收

---

　　① 本人主编的《明代后期社会转型研究》（中国社会科学出版社 2008 年版）即论述了这种观点。

　　② 黄仁宇：《现代中国的历程》，中华书局 2011 年版，第 256 页。

　　③ 黄仁宇：《资本主义与二十一世纪》，生活·读书·新知三联书店 1997 年版，第 13 页。

　　④ 同上书，第 22 页。

宣传之功效"①;"资本主义不可谓曾在中国生根,遑论萌芽"②;"为什么
中国不能产生资本主义?其答复则是'一只走兽,除非脱胎换骨,否则不
能兼作飞禽'"③;"为什么中国不能产生资本主义?因为她志不在此,她
不仅不能,而且一向无意于产生"④;明代不仅不能产生资本主义萌芽,而
且比前代"衰落","倒退"⑤。也就是说,明代的历史走向是向后退,而
不是向前进。

有人说,"今日的中文阅读世界,如果要提出一位从学者、企业家等
各界名流,到白领、高校学生等普通读者均赞誉有加的历史学家,黄仁宇
先生无疑是最热门人选之一",以致形成"黄仁宇旋风"。⑥ 既然黄先生有
如此巨大之影响,因此对他的观点不能不给予高度重视。读过黄先生的论
著,我感到,在明清资本主义萌芽问题上,我们与他之所以存在原则分
歧,主要有以下几方面原因。

一　什么是资本主义出现的根本标志

对什么是资本主义,什么是资本主义出现的根本标志,什么是资本主
义的本质特征,黄先生与马克思主义之间有着不同的回答。

(一) 黄先生的资本主义观及其对马克思主义的批评

黄先生对资本主义的定义进行了规定。他说在现代关于资本主义研究
的三个学派⑦中,他反对马克思主义学派,不赞同韦伯学派,而属于下面
这样的一个学派。这个学派主张,"重视自然经济蜕变为金融经济的过程。

---

① 黄仁宇:《资本主义与二十一世纪》,第 22 页。
② 同上书,第 16 页。
③ 同上书,第 26 页。
④ 同上。
⑤ 黄仁宇:《十六世纪明代中国之财政与税收》,生活·读书·新知三联书店 2001 年版,第
420—426 页。
⑥ 中华书局编辑部:《出版说明》,黄仁宇著《现代中国的历程》,中华书局 2011 年版,第 1 页。
⑦ "三个学派"的说法,乃前剑桥大学讲师陶蒲在 1963 年出版的《资本主义发展之研究》中提
出的。陶蒲本人属马克思主义学派。

资本主义之特征，组织上本就预备对付遥远的市场，于是批发商出资垫买商品，因之也干预着零售商及生产者业务"①。他对这派的观点进一步发展，提出资本主义就是"重商主义"、"商业主义"的定义："资本主义这一名词最初就没有取好，才有了今日之暧昧游离。如果我们在当时有机缘插足的话，必会有不同的建议，即像'重商主义'或'商业主义'亦较资本主义为佳。"② 关于资本主义就是"重商主义"、"商业主义"的定义之所以不科学，我们将在下文加以评论。

黄先生按照他对资本主义的认识，对马克思主义观点进行了批评。

他反对马克思主义的生产关系学说。他说，他之所以反对资本主义研究中的马克思主义学派，是因为这个学派"注重生产关系之转变。资本主义一行，生产者开始出卖劳动力，此后对制成品无法过问"③。就是说，他不同意从封建生产关系向资本主义生产关系的转变，从劳动力转化为商品、生产资料生活资料转化为资本，从资本榨取剩余价值、资本家占有产品来说明资本主义的出现和资本主义的实质，而主张从"技术"的角度加以说明。

他反对马克思的"资本"和"剩余价值"学说。他说他的著作《资本主义与二十一世纪》"以资本主义为主题，而内中缺乏将'资本'这一因素的功能与效用仔细琢磨的阶段，恐不免为批评者所指责。可是各章节早已讲明，'资本主义'这一名词最初就没有取好，才有今日之暧昧游离。……因为资本主义是一种社会现象，资本虽为其必要因素，但非其重点"④。又说，"资本""属于经济学的范围，有如从'价值论'延伸到剥削论。这个办法将千变万化的世事，极端简化为几个能被作者笔下掌握的因素，又更进一步将许多具体的事物高度的抽象，然后作者才能将笔下的题材纵横解剖，左右逢源"⑤。马克思的资本和剩余价值学说对于认识资本主义，绝不像黄先生所说"非其重点"，而是核心，根本，基石；也不像

① 黄仁宇：《资本主义与二十一世纪》，第6页；《现代中国的历程》，第166页。
② 黄仁宇：《资本主义与二十一世纪》，第512页。
③ 黄仁宇：《资本主义与二十一世纪》，第5页；《现代中国的历程》，第166页。
④ 黄仁宇：《资本主义与二十一世纪》，第512页。
⑤ 同上。

他所说"极端简化",随意"左右逢源",而是在对无比丰富的事实进行科学分析的基础上揭示了资本主义的本质及其发展规律。

他反对马克思主义的阶级分析和阶级斗争学说。他说,"马克思主义者所写历史,一般过于呆板,很难注入新的见解。譬如陶蒲(剑桥大学讲师,马克思主义学派)提到工业资本之形成时,即依马克思而建立其说","我们在二十世纪末期,亟于将先进国家的经验,提供给待开发国家参考,若仅能证实由旧社会至新社会阶级斗争无可避免,就无法用它作为今日思想上或行动上之参考"①。按此观点,为了"今日思想上或行动上"的需要,资本形成过程中"从头到脚,每个毛孔都滴着血和肮脏的东西"的历史事实,资产阶级与无产阶级之间的激烈斗争,都应该掩盖起来,而不能"呆板"地揭示"由旧社会至新社会阶级斗争无可避免"。

他反对马克思关于欧洲"资本主义萌芽"的论述。他说,他"放弃了马恩的'萌芽'观念",原因一是"萌芽的一个暗喻,纯系马克思历史家根据西欧的一种特别情形创设",一是"其范围含糊,没有一种适当的标准",一是马恩的"萌芽"观念与他对资本主义的"技术设计"不符。②关于第一、第二原因,西欧"萌芽"说是马克思本人提出的,而不是马克思历史家"创设"的;马恩的"萌芽观念"范围清楚,标准明确,这些我们将在下文详述。第三个原因是他放弃马恩"萌芽观念"的根本原因,即对什么是资本主义,什么是判断资本主义出现的主要标准,有着不同的看法。按照他的"设计",如果一个国家"在技术上"实施了"三个条件",那么"资本主义已在这个国家落地生根了"。所谓三个条件是:"现代商业习惯,注重资金活用,剩余的资本,首先必须通过私人贷款的方式,才能此来彼往,广泛的流通。""产业所有人又以聘请方式雇用经理,因之企业扩大,超过老板本人耳目足以监视之程度。""而且技术上的支持因素,如交通通讯,还要共同使用,这样企业活动的范围,才能超过每个企业力所能及的界限。"③他这三个判断资本主义"落地生根"的标准,

---

① 黄仁宇:《现代中国的历程》,第166页。

② 同上书,第177页。

③ 同上。关于"三个条件",另见他的《资本主义与二十一世纪》,第31—32页,第493页;《现代中国的历程》,第254页。

抽去了最重要、最本质、最核心的生产关系内容，而以"技术"性的经营管理方法为基准，这样的标准为什么不科学，我们将在下文加以阐述。单从技术层面，这三个标准也弹性过大，究竟在什么程度上，资本主义才"落地生根"，很难把握。例如，关于"资金活用"，从历史久远的商业借贷到今日的金融衍生品，究竟在哪个阶段上，资本主义"落地生根"了？关于"交通通讯"，从人力车到蒸汽火车到高铁，从驿传到电话到网络，又是在哪个阶段上，资本主义"落地生根"了？这样的标准才真正是"范围含糊"，没有一种恰当的标准。

他说马克思没有使用过"资本主义"这个名词。不知为什么，黄先生一再说，马克思"从未使用"，"未曾用过"资本主义这一名词[1]，也许是他不同意马克思关于资本主义本质的论述吧。其实，马克思在1861—1863年撰写的《剩余价值理论》中即已提出资本的原始积累"提供了资本主义生产的基础"[2]。此后在1867年出版的《资本论》第1卷中，马克思大量使用了"资本主义"这一概念，在《资本论》第1卷第1版《序言》中，他开宗明义地指出"我要在本书研究的，是资本主义生产方式以及和它相适应的生产关系和交换关系"[3]。黄先生的说法，真是子虚乌有。

从以上黄先生的资本主义观及其对马克思主义相关理论的批评中，我们可以看出，在如何认识资本主义的出现及其本质问题上，黄先生与马克思主义史学家之间，确实存在原则分歧。他所主张的资本主义即"商业主义"，所反对的马克思主义生产关系、阶级关系、资本、剩余价值理论，都是认识资本主义最根本、最关键的问题。

本文在这里着重叙述的是黄先生的基本观点，关于马克思主义的相关理论将在下面叙述，两相比较，何为真理，何为谬误，则可昭然若揭。

---

[1]　黄仁宇：《资本主义与二十一世纪》，第2、16、26页；《现代中国的历程》，第175、254页。
[2]　马克思：《剩余价值理论》，《马克思恩格斯全集》第26卷Ⅲ，人民出版社1974年版，第348页。
[3]　马克思：《资本论》第1卷《第一版序言》，《马克思恩格斯全集》第23卷，人民出版社1972年版，第8页。

（二）马克思对资本主义出现及其本质特征的论述

马克思对资本主义产生的标志，资本主义的本质特征作了科学的解答。为了准确地了解马克思的观点，我们必须引用他的经典论述。马克思说：

> 资本的原始积累。……它的历史活动就是资本产生的历史活动——把劳动条件转化为资本、劳动转化为雇佣劳动的历史的分离过程。这样就提供了资本主义生产的基础。[①]

> 货币和商品，正如生产资料和生活资料一样，开始并不是资本。它们需要转化为资本。但是这种转化本身只有在一定的情况下才能发生，这些情况归结起来就是：两种极不相同的商品所有者必须互相对立和发生接触；一方面是货币、生产资料和生活资料的所有者，他们要购买别人的劳动力来增殖自己所占有的价值总额；另一方面是自由劳动者，自己劳动力的出卖者，也就是劳动的出卖者。自由劳动者有双重意义：他们本身既不象奴隶、农奴等等那样，直接属于生产资料之列，也不象自耕农等等那样，有生产资料属于他们，相反地，他们脱离生产资料而自由了，同生产资料分离了，失去了生产资料。商品市场的这种两极分化，造成了资本主义生产的基本条件。资本关系以劳动者和劳动实现条件的所有权之间的分离为前提。资本主义生产一旦站稳脚跟，它就不仅保持这种分离，而且以不断扩大的规模再生产这种分离。因此，创造资本关系的过程，只能是劳动者和他的劳动条件的所有权分离的过程，这个过程一方面使社会的生活资料和生产资料转化为资本，另一方面使直接生产者转化为雇佣工人。因此，所谓原始积累只不过是生产者和生产资料分离的历史过程。这个过程所以表现为"原始的"，因为它形成资本及与之相适应的生产方式的前史。[②]

---

① 马克思：《剩余价值理论》，《马克思恩格斯全集》第 26 卷 III，人民出版社 1974 年版，第 348 页。

② 马克思：《资本论》第 1 卷，《马克思恩格斯全集》第 23 卷，人民出版社 1972 年版，第 782—783 页。

我们已经知道，货币怎样转化为资本，资本怎样产生剩余价值，剩余价值又怎样产生更多的资本。但是，资本积累以剩余价值为前提，剩余价值以资本主义生产为前提，而资本主义生产又以商品生产者握有较大量的资本和劳动力为前提。因此，这整个运动好象是在一个恶性循环中兜圈子，要脱出这个循环，就只有假定在资本主义积累之前有一种"原始"积累（亚当·斯密称为"预先积累"），这种积累不是资本主义生产方式的结果，而是它的起点。①

劳动者的奴役状态是产生雇佣工人和资本家的发展过程的起点。这一发展过程就是这种奴役状态的形式变换，就是封建剥削变成资本主义剥削。②

马克思的精辟论述告诉我们，资本原始积累是资本主义生产方式的"前史"、"起点"和"基础"。资本原始积累的过程就是一方面货币、生活资料、生产资料转化为资本，另一方面劳动力转化为商品、直接生产者转化为雇佣工人的过程，劳动者和劳动实现条件所有权分离的过程，封建剥削方式转化为资本主义剥削方式的过程。也就是说，资本的形成和雇佣劳动的出现是资本主义生产方式产生的根本标志。资本主义产生及其运行的轨迹是：资本原始积累（资本和劳动力）—资本主义生产—剩余价值—资本积累（积累更多的资本），因此"生产剩余价值或榨取剩余劳动，是资本主义生产的特定内容和目的"③，"生产剩余价值或赚钱，是这个生产方式的绝对规律"④。这就是资本主义的本质特征。

在欧洲，从资本主义生产方式出现到资本主义制度确立和巩固，经历了漫长的历史时期，大体分为三个阶段，历经四百多年。第一个阶段，资

---

① 马克思：《资本论》第 1 卷，《马克思恩格斯全集》第 23 卷，人民出版社 1972 年版，第 781 页。
② 同上书，第 783—784 页。
③ 同上书，第 330 页。
④ 同上书，第 679 页。

本主义简单协作时期，亦即资本主义生产方式发生期，大约从 14 世纪至 16 世纪中叶。第二个阶段，资本主义真正工场手工业（即以分工为基础的工场手工业）时期，亦即资本主义生产方式形成期、发展期，大约从 16 世纪中叶至 18 世纪末叶。18 世纪末以后，进入第三个阶段，亦即资本主义大工业时期，经过产业革命和资产阶级政治革命，资本主义制度最终确立。

简单协作和以分工为基础的工场手工业，都是"手工进行的工业"，"手工业式的工业"，"手工制造业"。它们统称为资本主义生产方式的"最初时期"。[1] 现代学者有的将这个时期称为"早期工业化"，"原工业化"，"前工业"。

资本主义生产关系的出现，即资本及雇佣工人的出现，就是资本主义萌芽的出现。在欧洲，不同地区，资本主义萌芽出现的早晚、强弱和持续的时间都不尽相同。马克思、恩格斯指出：

> 要了解这一过程的经过，不必追溯太远。虽然在十四和十五世纪，在地中海沿岸的某些城市已经稀疏地出现了资本主义生产的最初萌芽，但是资本主义时代是从十六世纪才开始的。[2]

> 为资本主义生产方式奠定基础的变革的序幕，是在十五世纪最后三十多年和十六世纪最初几十年演出的。[3]

> 产业资本的萌芽早在中世纪就已形成，它存在于以下三个领域：航运业、采矿业、纺织业。[4]

---

[1] 马克思：《资本论》第 3 卷，《马克思恩格斯全集》第 25 卷，人民出版社 1974 年版，第 372 页。

[2] 马克思：《资本论》第 1 卷，《马克思恩格斯全集》第 23 卷，人民出版社 1972 年版，第 784 页。

[3] 同上书，第 786 页。

[4] 恩格斯：《〈资本论〉第三卷增补》，《马克思恩格斯全集》第 25 卷，人民出版社 1974 年版，第 1024 页。

15 世纪末和 16 世纪初，由于封建生产方式的崩溃，这种自由的劳动者才在历史上第一次大量地出现。①

从生产方式上来说，资本主义萌芽的出现大体是在资本主义简单协作时期，即初期工场手工业时期，它们产生在初期手工业工场及与之相适应的雇用较多工人的大农业中。马克思说：

> 资本主义生产实际上是在同一个资本同时雇用较多的工人，因而劳动过程扩大了自己的规模并提供了较大量的产品的时候才开始的。较多的工人在同一时间、同一空间（或者说同一劳动场所），为了生产同种产品，在同一资本家的指挥下工作，这在历史上和逻辑上都是资本主义生产的起点。就生产方式本身来说，例如初期的工场手工业，除了同一资本同时雇用的工人较多而外，和行会手工业几乎没有什么区别。行会师傅的作坊只是扩大了而已。②

> 它（简单形态的协作——引者注）至多不过在仍然保持手工业性质的初期工场手工业中，在那种和工场手工业时期相适应的、仅仅由于同时使用的工人数量和所积聚的生产资料的规模才和农民经济有本质区别的大农业中，近似地表现出来。③

马克思明确指出，简单协作是资本主义生产的"开始"、"起点"。资本主义生产的"开始"、"起点"，也就是资本主义的"萌芽"。

随着资本主义萌芽的生长发育，资本主义生产方式进入以分工为基础的协作时期，即典型的工场手工业时期，"真正的工场手工业时期"。资本主义萌芽的生长期应该延续到简单协作与以分工为基础的协作相互交叉期。以分工为基础的协作是"资本主义生产过程的特殊形式"，"特殊的

---

① 恩格斯：《反杜林论》，《马克思恩格斯选集》第 3 卷，人民出版社 1972 年版，第 245 页。
② 马克思：《资本论》第 1 卷，《马克思恩格斯全集》第 23 卷，人民出版社 1972 年版，第 358 页。
③ 同上书，第 372 页。

资本主义形式"；在真正的工场手工业时期，工场手工业成为"资本主义生产方式的统治形式"；而当工场手工业巩固发展之后，它便成为"资本主义生产方式的有意识的、有计划的和系统的形式"。马克思说：

> 以分工为基础的协作，在工场手工业上取得了自己的典型形态。这种协作，作为资本主义生产过程的特殊形式，在真正的工场手工业时期占居统治地位。这个时期大约从十六世纪中叶到十八世纪末叶。①

> 以分工为基础的协作，或者工场手工业，最初是自然地形成的。一旦它得到一定的巩固和扩展，它就成为资本主义生产方式的有意识的、有计划的和系统的形式。②

马克思从历史逻辑与理论逻辑相统一上缜密地论述了资本主义生产方式的产生、发展和确立。关于资本主义萌芽的理论，在历史事实上是有根据的，在理论上是科学的，其概念是有特定含义的，其判断是有客观标准的。世界各国虽然国情不同，各有特色，但是认定社会经济形态和资本主义出现的标志是一致的。我们说明代中后期出现了资本主义萌芽，正是主要因为这个时期，在手工业中不仅出现了资本主义简单协作，出现了初期手工工场，而且出现了以分工为基础的协作，出现了真正的手工工场；在农业中出现了资本雇工经营。在明后期，这些资本主义萌芽，在发育程度上有了增长，在生长空间上有了扩展。与此同时，在其他经济领域和上层建筑也出现了相应的变化。黄先生正是因为不承认马克思关于资本主义的基本理论和明代历史实际，才否认明代出现资本主义萌芽的。

黄先生将资本主义命名为"重商主义"、"商业主义"也是不科学的。商品、商品流通、商品生产对推进资本主义的产生，确实起到了重大作用，"商品生产和发达的商品流通，即贸易，是资本产生的历史前提"③。

---

① 马克思：《资本论》第 1 卷，《马克思恩格斯全集》第 23 卷，人民出版社 1972 年版，第 373 页。

② 同上书，第 402 页。

③ 同上书，第 167 页。

但是，商业、商业资本，"比资本主义生产方式出现得早"①。"货币和商品，正如生产资料和生活资料一样，开始并不是资本。它们需要转化为资本"②。就是说，商品、货币在资本主义产生以前很久即已存在，不能作为资本主义出现的根本标志，它们只有在特定历史条件下，才能转化为资本，只有资本和雇佣劳动者的出现才是资本主义产生的根本标志。马克思说：

> 有了商品流通和货币流通，决不是就具备了资本存在的历史条件。只有当生产资料和生活资料的所有者在市场上找到出卖自己劳动力的自由工人的时候，资本才产生；而单是这一历史条件就包含着一部世界史。因此，资本一出现，就标志着社会生产过程的一个新时代。③

马克思批评"重商主义""必然从流通过程独立化为商业资本运动时呈现出的表面现象出发，因此只是抓住了假象"④，而未能由流通过程过渡到生产过程。黄先生主张的"重商主义"、"商业主义"即资本主义，同样犯了从"表面现象出发"，"只是抓住了假象"的错误。

二　明代是不是封建社会

黄先生提出，明代之所以不能产生资本主义萌芽，重要原因之一是，明代不是封建社会。而其确定"封建社会"的标准则是欧洲中世纪封建社会，认为"东西体制之不同有如霄壤"，"两方社会组织有根本不同之处"；毛泽东和中国学者"称中国尚未与西方大规模接触前之体制为'封

---

① 马克思：《资本论》第 3 卷，《马克思恩格斯全集》第 25 卷，人民出版社 1974 年版，第 363 页。

② 马克思：《资本论》第 1 卷，《马克思恩格斯全集》第 23 卷，人民出版社 1972 年版，第 782 页。

③ 同上书，第 193 页。

④ 马克思：《资本论》第 3 卷，《马克思恩格斯全集》第 25 卷，人民出版社 1974 年版，第 376 页。

建’，即与事实不符”，“就制度和组织而论，这种定性（指‘认定明代是
封建社会’——引者注）明显地歪曲了历史”，“这些马克思主义历史学
家对历史的具体细节缺乏耐心，他们研究的出发点是认定明代为封建社
会，然后推定阶级斗争具有‘历史必然性’，进而认为明代后期已经出现
了‘资本主义萌芽’”①。

为了证明自己的观点，黄先生讲了许多大都属于“技术性”管理层面
的历史现象，而在一些重要问题上又与历史事实不符。例如：

（一）关于认定封建社会的标准

黄先生认为，“中国只有商周之间称得上是封建时期”，因为这时期
“列国封茅”，“次层封建”，“地方分权”，与西方之“封建”相同；而在
秦以后，则“统为‘郡县制’，亦即是中央集权”，因此不是封建社会。②

黄先生与我们的分歧主要在于，我们说明代是封建社会主要是从社会
经济形态判断的，而黄先生则主要是从政治体制、政权结构形式判断的。
政治体制、政权结构形式对于认识社会性质固然很重要，但主要的根本的
标准却是社会经济形态，即在一定生产力基础上形成的社会生产关系总
和，由它决定了政治体制和政权结构。马克思说：

> 　　各个人借以进行生产的社会关系，即社会生产关系，是随着物质
> 生产资料、生产力的变化和发展而变化和改变的。生产关系总合起来
> 就构成为所谓社会关系，构成为所谓社会，并且是构成为一个处于一
> 定历史发展阶段上的社会，具有独特的特征的社会。古代社会、封建
> 社会和资产阶级社会都是这样的生产关系的总和，而其中每一个生产
> 关系的总和同时又标志着人类历史发展中的一个特殊阶段。③

---

① 黄仁宇：《资本主义与二十一世纪》，第 13、16、17 页；《十六世纪明代中国之财政与税收》，
第 413、414 页。

② 黄仁宇：《资本主义与二十一世纪》，第 17 页；《现代中国的历程》，第 257 页。

③ 马克思：《雇佣劳动与资本》，《马克思恩格斯选集》第 1 卷，人民出版社 1972 年版，第
362—363 页。

> 不论生产的社会形式如何，劳动者和生产资料始终是生产的因素。……凡要进行生产，就必须使它们结合起来。实行这种结合的特殊方式和方法，使社会结构区分为各个不同的经济时期。①

封建社会就是这样的人类历史上的"一个特殊阶段"，一个区分于其他阶段的"经济时期"。它的主要特征是封建主（领主或地主）占有生产资料（主要是土地）和不完全占有劳动者（农奴或农民），并由此决定了政治的、法律的、思想的等上层建筑。我们正是从这个根本点出发，才断定明代为封建社会。封建社会的基本特征，在不同国家，不同民族，不同地区，不同时期，会有不同的表现形式，不同的特色，既有统一性又有多样性，不能因为明代沿袭秦以后的"郡县制"就说它不是封建社会。

即使从政治体制、政权结构形式来说，黄先生的论断也过于绝对。按其所云，明代是"中央集权"，不是封建社会，不能产生资本主义；西方是分封制，地方分权，是封建社会，能够产生资本主义。但是，实际历史情况是，明代有"皇帝专制"，西方中世纪后期也经历过"君主专制"，而且对近代资产阶级国家的形成起到了推动作用。恩格斯指出，西欧的这种君主专制"必然是专制的"，集权的，是针对"地方分权制"、"离心性"的，是有"直接必要性"的：

> 封建制度的瓦解，以及城市的发展，这两个过程引起了地方分权制；因此就产生了实行君主专制的直接必要性，通过君主专制把民族结合起来。君主专制必然是专制的，正是由于一切因素的离心性。②

可见，对于"中央集权"与"地方分权"，应作具体分析，而不能笼统地将其作为是不是封建社会，是否能产生资本主义的主要标志。

黄先生在谈论明代的贵族地主时，也有失实之处。例如，他说"皇庄

① 马克思：《资本论》第 2 卷，《马克思恩格斯全集》第 24 卷，人民出版社 1972 年版，第 44 页。

② 恩格斯：《关于"农民战争"》，《马克思恩格斯全集》第 21 卷，人民出版社 1965 年版，第 459 页。

和贵族封地地租实际上是由文官来征收而不是那些世袭者，他们仅仅定期领受禄廪，大大地削弱了他们的特权"①。实际上，明代皇庄及皇帝封赐给亲藩、勋戚的田土是世袭的，朝廷免征赋税，其子粒（地租）由他们的管庄、家人征收，归他们私家所有，并不经过户部或地方官府。

（二）关于土地集中与买卖

黄先生认为，"在西方封建制度下，土地不得买卖"，"金钱之用处极为有限"，"掌管封邑的贵族，不放弃土地所有权，既为地方首长，也是大地主"；而在"中国自先秦之后既无此历史经验"，明清时期"土地零星分割，自由买卖，社会流动性大"，与欧洲"正好完全相反"，与"封建情形完全相反"②。就是说，欧洲土地集中，不能买卖，是封建社会，能够产生资本主义；明清土地分散，可以买卖，不是封建社会，不能产生资本主义萌芽。

黄先生的这些观点，无论在历史事实上，还是在理论上，都是不成立的。

明代，特别是中叶以后，土地买卖的范围在扩大，速度在增快，这是事实。但是这并未改变封建土地所有制的主体地位；而且，与其说这是不能产生资本主义萌芽的理由，不如说是促进资本主义萌芽出现的因素之一。

明代，特别是中叶以后，皇室、王府、勋戚、官绅大肆兼并土地的历史事实，已为中外许多学者所论证，几为学界共识；但是黄先生却认为明代"土地分割使用，零星杂碎，历史家更不应以'膏腴万顷''田连郡县'等等土地集中的假历史资料去搪塞"③。孰真孰假，只能依历史事实来验检，而不能凭主观意愿。

黄先生认为，欧洲封邑贵族"不放弃土地所有权"，"土地不得买卖"，同样失之绝对。欧洲封建领主地产固然有垄断性，其转让受到法律

---

① 黄仁宇：《十六世纪明代中国之财政与税收》，第413页。
② 黄仁宇：《资本主义与二十一世纪》，第12、17页；《现代中国的历程》，第257、258页。
③ 黄仁宇：《现代中国的历程》，第258页。

的限制，但是在商品经济潮流的冲击下，还是有领主把土地转让出去，"土地所有权底转化为商品是旧贵族底最后的颠覆和货币贵族底最后的完成"。① 恩格斯说：

> 日耳曼人的自主地，在旧日罗马领土上一出现，就变成了跟它同时并存的罗马人的地产早已变成的那种东西，即变成了商品。……所以，从自主地这一可以自由出让的地产，这一作为商品的地产产生的时候起，大地产的产生便仅仅是一个时间的问题了。②

世界史专家马克垚先生在其《西欧封建经济形态研究》中，对西欧中世纪领主封土及农民土地的买卖、转移情况作了论述。他指出：封土的转移分为两种形式：一种是再分封，即封臣（领主）把封土之一部或全部转手封给下级，从11世纪以来，在法、德都是大量存在的，封臣可以自由进行，不需封君同意；另一种是把封土出售或转让，虽然与封建法原则不符，但是从10世纪到11世纪，封土出售、转让的事情，在法、德、英诸国先后发生，而且以后越来越频繁。从12世纪开始，封臣已可自由买卖、转移其封土，而不受什么限制，封土越来越取得自由的私有财产的性质。随着封建地产的运动，封建贵族也在不断变化。据统计，法国福雷伯爵领地，前后共有贵族215家（然同时存在者大约只为150家），其中66家在1300年以前消失，占总数的30.7%；1300—1400年下余的149家中有80家消失，占53.6%；1400—1500年，下余的69家中，消失38家，占55%；到法国大革命时，这215家中只有不到5家还存在了。③

随着商品货币关系的发展，农民的土地买卖、转让现象也产生了，发展了。不仅自由农民，即使依附农民及农奴也在进行土地买卖和转让。例如在英国，农民、特别是农奴买卖土地的记录，在国王法庭、庄园法庭的卷宗中都零星可见，至于不见记录者当必不少。土地交易市场的形成，大

---

① 马克思：《经济学·哲学手稿》，人民出版社1963年版，第45页。
② 恩格斯：《法兰克时代》，《马克思恩格斯全集》第19卷，人民出版社1963年版，第541页。
③ 马克垚：《西欧封建经济形态研究》，人民出版社2001年第2版，第111—113、134页。

约在英国东部地区要比西部为早。①

（三）关于自耕农

黄先生将明太祖朱元璋"培植大量小自耕农"，"确定全国小自耕农为主的本位"视为"洪武型"国策的重要弊端之一；同时也是明代不同于欧洲，不是封建社会的标志之一，不能产生资本主义萌芽的原因之一。②这在历史事实上和理论上同样不能成立。

这里姑且不论自耕农的历史地位，即从中西比较而言，中世纪欧洲同明代中国一样存在自耕农民。马克思说：

> 在欧洲一切国家中，封建生产的特点是土地分给尽可能多的臣属。同一切君主的权力一样，封建主的权力不是由他的地租的多少，而是由他的臣民的人数决定的，后者又取决于自耕农的人数。③

马克垚先生在《西欧封建经济形态研究》中对西欧中世纪农民阶级的构成及自由农民的数量也作了论述。他指出，过去我们总是以为西欧封建农民阶级大体上是统一的农奴阶级，现在看来这种观念并不完全正确。农奴不是当时农村中的大多数居民，甚至也许不占多数。法国、德国当然是如此，就是庄园制、农奴制更为巩固、典型的英国，农奴的数目也被估计为其户数最多占农户（佃户）的五分之三，而占全人口的户数的三分之一。因此在农村中除了农奴以外，还有大量的各种依附农民以及自由农民。④

关于"封建化"完成之后，西欧仍存在独立农民问题，许多学者作过研究。20 世纪初，瑞士学者卡罗根据圣加伦修道院文件，指出 9 世纪时有大批自由小农存在。20 世纪 30 年代，苏联学者格拉齐安斯基根据土地转

① 马克垚：《西欧封建经济形态研究》，第 233 页。

② 黄仁宇：《资本主义与二十一世纪》，第 465、473 页。

③ 马克思：《资本论》第 1 卷，《马克思恩格斯全集》第 23 卷，人民出版社 1972 年版，第 785 页。

④ 马克垚：《西欧封建经济形态研究》，第 219 页。

移文书论证了10—12世纪勃艮第乡村有大批独立小农存在。他还举出里昂区芒苏拉桑斯村，保有11世纪初期90件土地转移文书，大部分为小所有者。晚近西方学者不断指出西方乡村中独立农民的存在，如拉图奇说，直到加洛林王朝，庄园化地区仍然很小，还有许多自由农民。①

三　明代"倒退"了吗？

对明代历史地位的评价，学界虽然不尽相同，但是像黄先生那样全面否定、没有根据地抛出明代"倒退论"则属罕见。他将明代国家政策和社会状况概括为"'洪武型'模式，僵化不变。其中心的思路是抑制而不是发展"②。姑且不论他对洪武朝的评论是怎样的不妥，即将洪武朝政策及社会状况说成是整个明代的政策及社会状况就是不科学的。他认为，明代充满了"保守性"、"收敛性"、"消极性"、"被动性"③；"中国社会的功能组织与结构"的特点是"不容易容纳一种商业体制"，"明代统治的独特之处在于其农村经济观念，这是16、17世纪中国经济发展的情况所决定的，我们可以称之为保守性的，这是一个时代错误"，"这种维护落后的农业经济，不愿发展商业及金融业的做法，正是中国在世界范围内由先进的汉唐变为落后的明清的主要原因"④；"这个悲剧"在于"他们的政策是以国家经济活动保持最低水平为基础的"，"是保护落后的经济"⑤；"15世纪下半期是明朝历史上一个死气沉沉的时代"⑥；明代"衰落"，在财政管理上，"不如前朝"，"严重下降"，"唐、宋、元各代的财政结构从来没有像明代这样僵化"，"大而不变的结构是明代财政制度最主要特点之一"，

---

① 马克垚：《西欧封建经济形态研究》，第88页。

② 黄仁宇：《十六世纪明代中国之财政与税收》，第288页；《资本主义与二十一世纪》，第465、466、473页。需要指出的是，黄先生讲的"洪武型"与梁方仲先生讲的"洪武型"，含义完全不同。

③ 黄仁宇：《十六世纪明代中国之财政与税收》，第1、426、428页。

④ 黄仁宇：《资本主义与二十一世纪》，第456页；《十六世纪明代中国之财政与税收》，第1页；《万历十五年·自序》，中华书局1982年版。

⑤ 黄仁宇：《十六世纪明代中国之财政与税收》，第2页；《万历十五年·自序》。

⑥ 黄仁宇：《十六世纪明代中国之财政与税收》，第54页。

"总的来说是倒退而不是进步"①；17 世纪 "满族入主中原确实是中国的倒退"，"新王朝（清朝）最大的过错是过分承袭前朝"②；明代财政制度的许多特征 "是传统中国的典型特点"③。

不论明代是否出现了资本主义萌芽，黄先生的这些观点都是违背历史事实的。

（一）明代的财政经济政策和管理

明代的财政经济政策和管理，真的是 "僵化不变"，"严重下降"，"保护落后的经济"，"保持最低的水平"，"是抑制而不是发展"，"是倒退而不是进步" 吗？这里仅对明中后期财政经济政策的变革及其历史进步性作些简略叙述，以见黄氏明代 "衰落"、"倒退" 论之非。

1. 赋役改革。在明中叶以来均平法、均徭法、十段锦法等持续不断的赋役改革基础上，至万历年间普遍施行一条鞭法。一条鞭法摊丁入地，徭役不再以人户和人丁为征收对象，而是按田亩征收银两，所需由官府 "雇役应付"；米麦、丝绢、棉花、棉布以及额办、派办、土贡等实物田赋，大都 "并为一条"，改为 "计亩征银"，所需由官府采买；田赋与徭役合一，"量地计丁，一概征银"。一条鞭法既是农民、工匠、雇工、工商业者封建人身宗法关系松弛和商品货币经济空前发展的产物，反过来又有力地推动了人身解放进程和商品货币经济的进一步发展，在中国赋役史和货币史上具有划时代的进步意义。

2. 商税改革。大约从成化年间开始，朝廷明确开放禁令，对商税改折收银；以后虽兼收钱钞，但至嘉靖、万历年间，"皆改折用银"，"益专用银"，"遂为定制"。

3. 币制改革。随着商品交易量日益增长，市场日益扩大，跨区域长途贸易日益活跃，商贾和民众越来越舍弃钱、钞而选择白银进行交易，白银遂成为主要流通手段。

---

①　黄仁宇：《十六世纪明代中国之财政与税收》，第 420、421、426、427 页。

②　同上书，第 427 页。

③　同上书，第 428 页。

明代货币，明初纸币宝钞与铸币铜钱并行；中叶以后，随着商品贸易改用白银，商税改折白银，赋役改征白银，遂由钱、钞逐渐向白银过渡；嘉靖、万历以后，白银成为国家主要货币，货币体制改行贵金属银本位，实现了我国货币体系的历史性转变。白银货币流通量的剧增，货币权力的扩大，进一步推动了商品经济的繁荣，促使生产关系和社会关系发生深刻变革。

4. 官营手工业向商品化和民营化的历史性转变。明前期，自然经济占主导地位，市场交换规模较小，宫廷、官府、军队所需物料、器械，所建工程，及皇室、贵族所需生活用品，主要不是通过市场购买，而是向民间征派及由官府直接控制的手工业生产来供应，于是官手工业在整个手工业生产中占据重要地位。官手工业的所有权是官有，经营权是官办；劳动者是劳役性征派；原料是无偿征用；产品流向是朝廷、官府、军队，明显地体现出封建垄断和封建徭役的性质。

明中后期，在工农业生产商品化历史潮流冲击下，官手工业发生了由劳役式经营向商品经营，由官营向民营的历史性转变。这一转变首先从工匠制瓦解、雇佣制施行和物料征派制瓦解、改折征银开始，然后引起各主要官手工业部门体制的商品化、民营化的转变。在这一转变过程中，官手工业日趋走向衰落，民营手工业则趁机开创了全面发展的新局面，有力地推动了生产关系的变革和资本主义萌芽的出现。这是中国古代经济史上前所未有的突破性进展。

5. 开中折色。食盐生产和销售由国家专控是中国古代的传统体制，明前期也是如此。这种官盐行销，明前期主要是"开中制"，它是宋代"中盐"法的继承和发展。开中制虽然起过积极的历史作用，但是这种官府垄断专卖制的弊端在明中叶以后越来越明显地暴露出来，对其进行改革已成必然之势。而明中叶以后正处于赋役和物料由征收实物走向改折白银，粮食商品化程度日渐增强的社会经济发展大势之中，由此决定了"开中折色"新法的施行，即官盐体制由纳粮中盐改为纳银中盐。开中折色实际是商人直接向盐业官署购买盐货，在市场行销，与官府之间的商品交易关系取代了以运粮赴边换取出售权的强制关系。盐业官署将货银上缴户部国库，不仅促进了边饷采买制的施行，而且为粮商的发展提供了机遇。由纳粮中盐到纳银中盐的转变及世袭劳役灶户制的瓦解是我国古代盐业经营体制的历史性进步。万历年间施行的"纲运法"是一次更为深刻的变革，基本结束了中国古代长期施行的食盐官收官售的官专卖体制，而走上官府特许的商收商售的商专卖体制，实现了中国古代盐政史上一次划时代的飞跃。

6. 开放海外贸易。黄先生强调"在朱元璋之法令下"，"全国军民不许泛海"①，但却不提其历史背景及历史变化。明太祖的"禁海令"主要是针对倭寇的，即使在明初，贡舶贸易及民间海上走私贸易也没有停顿，到了明后期更有较大发展。特别是在隆庆初年朝廷解除海禁，开放海外贸易之后，合法申报及隐蔽走私贸易更快速增长，"五方之贾，熙熙水国，刳艅艎，分市东西路"②。通过海外贸易，明朝不仅交换了商品，而且换取到大量白银。

7. 冲破社会生活方式的等级限制。明初服饰、屋宇、器用、婚丧等皆有等级限制，不得违制；明中后期，许多定制逐渐被冲破，僭礼逾式现象越来越普遍，"虽逾制犯禁，不知忌也"，"不复知有明禁，群相蹈之"。黄先生在谈论"洪武型"时说，"在朱元璋之法令下，商贾之家不许穿绸纱"。③ 孰不知，到了明中后期，已是"商贾之家策肥而乘坚，衣文绣绮縠……其富与王侯埒也"④。扬州商人更是"无不盛宫室、美衣服、侈饮食、饰舆马及诸摊钱之戏"⑤。

（二）明代的商品经济

黄先生认为明代"维护落后的农业经济"，没有什么商品经济，这是其"衰落"、"倒退"的主要原因。关于明代商品经济的空前发展，已有不少学者作过论述，这里拟从另外的角度评述一下黄先生对明代商品经济的错误看法，即双重标准和自相矛盾。

---

① 黄仁宇：《资本主义与二十一世纪》，第465页。
② 周起元：《东西洋考序》。
③ 黄仁宇：《资本主义与二十一世纪》，第465页。
④ 李梦阳：《拟处置盐法事宜状》，《明经世文编》卷一三八。
⑤ 李维桢：《太泌山房集》卷七一《吴雅士家传》。

　　所谓双重标准，即在他看来，某些原则或历史现象，在欧洲是商品经济发展的表现，而在明代则不是。例如，黄先生将"自然经济蜕变而为金融经济的过程"视为资本主义出现和形成的标准，但是在讨论中国传统社会能否出现资本主义萌芽时，他又认为这一提法"解释过于松懈，而且用于了解中国的情形，极易生误解"①。为什么呢？他回答道："在近代之前中国的商业组织及内河商业之范围却曾多次突出于西方……中国之商业长期在西方两个极端（即封建制度下的极端封闭和资本主义下之极端展开）之间。如果说商业以远距离之姿态行之，批发商能干预零售及制造即能算资本主义，则中国有许多这样的例子，例如外放分工办法即曾在明末清初出现，可是这样的发展没有普及成一般现象，其间不上不下的情形只赢得一个'资本主义萌芽'的名目，因而局面更为尴尬。"②就是说，中国明代已经有了发达的商业，它高于欧洲中世纪，低于欧洲近代资本主义，而且有了长途贩运及外放分包，如果援引"自然经济蜕变而为金融经济的过程"即为资本主义的定义，明代岂不出现了资本主义？因此这个原则，这个定义只适用于西方，而不适用于中国。至于他在这里对中国学者使用的"资本主义萌芽"概念的批评和讽刺更是苍白无力。正因为资本主义因素虽已出现，但尚未"普及成一般现象"；虽已诞生于封建母体，但还未形成资本主义社会，处于"不上不下"的状态，故此称之为"资本主义萌芽"，何"尴尬"之有？

　　在黄先生论著中，这样双重标准的提法不少。如：他曾声称，资本主义就是"重商主义"③；可是当他批评毛泽东"中国封建社会内商品经济的发展，已经孕育着资本主义的萌芽"的论断时，又否定商品经济在资本主义生成中的推进作用，说什么"商品经济缺乏这种组织能力，也不能成为一种运动，亦即是无法孕育资本主义"④。真不知他的哪个观点算数？

　　所谓自相矛盾，即是对一些重要经济现象，忽而这样说，忽而那样说，随需要而改变，没有定准。例如，关于明代的白银，他说："明末以

---

① 黄仁宇：《资本主义与二十一世纪》，第12页。
② 同上书，第12—13页。
③ 同上书，第512页。
④ 黄仁宇：《现代中国的历程》，第256页。

来白银供应有限，一般人复用以造器皿，作装饰，因之商业上的银根极紧。……在这种种限制之下，所谓中国的'商品经济'及'金融经济'与'实物经济'与'自然经济'实在分划不出明显界限，也无从与欧洲现代经济史里产生此种名目时相提并论。"① 按照这种说法，明后期"白银供应有限"，数量不多；使用范围又用来造器皿，作装饰，投入商贸很少，"商业上的银根极紧"，因此谈不上有什么商品经济、金融经济。当然，这些论断都是违背历史实际的。

可是，在另外的一些地方，当他批评明代财政管理时，对白银的使用状况，又换了一种说法："许多明钱要比 14 世纪铸造的宋钱质量低劣，这种情况导致未被铸造成银钱的白银在官方和民间交易中广泛应用，引起了很多麻烦和混乱。"② "官营工业是进一步说明管理不力的一个很好的例子。……但实际上从 15 世纪中期开始就已经很少有工匠亲自应役，而是以银代役。"③ "虽说 15 世纪沟通南北的大运河通航使实物交纳有了一部分的集中，可是当中的会计责任仍落在下级单位。在 16 世纪很多收支已经用银，至 17 世纪之后清取明代之，这样的补给制度仍没有改变，仍是'洪武型'。"④ 不管出于什么原因，他的这些叙述，不得不承认白银在商业贸易中"广泛应用"；在官手工业中，"以银代役"；在补给制度中，"很多收支已经用银"。这些叙述与其"白银供应有限"，"商业银根极紧"，没有商品经济、金融经济的说法，岂不自相矛盾？

（三）明代的法律

黄先生认为西欧中世纪与中国传统社会"两方法制不同"，这是中国传统社会不能产生资本主义的一个重要原因，也是明代"倒退"的"症结"。他反复强调：中国工商业的发展"所遭遇的最大阻碍乃私人财产权缺乏司法的保障"⑤。"我们既说资本主义不曾在中国产生，但我们也无法

---

① 黄仁宇：《资本主义与二十一世纪》，第 20 页。
② 黄仁宇：《十六世纪明代之财政与税收》，第 421 页。
③ 同上书，第 425 页。
④ 黄仁宇：《资本主义与二十一世纪》，第 466 页。
⑤ 同上书，第 21 页。

全部缕列不能产生的原因。一走兽有别于一飞禽，其间关系着两方的组织与结构，不能仅以'没有翅膀'作一切之解释。以下提到两方法制之不同，与其说是概括了不能产生的原因，毋宁说是在其重点上暴露着双方组织与结构的差异，作为不能产生的证据。"① "中国二千年来，以道德代替法律，至明代而极，这就是一切问题的症结"，"不承认私人财产权"，与"有效率的私人财产权，真是南辕北辙"②。"这样的法制只能以道德标榜"，"无从固定私人财产权的绝对性，衙门无从判断如何获得财产为合法，何种方式的佃赁典当为有效，如何可以分析归并与遗传。这类情事在成文法里只有极简陋的原则"③。

以上所云，大致有三层意思：一是中国传统社会对"私人财产权"没有法律保障，没有固定，不予承认；二是中国传统社会以道德代替法律，"至明代而极"；三是中国传统社会成文法极为简陋，无法判定经济案件。由于有了这三方面的原因，所以中国传统社会不可能产生资本主义，而西方则与此相反，就犹如"一走兽有别于一飞禽"。其实，这些观点都是值得商榷的。

法律是社会经济关系的产物。人们的社会规则"最初来自物质生产条件，过了很久以后才上升为法律"④。西欧资产阶级法律同样经历了逐渐形成的过程，是资本主义社会经济关系决定了相应的法律，而非相反。著名的《拿破仑法典》并没有创立资产阶级社会，而只是资产阶级社会的法律表现。马克思指出：

> 社会不是以法律为基础的。那是法学家们的幻想。相反地，法律应该以社会为基础。……现在我手里拿着的这本 Code Napoleon［拿破仑法典］并没有创立现代的资产阶级社会。相反地，产生于十八世纪并在十九世纪继续发展的资产阶级社会，只是在这本法典中找到了它

---

① 黄仁宇：《资本主义与二十一世纪》，第22页。
② 黄仁宇：《万历十五年·自序》；《资本主义与二十一世纪》，第24、25页。
③ 黄仁宇：《资本主义与二十一世纪》，第460页。
④ 马克思：《哲学的贫困》，《马克思恩格斯选集》第1卷，人民出版社1972年版，第129页。

的法律的表现。①

黄先生一方面淡化社会经济关系，极力夸大法律在西欧社会变迁中的作用；另一方面又不顾历史事实，极力贬低中华传统法律体系在传统社会中起到的应有作用。中国传统法制虽有"原情"，顾及人性的特点，但绝非"以道德代替法律"，而有自己的法律体系，其中尤以《唐律》和《大明律》最为完备，被称为"中华法系的典型代表"、"中国封建法典的楷模"。《大明律》在《唐律》基础上增减删改，在结构和内容上又有新的发展，反映了明朝的时代特点和社会的进步②，并非"以道德代替法律，至明代而极"。

在封建时代，皇帝虽然可以一言立法，一言废法，但从根本上说，终究不能摆脱社会历史条件的制约，不能离开社会这个基础，而完全抛弃法律、凭个人意志恣意横行。封建法律虽然反映了封建统治阶级的意愿，但为了协调社会阶级关系，维护统治，稳定秩序，也有许多保护民众财产权益的条文。这里仅拟对明代，特别是明中后期国家及地方官府保护商人及手工业雇主、雇工权益的律例做些叙述。

《大明律·户律》中有不少条文都有保护私人财产的内容，而且随着商品经济的发展，在弘治、嘉靖、万历《问刑条例》中又增加了保护中外商人及保障商税纳银的内容。例如：《户律七·市廛·私充牙行埠头》条，《弘治问刑条例》《嘉靖问刑条例》《万历问刑条例》比原律文增加："各处客商辐辏去处，若牙行及无藉之徒，用强邀截客货者"及"诓赊货物"者治罪；"杨村、蔡村、河西务等处，如有用强拦截民运粮船，在家包雇车辆，逼勒多出脚钱者"治罪的内容。③

《户律七·市廛·把持行市》条，《嘉靖问刑条例》和《万历问刑条例》比原律文增加："凡捏称皇店，在于京城内外等处邀截客商，指勒财

---

① 马克思：《在对民主主义者莱茵区域委员会的审判》，《马克思恩格斯全集》第6卷，人民出版社1961年版，第291—292页。

② 参见拙稿《〈大明律〉的形成及其反映的时代特点》，《张显清文集》，上海辞书出版社2005年版。

③ 黄彰健：《明代律例汇编》下册，（台湾）精华印书馆股份有限公司1979年版，第577页。

物者"治罪的内容；《万历问刑条例》增加："凡夷人朝贡到京，会同馆开市五日，各铺行人等，将不系应禁之物入馆，两平交易。染作布绢等项，立即交还，如赊买，及故意拖延，骗勒夷人久候，不得起程者"问罪。此《条例》还将《弘治问刑条例》相关条文中"各夷故违，潜入人家交易者"治罪，改为"诱引夷人潜入人家，私相交易者"治罪，即将强调惩治对象为违制夷人改为"诱引夷人"的华人。①

《户律五·课税·匿税》条，《万历问刑条例》及《例》中，比原律文增加："若权豪无藉之徒，结党把持，拦截生事，搅扰商税者"及"倚势用强，揹勒客商"者治罪。②

关于纳税由钱钞改为银，在律例中也有反映。《弘治问刑条例》中有"在京在外税课司局、批验茶引所，但系一应税纳钱钞去处，省令客商人等自纳，若权豪无藉之徒，结党把持，拦截生事，及将烂钞低钱搪塞，搅扰商税者问罪"③。而在《嘉靖新例》中则规定："将经过军民船只应纳钱钞数目，自嘉靖捌年拾月初壹日为始，照例每钞壹贯折银叁厘，每钱柒文折银壹分。"④ 万历七年十一月户部题准，"凡纳税钱钞去处已改纳银"，故《万历问刑条例》中《在京在外税科司局》一款将《弘治问刑条例》中相同款项的"但系一应税纳钱钞去处"改为"但系纳税去处"，删掉"钱钞"二字；将"将烂钞低钱搪塞"一语删掉，其它语句相同。⑤

地方官府则遵照朝廷律例判处商事纠纷与商业诉讼。范金民等著《明清商事纠纷与商业诉讼》⑥ 一书，通过大量司法案例，考察了明清商人、商帮、商会因商业权益而引发的纠纷与诉讼。在诉讼中，经过官府的判决，胜诉者大都维护了自己的正当权益。这些纠纷与诉讼包括商业经营纠纷与诉讼、商会产生后的商事纠纷与商业诉讼、商人控诉地方政府应值当行等无偿索取、商帮与商帮的商业竞争与纠纷、商帮与社会各阶层的矛盾

---

① 黄彰健：《明代律例汇编》下册，（台湾）精华印书馆股份有限公司1979年版，第579—582页。
② 同上书，第567—568页。
③ 同上书，第513页。
④ 同上书，第514页。
⑤ 同上书，第567—568页。
⑥ 范金民等：《明清商事纠纷与商业诉讼》，南京大学出版社2007年版。

纠葛等。其中商业经营纠纷与诉讼又包括合伙经营、亏欠银钱、商业借款、商货承运、财东与经营人、商业规例、假冒字号商标、中西通商中的商欠等内容。商事纠纷和商业诉讼的大量涌现，反映了明清商业的空前发展，反映了商人势力的日益扩大及其通过法律维护自身权益的要求，也反映了法律对商人正当权益的保护。

地方官府还对手工业中的劳资纠纷进行审理和裁判，雍正年间苏州所立永禁机匠叫歇碑①即为明证。碑文写道："苏城机户，类多雇人工织，机户出资经营，机匠计工受值，原属相需，各无异议。"但机户与机匠之间的纠纷时有发生，机匠被"主家所弃"，遂"倡为帮行名色，挟众叫歇，勒加银，使机户停织，机匠废业"，于是 61 家机户向官府请求立碑，禁止机匠"聚众叫歇误工"。这种劳资冲突，已成为严重的社会问题，官府遂勒石立碑，申明律令，一方面禁止机匠"叫歇"罢工，另一方面对保障机匠的"工价"、"常例酒资"等经济权益也做了规定，以求"铺匠相安"。

黄先生为了说明中国传统官员"不承认私人财产权"，还举了朱熹和海瑞这两个"模范官僚"作为典型事例。关于朱熹，他说，朱熹"在江西任地方官时，曾发布《晓谕兄弟争取产事》的公告，内中提及'照对礼经，凡人子不蓄私财，而律文亦有别籍异财之禁'。……骨子里即暴露了传统官僚组织以道德代替法律，不承认私人财产权的特色"。② 其实，朱熹所讲，是以承认和维护以家长为核心的家庭财产权为前提的，在这个前提下，劝导"人子不蓄私财"。家庭财产权也是私人财产权，是比个人扩大了的私人财产权，不能以此断定"以道德代替法律，不承认私人财产权"。

关于海瑞，黄先生引用了海瑞任淳安知县时颁发的《兴革条例》中的一段话加以评论。其中海瑞有云："事在争产业，与其屈小民，宁屈乡宦，以救弊也。事在争言貌，与其屈乡宦，宁屈小民，以存体也。"黄先生对此评论道，朱熹与海瑞相去约 400 年，"彼此都不顾及内在的

---

① 《长洲县永禁机匠叫歇碑》，《明清苏州工商业碑刻集》，江苏人民出版社 1981 年版，第 15—17 页。

② 黄仁宇：《资本主义与二十一世纪》，第 24 页。

公平"，"法庭审案原不是为民服务，可以置案情的经济性格于不顾，而只着意保全中国传统的社会组织"①。黄先生的评论失之公允。首先，海瑞的审案方针确有不当之处，他从维护封建礼法出发，在审理有关礼仪言貌的疑难案件时，主张偏护乡宦而抑制小民；但是他并不是所有的案件都"不顾及内在的公平"，在审理"争产业"疑难案件时，则主张保护小民而打击乡宦，因为这类案件大都是乡宦侵夺小民财产，他的方针正体现了"公平"。其次，海瑞上段话原文在"以救弊也"之下有一个注："乡宦计夺小民田产，债轴假契，侵界威逼，无所不为，为富不仁，比比有之，故曰救弊"②。黄先生在引用这段话时，偷偷将这个"注"删掉了。而这个"注"恰恰是海瑞在说明在审理"争产业"案件时为什么要惩治乡宦的原因，因为他们使用阴谋诡计，威逼强夺，霸占小民田产，怎么能说这"不是为民"，"不公平"，"置案情的经济性格于不顾"呢？保护小民财产也是保护私人财产权，怎么能说这是"不承认私人财产权"呢？

史实表明，明代绝非"衰落"、"倒退"。明前期开创的盛世，推动中国传统封建社会走向巅峰；明后期，农业、手工业、商业、金融业、城镇、交通、科学技术与前代相比，都有不同程度的提高或突破性新进展，社会阶级关系、社会生活、政治、法律、思想、文学艺术等也发生相应变化。总体来看，明代的社会发展水平，不仅超越了前代，而且位居世界强国，在其后期，开始起步向近代社会转型，成为我国早期近代化的起点。关于明代后期社会转型的具体状况，我们在《明代后期社会转型研究》一书中作了比较全面系统地论述，这里不赘。

四　方法论的差异

研究方法的差异是导致黄先生在资本主义萌芽问题上与我们发生分歧的又一重要原因。例如，观察问题的绝对化，认为中国传统社会与西欧中

---

① 黄仁宇：《资本主义与二十一世纪》，第24页。
② 《海瑞集》上册，中华书局1962年版，第117页。

世纪"根本不同","天壤之别",没有统一性;再如,不承认事物发展的过程性、曲折性。关于前者,在前文中已多涉及;关于后者,再稍作评述。

他关于中国明清为什么不能出现资本主义萌芽的论断,多与不承认或不愿承认资本主义是一个发生、发展的历史过程有关。例如他说:"外放分工办法即曾在明末清初出现,可是这样的发展没有普及成一般现象,其间不上不下的情形只赢得一个'资本主义萌芽'的名目,因而局面更加尴尬。世界上竟有何种名花异卉,会'萌芽'达三四百年,还不曾开花结果?可见得两方社会组织有根本不同之处,作者没有将资本主义定义规划清楚,于是削足适履,产生一个非驴非马之称呼。"[1]"说不待西方资本主义侵入,中国也会缓慢的树立本身独创的资本主义,纯系臆度之辞。"[2]"而称此等例外及昙花一现之事迹为资本主义,只有淆乱听闻,纵收宣传之功效。"[3]资本主义的形成"绝非'缓慢的'或者自然而然可以发育成长"[4]。

任何事物的发展都不是径直的,而是曲折的,都有一个从无到有,从小到大,从弱到强,从稚嫩到成熟的演变过程。人类历史的总趋势是向前发展的,但其发展过程是螺旋式的,前进中有迂回,有波折,甚至有暂时停顿或逆转。资本主义社会形态的发展也是如此。在西欧,从资本主义萌芽出现到资本主义制度确立和巩固经历了长达四百多年的时间,其中也遇到了许多的波折。

我们使用的"资本主义萌芽"这个概念的确含有比喻性,而且是一个比较贴切的比喻。它用植物的破土萌生比喻资本主义生产关系冲破封建生产关系的桎梏而在世间出现,实现了从无到有的突破。植物的萌芽一般是幼小的、稚嫩的,资本主义关系刚在人类社会出现时,同样是幼嫩的,在分布上还不是很普遍,在体质上既具有新的资本主义性质又还保留某些旧的母体的遗存,从这个意义上说它"不上不下","非驴非马",也未尝不可。

---

[1]　黄仁宇:《资本主义与二十一世纪》,第13页。
[2]　同上书,第21—22页。
[3]　同上书,第22页。
[4]　黄仁宇:《现代中国的历程》,第256页。

植物萌芽之后，进入发育、生长的过程。在这个过程中，如果总体条件适宜，则虽有曲折但终会由萌芽走向开花结果；如果遇到风寒冰雹，狂风暴雨，则萌芽或受到创伤，或由创伤走向复苏。复苏之后，可能正常生长，也可能再遭外力而走向变异。无论是哪种结果，都不能否定这种植物当初曾经"萌芽"过。

中国资本主义萌芽自明中后期出现并有一定程度发育生长之后，至清初社会巨变遭到重创，到了乾隆年间复苏；待到鸦片战争之后，在外国列强侵略下，中国沦落为半殖民地半封建社会，遂未能走上完整的资本主义社会。这的确是一个漫长曲折的历史过程，我们不应因后来的社会状况而否定中国资本主义的初生。

五　历史观的不同

黄先生在谈他的"大历史"观时说道：历史家"最重要的任务，是把今人的立场解释得合理化"①。"在这关头（指中国直到 20 世纪 80 年代'才完成了可以在数目字上管理的条件，自此中国历史，才正式与西洋文化汇合'——引者注）重订历史，首先就要把丛错的事迹，针对今日着眼，并且追根究底……最后才归结到今日。这样草拟的历史，属于'大历史'的范畴。"②"我现在说的修订（中国历史）并不是研磋考证，而是将现有史料，重新安排，注入新的眼光，做这样的工作需要的不是才华，而是视界。"③

黄先生以上讲了三层意思：一是用历史解释今人立场的"合理化"；二是以今人之需要重订历史；三是以历史家的"新的眼光"、"视界"，重新安排史料，修订历史。在这样的历史观之下，难怪他说，他对资本主义没有"一个确切的定义"，没有"一种一成不变的定义"④，而是随着自己的需要而改变。

---

① 黄仁宇：《现代中国的历程》，第 260 页。
② 同上。
③ 同上书，第 261 页。
④ 同上书，第 165、177 页。

　　这样的历史观，我们是不能同意的。历史是以往人类社会的客观存在，"今人的立场"各有不同，不能为了附和、解释某种立场而随意改变客观历史事实。历史不能像对待女孩子一样随意装扮。现实社会是历史的延续和发展，既有继承又有区别，不能以今日某些个人、群体、集团的需要而任意改造历史。历史不能像画皮一样任意图抹。研究历史需要"眼光"和"视界"，但是"眼光"和"视界"有正确与错误，科学与荒谬之别，只有唯物史观才能揭示历史的本来面貌，而唯心史观则往往歪曲历史。研究历史不仅需要"眼光"和"视界"，还需要"研磋考证"，发掘把握大量史料，并对之加以考证、分析，然后从中引出结论，而不能仅仅是将某些史料按照自己的"眼光""重新安排"。

　　本文叙述了在资本主义、封建主义、明代社会及方法论等问题上，我们与黄先生的不同认识。这些不同认识也许就是由于历史观的不同而产生的吧。惟其如此，黄先生对"明清资本主义萌芽论"发起批评和讥讽，也就不可避免，不足为奇了。

　　[附记] 本文完稿后，明史专家陈梧桐先生向我推荐了两篇论文，一篇是他本人的《〈万历十五年〉质疑》(《历史学家茶座》2006 年第 2辑)，另一篇是明史专家李龙潜先生的《也评黄仁宇著〈十六世纪明代中国之财政与税收〉》(《明清论丛》第九辑)。陈先生的文章从历史观和研究方法上对黄仁宇《万历十五年》进行了批评，指出"由于作者错误的明史观，加之违反史学研究的规范，对史料采用各取所需甚至歪曲、篡改的手段……作为学术著作尚不够格，作为大众读物传播的是错误的明史知识，实在不值得肯定和热捧"。李先生的文章是一篇七万余言的巨制，分正文与附录两部分，历时三年始成，以翔实的史料、精湛的分析，有力地批驳了黄氏该书中史实的错误和观点的悖谬；在"附录"中，列举了黄氏该书 59 则"引文及说明的错误"，逐条考辨纠正，指出其错误产生的原因是："常识性错误"，"曲解史料"，"未经考订，妄下结论"，"未弄清原文意义，妄加解说"，"从这些错误中，可见作者从事历史研究，非常不严肃，甚至毫无根据地随意解释历史，严重削弱了本书的科学性"。陈、李

二文，对我颇有启示，读之恨晚，如果早些拜读，我的这篇拙稿也许会写得更好些。

癸巳年十月望日

（原载《明史研究论丛》第 13 辑，中国广播影视出版社 2014 年版）

难忘的四年

——缅怀吴晗先生

一

1962 年 7 月，在美丽的燕园度过 5 个春秋之后，我们大学毕业了。在历史系历史专业毕业分配方案中，有解放军总政治学院 8 个名额。我听后，很是兴奋。参加中国人民解放军，是我从儿时起就有的志愿，于是毫不犹豫地报了名。

过了几天，系党总支负责同志找我个别谈话。他说，吴晗先生很想培养一名明史专业研究生，考察了几个，都不满意，他请系里从应届毕业生中物色推荐人选，然后进行正式考试。经系总支研究和系里先生推荐，决定你从现在起就准备功课，报考吴先生的研究生。吴先生是哲学社会科学部学部委员、历史研究所兼职研究员，因此你的人事关系分配到中国科学院哲学社会科学部，能否录取为研究生，视考试成绩而定。

我的心情有些矛盾。吴先生是青年们敬仰的史学家，又是北京市的领导，能做他的学生，继续深造，无疑是非常幸运的；但是对于此，我却毫无思想准备。读大学期间，我并无毕业后考研的打算。我是农家子弟，父母没有文化，兄长姐姐们也没念过什么书，我能在最高学府北京大学读到毕业，已经是得天独厚、心满意足了。北大历史系从三年级起便分"专门化"，我选修的是中国近代史专门化，与中国古代史专门化的同学相比，在古代史基础训练上就缺了课，因此也担心能否考得上，能否适应吴先生的要求。然而那时服从组织决定的观念是很明确和牢固的，于是我便按照系总支的要求，夜以继日地复习起功课来。

这年10月，经过考试，我被录取了。我成了通过研究生正规考试迈入门墙的吴先生的入门弟子，同时也是他的关门弟子。

在人生道路上，某些时刻是关键性的。历史系的推荐、吴先生的录取竟然改变了我一生的职业。分配到军队上的同学，经过磨炼，后来都成了将校军官；而我则成了终年坐在冷板凳上苦苦爬梳的史学工作者。

二

第一次拜见老师，他给我留下了既严厉又慈祥的深刻印象。对学习，要求非常严格；对学生，态度非常和蔼。

那天，我按事前电话约定的时间去他家拜见。吴宅门房，有警卫值勤，经过核实，将我领入先生的书房。四合院的正房，是先生的卧室；坐西朝东的厢房是先生的书房，排满了书架和卡片柜。见了先生后，他首先让我在一张空白信笺上书写了自己的姓名，又提问了一些基本情况。在验明身份之后，他带我到正厅拜见了师母袁震先生。袁先生是隋唐史专家，长期生病，在家休养。吴先生还让我认识了他的儿子吴璋、女儿小彦，他们正在院中玩耍。

然后，先生向我布置了学习任务和学习方法。当时研究生的马列主义理论课、外语课由学部统一教授，专业课由导师教授。先生给我规定的明史专业学习任务是，头二年读书，后一年写论文。读书从明代最基本史籍读起，先读《明史纪事本末》，然后读《明史》，再读《明实录》。读时，要精读，读无标点本，从头到尾，一字一句地点读，不能取巧。要下硬功夫，打好基础；根基不实，不要忙于写文章。

关于学习和辅导方法，他强调了以下几点。一是做资料卡片。先生从青年时代起便下苦功，摘抄了大量卡片，成为史坛的美谈。他向我讲解了做卡片的方法和重要性，并展示了他的卡片柜。二是做索引。一时来不及摘录的资料，要用卡片做出索引，以后补抄。三是写读书笔记。科研贵在发现问题，提出看法。读书过程中的心得、想法要及时写出，以此训练思维能力和写作能力。笔记要定期送他审阅。四是个别辅导。每次辅导，都是我先汇报学习情况及遇到的问题，然后他有针对性地给予讲解。例如，在入学考试的试题中，有一道关于兀良哈三卫的问题。在过去的学习中，我对此没有引起重视。一次辅导，我提出了这个问题。他耐心地作了讲解，并进一步讲解了"南倭北虏"问题在明代历史上的重要性。还说，你是承德人，对兀良哈三卫更应了解。五是听他作学术讲演。他经常在社会上作学术报告，每次都要我跟随一起去，一方面把握他的学术观点，一方面记录整理报告内容。

先生的传道授业，使我受益终生。他既向我传授了他对明史的真知灼见，又金针度人，传授了科学的治学方法和严谨的治学态度。这次拜见后，我便按照他的要求按部就班地学习起来。一个星期日，我去琉璃厂书市买回一部《明史》和一部《明史纪事本末》。因为是穷学生，只好买价钱最便宜的版本。《明史》是商务印书馆"缩印百衲本"，《明史纪事本末》是商务印书馆"万有文库"本。在那些日子里，每天都与它们为伴，上午、下午、晚上三段时间，在办公室里苦读，星期天和节假日也不例外。

三

跟随先生、听他的学术讲演，是我跟他学习的一种重要方式。从 1962 年底到 1963 年夏，我跟着他听了三次学术讲演。一次是中央高级党校关于明史讲演，一次是外交学院关于《资治通鉴》讲演，一次是中央戏曲学院关于封建道德问题讲演。

1962 年 12 月至 1963 年 1 月，先生应中央高级党校之邀连续作了三次关于明史的讲演。这三次讲演，分为"四讲"：第一讲"明太祖建国"；第二讲"明成祖迁都北京"、"南倭北虏"；第三讲"东林党争"、"建州女真"；第四讲"郑和下西洋"、"资本主义萌芽"。这些都是"明代最基本、最重要、最关键的问题"。他的讲演，实际也是为我开的系统的明史专业课。他的这次讲演，除了我做记录外，高级党校还安排了速记，速记显然比我记得全、记得准。过了不久，先生告诉我，速记稿已经铅印出来，你就不要再整理了，并随即送我一本。这份内部铅印本，至今我仍珍藏着。
1979 年《北京师院学报》连载的《明史讲座》（吴晗遗稿），其实就是这
个铅印本。

我刚出校门，没见过世面，同先生同乘"ZM"轿车已感拘束，一起
与学界泰斗共餐更觉惶恐。先生在高级党校第一次讲演的中午，杨献珍、
艾思奇等校方领导宴请他。我不肯入席，对先生讲，我同司机同志一起
吃；先生不同意，不仅让我同桌就餐，还把我向诸位作了介绍。他们见我
腼腆拘谨，有一位（我叫不上名字）便幽默地说："小青（'显清'的
'清'与'青'谐音）喝酒。"我的紧张情绪逐渐消失，也大胆地喝了几
小口酒。这是我平生第一次喝酒，竟然喝的就是国酒茅台。席间，他们相
互问候，并谈些趣闻。记得先生曾讲到，工作之余，他同老师钓鱼、同中
央领导打牌的雅事。宴会之后，杨献珍同志特意坐在先生的车里，送他到
校门口。在车上，先生说很羡慕杨献珍同志在党校工作，可以专心于学术
研究。这次宴会，在"文革"中，我只字未提，否则真会成为一枚重磅
炮弹。

1963 年 4 月 15 日上午，先生在中央戏曲学院作"关于封建道德问题"
的讲演，我的记录犹存。他讲了四个问题：一、什么是道德；二、封建道
德的发展变化；三、道德继承问题；四、戏曲与道德。他以马克思主义道
德观和唯物史观深入浅出地阐述了道德的阶级性、时代性，结合中国历史
实际剖析了忠孝节义等封建道德的内涵及其在不同历史时期的具体内容。
在论述"全部继承"、"颂古非今"、"取其糟粕，去其精华"的错误的同
时，重点批评了对中国历史文化全盘否定的"左"的倾向。他尖锐地指
出："过去搞历史研究的人有缺点，搞左的，否定太多。原因是强调农民
起义，把农民起义反对的时代写成漆黑一团、一无是处。这种观点影响到
一切方面，只有农民起义才是好人，其他一无是处。我们的民族是了不起
的，难道我们祖先都是坏蛋？怎样生衍出这样好的子孙！很多人认为旧时
代没一点好东西，一切从头开始。他们忘记了列宁在《青年团的任务》中
讲的必须善于吸取人类的全部知识，只有确切地了解人类全部发展过程所
创造的文化，只有对这种文化加以改造，才能建设无产阶级的文化；也忘
记了毛主席说的从孔夫子到孙中山都要加以总结的话。""当然不是全部继

承，而是批判继承。""不是无保留的继承，要继承那些对今天有积极意义的东西。""全部否定，就是不孝子孙。"

当时，先生还公开发表过关于道德继承问题的文章。这些文章，在批判"修正主义"浪潮和"文革"浩劫中，都被诬陷为"反革命修正主义"罪状。这次讲演，观点更加透彻、鲜明，但未公开发表，不知在戏曲学院是否曾遭批判的厄运。

四

当时的学部还没有研究生院，在研究生培养和管理方法上还不像现在这样规范，各所、各研究室都不尽相同。我那时党的和行政的关系在历史所明清史组。毋庸讳言，在如何培养我的问题上，所内、组内一些负责同志的考虑与吴先生的安排存在一些歧异。他们曾对我说，不能"死读书"，应和组内同志一起搞点研究；还应担当一些社会工作。我来所不久，所领导便同我谈话，要我担任团支部书记。那时政治活动很多，我虽然担心影响学习，但还是接受了。1963 年下半年，整理曲阜孔府历史档案项目启动，明清史组组长向老（杨向奎）提出让我也参加，并要我去征求吴先生的意见。我左右为难，生怕先生不同意。出乎意料，先生非常开明，同意我参加。

当年 6 月，所里派我去打前站。我怀揣着学部公函和向老致省委宣传部部长王众音同志的信札奔赴济南。这是我第一次出公差，虽然还是没有品级的学生，但由于来自"大机关"，又有王部长的关照，因此任务完成得很顺利。7 月份，整理小组在向老的亲自带领下来到孔府，开始工作。这是我第一次接触那么多的明清原始档案，真可以用汗牛充栋来形容，我的眼界大开；这也是我第一次接受从挑选到拟题、标点整理历史档案的基本训练。在向老和诸位学长的带领帮助下，半年的孔档整理工作，同吴先生要求的认真读书一样，都使我受益无穷。当时在历史文化资源共享方面，比现在便利得多，向老主持的这个项目，真是为学界做了一件大好事。

五

1963 年底，整理小组回到北京。其他同志开始《孔府贵族地主研究》的写作，而我又恢复了研究生功课的学习。

1964 年初春，我去看望先生。曲阜香稻，明清时是皇家贡品。我带了少许，送给先生和师母尝鲜。那个时代，不讲送礼。这是我 4 年学习期间，唯一一次给先生"进贡"。这次见面，先生告诉我，他正在修订《朱元璋传》。这时他身体不太好，但并未要我帮他做些什么，或许是怕耽误我的学习，或许是觉得我还难以胜任他所交办的任务。很快，新版《朱元璋传》面世，先生赠我留念。

1964 年下半年，政治形势发生变化。秋季，学部全体工作人员去山东海阳等地参加"四清"。我是否去搞"四清"，所里要我征询先生的意见。先生在政治上是绝对同党中央保持一致的，他不仅同意我去，还嘱咐要努力工作，接受锻炼。

1965 年春天，我们从农村回到北京。本以为可以安心学习，并着手毕业论文的准备，但不久新的政治任务又下达了。上级决定，下半年还要派人参加"四清"。我虽然对学习无法正常进行感到惋惜，但认为"四清"是党中央、毛主席提出的重大政治任务，作为一名年轻的共产党员应该积极响应，于是又报了名。征询先生的意见，他也同意。这次"四清"是在北京市房山县。组织决定我担任南尚乐公社辛庄大队"四清"工作队队长、党支部书记。这是一个 300 多户的大村，我在各工作队队长中是比较年轻的一个。

1965 年 11 月的一天，辛庄大队广播喇叭传出姚文元批判《海瑞罢官》的文章，我感到异常震惊和困惑。此后风声日紧。1966 年初，"四清"工作队员回城过春节，我给先生去电话，提出想去看他，他说暂时不要来，以后再说。先生当时正在被迫作"自我批评"，心境肯定十分复杂，因此婉言拒绝。想不到，这竟是同他最后的一次通话。春节过后，我们又回到村里。此后风浪日险。当时曾传出要抽调一批骨干去内蒙古"四清"的信息，我倒愿意去，以为如此可以躲过北京的运动，但这只不过是天真的幻想而已。6 月 18 日，"四清"工作队撤离房山，回本单位参加"文革"。此时，先生已被打成"牛鬼蛇神"，更无法见到他了。

　　从到历史所至"文革"开始的 4 年，我既是吴先生的学生，又是历史所的工作人员，在政治上经受了锻炼，在学业上经受了熏陶。如果说这 4 年是难忘的岁月的话，那么此后的 10 年就不堪回首了。

（原载《求真务实五十载——历史研究所同仁述往》，
中国社会科学出版社 2004 年版）

吴晗著《明史简述》导言

　　吴晗，著名史学家，教育家，社会活动家。1909 年生于浙江义乌。1935 年毕业于清华大学历史系，留校任教，讲授明史。1937 年至 1946 年，先后任教于云南大学、西南联大。1946 年返回北平，仍任教于清华大学。抗日战争和解放战争期间，他在中国共产党的领导下，英勇参加反侵略、反独裁、反内战、反饥饿的爱国民主运动，是与闻一多、李公朴齐名的民主斗士。新中国成立后，任北京市副市长、北京市政协副主席、民盟中央副主席、民盟北京市主委、中国科学院哲学社会科学部学部委员、北京市历史学会会长。1957 年，加入中国共产党，由爱国的民主主义者转变为忠诚的共产主义者。1961 年，响应学习海瑞精神的号召，编写历史剧《海瑞罢官》。"文革"伊始，惨遭迫害。1969 年含冤而逝，享年 60 岁。1979 年，冤狱终得昭雪。

　　吴晗以明史研究的卓越成就奠定了自己在当代史学史中的重要地位，他的学术专著《朱元璋传》和《读史札记》等成为闻名中外的传世力作。不仅如此，他还是新中国史坛大师中最注重历史知识普及的一位。他抱着"把知识普及给人民"的强烈责任感，呕心沥血，为普及历史知识作出了杰出贡献。

　　他是普及历史知识的积极倡导者。他对学习和普及历史知识的重要性有深刻的认识，为倡导学习历史、普及历史知识大声疾呼，写了许多文章，发表了许多讲话。他指出：历史学"要在提高的指导下普及，在普及的基础上提高，两者不可偏废"。"必须把提高了的东西普及给全国人民，要使人人懂得点自己的和别的国家的历史，掌握社会发展的规律，认识自己的前途，并通过历史的学习，更加热爱自己的祖国，热爱党，热爱人民，信心百倍地投身到社会主义事业的建设洪流中去"。只有普及与提高相结合，才能使我国不仅在政治、经济上，而且"在文化上也达到世界的高峰"。而要做好普及，就"必须深入浅出，道理要讲透，文字要让人尽可能地读懂。要化艰深的道理为日常说话，谁都听得进去，不要把简单的事物说得使人莫测高深。还要照顾到读者的年龄特征"。

他是普及历史知识的有力组织者。为了把知识普及给人民，他以极大的热忱，不辞辛劳，做了大量组织协调工作。标点《资治通鉴》和《续资治通鉴》、标点二十四史、改绘杨守敬《历代舆地图》是新中国成立后毛主席提出的三大史学工程，而吴晗则是实施这三大工程的主要组织者。《中国历史小丛书》《外国历史小丛书》《地理小丛书》《语文小丛书》《中国历史常识》等是"文化大革命"前编纂出版的几部大型通俗性丛书，发行量之高，读者面之广，罕有与之相媲美者，而吴晗则是它们的发起者和主编。为了普及历史知识，他还主持出版了《明经世文编》《国榷》《海瑞集》等古籍；对北京市小学历史教材进行改革试点。在他看来，历史剧也是普及历史知识、进行爱国主义教育的好形式，因此不仅参与历史剧的讨论，而且主持编写了《历史剧拟目》。他所组织的这些普及项目，真是功德无量，彪炳于社会主义文化发展史册。

他是普及历史知识的真诚实践者。吴晗才华横溢，精力旺盛，勤奋不懈，在大学时代即已名扬史坛，此后直到"文化大革命"罹难，始终笔耕不辍，著述等身。他真诚地践履着"把知识普及给人民"的主张，一生撰写了大量普及性的学术论著；即使像《朱元璋传》《读史札记》等学术性很强的论著也都写得如行云流水，虽然学术底蕴深厚，但读来并不感到艰涩难解。他撰写的普及性史学论文、散文、杂文主要收录在以下几个集子中：《历史的镜子》（1946年生活书店出版）、《史事与人物》（1948年生活书店出版）、《皇权与绅权》（1948年上海观察社出版）、《投枪集》（1959年作家出版社出版）、《灯下集》（1960年三联书店出版）、《春天集》（1961年作家出版社出版）、《学习集》（1963年北京出版社出版），此外还有《海瑞的故事》（1959年中华书局出版、1963年第2版）。

这些普及性学术文章虽然通俗易懂，但都蕴涵着作者的真知灼见，其内容大体可以分为以下几类。第一类，史论。例如为什么学习、普及历史知识，怎样学习、研究历史，关于历史人物评价问题，关于封建道德问题，关于历史剧问题等。第二类，史事。这类内容非常广泛，涉及经济、政治、军事、社会生活、社会习俗、文化、教育、科学、民族关系、中外关系等。第三类，古籍文献，典章制度。第四类，历史人物。人是历史活动的主体，史学研究离不开历史人物。历史人物的研究是吴晗史学研究的一个重点。从先秦到近现代的许多人物都成为他的品评对象，从中引出有益的启迪。对司马迁、曹操、诸葛亮、斛律金、冼夫人、窦建德、玄奘、文成公主、武则天、文天祥、朱元璋、况钟、周忱、于谦、唐顺之、海瑞、戚继光、徐霞客、李满住、顾炎武、谈迁、万斯同等人的研究尤为用力。

对国家干部和青年学生作学术讲演是吴晗普及历史知识的重要途径之一。1962 年至 1966 年，我师从吴晗先生读研究生。这期间，他有三个学术讲演命我陪从，即中央高级党校"明史讲座"、外交学院"关于《资治通鉴》"、中央戏曲学院"关于封建道德问题"。其中高级党校的讲演是1962 年底至 1963 年初作的，连续讲了三次，分为"四讲"，校方领导著名哲学家杨献珍、艾思奇曾设宴欢迎他。讲座扼要而系统地讲述了明太祖朱元璋建国、明成祖朱棣迁都北京、北虏南倭、东林党争、建州女真、郑和下西洋、资本主义萌芽等明代历史中最基本、最重要、最关键的问题。了解了这些问题也就把握了明代历史的基本面貌、主要特征和发展脉络。吴晗先生的讲演，深入浅出，条理清晰，生动有趣，颇受学员的欢迎。讲演过后，高级党校将记录稿整理成《明史讲座》，内部铅印；吴晗冤案平反后，《北京师范学院学报》1979 年第 2、3、4 期将其连载；1980 年，中华书局以《明史简述》的书名将其出版发行，现在又配图再版。它虽然部头不大，但却是学习和研究明史的必读之书。

人民是公正的。人民哺育了吴晗。吴晗将知识回报给人民，从而赢得了人民的爱戴、尊重和永久的怀念。

（原载吴晗著图文本《明史简述》，中华书局 2005 年版）

谈谈吴晗的历史贡献

在吴晗先生诞辰 100 周年、蒙冤逝世 40 周年之际，我作为他的学生，对恩师倍加怀念。

回顾吴晗光荣而又悲惨的人生经历，我有许多话想说，但限于篇幅，只能就对吴晗的评价问题谈些肤浅的体会。我感到，目前对吴晗历史贡献的评价，无论是政治方面还是学术方面，都还不够充分，都还没有达到应有的高度。随着时间的推移，他对我国革命和文化事业的贡献，将会越来越被人们所认识。

吴晗是一位杰出的历史学家、著名的社会活动家和坚强的革命战士。他英勇无畏的革命精神和饱含真知灼见、深入浅出的文史著作，曾经感动过无数的中国知识分子和民众，从而确立了他在中国现代革命史和学术史上的重要的、不朽的地位。

杰出的史学家

吴晗是杰出的史学家。这是因为：

第一，他是我国现代明史研究的开拓者和奠基人。所谓"开拓者"，就是在荒原上开辟园圃之人，在荆莽中开辟道路之人。在 20 世纪 30 年代，以现代方法研究明史的学者还寥寥无几，明史研究的成果也甚为稀少，正是吴晗的一系列明史研究论著，对明史研究起到了开拓的作用，并为日后的研究打下了良好的基础。他对明代经济、社会、政治、军事、民族、文化、中外关系等都进行了开拓性研究，取得了卓越成就。从 20 世纪三四十年代直至今日，明史领域许多问题的研究都是在他开创的基础上进行的。凡研究明史的人，都不能不阅读他的著作，他是名副其实的一代宗师。

　　第二，他是新史学理论的努力探索者。20世纪三四十年代，他是梁启超倡导的"新史学"的积极拥护者，努力探索新的史学理论和治史方法，提出"帝王英雄的传记时代已经过去，理想中的新史乃是社会的民众的"历史观和"求真"、"求实"的研究方法。相对于封建旧史学，新史学是历史的进步；而强调历史学要注重研究社会和民众的主张，则是符合唯物史观精神的。吴晗对史学理论和方法的探索，对现代史学的发展起到了重要的推进作用。

　　第三，他是历史学科的出色建设者。侯外庐曾经指出，吴晗"积极从事新中国历史学科的建设工作"。就是说，吴晗的学术贡献并不只限于明史研究，而是扩展到整个历史学科和其他文化领域。早在20世纪30年代，他就是我国现代最早的史学界民间学术社团"史学研究会"的创始人之一，还是我国现代较早的报纸史学专刊天津《益世报·史学》的主编。新中国成立之后，他更对历史学科的建设和其他文化事业的发展倾注了大量心血，其中最著名的是主持新中国史学三大工程的实施。所谓史学三大工程，即毛泽东同志提出的标点《资治通鉴》、标点《二十四史》和改绘杨守敬《历代舆地图》。毛泽东出于对吴晗的器重和信任，将这三项具有重大学术意义的艰巨任务交给了他。吴晗以极大的热忱担起重任，以出众的组织才能和丰富的学识使这三大工程取得优异成绩。

　　第四，他是文史知识普及的大力倡导者。在新中国学术大家中，吴晗是最注重文史知识普及的一位。他抱着"把知识普及给人民"的强烈责任感，呕心沥血，极力倡导普及文史知识，为弘扬中华民族优秀历史传统、提高民众素质、繁荣社会主义文化作出了巨大贡献。他主编的《中国历史小丛书》《外国历史小丛书》《地理小丛书》《语文小丛书》等是"文化大革命"前编撰出版的几部大型文史通俗读物，发行量之高，读者面之广，罕有与之相媲美者。他不仅是文史知识普及的倡导者、组织者，还是亲自实践者，一生撰写了大量普及性读物，即使是学术著作，也都写得行云流水，虽然学术底蕴深厚，但读来并不感到艰涩难解。尤其值得提出的是，他倡导的知识普及，既注重通俗性，更注重科学性，是二者的有机结合，因此具有强大的生命力，与当下那些戏说历史的所谓的通俗读物截然两样。他主编的《中国历史小丛书》堪称普及读物的楷模，对于今日通俗史学的健康发展具有重要指导意义。

第五，他是"双百"方针的积极拥护者。他坚决拥护党的"双百"方针，积极参与重大学术理论问题的讨论和争鸣，对资本主义萌芽、农民起义、历史主义、历史人物评价、封建道德批判与继承、清官、历史剧以及学风、治学方法等问题都撰文发表了见解，并对"左"的观点进行了批驳，对于历史学的发展和文化的繁荣起到了促进作用。

吴晗的学术贡献是重大的、多方面的，这在新中国学术大师中并不多见。

著名的社会活动家和坚强的革命战士

吴晗不仅是一位杰出的史学家，还是一位著名的社会活动家和坚强的革命战士。彭真同志对吴晗的一生作了这样的概括："吴晗同志从一个勤奋治学追求真理不断进步的历史学家和爱国的民主主义者转变为共产主义者的道路是本世纪我国知识分子前进的光明大道。"彭真同志的论断非常精辟。吴晗的一生是追求真理的一生，是不断前进的一生。无论是历史学家的吴晗，还是民主主义者的吴晗、共产主义者的吴晗，都是非常优秀的。他所走的道路是光明的道路、正确的道路。由爱国的民主主义者转变为共产主义者是 20 世纪许多先进知识分子共同走过的道路，吴晗是其中的优秀代表人物之一。

大体说来，1937 年前后，吴晗已由一位酷爱文史的少年修炼成年轻的明史专家。从 1937 年至 1948 年底，他先后在昆明和北平进行了长期英勇的爱国民主斗争，锻炼成为一位有"猛虎"之称的民主革命斗士。经过共产党的长期教育、培养和革命斗争磨砺，在 1948 年底 1949 年初，他基本完成了由民主主义者到共产主义者的转变，并成为接管北京高校的军代表之一，这时他已经提出加入中国共产党的申请并得到毛泽东的同意，只是由于革命斗争的需要，才没有履行组织入党的程序。

吴晗的人生转变是一个复杂艰难的历程，在这里，我只想强调以下的一些看法。

当他还是爱国民主主义者的时候，他已经不仅仅是一个民主运动的参加者，而是一位领袖式人物。无论是抗日战争时期昆明的民主运动，还是解放战争时期北平的民主运动，他都是策划者、组织者、鼓动者之一。更为重要的是，他的革命活动是在中国共产党的领导下进行的，他坚决贯彻了党的方针和部署，从而保障了民主运动的正确方向。正是由于他在斗争中方向正确、英勇顽强、运筹帷幄，因此影响了一大批爱国青年学生和知识分子投身于民主运动，有的还加入了共产党领导的革命队伍，甚至声名卓著的民主斗士闻一多、李公朴、朱自清等也都曾在政治上得到过吴晗的帮助和积极影响，因此费孝通中肯地说吴晗"推动一代知识分子的进步"。

1949 年以后，吴晗做了将近 20 年的北京市副市长，还有许多兼职，为社会主义革命和建设，特别是北京市的文化、教育、卫生事业作出了重要贡献，立下了不可磨灭的功绩。在这长达 20 年的时间内，他真心实意地为党的事业而奋斗，全心全意地为人民服务，真可谓殚精竭虑、鞠躬尽瘁。他是一个对祖国无限忠诚的人，对革命事业满怀激情的人。他对海瑞的研究和历史剧《海瑞罢官》的编写，完全是出于宣扬革命正气、纠正不正之风的真诚意愿和共产党人的责任感。"四人帮"颠倒黑白，假借《海瑞罢官》制造旷古冤狱，忠贞磊落的吴晗及其一家竟成为冤狱迫害最惨烈者，其历史教训是异常沉痛的。

吴晗以其卓越的历史贡献和不幸的遭遇，赢得了广大民众的爱戴和同情，他永远活在人们的心中。

（原载《中国社会科学报》2009 年 10 月 29 日《学林》版）

从创造到普及:吴晗先生的学术贡献

吴晗先生（1909—1969）以明史研究的卓越成就而享誉学林。由学术而政治，最后蒙受奇冤，其间的是非荣辱，任凭世人评说。今年值先生百年冥诞，作为吴晗后学，我们对先生最好的纪念也许就是：揭示先生治史之进路，阐发先生学术之创造，表彰先生普及史学之贡献。倘若此文有助于人们对先生多一些了解与敬意，我们将感到无比的欣慰。

一

1931 年秋，吴晗考入清华大学历史系，插班二年级。此时的清华历史系主任蒋廷黻正在进行历史课程改革，改变以往"史家以治某书为始，也以治某书为终，结果我们有某书的注疏考证，而没有一个时代或一个方面的历史"的现象，决心起用能讲一时代或一方面历史的年轻教师，取代那些只能讲授传统学问的教师。① 由于胡适对吴晗的器重，同时也因为吴晗有《胡应麟年谱》这样的学术表现，蒋廷黻有意吴晗将来留校，从事明史教学。蒋廷黻这一安排深得胡适赞许，在写给吴晗的信中，胡适说："蒋先生期望你治明史，这是一个最好的劝告。"力劝吴晗放弃先前的汉代研究，改治明史，因为明代的材料多，容易整理，对于初学者而言，"只要脚踏实地，但肯勤劳，自然有功。凡立一说，进一解，皆容易证实，最可以训练方法"。② 吴晗欣然接受蒋、胡两先生的建议和安排，随即投身于明史学习。

---

① 参见蒋廷黻《历史学系概况》，《清华周刊》第 41 卷第 13、14 期（1934 年 6 月 1 日），第 23 页。

② 苏双碧编：《吴晗自传书信文集》，中国人事出版社 1993 年版，第 75 页。

胡适并不精于明史,但在无人可以为师的情况下,他以通家之才,不仅给吴晗指明将来的学术方向,还给出一个循序渐进、科学合理的治明史的方法,使吴晗受益匪浅。胡适说:

> 应先细细点读《明史》,同时先读《明史纪事本末》一遍或两遍。《实录》可在读《明史》后用来对勘。此是初步工作。于史传中之重要人物的姓名、字、号、籍贯、谥法,随笔记出,列一表备查,将来读文集、杂记等书便不感觉困难。读文集中之碑传,亦须用此法。
>
> 已读得一代全史之后,可以试作"专题研究"之小论文(Monographs);题目越小越好,要在"小题大做",可以得训练。千万不可作大题目。
>
> 札记最有用。逐条必须注明卷册页数,引用时可以复检。许多好"专题研究"皆是札记的结果。①

针对吴晗初治明史,胡适向他传授的都是切实可行、易窥门径的经验之谈。概括而论,就是以《明史》为根本,了解一代史实之全貌;以《明史纪事本末》为补充,把握重要史事之前后发展;以《明实录》为参照,理解史实的繁简、差异;渐次扩大史料的范围,以至于文集、杂记等。前后次序分明,而中心在《明史》。欲通一代之史,必先读一代全史,这是一个打基础、立根本的过程,治史必须先因而后创,没有对旧史的充分了解,就不可能创立新说。因而,胡适要求吴晗在读完一代全史之后,可以作一些小而专的研究,训练自己处理史料的方法。

吴晗听从胡适的教诲,随后买来了一部《明史》,逐日点读。准备读完《明史》之后,"再照(胡)先生指示的逐步做去"。一段时间之后,吴晗从《明史》中读出了许多问题,"其中最叫人疑心的一个是胡惟庸事件……这事叙述得非常可疑,关系非常重大,中日诸记载又均有矛盾"②。

---

① 苏双碧编:《吴晗自传书信文集》,中国人事出版社1993年版,第75—76页。
② 同上书,第76页。

吴晗以胡惟庸事件为中心，排比不同史料，考证事件之真相，最后成《胡惟庸党案考》一文。吴晗自己对这篇文章始终看重，认为是他明史研究三部曲的第一部。三部曲的第二部是关于建州史研究，这也是由读《明史》而发现的问题，"因为清修《明史》，把它自己祖先这三百年间的历史都隐没了，篡改了，歪曲了，为的是好证明清朝的祖先从来都没有臣属于明朝，没有受过明朝的封号，进一步强调建州地区从来不属于明朝的版图等等政治企图"①。吴晗因此决心重写建州史，以补历史的空白。

读史之时，抄写札记，这是胡适传授的另一个治学方法。札记，本是清代学者治学的手段，梁启超曾说："大抵当时好学之士，每人必置一'札记册子'，每读书有心得则记焉……推原札记之性质，本非著书，不过储著书之资料。"② 实际研究中，学者通常是发现有价值的问题，再以此问题为中心罗列同类或相关的材料，比较、研究而立一说，最后证实，一篇论文就完成了。札记实是一种困知勉行的功夫，高明者喜用，初学者更应时时抄札，唯如此学问才能日积月累，不断进步。胡适得清代学术之遗风，自然十分熟悉札记的功用，故谆谆告诫吴晗"札记最有用"，要他读史之时，须做札记，分为若干专题，亦即读史的过程中，要对史料作专史或专题式的分类和整理，以备将来作研究之用。这种专题研究，胡适极其重视，认为它是史学进步必不可少的条件。吴晗一遵师法，做了几千张卡片，准备了札记簿。一边点读《明史》，一边按类填写卡片，复杂问题就写到札记簿上。从此，笔记本和卡片箱是吴晗治学的两大宝物。李埏先生曾是吴晗任教云南大学时的学生，据他回忆，吴晗在云南大学时，曾举"靖难之役"为例，向他传授札记之法，让他见识储满札记的卡片箱。由明史、明实录、李朝实录到野史小说，吴晗在离开清华大学前积累了几万张摘抄资料的卡片和大量的札记。最著名的要数抄录《朝鲜李朝实录》中的中国史料，连续四五年时间，先后抄了80本（后由中华书局出版，共有12册）。这些材料既为吴晗自己重写建州史准备了条件，也为后来其他

①　吴晗：《谈迁与〈国榷〉》，《吴晗史学论著选集》第3册，人民出版社1988年版，第130页。
②　梁启超：《清代学术概论》之"十七"，《梁启超史学论著四种》，岳麓书社1998年版，第65页。

学者研究东北历史、中朝关系史提供了参考。

札记是吴晗研究论文写作的基础。吴晗曾说，他写作时一般先根据札记而作资料长编，由长编而成论文，由论文而成专书。《记明实录》是吴晗1940年写的一篇长文，20世纪90年代之前，这篇文章是关于《明实录》整体研究"最深入最权威的著作"①，而此文就是根据"数十百条"札记而成。吴晗关于明初历史的论文写作无不依靠札记而成，最后在论文的基础上融会贯通，写成《朱元璋传》。吴晗一生学术成就得益于札记，故"多读多抄"就成为他的一贯主张，指导学生，教育大众，随处点化，入手处都离不开"札记法"。②

胡适在传授治学之道时，还特别要求吴晗："治明史不是要你做一部新明史，只是要你训练自己作一个能整理明代史料的学者。"时过境迁之后，这句话易生误解。近年来，有些学者在回顾吴晗学术的时候，就对胡适的治学方法提出批评，以为他要吴晗只搞考据。胡适所谓的整理史料，其实就是运用包括考证、比较等科学方法研究传统学术，搞考据只是手段，考据之中自有"义理"。否则，上文"立说"之言则不可解释。胡适之所以要求吴晗"不要做一部新明史"，是因为胡适不赞成将学术与任何"主义"联系起来，主张治史学以实事求是为重要，防止初涉史坛的吴晗走上凌虚蹈空的一途，以"主义"来剪裁历史，这样成就的"新明史"当然是要不得的。时间证明，旧史学越高明，新史学才能越有实效。民国时期胡适、陈寅恪、傅斯年，再晚一辈如吴晗等人，或专注于史料的收集与整理，或埋头于专史的计划与撰写，其成就不可谓小。半个多世纪之后，我们一不注意，就会发现自己当下所进行的研究，民国学人早已开始。因此，我们不能片面苛评考据或史料整理之类的治史之道。

对于自己的治学方法，吴晗从不讳言深受胡适的影响。40年代，虽然吴晗与胡适师生关系日渐疏远，直至断交，其原因在政治立场，不在治学方法。新中国成立后，吴晗开始在中国科学院、北京师范学院等单位指导

---

① 陈学霖：《〈明实录〉与明初史事研究》，转引自谢贵安《明实录研究》，湖北人民出版社2003年版，第6页。

② 参见吴晗《漫谈资料工作和研究工作》，《吴晗史学论著选集》第3册，人民出版社1988年版，第271页。本文涉及的吴晗论著，除加说明外，皆引自《吴晗史学论著选集》。

研究生或青年教师学习明史，采取的仍然是自己学生时代亲身体验的学习方法。对于一些业余爱好同志，吴晗则把这一套专业学习的方法通俗地表达为"多读多抄"、"打好基础"。①

上述二点之外，先生治明史还有没有其他心得？细绎先生留下来的文字和他人回忆先生的文章，我们发现《明史》之外，另一本工具书颇为先生重视，那就是《四库总目》，全称《四库全书总目提要》。1931 年，吴晗在写给胡适的一封信中说："基本应用书如《明通纪》《明通鉴》《四库总目》之非自备不可。"时先生经济拮据，欲廉价卖稿而购之。② 李埏在一篇回忆吴晗的文章中也提到有关《四库总目》的事情：

> （1940 年）一晚，我提出一部书的时代问题和自己对这问题的想法向他质疑。他说："你没有看《四库提要》吧？那里已经谈到了。"……他说："这书，你应当有一部。这是进入史籍宝藏的津梁门径，案头必备。"③

1962 年，吴晗在一次新闻工作者如何学习历史知识的讲话中，再次提到学习历史要学会查阅文献的本领，掌握目录学这把钥匙。他说："过去的藏书家把他们所收藏的或见到的书籍分门别类，编出目录，有的还给每一本书写了内容提要，如《四库全书总目提要》，有分类，有提要……目录学方面的书上千种，不必都看，选一种重要的看看就行……经常翻阅（《四库全书总目提要》），熟悉它的分类情况，需要查用的时候就很方便了。"④ 清朝乾隆时期，为了编修《四库全书》，在全国范围内征调各种古籍，所收文献最为齐全，虽然许多被禁毁，最后完成的《四库全书》只是所征调文献的一小半，但四库馆臣对未收入《四库全书》的古籍都作了内容提要，清代以前主要书目（明代文献最多）都包括进去了。对于治明史的学者，《四库总目》就是查照文献的指南，故吴晗一入清华就措意此书，

---

① 夏鼐、苏双碧等：《吴晗的学术生涯》，浙江人民出版社 1984 年版，第 6 页。
② 苏双碧编：《吴晗自传书信集》，中国人事出版社 1993 年版，第 80 页。
③ 北京市历史学会编：《吴晗纪念文集》，北京出版社 1984 年版，第 102 页。
④ 苏双碧编：《吴晗自传书信集》，中国人事出版社 1993 年版，第 184 页。

后每每金针度人，把此书当作史苑之津梁，诱导后进。

若干年前，随着《四库全书存目丛书》《四库全书禁毁丛书》等大型丛书的出版，笔者苦于明代文献繁多，难有一整体了解，尝试着按照吴晗先生的方法，用了一个暑假的时间细读了《四库全书总目提要》，特别致力子部、集部文献，注意其内容特点、著者为官经历等方面，丹黄一遍，豁然开朗，收集史料的眼界大大地变宽了。摩挲厚厚两册大书，感叹良久，深深服膺吴晗先生舍其余而独重《四库总目》，可谓得其要领，直接而实用。

综上所述，吴晗治史是以《明史》为根本，以专题为起点，以札记为手段，以《四库总目》为索引。这些方法既有师承，亦有独造，融会贯通，富有成效，不仅揭示吴晗本人为学之进路，也是吴晗学脉传承之心法。

或许有人会问：电子检索时代，这些方法还有意义吗？电子检索确实是一种高效的资料采集手段，但不要忘了它只是点式抓取，很少有整体感；它可以完成非常具体的关键词搜索，但同义异形的其他表达却常常遗漏。治史首先需要对历史有一种整体的关照，既要有时间序列的前后贯通，又要能把握史实之间的相互联系，这样的历史感显然不能靠电子检索来获得。而且，电子检索的作用因人而异，对于那些有过系统史学训练的学者，其作用是如虎添翼；对于初入史门者，其作用似有实无，因为他们的"根本"未立。我们坚信电子检索不能代替系统、扎实的专业训练。从这一角度讲，吴晗治史方法具有超越时代的意义，可以为今天历史系研究生的专业培养提供参考。

二

吴晗勤奋好学，善疑求真，又得名师指导，在明史研究方面多所创获，成绩斐然。1945 年顾颉刚著《当代中国史学》，称明史的研究"以吴晗、王崇武二先生的贡献为最大"。[①] 此时，吴晗才三十几岁，英姿勃发，

① 顾颉刚：《当代中国史学》，辽宁教育出版社 1998 年版，第 85 页。

驰骋史坛，羡煞我等后学。

回顾 20 世纪的明史研究，吴晗首先是一位开辟榛莽的拓荒者。30 年代，明史研究刚刚起步，文献零落，人才匮乏。由于反清和中日关系恶化等政治原因，关于明朝的研究主要集中在明末和晚明史、明代东北史、以抗倭为主的中日关系史、郑和下西洋、以传教士为中心的中欧关系史五个方面。① 此外，还有钱穆、嵇文甫等对明代思想史、钱基博等对明代文学的专门研究，真正意义上对明朝一代的政治、经济、军事、社会生活等广泛而深入的研究很少。吴晗后来说，那时无人研究明史，清华大学历史系没有老师懂明史，他的明史研究是靠自学，就是针对这样的情况而言。不过，对于吴晗来说，明史研究领域的空白就是他学术创造的新天地，具有无比的魅力。数年之后，吴晗不仅成为清华大学历史系第一位讲授明史和明代社会史的教师，而且在当时明史研究的几个热点问题上都发表了重要的见解。例如，1934 年，吴晗有《晚明流寇之社会背景》，从经济关系和阶级关系分析了明末的农民的反抗斗争，给明末历史的研究吹来清新之风；1936 年吴晗参加了对郑和下西洋性质的讨论，提出了"国际贸易说"，又发表了《十六世纪前之中国与南洋》，这篇长文对自秦汉至明嘉、万时期的中国与南洋的关系作了系统的考察，尤其是对明代的对外关系作了更为深入具体的论述。他还从经济、政治、文化、华侨等方面论述了永乐、宣德之间努力向南洋发展的积极意义，特别对华侨开拓南洋的巨大贡献给予了充分的肯定和颂扬。这些研究使吴晗成为明朝中外关系史研究的代表人物；1935 年、1937 年，吴晗取域外史料，先后发表的《〈朝鲜李朝实录〉中之李满住》《后金之兴起》，皆为明代东北边疆研究的代表作。

当然，吴晗最具创造性的研究主要体现在明代政治、军事、社会史方面。他在这些方面开拓出新课题，进行了具有深度的研究。而且，这些问题对于明史研究的展开有着重要意义，得到了后来学者的广泛认同，纷纷追踵其后。（1）政治方面，他第一次对元明更迭和明朝建国作了最为系统的研究。他的《胡惟庸党案考》用缜密的考据揭示了这一大案对于明初政

---

① 参见南炳文《辉煌、曲折与启示：20 世纪中国明史研究回顾》，天津人民出版社 2001 年版，第 3 页。

治的影响，奠定以后关于朱元璋、明代中枢政体变迁、建文逊国等研究的基础。他的《明代靖难之役与国都北迁》，论述了太祖定都南京—封建诸王—靖难之役—成祖重用"厂、卫"—成祖迁都北京等历史事件之间的内在联系和因果关系。由"靖难"和迁都而生发出的两京制度、漕运和"金花银"、亲王守边到皇帝守边的边疆政策变化等问题，都是涉及有明一代政治、经济、军事的重大问题，历来受到众多学者的重视。比如，（美）范德、万明等人对两京制的研究，其实是在吴晗研究基础上的深化。（2）军事方面，吴晗《明初卫所制度之崩溃》论述了明代的军卫法以及军兵逃亡、卫所制度崩溃的原因。他又于1937年发表了《明代的军兵》一文，系统地考察了明朝社会政治、经济背景，分析了京军与卫军的废弛，募兵的兴起与国家财政状况的关系，揭示了明代的社会基本矛盾，表现了很高的史识，功力最深，分量最重。尤其注意的是，吴晗的军事史研究，隐含着许多论题，如关于军屯、军户的研究，关于边防政策的演变，关于边镇经济，关于明代国家财政问题等。以后，王毓铨、于志嘉、南炳文、李龙潜、赵轶峰等人对这些问题各自都有更加精专的探讨，而他们的学术回顾无不追溯到吴晗先生相关的军事史研究。（3）社会方面，吴晗的《元明两代之"匠户"》《晚明流寇之社会背景》《晚明仕宦阶级的生活》《明代之农民》是研究明代地主、农民和农民反抗斗争的论文。论述了明代地主阶级的形成、政治经济特权、剥削方式和奢靡的生活。这些文章接触到了明代的社会经济结构、阶级关系、阶级矛盾、农民起义、历史发展趋向等问题，至今仍有重要价值。在现代史学家中，他是最早研究这些课题者之一。吴晗把《金瓶梅》看作一部现实主义小说，以历史证小说，认为它描写的是万历以后的社会情况，进而通过小说观察明代后期各阶层的社会生活。把这种文史互证的方法引入明史研究，吴晗是先行者，开启了以后明史学界对诸如"三言"、"二拍"等小说的重视和研究。

综合分析吴晗先生的明史研究之后，我们发现这些研究有的是当时热点问题，有的是吴晗自己开辟的新领域，在面上已相当广泛。令我们感到疑惑的是，吴晗对于内阁、巡按、督抚等重大问题一笔带过，没有留下专题性著述。从研究的次序上讲，他在《胡惟庸党案考》中，已经提到此案的结果在政治方面就是永废丞相，分权六部、五府等衙门，接下来理应重点研究中枢机构的新变化。但是，吴晗把重点放在其他重大事件、社会集团（军、民、匠、士）方面，展开系列的政治、军事、社会史研究。他以考据为手段，但又在考据之外给予明代重大史事通透的解释，广博之中，另具深刻。这样的学术路径，源自吴晗怎样的史学思想呢？

吴晗的明史研究是新史学思潮的一大硕果。20 世纪初期，自梁启超揭帜"新史学"，赓续者不断，史学革命遂成潮流。吴晗师辈中，胡适、陈寅恪、顾颉刚、傅斯年等都是新史学的积极倡导者，诸贤学术虽不尽相同，却有共同的主张：社会的、民众的历史应该反映时代变迁、文化进退和民生苦乐；扩充史料，用比较的方法来处理史料；研究问题要"小题大做"、"以小见大"。吴晗史学的精进受惠于新史学的滋养，不数年他就成长为新史学第三期的中坚。1934 年 5 月，吴晗等人组织了"史学研究会"，旨在"对中国新史学的建设尽一点力量"。一年后，他们主办了《益世报·史学专刊》，由吴晗主笔、集体讨论形成的《发刊词》宣称他们新史学的主张："我们应该大处着眼，小处着手，就各人的兴趣和所学，向每一个问题作广博深湛的检讨，我们认为帝王英雄的传记时代已经过去，理想中的新史乃是社会的、民众的。"宣言延续了梁启超以来的"新史学"精神，要写出社会民众史，治史方法因此亦有新变化：

> 我们既不轻视过去旧史家的努力，假如不经过他们的一番披沙拣金的工作，我们的研究便无所凭借；我们也尊重现代一般新史家的理论和方法，他们的著作在我们看，同样有参考价值。我们不愿依恋过去枯朽的骸骨，也不肯盲目地穿上流行的各种争奇夸异的新装。我们的目标只是求真。①

这里的旧史家当指固守考据之学者，新史家则为注重科学方法、运用理论解释历史的学者。吴晗等人折中新、旧，欲集合各家所长，创立一种包容更广的新史学。

---

① 转引自陈锋《两极之间的新史学：关于史学研究会的学术史考察》，《近代史研究》2006 年第 1 期。

新史学思想主导下，吴晗的明史研究选择一种实证与诠释并重的治史方法。考据仍是一种手段，但不是目的。吴晗理解的考据是一种"剥笋式的考据"，它"穷究其底，不肯以问题本身的解决为满足，还要问为什么如此"①。考据的结果只是问题的提出，只是学术创造的开始。一方面，吴晗信奉胡适的"大胆的假设，小心的求证"为座右铭，撰写了大量考据文章；另一方面，他又超越了考据学的任务，而能通过考据阐明社会历史问题，论述历史的发展趋向，由史实考证进入史事重建，像《胡惟庸党案考》《〈金瓶梅〉的著作时代及其社会背景》皆是如此。

在新史学思想主导下，吴晗致力于一种社会的、民众的新明史研究，重新选择传统政治史的问题和研究路径。梁启超曾说，旧史偏重政治，而政治又偏重中枢，遂致极重要之史迹阙而不载。② 作为新史学的后劲，吴晗当然不会回到旧的政治史研究上去，而把眼光下移，关注广泛的社会阶层，关注民生经济，寻求一种从社会的、民众的视角解读明代政治的轨迹。准确地说，主要从阶级关系和经济关系着手。先看阶级关系，在吴晗那里，"阶级"更接近于一个中性词，脱去了道德、政治色彩，实质上就是"集团"。《明代之农民》《晚明流寇之社会背景》都是将农民作为一个社会集团进行整体考察的。在《胡惟庸党案考》中，吴晗也注意到朱元璋与士大夫集团之间的紧张关系，把它作为胡案发生的一个原因。因此，阶级分析不再将目光停留在个人身上，而更注意个体的集合，关心个人与集团、集团与社会之间的关系。③ 当吴晗把阶级关系作为分析明代政治的概念，明代政治史的主角就不会只是帝王将相，明代政治史的重点就不再是中枢机构。他把明代政治史研究引向一个更加多元、动态的新境界，读者由此可以看到各色群体的登场，各种权力关系的交织。再看经济关系。吴晗对历史的经济解释有着浓厚兴趣，经济解释具有的深刻"洞察力"，使之成为吴晗研究明史的有效分析工具。例如，在探索地主与农民的关系时，他比较明确地认识到土地关系在封建经济形态中的重要地位。他指

---

① 夏鼐、苏双碧等：《吴晗的学术生涯》，第 155 页。
② 参见梁启超《中国历史研究法》，《梁启超史学论著四种》，第 110 页。
③ 参见陈锋《两极之间的新史学：关于史学研究会的学术史考察》，《近代史研究》2006 年第 1 期。

出，"农民人数最多，和土地的关系最切"。封建国家为了把农民"禁锢
在土地上"，"使之永远不能离开其所耕种的土地"，制定了黄册等制度。
农民和土地相联系，是"统治阶级的基础"。由于"土地兼并"，"土地分
配因之愈加不均，地主和贫农的关系也愈趋恶化"。农民叛乱是由地主阶
级残酷的剥削压迫造成的，是封建经济制度本身的必然产物。这种分析摆
脱了旧史一贯的"朝廷立场"，直指历史的根源。《明代的军兵》的深刻
之处，也在于把军与兵的变迁和明朝军饷、国家财政的关系联系起来，从
看似简单的军制演变中揭示明代历史的大变局。

史家治史，讲究"横通"和"直通"。所谓"横通"，就是要把握某
一史事与同一时期其他史事的关系，给予合理的解释；所谓"直通"，就
是要于纵的方面把握某一史事产生的源与流。通俗地说，前者即"左顾右
盼"，后者为"瞻前顾后"。吴晗的明史研究重分析，"横通"和"直通"
兼而有之。吴晗曾说：

> 研究专史、断代史，必须建立在熟悉通史的基础上，几千年历史
> 发展的概况，主要事件的变化、发展，应该首先弄清楚。对通史缺乏
> 了解，研究专史是不可能的。同样，研究一个专史问题，一个历史人
> 物，不了解一个时代的历史，也研究不好。[1]

因为有"横通"，吴晗的明代政治史研究、军事史研究、社会文化史
研究往往融为一体，畛域不再，上文所述已略见，兹不赘。而吴晗明史研
究的"直通"之妙，向不为学者所重视，直到近年海内外学者有"宋元
明变迁"的新主张[2]，吴晗那种以明史为中心、元明清一线贯通的研究模
式才被重新认识。著名元史专家、南开大学李治安教授如是说：

> 关于元代及明前期的社会变动，几乎无人问津。国内外元史学者

---

① 苏双碧编：《吴晗自传书信文集》，中国人事出版社 1993 年版，第 229 页。
② 这一问题源自美国学者史乐民（Paul Jakov Smith）和万志英（Richard von Glahn）主编《中国
历史上的宋元明变迁》，国内学者如葛兆光、李伯重、赵世瑜等人都有回应。

研究具体问题较多，但对元王朝给予中国古代后期社会的深重影响注意不够。即使有所涉及，也只限于军制、分封制、对外关系等具体问题。而明史学者除了吴晗、王毓铨、郑克晟等，很少涉及元代。①

李先生提倡历史研究的长时段，意欲打破王朝分期，注意历史发展的连续性，实为灼见。因为元、明之间在政治体制、钞法、工商业、户等和赋役等方面有共通性，要了解明代，必须上溯元代，元史研究与明史研究之间的相关性不容忽视。作为一位明史专家，吴晗的明史研究是以元史研究为先导，他的《元代之社会》《元帝国之崩溃与明之建国》是 1935 年写的两篇文章，系统阐述元、明易代的问题，指出元朝的崩溃是由于长期的阶级矛盾、民族矛盾和统治集团内部矛盾的结果，"与其说是被汉族用武力推翻，不如说是元帝国的自然崩溃"。政权更迭之后，明初政治设计始终不脱元朝的影响，或惩元之弊，乱世用重典；或明承元制，官制兵制和教育制度皆有所保留。吴晗以上的分析为理解明初政治提供了清晰的思路。在《明教与大明帝国》一文中，吴晗为了解释明朝国号的由来，自元明而上，对明教问题作了通史性梳理。这种跨朝代、长时段的考察源流，在许多专史或断代史研究中都会遇到，治史者欲追踪史事的来龙去脉，必须在专史之外别具通史的见识，把某个问题作一纵向比较，才能抓住其特点，求得前后一贯之解释。吴晗对明代钞法的研究就体现了这个特点，他写《记大明通行宝钞》之前，先写了《元代之钞法》，对元代钞法有一个基本的看法：元代钞法以金银或丝为钞本，符合金融规律，施行状况总体不错，其大坏在元末。接着分析明代钞法始终未得善法，其原因在于明朝"仅承其（元朝）制度之表面而忽其本根"，不知钞本、钞额之道理，推行一种"无本、无额、有出无人之不兑换现钞"的钞法，故明代钞法不行，一系列禁止民间用金银、物货交易的措施最终失败。吴晗对明代钞法的研究并不就此打住，他继续深入，论明代官俸折钞导致官俸之薄，由官俸之薄再论明代官场贪污的成因。吴晗这一研究涉及的皆为明代重要问题，而眼光是自元朝而下，一代史家深邃的历史通感于此可见焉。

---

① 李治安：《元代及明前期的社会变动》，《历史教学问题》2006 年第 1 期。

三

　　吴晗集中研究明史的时间主要在 20 世纪三四十年代，他定位于学界的身份是明史专家、大学教授。新中国成立后，随着吴晗涉足政治，他由学者逐渐变为社会活动家，工作重点不再是教学和研究明史，也很少发表专业论文。但是，吴晗那种学者的本色仍在，他对史学的挚爱之情不减。在新时期，他抱着"把知识普及给人民"的强烈责任感，呕心沥血，为普及历史知识做出了杰出贡献。

　　50 年代以后，吴晗全身心投入到历史普及，形成了一套关于历史通俗化和历史普及的理论和方法，成为普及历史知识的积极倡导者。首先，他对学习和普及历史知识的重要性有深刻的认识。他指出：

> 　　（历史学）在提高的指导下普及，在普及的基础上提高，两者不可偏废的，必须两条腿走路。单有提高，没有普及，只是少数人提高了，大多数人还是一清二白，这是不符合我们党和国家的要求的……必须把提高了的东西普及给全国人民，要使人人懂得点自己的和别的国家的历史，掌握社会发展的规律，认识自己的前途，并通过历史的学习，更加热爱自己的祖国，热爱党，热爱人民，信心百倍地投身到社会主义事业的建设洪流中去。①

吴晗以毛泽东在延安文艺座谈会上的讲话精神为指导，从政治的高度强调了史学普及的意义，而为大多数人的史学普及同时也是新史学的精神。因此，吴晗找到了一个政治与学术结合点，明确了新时期史学工作者重要的文化责任。其次，吴晗对普及历史知识的方法和途径有整体切实的规划。他认为，要做好普及，就必须通俗，道理要讲透，文字要让人尽可能地读懂；要深入浅出，化艰深的道理为日常说话，谁都听得进去，不要把简单

---

　　①　吴晗：《论历史知识的普及》，《吴晗史学论著选集》第 3 册，人民出版社 1988 年版，第 418 页。

的事物说得使人莫测高深。吴晗在史学普及的实践中，总结出两条经验性的标准：一是写好的文字先给小孩子读，他们读懂了而且有兴趣，就算通俗易懂；一是写好的文字交给外行读，比如史话之类的专业读物，外行人读懂了，才算达到通俗的地步。① 这两个标准使我们想起白居易的诗、柳永的词，老妪能解，市井传诵，它们的艺术价值并不因为通俗而有丝毫的减少。可见，通俗不是低俗，通俗其实是一种大雅希声的平实，一种洗去铅华的纯净。当然，通俗的程度因职业、年龄、文化程度等方面的差别而有所不同，这种不同决定了历史知识普及必须是多途径、有层次的。吴晗提出，需标点古籍（如《资治通鉴》、二十四史）以供高级干部和史学工作者参考，出版史话和历史小丛书以供一般的工农兵阅读，编写故事性教科书以供儿童学习。此外，吴晗还注意到百姓的历史知识通常得知于戏剧，编写历史剧也是普及的一个好方法。

　　大约从 1955 年，吴晗按照以上的思路开始组织、实施历史知识的普及工作。为了把知识普及给人民，他以极大的热忱，不辞辛劳，做了大量组织协调工作。标点《资治通鉴》和《续资治通鉴》、标点二十四史、改绘杨守敬《历代舆地图》是新中国成立后毛泽东主席提出的三大史学工程，而吴晗则是实施这三大工程的主要组织者。谭其骧先生曾深情回忆吴晗在改绘杨守敬《历代舆地图》中付出的心血："吴晗同志是（'杨图'）委员会的主要负责人……我相信没有他的认真负责主持其事，这么多的单位这么多的人（其中包括好几位学术界的知名之士），是组织不到一起来齐心协力，花这么多时间干这件艰巨的工作的。每次开会，多数由他亲自主持，尽心尽力协调各单位之间的意见分歧，尽可能解决实际工作中的障碍与困难。"② 《中国历史小丛书》《外国历史小丛书》《地理小丛书》《语文小丛书》《中国历史常识》等是"文革"前编纂出版的几部大型通俗性丛书，而吴晗则是它们的发起者和主编。吴晗这个主编可不摆不管事的老板派头，凡事躬亲，一丝不苟。《中国历史常识》是 1963—1965 年出版的

---

　　① 参见吴晗《论历史知识的普及》，《吴晗史学论著选集》第 3 册，人民出版社 1988 年版，第 422—423 页。

　　② 北京市历史学会编：《吴晗纪念文集》，第 37—38 页。

一套 8 册的丛书，吴晗作为主编，整个编辑过程，包括编辑方案的制订，初稿的审阅和讨论，编辑加工稿的审订等工作，都一一过问和参加了。对于一些细节，他也不肯放过，例如，对书中一些生僻字，要求编辑不仅用汉语拼音标注，还要用汉字注音（即用同音字），因为当时许多农村读者没有学过拼音。① 针对当时一些学者只搞研究，把"写通俗文章，写普及知识的小册子"看成低人一等，他写文章、作报告，呼吁各方面学者、专家能写一些通俗文章、通俗读物，把知识普及给人民。吴晗的工作是有效的，在小丛书的编委会里既有一批熟悉教育的中学教师，又有一批专家学者，其中不乏像邓拓、侯仁之、邱汉生、周一良、何兹全等名家。在吴晗的精心布置和领导下，各类历史丛书都取得了极大成功，发行量之高，读者面之广，罕有与之相媲美者。为了普及历史知识，他还主持出版了《明经世文编》《国榷》《海瑞集》等古籍，对北京市小学历史教材进行改革试点，主持编写了《历史剧拟目》。他所组织的这些普及项目，是新中国社会主义文化建设的重要组成部分，必将彪炳史册。

　　吴晗是普及历史知识的倡导者、组织者，更是一位真诚实践者。史学普及是 20 世纪新史学的应有之义——新史学不仅要研究社会的、大众的历史，而且要服务于大众。梁启超提出史学著述的"生人本位"，史学不是为死人树碑立传，不是供少数人专享，而是为全体国民涵养个性。② 胡适也说，把学术里已经不成问题的部分整理出来，交给社会。此时，蔚然成风的新史编撰正是新史学催生的史学普及运动，旨在时局危艰之际，传播中华文化，振作国民之志气。受新史学的影响，吴晗早年就有志于史学通俗化和史学普及，他曾和好友张荫麟商讨中小学历史课本的写作，"大要皆以可读为主"。他的《明太祖传》写得"生动翔实"，新中国成立后，吴晗对此书进行改写，书名改为《朱元璋传》，保留了通俗、生动的神韵，颇受读者的好评。吴晗把它作为他明史研究三部曲之一，因为这本书代表了他在普及史学知识和追求史学通俗化方面的成就。吴晗的《明史简述》是 60 年代他在中央党校的讲演稿，反映了吴晗对明史的整体看法，娓娓

---

① 参见北京市历史学会编《吴晗纪念文集》，第 220—221 页。
② 参见梁启超《中国历史研究法》，《梁启超史学论著四种》，第 137 页。

道来，简洁明了，是一本普及明史知识的好读物。由于繁多的政务，五六十年代，吴晗难有大块时间做专题研究，但他的笔一直没有停过，在工作的缝隙间，吴晗还撰写了《海瑞的故事》《民族英雄于谦》和许多普及性史学论文、散文、杂文，这些文字主要收录在《灯下集》《春天集》《学习集》等专辑里，成为吴晗新时期学术成就的标志。

吴晗普及历史知识的理论和实践，为史学和社会结合树立了良好的典范，也为通俗史学的健康发展提供了有益的借鉴：真正通俗的史学一定不是宫廷秘史、离奇典故和无端戏说，仅靠商业操作、媒体包装不能打造出令人满意的精品。真正通俗的史学一定是深入浅出、喜闻乐见、启迪心智的精神盛宴，它需要专业的知识、严肃的态度、科学的规划和真诚的情感来成就。

纵观吴晗一生，学术始终是他生命的主轴，前后可分为两个阶段。前一个阶段是"为学术而学术"，致力于学术的传承和创造，为20世纪明史研究开辟新天地。后一个阶段是"还学术于社会"，尽心于历史知识的通俗和普及，为新中国的文化事业谱写新篇章。两个阶段同样精彩，两种贡献同样辉煌。

（原载《古代文明》2009 年第 3 期）

附记：此文系与赵克生（东北师大教授）合撰。我是吴晗的学生，赵克生是我的学生，该文乃我们为纪念吴晗先生百年诞辰而作，一方面缅怀吴晗，同时也激励我们将吴晗的学脉传承光大，因此虽属合撰，仍收入集中。